Les filets sociaux en Afrique

Les filets sociaux en Afrique

Méthodes efficaces pour cibler les populations pauvres et vulnérables en Afrique

Carlo del Ninno et Bradford Mills, Coordinateurs

Ouvrage co-publié par l'Agence Française de Développement et la Banque mondiale

Série Forum pour le développement de l'Afrique

Créée en 2009, la collection « Forum pour le développement de l'Afrique » s'intéresse aux grands enjeux sociaux et économiques du développement en Afrique subsaharienne. Chacun de ses numéros dresse l'état des lieux d'une problématique et contribue à alimenter la réflexion liée à l'élaboration des politiques locales, régionales et mondiales. Décideurs, chercheurs et étudiants y trouveront les résultats des travaux de recherche les plus récents, mettant en évidence les difficultés et les opportunités de développement du continent.

Cette collection est dirigée par l'Agence française de développement et la Banque mondiale. Pluridisciplinaires, les manuscrits sélectionnés émanent des travaux de recherche et des activités de terrain des deux institutions. Ils sont choisis pour leur pertinence au regard de l'actualité du développement. En travaillant ensemble sur cette collection, l'Agence française de développement et la Banque mondiale entendent renouveler les façons d'analyser et de comprendre le développement de l'Afrique subsaharienne.

Membres du comité consultatif

Agence française de développement
Jean-Yves Grosclaude, Directeur de la stratégie
Alain Henry, Directeur de la recherche
Guillaume de Saint Phalle, Chef de la Division recherche et édition
Cyrille Bellier, Chef de l'Unité de recherche économique et social

Banque mondiale
Francisco H. G. Ferreira, Chef économiste, Région Afrique
Richard Damania, Économiste principal, Région Afrique
Stephen McGroarty, Directeur éditorial, Département des publications
Carlos Rossel, Éditeur

Afrique subsaharienne

Titres de la série Forum pour le développement de l'Afrique

Infrastructures africaines : Une transformation impérative (2010) sous la direc-tionde Vivien Foster et Cecilia Briceño-Garmendia

Gender Disparities in Africa's Labor Market (2010) sous la direction de Jorge Saba Arbache, Alexandre Kolev et Ewa Filipiak

Défi s agricoles africains (2010) sous la direction de Jean-Claude Deveze

Contemporary Migration to South Africa: A Regional Development Issue (2011) sous la direction d'Aurelia Segatti et Loren Landau

Light Manufacturing in Africa: Targeted Policies to Enhance Private Investment and Create Jobs (2012) par Hinh T. Dinh, Vincent Palmade, Vandana Chandra et Frances Cossar

Informal Sector in Francophone Africa: Firm Size, Productivity, and Institutions (2012) de Nancy Benjamin et Ahmadou Aly Mbaye

Financing Africa's Cities: The Imperative of Local Investment (2012) de Thierry Paulais

Structural Transformation and Rural Change Revisited: Challenges for Late DevelopingCountries in a Globalizing World (2012) de Bruno Losch, Sandrine Fréguin-Gresh, and Eric Thomas White

Countries in a Globalizing World (2012) de Bruno Losch, Sandrine Fréguin-Gresh et Eric Thomas White

The Political Economy of Decentralization in Sub-Saharan Africa: A New Implementation Model (2013) sous la direction de Bernard Dafflon et Thierry Madiès

Empowering Women: Legal Rights and Economic Opportunities in Africa (2013) de Mary Hallward-Driemeier et Tazeen Hasan

Enterprising Women: Expanding Economic Opportunities in Africa (2013) de Mary Hallward-Driemeier

Urban Labor Markets in Sub-Saharan Africa (2013) sous la direction de Philippe De Vreyer et François Roubaud

Securing Africa's Land for Shared Prosperity: A Program to Scale Up Reforms and Investments (2013) de Frank F. K. Byamugisha

Youth Employment in Sub-Saharan Africa (2014) de Deon Filmer and Louis Fox

Tourism in Africa: Harnessing Tourism for Growth and Improved Livelihoods (2014) de Iain Christie, Eneida Fernandes, Hannah Messerli, et Louise Twining-Ward

Safety Nets in Africa: Effective Mechanisms to Reach the Poor and Most Vulnerable in Africa (2015) by Carlo del Ninno and Bradford Mills

Land Delivery Systems in West African Cities: The Example of Bamako (2015) de Alain Durand-Lasserve, Maylis-Lasserve, and Selod Harris

Tous les ouvrages de la série Forum pour le développement de l'Afrique sont accessibles gratuitement sur : https://openknowledge.worldbank.org /handle/10986/2150

Contenu

Graphiques

Tableaux

Préface

En Afrique subsaharienne, les besoins en filets sociaux sont considérables. Si l'Afrique subsaharienne est la région la plus pauvre du globe, elle figure également parmi les régions les plus inégalitaires au monde. Dans un tel contexte, la redistribution doit être considérée comme une méthode légitime permettant de combattre la pauvreté et de garantir une prospérité partagée, a *fortiori* dans les pays dont l'économie est fondée sur les industries extractives, un secteur à faible coefficient de main d'œuvre employant souvent une main d'œuvre réduite issue des populations pauvres.

Étant donné que la plupart des pays africains ne disposent que de ressources limitées pour administrer plusieurs programmes, il est fondamental que leur prise de décision soit éclairée par des données concrètes. Les programmes de filets sociaux profitent-ils véritablement aux plus pauvres ? Le présent rapport fournit des éléments empiriques démontrant la capacité de tels programmes à atteindre les plus pauvres et vulnérables ; il contient en outre des enseignements pour un emploi efficace des méthodes de ciblage en vue d'atteindre cet objectif dans la région.

L'introduction du présent ouvrage explique la logique sur laquelle repose le ciblage des ménages souffrant d'insécurité alimentaire chronique ou présentant une vulnérabilité à l'insécurité alimentaire. Un chapitre entier consacré aux différentes méthodes de ciblage examine sous un angle technique les méthodes d'évaluation des ressources des ménages : les Tests multidimensionnels des moyens d'existence (PMT) et les PMT-plus. Viennent ensuite sept études de cas nationales présentant une palette d'approches et d'expériences d'efforts de ciblage et indiquant les besoins et les programmes existants dans les pays étudiés. Chaque étude de cas traite des aspects suivants : ampleur de la pauvreté et couverture actuelle des filets sociaux ; données disponibles ; indicateurs de ciblage sélectionnés ; procédures pour un ciblage à long terme (et dans certains cas, à court terme) ; évaluation *ex ante* des méthodes de ciblage ; enseignements clés tirés.

L'étude de cas du Mozambique analyse en profondeur l'impact des chocs climatiques ; les études de cas portant sur le Kenya, le Malawi et le Sénégal se penchent quant à elles sur la fluctuation des performances du ciblage en fonction de l'exposition à un choc majeur. Les pratiques de ciblage communautaire sont décrites en détail dans les études consacrées au Ghana et au Kenya. L'étude du Cameroun analyse pour sa part l'impact des différents niveaux de transferts ciblés sur l'incidence, l'ampleur et le degré de la pauvreté ; elle met également en lumière l'utilité du ciblage géographique pour atteindre les populations en situation de pauvreté chronique. L'étude portant sur le Niger s'intéresse pour sa part à la solidité des corrélations existant entre le PMT et d'autres indicateurs alternatifs de ciblage et procède à une analyse *ex post* de l'impact des transferts monétaires versés dans le cadre de projets pilote. De façon générale, ces études de cas démontrent la profonde nécessité de mettre en œuvre des programmes de filets sociaux afin de protéger à la fois les ménages actuellement concernés par la pauvreté et ceux susceptibles d'y sombrer à l'avenir.

La conclusion de ce rapport se penche sur les défis à venir en matière d'investissements dans les données, les procédures et les méthodes visant à améliorer le ciblage des programmes. Elle insiste particulièrement sur le besoin d'investissements nationaux dans des méthodes et procédures de ciblage visant à protéger les ménages contre l'exposition aux chocs à court terme, fréquents dans les pays africains.

Nous espérons que cette étude se révèlera utile pour les gouvernements, les décideurs politiques, les bailleurs et l'ensemble de la communauté du développement chargée de la planification, de la conception et de la mise en œuvre de programmes de filets sociaux.

Francisco H. G. Ferreira   *Arup Banerji*
Economiste en chef   Directeur de la Banque mondiale pour la
Région Afrique   protection sociale et le travail

Remerciements

La présente publication a bénéficié des précieuses contributions de nombreux collègues travaillant à la Banque mondiale comme ailleurs. Nous sommes particulièrement reconnaissants envers les participants de l'atelier de ciblage organisé à Dakar (Sénégal) en novembre 2011 et à ceux de la réunion présentielle de la Communauté de Pratique qui s'est tenue à Nairobi (Kenya) en octobre 2012. Le présent ouvrage se fonde sur les discussions et remarques émises par plus de cent participants et donateurs partenaires. Nous remercions également tous ceux qui ont participé à la collecte des données et ceux dont les témoignages ont servi à élaborer les bases de données sur lesquelles sont fondées les études de pays.

Ce travail a pu voir le jour grâce aux conseils et orientations de plusieurs personnes: les responsables du secteur de la Protection sociale en Afrique, Lynne Sherburne-Benz et Stefano Paternostro ; les directeurs du secteur Développement humain en Afrique, Ritva Reinikka et Tawhid Nawaz, mais aussi des membres du Bureau de l'économiste en chef, en particulier Shanta Devarajan, Deon Filmer, Punam Chuhan-Pole et Francisco Ferreira.

À l'heure de publier cet ouvrage, nous sommes particulièrement reconnaissants envers Emanuela Galasso, Philip B. O'Keefe, Hassan Zaman (Banque mondiale) et John Hoddinott (Institut international de recherche sur les politiques alimentaires) pour les révisions exhaustives et avisées qu'ils ont apportées au stade de la conception du présent ouvrage, mais aussi envers Ambar Narayan et Nithin Umapathi, qui ont travaillé sur la version finale de ce livre.

Les travaux de recherche et de compilation n'auraient pas été possibles sans la généreuse contribution financière du TFESSD (*Trust Fund for Environmentally and Socially Sustainable Development*), du Programme d'intervention rapide dans le secteur social de la Banque mondiale, généreusement financé par la Fédération de Russie, la Norvège et le Royaume-Uni, mais aussi grâce à l'aide de la Protection sociale adaptative pour le Fonds d'affectation spécial multi-donateur financé par le Royaume-Uni.

Ce travail repose avant tout sur les vastes connaissances et les remarques volontiers apportées par des professionnels de la Banque mondiale dans son ensemble. Pendant la période de gestation de ce livre, nous avons par ailleurs reçu des contributions, observations et suggestions de grande qualité de la part d'Andrew Dabalen, Annamaria Milazzo, Anush Bezhanyan, Bassam Ramadan, Céline Julia Felix, Harold Alderman, Louise Fox, Dena Ringold, Ludovic Subran, Margaret Grosh, Ruslan Yemtsov et Sarah Coll-Black.

Nous tenons enfin à remercier tout particulièrement Darcy Gallucio et Elizabeth Forsyth pour leur attentive révision de la publication.

À propos des coordinateurs et contributeurs

Coordinateurs

Carlo del Ninno est économiste sénior à l'unité Afrique du pôle des pratiques mondiales pour la protection sociale et le travail de la Banque mondiale. Il travaille sur les politiques et programmes de filets sociaux et dirige le programme de protection sociale adaptative du Sahel. Pendant les dix dernières années, il s'est penché sur des questions analytiques et opérationnelles relatives aux programmes de filets sociaux couvrant plusieurs pays de l'Asie du Sud et de l'Afrique sub-saharienne.

Avant de rejoindre la Banque mondiale, il a travaillé sur les politiques de sécurité alimentaire (pour l'Institut international de recherche sur les politiques alimentaires au Bangladesh) et sur l'analyse de la pauvreté dans plusieurs pays (pour la division de recherche sur les politiques de la Banque mondiale et pour l'université de Cornell). Il est titulaire d'un doctorat de l'université du Minnesota et auteur de publications sur les filets sociaux, les politiques alimentaires et la sécurité alimentaire.

Bradford Mills est professeur au département d'économie agricole et appliquée à l'Institut polytechnique de Virginie. Il est titulaire d'un doctorat en économie de l'agriculture et des ressources de l'université de Californie à Berkeley. Il dispose d'une vaste expérience dans le domaine du développement, dans la mesure où il a occupé le poste de conseiller technique résident de longue durée dans des instituts gouvernementaux et des centres de recherche internationaux en Gambie, en Allemagne, en Guinée, au Kenya et aux Pays-Bas. Ses recherches sont axées sur l'impact des programmes d'assistance sociale, de l'éducation et des nouvelles technologies sur le bien-être économique des ménages et sur les résultats du marché, aussi bien aux États-Unis que dans les pays à revenus faibles et intermédiaires. Il est l'auteur de plus de 50 articles de journal et ouvrages.

Contributeurs

Rodica Cnobloch a directement pris part à des travaux aussi bien analytiques qu'opérationnels. Elle a travaillé de façon approfondie sur des questions relatives à la pauvreté et s'est concentrée sur les liens existants entre la protection sociale, le marché du travail et la mobilité, mais aussi sur la santé et l'éducation dans un contexte multinational. Elle a contribué à un certain nombre de produits analytiques consacrés à l'évaluation de l'efficacité des programmes existants et à l'étude de mécanismes de ciblage alternatifs dans les pays à revenu faible et intermédiaire. Elle dispose d'une vaste expérience dans le domaine de la conception et de la mise en œuvre d'enquêtes, mais aussi en évaluation d'impact. Sur le plan opérationnel, elle a conçu et dirigé l'exécution du projet pilote de transferts monétaires du Lesotho.

Kimberly Groover est doctorante au *Terry College of Business*, à l'Université de Géorgie. Parallèlement à ses études à l'Institut polytechnique de Virginie, dans la ville de Blacksburg, elle a mené les recherches qui ont abouti au chapitre du présent ouvrage consacré au Mozambique. Après l'obtention de son Master, elle a travaillé en tant qu'assistante de recherche au département d'économie agricole et appliquée de l'Institut polytechnique de Virginie. Ses domaines de recherche incluent la sécurité alimentaire et la pauvreté des ménages.

Adea Kryeziu est consultante auprès du pôle des pratiques mondiales pour la protection sociale et le travail et auprès de la Vice-présidente de l'unité du changement climatique de la Banque mondiale. Elle a travaillé sur une palette de projets analytiques et opérationnels liés aux filets de protection sociale, à l'adaptation au changement climatique, à la gestion des catastrophes naturelles et à l'économie politique des subventions énergétiques. Elle a publié une dizaine de notes d'information, d'examens de portefeuille, de notes explicatives et de recherches générales portant sur des questions relatives au développement humain et durable. Avant de rejoindre la Banque mondiale, elle a contribué à l'Initiative mondiale pour l'énergie et l'environnement (*Global Energy and Environment Initiative*, GEEI), le ministère de l'Économie et des Finances du Kosovo et des institutions privées. Elle est titulaire d'un Master en économie internationale et politiques énergétiques de la faculté des hautes études internationales de l'Université Johns Hopkins, dans l'État du Maryland.

Phillippe Leite est économiste sénior à l'unité Afrique du pôle des pratiques mondiales pour la protection sociale et le travail de la Banque mondiale. Avant de rejoindre cette unité, il a travaillé dans l'équipe de réseau du pôle de la protection sociale et du travail, à laquelle il fournissait un soutien technique dans le cadre de projets menés dans différents pays tels que le Brésil, le Kenya, le Mexique, la Tanzanie, la Cisjordanie et la bande de Gaza sur une vaste gamme de sujets, dont le développement de systèmes de protection sociale, la conception de programmes de filets sociaux et l'évaluation d'impact. Auparavant, il a travaillé sur les facteurs déterminants de la pauvreté et des inégalités, sur la méthodologie des cartes de la pauvreté et sur les modèles de simulation microéconométriques pour le Groupe de recherche sur le développement. Il est titulaire d'une licence et d'un Master en statistiques de l'École nationale de sciences statistiques (ENCE, Brésil), mais aussi d'un Master et d'un doctorat en économie de l'École des hautes études en sciences sociales (Paris).

Linden Mc Bride est doctorante à la *Dyson school of applied economics and management* de l'Université de Cornell. Elle a été assistante de recherche sénior à l'Institut international de recherche sur les politiques alimentaires et volontaire du *Peace* Corps au Burkina Faso. Ses recherches se concentrent sur le développement agricole en Afrique, la volatilité des prix alimentaires, la sécurité alimentaire et les méthodes de ciblage des filets sociaux.

Pierre Nguetse-Tegoum dirige le processus national de planification du développement du Cameroun au ministère de l'Économie, de la planification et du développement régional. Il est maître de conférences à temps partiel à l'École de la statistique d'Afrique centrale, où il traite des techniques d'évaluation d'impact, de planification stratégique et d'économétrie. Il est également consultant en matière de pauvreté, d'analyse du marché du travail et de protection sociale. En 2009, il a reçu le prix du meilleur statisticien du monde en développement pour son évaluation des retombées de l'éducation sur le secteur informel.

Lucian Bucur Pop est économiste sénior à l'unité Asie du Sud du pôle des pratiques mondiales pour la protection sociale et le travail de la Banque mondiale ; avant d'occuper ce poste, il a travaillé pour le réseau mondial de protection sociale et dans les départements de l'Europe de l'Est et de l'Asie centrale. Il a pris part à des projets d'investissement, à des prêts de politique de développement et à des travaux analytiques. Avant de rejoindre la Banque, il était maître de conférences à l'université de Bucarest. Ses domaines d'expertise incluent la conception et la mise en œuvre de programmes d'assistance sociale, l'analyse de la pauvreté et l'évaluation de programmes sociaux. Il est titulaire d'un doctorat en sociologie de l'université de Bucarest.

Quentin Stoeffler est post-doctorant au département d'économie de l'agriculture et des ressources de l'université de Californie à Davis, où il travaille au *Global Action Network* sur le thème de l'assurance annexée. En tant que consultant de l'unité de protection sociale de la Banque mondiale pour la région Afrique, il a soutenu la mise en œuvre de programmes de transferts monétaires. Ses recherches sont axées sur l'amélioration du bien-être des ménages, qui peut notamment être générée grâce à des investissements portant sur des activités productives en milieu rural, des filets de sécurité sociale et des produits d'assurance annexée. Dans le domaine de la recherche, ses centres d'intérêts incluent la mesure de la pauvreté, le ciblage et la réalisation d'enquêtes en Afrique subsaharienne. Il est titulaire d'un doctorat en économie agricole et appliquée de l'Institut technologique de Virginie.

Kalanidhi Subbarao est consultant sénior au pôle des pratiques mondiales pour la protection sociale et le travail de la Banque mondiale. Il a en outre été économiste sénior de référence en matière de protection sociale pour la région Afrique et pour le Réseau de réduction de la pauvreté, ce qui lui a valu de devenir consultant pour le réseau de la protection sociale et du travail. Avant de rejoindre la Banque mondiale, il a enseigné et mené des recherches à l'École d'économie de Delhi, à l'Institut de croissance économique de Delhi et à l'Université de Californie de Berkeley. À la Banque mondiale, il a joué un rôle central dans les travaux d'analyse, d'opérations et de politiques menés dans le domaine des filets sociaux et de la réduction de la pauvreté ; il s'est concentré sur les thèmes de l'équité, de l'efficacité et de l'accessibilité budgétaire. Il est auteur de nombreuses publications et a travaillé sur des questions opérationnelles relatives à des programmes de protection sociale répartis sur plus de 30 pays. Il est co-auteur du rapport intitulé *La protection sociale pour la sécurité alimentaire*, élaboré pour le Comité sur la sécurité alimentaire mondiale (FAO 2012) et de l'ouvrage intitulé *Public Works as a Safety Net: Design, Evidence and Implementation* (2012), élaboré pour la série de publications de la Banque mondiale consacrée au développement. Il est titulaire d'un doctorat en économie de l'école d'économie de Delhi (université de Delhi).

Traduction de l'anglais : Céline Julia Félix et Amélie Courau.

Abréviations

AD	Aire de Dénombrement
BA	Bon d'Achat
BAD	Banque Africaine de Développement
BID	Banque Islamique de Développement
CARE	*Cooperative for Assistance and Relief Everywhere*
CC	Ciblage Communautaire
CECL	Comités d'exécution communautaires du LEAP (Ghana)
CFAF	Communauté Financière Africaine Franc
CGH	Coady-Grosh-Hoddinott
CNCAS	Caisse Nationale du Crédit Agricole au Sénégal
CRS	*Catholic Relief Services*
CSA	Commissariat à la Sécurité Alimentaire (Sénégal)
DFID	*Department for International Development* (Royaume-Uni)
DGT	Foster-Greer-Thorbecke
EAMIA	Échelle de l'Accès des Ménages à l'Insécurité Alimentaire
ECM	Enquête Camerounaise auprès des Ménages (Cameroun)
EFM	Échelle de la Faim dans les Ménages
ENBCM	Enquête Nationale sur le Budget et la Consommation des Ménages (Niger)
ESPS	Enquête de Suivi de la Pauvreté au Sénégal
ETE	Effet de Traitement Endogène
FANTA	*Food and Nutrition Technical Assistance*, Assistance Technique en matière d'Alimentation et de Nutrition
FAO	*Food and Agriculture Organization*, Organisation des Nations Unies pour l'alimentation et l'agriculture

FEWSNET	*Famine Early Warning Systems Network*, Réseau de systèmes d'alerte précoce des famines
FSCT	Filets Sociaux par le Cash Transfer (Sénégal)
FSP	*Food Subsidy Programme*, Programme de Subventions Alimentaires (Malawi)
GFD	*General Food Distribution*, Aide Alimentaire Générale
GLSS	*Living Standards Survey*, Enquête sur le Niveau de Vie au Ghana
GSS	*Ghana Statistical Service*, Service de la Statistique du Ghana
HSNP	*Hunger Safety Net Programme*, Programme de Filet Social contre la Faim (Kenya)
IDW	*Inverse Distance Weighted*, Pondération Inverse à la Distance
IPSEV	Initiative de Protection Sociale des Enfants Vulnérables (Sénégal)
ISA	Indice des Stratégies d'Adaptation
ISOF	*Inquérito Sobre Orçamenta Familiar* (Enquête sur le budget des ménages, Mozambique)
JHSCCT	*Junior Highschool Students Conditional Cash Transfers*, Transferts Monétaires Conditionnels pour les Collégiens (Ghana)
KIHBS	*Kenya Integrated Household Budget Survey*, Enquête Intégrée sur le Budget des Ménages du Kenya
LEAP	*Livelihood Empowerment Against Poverty*, Programme de Revenu de Subsistance contre la Pauvreté
MCO	Moindres Carrés Ordinaires
MHIS	*Malawi Integrated Household Survey*, Enquête intégrée auprès des ménages du Malawi
MINADER	Ministère de l'Agriculture et du Développement Rural (Cameroun)
MINAS	Ministère des Affaires Sociales (Cameroun)
MINEDUB	Ministère de l'Éducation de Base (Cameroun)
MINEPAT	Ministère de l'Économie, de la Planification et de l'Aménagement du Territoire (Cameroun)
MINESUP	Ministère de l'Enseignement supérieure (Cameroun)
MINFI	Ministère des Finances (Cameroun)
MINSANTE	Ministère de la Santé Publique (Cameroun)
MVC	*Most Vulnerable Children*, Enfants les plus vulnérables (Kenya)

NASA	*National Aeronautics and Space Administration*, Administration nationale de l'aéronautique et de l'espace (États-Unis)
NETS	Nutrition Ciblée sur l'Enfant et Transferts Sociaux (Sénégal)
NIS	*National Institute of Statistics*, Institut national de la Statistique
OEV	Bourse d'Étude pour les Orphelins et Autres Enfants Vulnérables (Sénégal)
ONG	Organisation non-gouvernementale
OVC	*Orphans and Vulnerable Children*, Orphelins et Enfants Vulnérables
PAD-Y	Programme d'Assainissement de Yaoundé (Cameroun)
PAM	Programme Alimentaire Mondial
PAPA	Projet d'Appui à la Promotion des Aînés (Sénégal)
PAS	Programme d'Alimentation Scolaire (Sénégal)
PIB	Produit Intérieur Brut
PMT	*Proxy-Means Test*, Test Multidimensionnel des Moyens d'Existence
PNBSF	Filets Sociaux par le Cash Transfer (Niger)
PPA	Parité de Pouvoir d'Achat
PRBC	Programme de Réadaptation à Base Communautaire (Sénégal)
RGPH	Recensement Général de la Population et de l'Habitat (Cameroun)
RGPH3	Recensement Général de la Population et de l'Habitation 3
RQ	Régression Quantile
SCA	Score de Consommation Alimentaire
SCAnt	SCA non tronqué
SCDA	Score de Consommation et de Diversité Alimentaires
SDAM	Score de Diversité Alimentaire des Ménages
SFMCH	*Supplementary Feeding and Mother and Child Health Programme*, Programme de compléments alimentaires et de santé maternelle et infantile (Kenya)
TMNC	Transferts Monétaires Non Conditionnels
UNICEF	Fonds des Nations Unies pour l'Enfance
VIH/SIDA	Virus de l'Immunodéficience Humaine/Syndrome d'Immunodéficience Acquise
WASH	*Water, Sanitation and Hygiene*, Eau, assainissement et hygiène

Introduction : des méthodes efficaces pour cibler les populations pauvres et vulnérables en Afrique

Carlo del Ninno et Bradford Mills

Le caractère mondialisé de l'environnement dans lequel nous vivons est à la fois source de risques et d'opportunités. Comme le souligne le *Rapport sur le développement dans le monde* 2014 de la Banque mondiale, les crises alimentaire, financière et pétrolière ont fortement perturbé l'économie mondiale en 2008-2009 (Banque mondiale, 2014). Les chocs liés au changement climatique ont également affecté des dizaines de pays. En Afrique subsaharienne, de nombreux secteurs de la population (en particulier les plus pauvres) restent exposés aux chocs économiques systémiques, tandis que les gouvernements et les décideurs peinent à identifier les populations les plus vulnérables aux chocs démographiques et à la pauvreté.

En matière de réduction de la pauvreté, l'Afrique subsaharienne est moins avancée que d'autres régions. L'Europe et l'Asie centrale, le Moyen-Orient et l'Afrique du Nord (MOAN), l'Asie de l'Est et Pacifique (AEP) ainsi que l'Amérique latine et les Caraïbes (ALC) sont en effet parvenus à réduire de plus de 50 pour cent leur taux de pauvreté depuis 1990 et ont déjà atteint l'Objectif du Millénaire pour le développement consistant à réduire de moitié la proportion de la population vivant dans l'extrême pauvreté avant 2015. Au fil des vingt dernières années, le taux de pauvreté de l'Afrique subsaharienne a quant à lui baissé de 9 pour cent, passant de 56,5 à 47,5 pour cent (voir le graphique 1.1), pour ensuite recommencer à augmenter sous l'effet des crises alimentaire, pétrolière et financière mondiales.

Les pays africains ont besoin de la croissance économique pour générer une réduction généralisée de la pauvreté. S'il est vrai que les pays de la région ont joui d'une bonne reprise économique après les crises de 2008-2009 (Banque mondiale, 2011), les filets sociaux peuvent néanmoins contribuer à faire reculer la pauvreté. Les programmes de filets sociaux formels[1], en particulier les

Graphique 1.1 Taux de pauvreté calculés à partir d'un seuil de pauvreté fixé à 1,25 dollar, 1990 et 2010 (%)

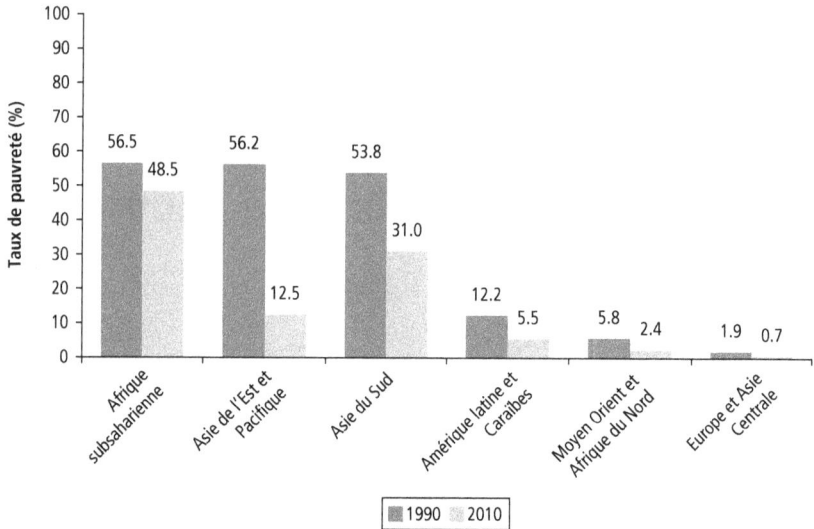

Source : Banque mondiale – Povcalnet (2013).

transferts monétaires et les transferts en nature, ont en effet joué un rôle central dans le maintien du niveau de consommation minimum entre périodes normales et périodes de crise. Lorsqu'ils remplissent leurs fonctions, ces programmes permettent en effet de maintenir le niveau de vie des ménages et de protéger ces derniers de la pauvreté transitoire et chronique, mais aussi de l'insécurité alimentaire ; ils agissent en outre comme des tremplins vers de nouvelles opportunités économiques[2]. La Stratégie de protection sociale pour l'Afrique 2012-2022 (Banque mondiale, 2012b) souligne que les filets sociaux constituent des instruments essentiels permettant d'atténuer la pauvreté chronique et l'impact des chocs sur les ménages pauvres et vulnérables.

Les bénéfices des filets sociaux peuvent cibler certains types de ménages dans le besoin ou être universels, c'est-à-dire ouverts à tous. Les pensions sociales destinées aux personnes âgées et les subventions alimentaires sur les produits de base constituent des exemples de prestations universelles. Les subventions universelles fournissant une protection efficace aux ménages les plus pauvres peuvent néanmoins se révéler extrêmement coûteuses puisqu'elles ne sont pas réservées à la population pauvre[3]. En outre, il n'est pas rare que les tensions budgétaires associées aux prestations universelles érodent de façon significative les niveaux des prestations, dans la mesure où les gouvernements cherchent à équilibrer le niveau des bénéfices et le poids budgétaire des pensions sociales[4].

Cet ouvrage se concentre avant tout sur les avantages des filets sociaux ciblés communément mis en œuvre dans le cadre de programmes d'assistance alimentaire et monétaire. Un plus vaste débat remettant en question les avantages relatifs des programmes universels par rapport aux programmes de filets sociaux ciblés est disponible dans la littérature, notamment dans les ouvrages suivants : Acosta, Leite et Rigolini (2011), Holzman, Robalino et Takayama (2009) et Knox-Vydmanov (2013).[5]

En Afrique subsaharienne, la mise en œuvre de filets sociaux a manqué de coordination et le potentiel de ces programmes a peu été mis à profit pour lutter à la fois contre la pauvreté transitoire générée par les crises et contre la pauvreté chronique associée à une faible consommation des ménages sur le long terme. Comme le souligne un récent examen des filets sociaux de vingt-deux pays d'Afrique subsaharienne (Monchuk, 2013), les programmes existants sont généralement temporaires et souvent créés, gérés et financés par des partenaires internationaux et principalement conçus en réponse à des chocs ou à des crises telles que des catastrophes naturelles ou des conflits contraignant les ménages à se déplacer. Par conséquent, ces programmes ne ciblent pas efficacement les populations pauvres. Peu de filets sociaux ont en outre été mis en œuvre pour aider les ménages à faire face à des chocs spécifiques (tels que la maladie ou le décès d'un membre du ménage) mettant à l'épreuve les capacités des familles ou des filets sociaux communautaires informels. De plus, les ressources des filets sociaux sont bien souvent en-dessous des besoins. Au Kenya par exemple, les bailleurs ont financé en 2007-2008 plus des trois quarts des dépenses totales des programmes ciblés et ces fonds ont majoritairement bénéficié à quatre provinces (sur un total de huit) qui ne concentraient pourtant pas le plus grand nombre de pauvres (Kenya, ministère d'État de la Planification, 2012). C'est pourquoi, dans de nombreux pays d'Afrique subsaharienne, les filets sociaux ne consistent qu'en une série de programmes disparates aux critères de ciblage peu coordonnés ; ils sont en outre incapables d'atteindre les ménages les plus défavorisés, alors que les bailleurs fournissent l'équivalent de deux à cinq pour cent du PIB pour les financer. Telle était par exemple la situation de l'Éthiopie entre 1997 et 2002, jusqu'au lancement de la nouvelle version du programme de filet social en 2005 (Banque mondiale, 2004, 135).

Encouragés et soutenus par des bailleurs, certains pays cherchent toutefois à sortir de ce cycle d'aide « d'urgence » pour eux-mêmes mettre en place des filets sociaux durables (même si les bailleurs pourront encore jouer un rôle central dans le financement de ces programmes). Le Rwanda, le Kenya et la Tanzanie ont par exemple commencé à remanier certains programmes et envisagent d'instituer un système national de protection sociale. Cette nouvelle génération de filets sociaux devrait en principe fournir une aide constante aux populations en situation de pauvreté chronique et ces programmes pourront être étendus en cas de crise. De nombreux facteurs ont en outre entravé le bon fonctionnement des nouveaux filets sociaux, notamment l'insuffisance des capacités administratives. Le principal défi a toutefois consisté à mettre en place un système de ciblage efficace, c'est-à-dire à définir des règles et des pratiques régissant l'allocation des bénéfices octroyés aux plus nécessiteux, identifiés au moyen d'indicateurs de pauvreté simples ou d'autres indicateurs de privation, comme par exemple l'insécurité alimentaire. La vaste expérience des pays à revenu intermédiaire et élevé en matière de mécanismes de ciblage a insuffisamment bénéficié aux pays d'Afrique subsaharienne à faible revenu, car où l'information y circule difficilement ; en effet, peu de programmes mis en œuvre dans cette région sont parvenus à dépasser le stade du ciblage géographique[6].

En Afrique, plusieurs problèmes méthodologiques cruciaux entravent en effet le ciblage des ménages en situation de pauvreté transitoire et chronique :

- Le besoin de méthodes simple d'utilisation présentant un bon rapport coût/efficacité et permettant d'identifier les ménages frappés par la pauvreté et l'insécurité alimentaire en vue de leur participation aux programmes ;
- L'absence de distinction conceptuelle claire entre les différentes dimensions de la pauvreté chronique et transitoire et de l'insécurité alimentaire ;
- La nécessité de mettre au point des mécanismes de ciblage objectifs dans un contexte où la participation aux programmes est souvent influencée par des groupes de pression et où le ciblage tend à se fonder sur l'appartenance à certaines catégories de population, telles que les personnes âgées ou les orphelins ;
- La difficulté à définir la population cible lorsque la proportion de pauvres dépasse 50 pour cent de la population et que les écarts de niveau de vie dans le temps entre les ménages pauvres restent généralement minimes (même s'ils peuvent se creuser en cas de choc) ;
- Le besoin d'une plus grande acceptabilité sociale des décisions d'attribution des ressources des filets sociaux.

Les administrateurs des programmes gouvernementaux et des organisations telles que le Programme alimentaire mondial (PAM), la Banque mondiale et d'autre bailleurs se trouvent souvent confrontés à ces épineux problèmes, qui limitent l'impact des programmes de filets sociaux conçus pour apporter une réponse rapide en situation de crise émergente et entravent la mise au point de filets sociaux acceptables, abordables et viables à long terme.

Le choix de mécanismes de ciblage appropriés est particulièrement crucial en Afrique subsaharienne, où les besoins en financement sont plus élevés que dans le reste du monde et où les ressources disponibles doivent donc se concentrer sur les populations les plus défavorisées. En pratique, cette concentration revient à concevoir des programmes dont la couverture se limite aux 10 à 20 pour cent les plus pauvres de la population, malgré le niveau très élevé du taux global de pauvreté dans ces pays. Il existe en effet des méthodes permettant de cibler les ménages souffrant de pauvreté et d'insécurité alimentaire chroniques : le ciblage géographique (zones très pauvres), le ciblage par catégories (les enfants ou les orphelins) et le ciblage de la pauvreté (faibles niveaux de consommation). Les bonnes pratiques actuellement en vigueur conjuguent ces différentes méthodes, bien que l'insuffisance de données, de connaissances et de capacités entrave toutefois la mise en œuvre de ces bonnes pratiques dans de nombreux pays.

Le savoir-faire et les méthodes permettant d'identifier et d'atteindre les ménages affectés par les chocs sont quant à eux moins développés. Pendant de nombreuses années, le soutien d'urgence apporté par le PAM à des gouvernements a encouragé l'adoption de mesures de résistance aux chocs fondées sur la communauté ou le ménage. Des analyses *ex post* de programmes de filets sociaux à court terme ont toutefois révélé des taux relativement élevés d'erreurs d'inclusion et d'exclusion. Les erreurs d'inclusion sont la conséquence d'un manque d'informations et d'une appropriation des programmes par les élites, tandis que les erreurs d'exclusion témoignent d'insuffisances budgétaires empêchant de couvrir une population potentielle délimitée par des critères trop vastes. Si les indicateurs communs de ciblage tels que l'adéquation, la qualité et la quantité des aliments sont pratiques dans la mesure où ils peuvent être obtenus par le biais d'enquêtes d'ampleur limitée et de travaux d'évaluation parfois rapides, ils sont malgré tout susceptibles d'être manipulés par leurs bénéficiaires potentiels.

Pour parvenir à réduire la vulnérabilité à l'extrême pauvreté, mais aussi l'extrême pauvreté elle-même, les programmes de filets sociaux doivent être compatibles avec l'ensemble des stratégies d'adaptation des ménages. En Afrique subsaharienne, la plupart de ces stratégies sont de nature informelle et impliquent les familles, le village et les réseaux régionaux d'assurance mutuelle. C'est souvent dans le cas de carences transitoires (à court terme) et idiosyncratiques (propres au ménage) dans le bien-être de la population que l'efficacité des mécanismes d'assistance informelle est la plus élevée (Fafchamps, 1992). Ces mécanismes présentent parfois des avantages intrinsèques que les programmes formels n'ont pas, avant tout parce que les administrateurs des programmes formels ont souvent un moins bon accès aux informations nécessaires au ciblage que les membres d'autres réseaux, ce qui préserve les programmes informels du problème de l'asymétrie de l'information et des aléas moraux, courants dans le cas des programmes formels. Comparés aux programmes formels d'assistance sociale, les programmes informels de protection sociale présente malgré tout des défauts. En effet, les ressources des réseaux informels sont généralement limitées, dans la mesure où les ménages qui les composent se trouvent en situation de pauvreté ou n'en sont pas loin. De plus, ces réseaux se caractérisent généralement par leur concentration géographique, qui les prédispose à céder face aux chocs, en cas de sécheresse par exemple (Tamiru, 2013 ; Banque mondiale, 2012a)[7]. Lors de la conception des programmes d'assistance sociale, il est essentiel d'avoir conscience de l'importance des réseaux de protection sociale informels par rapport aux stratégies d'adaptation des ménages et d'éviter de supplanter ces mécanismes.

Cet ouvrage présente un panorama des expériences de ciblage des ménages frappés par l'insécurité alimentaire en Afrique subsaharienne de façon chronique ou sur le court terme ; il cherche par ailleurs à déterminer si de nouvelles méthodes fondées sur les points forts des mécanismes existants pourraient faciliter l'identification des bénéficiaires potentiels, en période de stabilité comme en période de crise. Cette introduction décrit la logique et le cadre du ciblage. Le chapitre 2, consacré aux méthodes, approfondit de nombreux points relatifs à la mise en œuvre du ciblage, une question avant tout d'ordre technique. Le lecteur trouvera des encadrés contenant des explications plus techniques ; s'il n'est pas intéressé par l'exécution du ciblage en tant que telle, il est libre de passer outre ces informations. Les études de cas se concentrent quant à elles sur la mise en œuvre empirique de méthodes de ciblage révisées au moyen de données récoltées lors d'enquêtes auprès des ménages, bien que celles-ci n'apportent que des informations limitées sur les chocs et sur l'utilisation des programmes de filets sociaux. Cet ouvrage traite donc également des besoins en matière de données et de méthodes permettant d'identifier et de cibler les ménages pauvres et vulnérables.

Ce livre tire plusieurs conclusions fondamentales. Il démontre la possibilité de concevoir et de mettre en œuvre des filets sociaux viables en Afrique subsaharienne, mais aussi la possibilité de cibler efficacement les ménages en situation de pauvreté chronique au moyen de Tests multidimensionels des moyens d'existence (*Proxy Means Tests*, PMT). Il est malgré tout encore possible de perfectionner les outils de PMT et les performances du ciblage en conjuguant les PMT à d'autres méthodes (le ciblage géographique et le ciblage communautaire). Si les nouvelles méthodes permettant d'identifier rapidement les besoins en filets sociaux à court terme chez les victimes de choc sont prometteuses, il reste toutefois nécessaire d'investir davantage dans la collecte d'informations relatives aux chocs, dans la constitution de bases de données fiables sur l'exposition des bénéficiaires potentiels aux chocs et dans la mise au point de méthodes éprouvées permettant de mesurer l'impact de l'exposition aux chocs sur la consommation des ménages.

Concepts : pauvreté, insécurité alimentaire, vulnérabilité

La pauvreté est un phénomène multidimensionnel composé d'une dimension économique (l'impossibilité de satisfaire ses besoins de base à cause d'un manque de ressources) et d'une dimension sociale (le manque d'accès aux services de base et à des réseaux sociaux solides). S'il existe un débat cherchant à déterminer la dimension principale de la pauvreté (Ravallion, 2011 ; Alkire et Foster, 2007), tous s'accordent à dire que la nature multidimensionnelle de la pauvreté rend plus complexe l'identification des bénéficiaires des politiques de protection sociale. Ce livre reconnaît la légitimité du débat portant sur la pluralité de ces dimensions ; il se concentre toutefois sur la dimension économique de la pauvreté, associée ici à une insuffisance de revenu ou à un faible niveau de consommation. Dans un tel contexte, la pauvreté est évaluée par rapport à un seuil représentant le niveau minimum des dépenses nécessaires au maintien d'un bien-être économique de base[8].

Le concept et la définition de l'insécurité alimentaire sont eux aussi complexes. Comme le concept de pauvreté, celui d'insécurité alimentaire présente plusieurs facettes auxquelles correspondent autant de définitions distinctes. La définition la plus courante et peut être la plus large de la sécurité alimentaire a été établie il y a trois décennies par la Banque mondiale comme étant « l'accès pour tout le monde et à tout moment à une nourriture en suffisance afin de mener une vie active et saine » (Banque mondiale, 1986). Dix années plus tard, à l'occasion du Sommet mondial de l'alimentation de 1996, des représentants de haut niveau de la communauté internationale ont approuvé la déclaration suivante : « La sécurité alimentaire existe lorsque tous les êtres humains ont, à tout moment, un accès physique et économique à une nourriture suffisante, saine et nutritive leur permettant de satisfaire leurs besoins énergétiques et leurs préférences alimentaires pour mener une vie saine et active » (FAO, 1996).

Les définitions applicables de l'insécurité alimentaire englobent quatre concepts clé : (a) la disponibilité des aliments, qui détermine si un ménage dispose d'une nourriture dont la quantité et la qualité sont adéquates ; (b) l'accès à la nourriture, qui détermine si les ménages disposent des ressources suffisantes pour avoir une alimentation variée ; (c) l'utilisation des aliments, qui met l'accent sur l'importance des éléments non-alimentaires dans le concept de sécurité alimentaire et cherche à déterminer si l'alimentation est accompagnée d'un régime approprié, d'eau potable, d'installations sanitaires et de soins de santé et si elle suffit à assurer le bien-être nutritionnel des individus ; et (d) la stabilité alimentaire, qui évalue l'accès des ménages à une alimentation adéquate à tout moment et reprend deux dimensions de la sécurité alimentaire : la disponibilité et l'accès (Barrett, 2002 ; del Ninno, Dorosh et Subbarao, 2007).

Le présent ouvrage se concentre sur les deuxième et quatrième concepts, tous deux liés à la notion d'accès à l'alimentation. La définition couramment utilisée dans les analyses de la pauvreté se rapproche en effet de la démarche consistant à se demander si les ménages disposent des ressources suffisantes pour acquérir des aliments appropriés permettant d'avoir une alimentation variée, ici définie par rapport au seuil de pauvreté alimentaire, qui renvoie la plupart du temps au niveau minimum de dépenses permettant de satisfaire les besoins caloriques de base d'un ménage.

L'insécurité alimentaire comme la pauvreté ne sont pas statiques : certains ménages vivent en situation de privation permanente, tandis que d'autres n'y sont exposés que temporairement, suite à un choc (Hodinott, Rosegrant et Torero, 2012 ; Tesliuc *et al.*, 2014). Les chocs spécifiques aux ménages, tels que la maladie ou la perte d'emploi, sont désignés par l'expression « chocs idiosyncratiques », tandis que les catastrophes naturelles, les guerres et les crises économiques génèrent des chocs covariants affectant le bien-être économique des ménages.

La vulnérabilité des ménages aux chocs peut être générée par des facteurs tels que la proximité du seuil de pauvreté (alimentaire) en période de stabilité, la gravité et la fréquence des chocs et la disponibilité de mécanismes formels (et informels) d'adaptation atténuant l'impact des chocs.

En Afrique subsaharienne, l'incidence de la pauvreté est élevée et le niveau d'inégalités est faible, à en croire des outils de mesure traditionnels tels que le coefficient de Gini. Dans cette région, une vaste part de la population est exposée au risque de tomber dans la pauvreté ou dans l'insécurité alimentaire sous l'effet de chocs covariants et idiosyncratiques, car de nombreux ménages sont proches du seuil de pauvreté et les catastrophes naturelles (sécheresses, inondations et invasions d'acridiens) y sont récurrentes (Mills *et al.*, 2004).

De plus, les gouvernements ne disposent que de faibles ressources pour apporter un soutien aux ménages affectés. La capacité de la population d'Afrique subsaharienne à maintenir un accès suffisant à l'alimentation dans des conditions adverses dépend ainsi presque exclusivement du niveau initial d'actifs des ménages. Les plus favorisés utilisent en effet leurs actifs pour absorber les chocs de force intermédiaire (Webb *et al.*, 2006), tandis que les ménages à faible revenu se servent de leurs réseaux sociaux pour atténuer les chocs idiosyncratiques (Fafchamps, 1992). Bien souvent, ces réseaux informels n'offrent pourtant qu'une protection limitée lorsqu'une communauté est frappée par un choc covariants de grande ampleur ; c'est donc dans ces cas de figure que les programmes de filets sociaux formels s'avèrent le plus nécessaires et le moins susceptibles de menacer d'autres types de mécanismes.

Définir les groupes cibles

Le travail de ciblage présenté dans cette étude est essentiellement axé sur des instruments permettant d'identifier deux groupes de population :

(1) *Les ménages souffrant d'insécurité alimentaire chronique*, dont les dépenses totales retombent constamment sous le seuil de pauvreté alimentaire. En d'autres termes, les dépenses de ces ménages sont situées en-dessous du niveau garantissant un accès à une alimentation adéquate, et ce même en l'absence de choc majeur et dans l'hypothèse où toutes leurs dépenses seraient consacrées aux achats alimentaires. Dans la plupart des cas, le taux de pauvreté chronique est toutefois moins élevé que le taux de pauvreté.

(2) *Les ménages vulnérables à l'insécurité alimentaire*, dont les dépenses alimentaires sont censées être suffisantes pour maintenir le ménage au-dessus du seuil de pauvreté alimentaire en période de stabilité, bien qu'il existe une forte probabilité pour que ces ménages tombent sous le seuil de pauvreté alimentaire en cas de choc de grande ampleur.

Il est possible d'opérer une distinction similaire entre la population en situation de pauvreté chronique et la population en situation de vulnérabilité à la pauvreté en appliquant un simple changement de valeur seuil. L'insécurité alimentaire et la pauvreté constituent donc deux indicateurs simples permettant de mesurer le manque de ressources des ménages ou l'incapacité de ces derniers à satisfaire leurs besoins alimentaires et fondamentaux, respectivement.

Les groupes en situation de difficulté chronique et ceux en situation de vulnérabilité (qu'il s'agisse de pauvreté ou d'insécurité alimentaire) ont des besoins distincts en matière de filets sociaux. Dans le premier cas, la misère des ménages peut être atténuée grâce à une aide à long terme : dans le second, les ménages peuvent être protégés de l'impact des chocs par une aide à court terme.

Comme le montre le graphique 1.2, les ménages en situation d'insécurité alimentaire constituent une sous-catégorie des ménages en situation de pauvreté

Graphique 1.2 Relation entre la pauvreté chronique et l'insécurité alimentaire

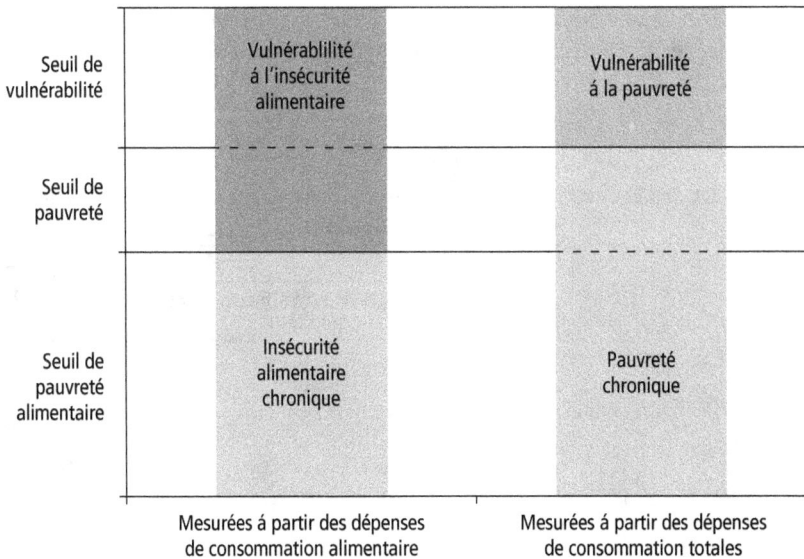

chronique, dont les dépenses sont insuffisantes pour couvrir les besoins alimentaires de base, même en l'absence de choc. Les ménages situés légèrement au-dessus du seuil de pauvreté, par conséquent capables de satisfaire leurs besoins alimentaires et fondamentaux en l'absence de choc, sont considérés comme vulnérables à la pauvreté s'il existe une forte probabilité pour qu'ils soient exposés à un choc susceptible de faire chuter leurs dépenses sous le seuil de pauvreté. De même, les ménages situés légèrement au-dessus du seuil d'insécurité alimentaire sont quant à eux vulnérables à l'insécurité alimentaire. Il est donc probable que les ménages se trouvant en situation de pauvreté chronique sans pour autant se trouver en situation d'insécurité alimentaire chronique soient également vulnérables à l'insécurité alimentaire. La mesure de la pauvreté chronique peut donc constituer une base solide pour l'identification des ménages en situation d'insécurité alimentaire chronique et des ménages vulnérables à l'insécurité alimentaire.

Le tableau 1.1 est une représentation simplifiée du graphique 1.2 et se concentre sur les dynamiques de la sécurité alimentaire. En l'absence de choc, les ménages peuvent être considérés ou non en situation d'insécurité alimentaire, en fonction de leur position par rapport au seuil de pauvreté alimentaire. Sont considérés en situation de sécurité alimentaire les ménages dont le niveau de dépenses est estimé supérieur au seuil de la pauvreté alimentaire ; inversement, les ménages situés en-dessous de ce seuil sont considérés en situation d'insécurité alimentaire. Sur le tableau 1.1, ces deux catégories sont respectivement représentés par les groupes A et B. Si l'on part du principe que les chocs sont des événements rares, la population B est constituée de ménages en situation d'insécurité alimentaire chronique ayant besoin d'une assistance sociale régulière.

Tableau 1.1 Représentation simplifiée de l'insécurité alimentaire et de l'impact des chocs

| | | | Après le choc | |
		Total	Secteurs non affectés par le choc	Secteurs affectés par le choc
Avant le choc	+			
	Sécurité alimentaire	A	A10	A11
Seuil de pauvreté alimentaire				
	insécurité alimentaire	B	B10	B11
	−			

Source : Auteurs.

En cas de choc, la population (qu'elle soit ou non en situation de sécurité alimentaire) se divise alors en deux groupes : les ménages affectés et les ménages non affectés par le choc. Le groupe B_2, composé des ménages en situation d'insécurité alimentaire, verra sa situation se dégrader encore davantage. Le groupe A_2 est quant à lui composé des ménages en situation de sécurité alimentaire susceptibles de tomber dans l'insécurité alimentaire sous l'effet de l'exposition au choc, car ils se trouvent proches du seuil de pauvreté alimentaire avant le choc en question. Le défi à relever consiste donc à mettre au point un mécanisme de ciblage capable d'identifier à la fois la population du groupe B qui devrait bénéficier d'une assistance régulière et les populations A_2 et B_2, qui devraient recevoir un soutien temporaire (supplémentaire dans le cas de B_2) en cas d'exposition à un choc.

Concepts de base du ciblage

Il existe trois arguments en faveur d'une utilisation du ciblage visant à affiner la couverture des programmes sociaux. D'un point de vue économique, le ciblage permet aux décideurs politiques d'optimiser l'effet d'un budget donné sur la population pauvre couverte. Historiquement, les choix d'allocations budgétaires profitent rarement aux plus pauvres ; or, se concentrer sur cette catégorie de population peut au contraire réduire le caractère inégalitaire des dépenses publiques. Les pauvres sont fortement défavorisés sur le plan du capital humain ; pourtant, l'adoption de politiques visant à augmenter le taux de scolarisation et de fréquentation scolaire des enfants en âge d'aller à l'école pourrait par exemple permettre de réduire les inégalités de développement humain sur le long terme. D'un point de vue global, le ciblage permet en outre de réduire les pertes en concentrant les programmes sur les couches les plus pauvres de la population, qui ne reçoivent traditionnellement qu'une part excessivement faible des services fournis par le gouvernement. Un ciblage efficace peut également permettre de verser des aides plus élevées à des bénéficiaires appartenant à un groupe défini de personnes éligibles. L'encadré 1.1 aborde la nécessité de parvenir à un compromis entre la définition des groupes cibles et le niveau des bénéfices.

En théorie, le ciblage peut avoir des avantages considérables ; en pratique, ces avantages sont souvent minimisés par la difficile mise en œuvre de ce système. Le ciblage engendre en effet des frais, au niveau de l'administration et des ménages comme au niveau social et politique[9] ; il peut en outre dénaturer la motivation des bénéficiaires comme celle des bailleurs ; enfin, il n'est jamais infaillible et les erreurs de ciblage peuvent aggraver la situation de certains ménages pauvres en les excluant de l'éligibilité des programmes.

Il existe deux principaux types d'erreurs : les erreurs d'inclusion et les erreurs d'exclusion.

ENCADRÉ 1.1

Le ciblage: parvenir à un compromis sur le montant du transfert

Les contraintes budgétaires sont susceptibles de fortement influencer le montant des bénéfices et le nombre des bénéficiaires des programmes de réduction de la pauvreté. Dans le cas d'un budget fixe, le montant des bénéfices peut augmenter si le nombre de bénéficiaires baisse, c'est-à-dire si le programme ne couvre qu'une sous-catégorie de la population. Ce constat reste vrai même lorsque des erreurs de ciblage surviennent. Le présent rapport ne se penche pas en détail sur la question de l'optimisation du montant des bénéfices mais se concentre en revanche sur les pratiques de ciblage entraînant une réduction du nombre d'erreurs d'inclusion, qui permet à son tour de revoir à la hausse le montant des bénéfices perçus par les participants.

La corrélation entre le nombre de bénéficiaires et le montant des bénéfices peut être mise en évidence en comparant les coûts de programmes universels et ceux de programmes très ciblés. Le présent rapport reconnaît que le ciblage (en particulier celui de la pauvreté) est un sujet de controverse et qu'il existe des solutions intermédiaires entre programmes ciblés et universels (voir à ce propos les points de vue divergents exprimés par Kidd et Wylde, 2011 ; Coady et al., 2004 ; Hanlon et al., 2010 ; CEPAL, 2000).

Le tableau ci-dessous indique le montant des bénéfices pouvant être octroyés à partir d'un budget fixe en tenant compte des coûts administratifs d'un programme universel et ceux d'un programme ciblé sur les 10 pour cent les plus pauvres de la population. Ces deux types de programmes ont un coût élevé d'inscription, d'administration et d'identification. Le budget pris ici à titre d'exemple s'élève à 500 millions de dollars et les frais d'administration s'élèvent à 15 pour cent du coût du programme.

Tableau B1.1.1 Étude comparative des coûts et de la couverture d'un programme universel et d'un programme ciblé
US$, sauf mention contraire

Indicateur	Bénéfice uniforme	10% les plus pauvres
Budget du programme	500 000 000	500 000 000
Effectif du programme	20 000 000	2 000 000
Frais administratifs	75 000 000	75 000 000
Frais d'inscription	20 000 000	2 000 000
Budget net (après déduction des frais)	405 000 000	423 000 000
Montant du bénéfice	20,2	211,5
Écart de pauvreté annuel moyen	250	250
Proportion estimée du transfert par rapport à l'écart de pauvreté en vigueur	8%	85%

(continue page suivante)

Encadré 1.1 (Suite)

Un programme couvrant 20 millions d'individus pourrait offrir des bénéfices de 20 dollars, ce qui couvrirait 8 pour cent de l'écart actuel de pauvreté, tandis qu'un programme ne ciblant que 10 pour cent de la population offrirait des bénéfices d'une valeur de 211 dollars, couvrant ainsi 85 pour cent de l'écart de pauvreté.

- **les erreurs d'exclusion** sont commises lorsque des populations pourtant éligibles ne sont pas sélectionnées par les critères de ciblage et se trouvent exclues à tort d'un programme ;
- **les erreurs d'inclusion** sont à l'inverse commises lorsque des populations pourtant non-éligibles sont sélectionnées par les critères de ciblage et intégrées à tort dans un programme.

Ces deux types d'erreurs ne dérivent pas uniquement des méthodes utilisées : elles peuvent aussi découler de failles de mise en œuvre des programmes. Les erreurs d'exclusion peuvent par exemple concerner des ménages théoriquement éligibles qui ne participent pas à un programme par manque d'informations. À l'inverse, les erreurs d'inclusion peuvent survenir lorsque des ménages non-éligibles fournissent des informations incorrectes, comme par exemple un travailleur indépendant qui bénéficierait malgré tout d'allocations chômage, ou de parents qui modifieraient leur âge ou celui de leurs enfants pour bénéficier d'allocations familiales ou d'aides sociales.

Il est essentiel d'identifier les erreurs d'inclusion et d'exclusion pour évaluer les performances de systèmes de ciblage potentiels.[10] Le point de référence utilisé pour évaluer un système de ciblage est souvent le *statu quo*, c'est-à-dire la distribution de ressources allouées à des filets sociaux en l'absence d'un mécanisme de ciblage. Certains chercheurs pointent ces erreurs du doigt et voient en elles un motif pour ne pas adopter de méthodes de ciblage, alors que de telles erreurs surviennent également dans le cadre de programmes d'assistance sociale, même universels (Barrientos et Hulme, 2008 ; Sluchynsky, 2008).[11] La présence d'erreurs d'inclusion ou d'exclusion dans un système de ciblage ne devrait donc pas constituer en soi un argument contre le ciblage ; il conviendrait au contraire de les interpréter comme des instruments permettant de comparer le *statu quo* à d'éventuels investissements dans des méthodes, ou comme des informations utiles au ciblage. Le coût des erreurs d'inclusion et d'exclusion varie selon les ménages. L'inclusion à tort d'un ménage aisé dans un programme peut par exemple avoir des retombées sociales plus graves que l'inclusion à tort un ménage proche de la pauvreté. De même, l'exclusion à tort un ménage situé juste en-dessous du seuil de pauvreté est moins grave que l'exclusion à tort d'un ménage situé en situation d'extrême pauvreté.

L'investissement dans le ciblage a un coût, avant tout administratif, qu'il est toutefois possible de réduire en employant les méthodes de ciblage présentées dans le présent ouvrage. Il est par exemple possible de se servir de données récoltées dans le cadre d'enquêtes auprès des ménages afin de générer des Tests multidimensionnels des moyens d'existence ou un savoir communautaire et d'en déduire le niveau relatif de bien-être des ménages. La vocation première du ciblage consiste toutefois à limiter les coûts, dans la mesure où les investissements réalisés dans le ciblage permettent de réduire les frais engendrés par les erreurs d'inclusion et d'exclusion. Si la corrélation entre les coûts administratifs du ciblage et la réduction des coûts des programmes n'a pas été clairement identifiée et que de plus amples recherches sont nécessaires dans ce sens, il a malgré tout été démontré que ces coûts administratifs sont plutôt faibles. Si l'on prend l'exemple du Niger, une enquête PMT portant sur l'intégralité des ménages d'un village coûte entre 25 et 30 dollars par bénéficiaire inscrit, soit 5 pour cent environ du montant versé à un participant sur une période de deux ans. De plus, les investissements réalisés dans la collecte de données destinées au ciblage ont une valeur ajoutée, dans la mesure où ils confèrent une plus grande transparence au programme et constituent une base de données susceptible d'être utilisée pour d'autres programmes et de permettre une réaction plus rapide en cas de crise.

Aperçu de l'étude

Ce chapitre s'est attaché à présenter la logique sur laquelle repose le ciblage ainsi que les concepts de base associés au ciblage des filets sociaux. Le chapitre suivant passe en revue les méthodes de ciblage disponibles ainsi que les besoins en informations qui leur sont associés. Les avantages et les inconvénients des méthodes de ciblage actuelles y sont également décrits, l'accent étant mis sur la méthode de base actuelle : le PMT. Le second chapitre décrit également des approches visant à mettre au point des mécanismes de ciblage plus efficaces à court terme en conjuguant le PMT traditionnel (un outil fiable de réduction de l'insécurité alimentaire chronique) à des mesures de choc et à d'autres indicateurs d'insécurité alimentaire à court terme. Les chapitres 3 à 9 sont quant à eux consacrés à sept études de cas portant sur le Cameroun, le Ghana, le Kenya, le Malawi, le Mozambique, le Niger et le Sénégal. Chacune d'entre elles cherche à évaluer des mécanismes de ciblage en vigueur ou en cours d'étude susceptibles d'être utilisés pour identifier les ménages en situation de pauvreté chronique et de vulnérabilité. Ces chapitres incluent des informations propres au contexte de chaque pays portant sur la pauvreté, la couverture actuelle des filets sociaux, les données disponibles, les indicateurs de ciblage choisis, les méthodes de ciblage à long terme (et dans certains cas à court terme), les évaluations *ex ante* et les enseignements clé tirés.

L'étude du Cameroun conjugue des méthodes de ciblage géographique, de ciblage communautaire et de PMT afin de mettre au point un meilleur mécanisme de ciblage des ménages pauvres et vulnérables. Il évoque également des projets consistant à évaluer des combinaisons de ciblage communautaire et de PMT dans le cadre d'un programme expérimental qui devrait fournir des orientations supplémentaires sur l'efficacité d'investissements complémentaires dans les méthodes de ciblage. L'étude de cas du Ghana évalue quant à elle le mécanisme de ciblage actuellement utilisé pour l'un des principaux programmes de filets sociaux (le LEAP) et envisage l'éventualité de progrès à venir, dans la mesure où le pays se dirige vers une procédure de ciblage unifiée. Ce faisant, cette étude de cas se concentre sur le rôle que la participation communautaire peut jouer dans l'amélioration du ciblage des programmes. L'étude du Kenya explore la possibilité de conjuguer différents systèmes de ciblage, notamment les scores de sécurité alimentaire, afin d'identifier les ménages en situation d'insécurité alimentaire chronique (sur le long terme) ou de vulnérabilité à l'insécurité alimentaire (sur le court terme et de façon passagère). L'étude du Malawi propose un modèle de PMT censé faire progresser le ciblage des ménages pauvres et vulnérables. Le ciblage se fait en fonction de l'exposition aux chocs et, dans la plupart des cas, le PMT permet d'améliorer les performances du ciblage. L'étude du Mozambique se fonde sur des données transversales et climatiques afin d'identifier les ménages vulnérables à la pauvreté transitoire causée par un choc climatique et d'estimer l'impact de chocs climatiques potentiellement endogènes sur les dépenses des ménages. Les résultats de cette étude laissent penser que les informations sur les chocs covariants peuvent se révéler utiles pour répondre aux besoins des ménages en filets sociaux. L'étude du Niger cherche à déterminer si le mécanisme de ciblage employé pour identifier les bénéficiaires est bien parvenu à identifier les ménages en situation de vulnérabilité alimentaire et si l'assistance apportée a eu des retombées sur le bien-être et la sécurité alimentaire des ménages bénéficiaires. Cette étude constitue ainsi une analyse exhaustive des différentes mesures potentielles axées sur la sécurité alimentaire des ménages. Enfin, l'étude consacrée au Sénégal cherche à déterminer si la mesure de PMT proposée est suffisamment solide pour identifier les ménages en situation de pauvreté chronique au moyen d'indicateurs de vulnérabilité aux chocs et de techniques de régression quantile.

Les enseignements des diverses approches abordées dans les études de cas sont exposés dans la conclusion. L'accent y est mis sur les techniques qui ont prouvé leur efficacité et sur les investissements nécessaires en matière de données, de processus et de méthodes pour permettre aux programmes d'assistance sociale de mieux cibler les ménages pauvres et vulnérables en Afrique subsaharienne.

Notes

1. On désigne également les filets sociaux par l'expression d'« assistance sociale ». Dans un souci de cohérence, le présent ouvrage parle plus fréquemment de « filets sociaux », dans la mesure où cette terminologie est également utilisée dans d'autres publications de la Banque mondiale.
2. Pour une définition et une description complètes du rôle des filets sociaux dans les programmes sociaux, voir Grosh *et al.* (2008). Pour des évaluations de programmes de protection sociale efficaces, consulter de Janvry *et al.* (2006) et Skoufias (2007), Fiszbein *et al.* (2009). Pour l'Afrique subsaharienne, voir Woolard et Leibbrandt (2010), Aguero *et al.* (2006).
3. Certains programmes universels sont conçus pour limiter les inscriptions au moyen de l'auto-ciblage. Voir Subbarao *et al.* (2012) pour un examen du rôle des programmes d'assistance publique auto-ciblés dans les filets sociaux en Afrique.
4. Un récent rapport sur les Seychelles (*Projections de base à long terme du système de pension élaborées par l'équipe de la Banque mondiale*, mimeo) indique que la part des personnes âgées au sein de la population totale augmente avec le temps et que les bénéfices sont ajustés à un pour cent au-dessus du taux d'inflation afin de maintenir leur valeur réelle. Le coût budgétaire supplémentaire engendré sera de l'ordre de 0,7 pour cent du PIB. Au Lesotho, avec plus de 2 pour cent du PIB, les pensions sociales se placent largement en tête des dépenses sociales, devançant même le poste de l'alimentation scolaire.
5. Il convient de noter que le choix de bénéfices ciblés ou universels est un débat encore ouvert et qu'il est nécessaire de recueillir davantage de données empiriques.
6. Smith et Subbarao (2003) affirment que les contraintes relatives aux informations, à l'administration et au budget compliquent la tâche consistant à identifier et à atteindre les groupes les plus pauvres ; ils recommandent de concevoir des programmes auto-ciblés et de réduire au maximum la charge administrative. Nichols et Zeckhauser (1982) démontrent de façon théorique que les contraintes ou les frais de transaction sur l'utilisation de programmes sociaux peuvent contribuer à améliorer le ciblage. Alatas *et al.* (2013) démontrent de façon empirique qu'en Indonésie, l'existence d'un mécanisme contraignant permet bel et bien de mieux cibler les pauvres.
7. L'étude identifie quatre catégories de filets sociaux informels: les accords informels d'assurance mutuelle, l'assurance couvrant les grandes étapes de la vie, les structures traditionnelles d'assistance sociale, l'épargne et les mécanismes informels de crédit.
8. Le « bien-être » est employé dans ce rapport comme un terme générique. Les indicateurs empiriques du bien-être portent sur la consommation alimentaire de base des ménages et sur les besoins en logement. Il vaut également la peine de noter que les programmes d'assistance peuvent avoir des retombées très différentes au sein des populations pauvres. Les plus défavorisés peuvent par exemple utiliser l'assistance pour répondre à des besoins de consommation immédiats, tandis que des ménages un peu plus aisés pourront utiliser les transferts pour investir et augmenter leurs rentrées d'argent à long terme.
9. Grosh *et al.* (2008) énumèrent les coûts de ciblage suivants : coûts administratifs à la charge du programme (collecte d'informations permettant de définir qui devrait

être admis) ; coûts privés à la charge du candidat (temps où argent consacré à réunir les informations nécessaires, à se déplacer et répondre aux exigences) ; coûts d'incitations (ou coûts indirects) dérivant des critères d'éligibilité (modification de comportement des ménages en vue de devenir bénéficiaires) ; coûts sociaux (la participation à un programme est parfois source de stigmatisation sociale affectant la décision du ménage) et coûts politiques (impact négatif du degré de ciblage sur le budget du programme).

10. En pratique, il existe plusieurs façons de calculer les erreurs d'inclusion et d'exclusion. Certains auteurs prennent comme base de référence le nombre observé de pauvres et de non-pauvres, tandis que d'autres se fondent sur la population totale. De plus, certains chercheurs (Oudinot, 2008) utilisent le concept de « fuite » comme une mesure alternative des erreurs d'inclusion (nombre de bénéficiaires non-pauvres sélectionnés). La performance du ciblage dépendra donc de la définition employée, mais aussi du nombre de bénéficiaires par rapport au taux de pauvreté.

11. Parmi les travaux majeurs produits sur les politiques de ciblage, on peut citer Cody *et al.* 2004, Kidd et Wylde 2011, Ferraz et Finan 2011, De Janvry *et al.* 2012. En Afrique, peu d'analyses des erreurs sont toutefois menées concernant les politiques universelles telles que les pensions sociales ou les allocations familiales. Guven et Leite (2014) expliquent que si les pensions sociales universelles sont simples à concevoir, elles comportent malgré tout leur lot de difficultés de mise en œuvre, lesquelles peuvent aboutir à de mauvais résultats de ciblage. Dans le cas d'un environnement aux moyens limités ou dans un pays à revenu intermédiaire, les personnes âgées pourraient se trouver dans l'impossibilité de présenter une carte d'identité ou tout autre papier d'identité leur permettant de certifier leur âge et se voir ainsi refuser l'accès à un programme. De plus, les erreurs et les fraudes commises dans le cadre de programmes de pension sociale universels sont courantes en l'absence d'un registre social fiable et d'un système de suivi et d'évaluation. Il arrive par exemple que certains perçoivent des bénéfices avant d'avoir atteint l'âge de l'éligibilité, que d'autre réclament l'allocation d'un bénéficiaire décédé (dans la plupart des cas, des proches encore en vie), ou que des bénéficiaires soient exclus du programme parce que les mécanismes de paiement ne sont pas capables d'aller jusqu'à eux.

Bibliographie

Acosta, P., P. Leite et J. Rigolini (2011). *Should Cash Transfers Be Confined To The Poor? Implications For Poverty and Inequality in Latin America.* Policy Research Working Paper No. 5875. Washington DC: Banque mondiale.

Africa's Pulse (2011). *An Analysis of the Issues Shaping Africa's Economic Future, Volume 3.* Washington DC: Banque mondiale.

Aguero, J., Carter, M., & Woolard, I. (2006). *The impact of unconditional cash transfers on nutrition: The South African Child Support Grant.*

Alatas, V., Banderee, A., Hanna, R., Olken, B. A., Purnamasari, R., & Wai-Poi, M. (2013). *Ordeal mechanisms in targeting: Theory and evidence from a field experiment in indonesia* (No. w19127). National Bureau of Economic Research.

Alkire, S. et J. Foster (2007). *Counting and Multidimensional Poverty Measurement.* OPHI Working Paper No. 7. Oxford: University of Oxford. Alatas, V., A. Banerjee, R. Hanna, B.A. Olken et J. Tobias (2012). "Targeting the Poor: Evidence from a Field Experiment in Indonesia," *The American Economic Review* 102(4):1206-1240.

Barrett, C. (2002). Food Security and Food Assistance Programs. In *Handbook of Agricultural Economics Volume 2.* Eds B. Gardener et G. Rausser. Elsevier Science B.V.

Barrientos. A. et D. Hulme (2008). *Social Protection for the Poor and Poorest.* Basingstoke et New York: Palgrave.

Bourguignon, F. (2005). Poverty-Growth-Inequality Triangle: With Some Reflections on Egypt. Distinguished Lecture Series, No. 22. Cairo: Egyptian Center for Economic Studies.

Coady, D., M. Grosh et J. Hoddinott (2004). *Targeting of Transfers in Developing Countries: Review of Lessons and Experience.* Washington DC: Banque mondiale.

Datt, G. et H. Hoogevenn (2003). "El Niño or El Peso? Crisis, Poverty, and Income Distribution in the Philippines," *World Development* 31(7):1103-1124.

De Janvry, A., F. Finan et E. Sadoulet (2012). "Local Electoral Incentives and Decentralized Program Performance," *The Review of Economics and Statistics* 94(3):672-685.

de Janvry, A., F. Finan, E. Sadoulet et R. Vakis. (2006). "Can Conditional Cash Transfer Programs Serve as Safety Nets in Keeping Children at School and from Working When Exposed to Shocks?" *Journal of Development Economics* 79, No. 2 : 349-73.

Del Ninno, C., P. Dorosh et K. Subbarao. (2007). "Food Aid, Domestic Policy And Food Security: Contrasting Experiences from South Asia and Sub-Saharan Africa," *Food Policy* 32:413–435.

Commission économique pour l'Amérique latine et les Caraïbes (CEPAL) 2000: "Equity, Development and Citizenship", pages 78–79. Nations Unies, Santiago, Chili

FAO (1996). Rapport du Sommet mondial de l'alimentation, 13-17 novembre 1996. Rome: Organisation des Nations Unies pour l'alimentation et l'agriculture.

Fafchamps, M. (1992). "Solidarity Networks in Preindustrial Societies: Rational Peasants with a Moral Economy," *Economic Development and Cultural Change* 41(1): 147-74.

Ferraz, C. et F. Finan (2011). "Electoral Accountability and Corruption: Evidence from the Audits of Local Governments," *American Economic Review* 101(4):1274-1311.

Guven, M. et Leite, P. (2014). "The Slippery Slope: Explaining the Challenges and Effectiveness of Social Pensions to Fight Poverty in Sub-Saharan Africa" Banque mondiale - Mimeo.

Gouvernement du Kenya, Ministère d'État chargé du Plan, *National Development and Vision 2030* (2012).

Examen du secteur de la protection sociale au Kenya. Nairobi: Gouvernement du Kenya.

Grosh, M., C. del Ninno, E. Tesliuc et A. Ouerghi. (2008). For Protection and Promotion: *The Design and Implementation of Effective Safety Nets.* Washington DC: Banque mondiale.

Hanlon, J., A. Barrientos et D. Hulme (2010). *Just Give Money to the Poor: The Development Revolution from the Global South.* Sterling: Kumarian Press.

Hodinott, J. (2008). *Targeting: Principals and Practice* – Institut internation de recherche sur les politiques alimentaires (IFPRI) Technical Guide #9. Washington DC.

Hoddinott, J., Rosegrant, M., Torero. M. (2012). *Hunger And Malnutrition* Copenhague: Copenhagen Consensus Center.

Holzmann, R. Robalino, D. et N. Takayama (2009). "Closing the Coverage Gap: the role of social pensions" ISBN: 978-0-8213-7971-4

IEG (2012). *Evidence & Lessons Learned from Impact Evaluations on Social Safety Nets.* Washington DC: Banque mondiale.

Kidd, S. et E. Wylde (2011). *Targeting the Poorest: An Assessment of the Proxy Means Test Methodology.* Canberra: AusAID.

Knox-Vydmanov, C. (2013). "Should older people be targeted? Social pensions for the elderly or social assistance for households", http://www.pension-watch.net/knowledge -centre/?guid=518363d2a5828&order=n

Leite, P., Costella, C., and Quintana, R. (2011). Developing and Improving Social Safety Net Programs [PowerPoint slides]. Washington, DC: World Bank. Retrieved from http://siteresources.worldbank.org/SAFETYNETSANDTRANSFERS/Resources/281945 -1131468287118/1876750-1314735153635/8Leite_SSNSystems.pdf

Mills, B., C. del Ninno et H. Rajemison (2004). "Commune Shocks, Household Assets, and Economic Well-Being in Madagascar." Étude sélectionnée à l'occasion de la conférence annuelle de l'American Agricultural Economics Association, organisée du 1 au 4 août 2004 à Denver, dans le Colorado.

Monchuk, Victoria (2014). *Reducing Poverty and Investing in People: The New Role of Safety Nets in Africa.* Série "Directions in Development". Washington, DC: Banque mondiale.

Nichols, A. L. et Zeckhauser, R. J. (1982). Targeting transfers through restrictions on recipients. *The American Economic Review*, 372-377.

Ravallion, M. (2011). *On Multidimensional Indices of Poverty.* Policy Research working Paper No. 5580. Washington DC: Banque mondiale.

Ravallion, M., Ferreira, F.H.G. et Leite, P. (2007). *Poverty Reduction without Economic Growth? Explaining Brazil's Poverty Dynamics,* 1985-2004. Washington, DC: Banque mondiale.

Skoufias, E. (2007). "Poverty alleviation and consumption insurance: Evidence from PROGRESA in Mexico." *Journal of Socio-Economics,* Vol. 36(4): 630-649.

Subbarao, K., delNinno, C., Andrews, C. et Rodriguez-Alas, C. (2012). *Public Works and a Safety Net: Design, Evidence, and Implementation.* Série "Directions in Development". – Développement humain. Washington, DC: Banque mondiale.

Sluchynsky, O. (2008). "Administration of Social Pension programs". In Holzmann, R., Robalino, D. A., Takayama, N., *Closing the Coverage Gap: the role of social pensions ans other retirement income transfers* (pp 203-2015), Washington, DC: Banque mondiale.

Tamiru, K. (2013). *What is the Role of Informal Safety Nets in Africa for Social Protection Policy?* Mimeo. Washington DC: Banque mondiale.

Tesliuc, E., L. Pop, M. Grosh et R. Yemtsov. (2014). *Income Support for the Poorest: A review of the Experience in Eastern Europe and Central Asia.* Washington DC.

Webb, P., J. Coates, E. Frongillo, B. Rogers, A. Swindale et P. Bilinsky (2006). "Measuring Household Food Insecurity: Why It's So Important and Yet So Difficult To Do," *Journal of Nutrition* 136(5).

Woolard, Ingrid et Murray Leibbrandt. 2010. "The Evolution and Impact of Unconditional Cash Transfers in South Africa." Working Paper 51, Unité de recherché sur le travail et le développement en Afrique australe, Université de Cape Town, Cape Town, Afrique du Sud.

Banque mondiale (2014). *Rapport sur le développement mondial.* Washington DC.

―――― (2012a). *Informal Safety Nets in Eastern and Southern Africa. A Synthesis Summary of Literature Review and Field Studies from Cote d'Ivoire, Rwanda, and Zimbabwe.* Africa Region Report No. 77747-AFRWashington DC: Banque mondiale.

―――― (2012b). Stratégie de protection sociale de la Banque mondiale pour l'Afrique 2012-2022. Washington DC.

―――― (2011). Atlas de la protection sociale. Washington DC.

―――― (2004). *Targeting of Transfers in Developing Countries: Review of Lessons and Experience.* Washington DC: Banque mondiale.

―――― (1986). *Poverty and Hunger: Issues and Options for Food Security in Developing Countries.* Washington DC.

――――― (mimeo). Projections de base à long terme du système de pension élaborées par l'équipe de la Banque mondiale. (mimeo)

World Bank Povcalnet. http://iresearch.worldbank.org/PovcalNet/index.htm. Washington DC.

Chapitre **2**

Un ciblage efficace en Afrique : Méthodes actuelles et futures

Bradford Mills, Carlo del Ninno et Philippe Leite

Introduction

Il existe d'ores et déjà des méthodes éprouvées permettant d'identifier les bénéficiaires éligibles aux programmes de filets sociaux. Grosh *et al.* (2008) et Coady
et al. (2004) présentent les avantages et les inconvénients de méthodes de ciblage
telles que la déclaration vérifiée des ressources, le Test multidimensionnel des
moyens d'existence, le ciblage géographique, le ciblage démographique et l'auto-
ciblage. Apres avoir analysé de nombreux programmes de protection sociale,
Coady *et al.* (2004) ont constaté que ceux fondés sur la déclaration vérifiée des
ressources, le ciblage géographique et l'auto-ciblage déterminé par des exigences
de travail s'accompagnaient tous d'une hausse de la part des bénéfices échéant
aux deux quintiles inférieurs de la population. De plus, la sélection des bénéficiaires effectuée au moyen d'un test communautaire des moyens d'existence et
d'un ciblage démographique des enfants entraîne généralement de bons résultats, qui peuvent toutefois varier considérablement en fonction de la stratégie
de mise en œuvre de ces méthodes. En revanche, le ciblage démographique des
peronnes âgées et l'auto-ciblage fondé sur la consommation ne semblent pas
efficaces pour cibler les quintiles inférieurs de la population. Handa *et al.* (2012)
fournissent des éléments supplémentaires prouvant que les méthodes de ciblage
communautaire (CC) peuvent effectivement contribuer à atteindre les pauvres
en Afrique subsaharienne.

   Des méthodes d'évaluation rapides ont en outre été employées pour identifier les ménages vulnérables affectés par les chocs. Pour cibler les ménages en
situation d'insécurité alimentaire, le Programme alimentaire mondial (PAM)
s'est notamment servi d'indicateurs tels que le Score de consommation alimentaire (SCA), des indices de diversité des régimes alimentaires et des indices de
fréquence alimentaire. Le SCA consiste à attribuer à chaque ménage un
score composé d'une série linéaire de familles alimentaires pondérées en

fonction de leur teneur en nutriments et du niveau de consommation de chacune d'entre elles. L'indice de diversité alimentaire renvoie quant à lui au nombre d'aliments ou de groupes d'aliments différents consommés par les ménages sur une période déterminée allant d'un à trente jours (en général sept jours). L'indice de fréquence alimentaire s'intéresse pour sa part à la fréquence de la consommation d'aliments ou de familles d'aliments sur une periode donnée (généralement sept jours).

Si les indicateurs de pauvreté et d'insécurité alimentaire sont étroitement liés, les méthodes permettant de cibler les ménages en situation de pauvreté et d'insécurité alimentaire sont pourtant souvent employées de façon indépendante : l'analyse de la pauvreté se fonde en effet sur des enquêtes sur les budgets des ménages (EBM), tandis que l'analyse de la sécurité alimentaire se fonde sur des évaluations rapides. L'une des principales difficultés de ce travail a consisté à élaborer des méthodes permettant de tirer un profit maximum des données disponibles dans des contextes nationaux spécifiques. Les méthodes doivent être simples et efficaces ; elles doivent pouvoir être utilisées pour cibler à la fois les ménages en situation de pauvreté chronique et, si possible avec des méthodes différentes, les ménages ayant besoin d'une assistance à court terme pour faire face aux conséquences négatives des chocs.

Le reste de ce chapitre passe en revue des méthodes de ciblage couramment utilisées et cherche à identifier les différents besoins permettant de cibler les ménages en situation de pauvreté et de vulnérabilité chronique. Les méthodes de ciblage de Test multidimensionnel des moyens d'existence (*Proxy Means Test*, PMT) et PMT-plus y sont également exposées en détail. De nombreux programmes conjuguent plusieurs méthodes ; les sept études de cas contenues dans les chapitres suivants présentent les enseignements tirés de la mise en œuvre de différentes combinaisons de méthodes présentées ci-dessous.

Méthodes de ciblage courantes

Le present chapitre examine cinq méthodes de ciblage couramment utilisées : (1) l'examen des ressources, (2) le Test multidimensionnel des moyens d'existence (*Proxy Means Tests*, PMT), (3) le ciblage communautaire, (4) le ciblage géographique et (5) l'auto-ciblage. Il aborde ensuite brièvement la combinaison des différentes méthodes sur lesquelles repose le ciblage des programmes de filets sociaux.

La déclaration vérifiée des ressources
La déclaration vérifiée des ressources constitue l'approche du ciblage des ménages la plus directe ; dans le meilleur des cas, si les informations relatives à la consommation ou au revenu sur lesquelles se base cette méthode sont exactes,

celle-ci peut s'avérer très fiable. Dans le cadre de la déclaration vérifiée des ressources, la mesure du bien-être de chaque bénéficiaire potentiel est comparée au seuil d'éligibilité fixé. Dans le cas d'un programme d'assistance destiné aux ménages en situation d'insécurité alimentaire, les dépenses mesurées pour chaque ménage seront comparées au seuil d'insécurité alimentaire (l'équivalent alimentaire du seuil de pauvreté). D'un point de vue administratif, cette méthode est exigeante, dans la mesure où la déclaration vérifiée des ressouces repose sur les informations fournies par les ménages et que ces derniers ont tout intérêt à sous-évaluer leurs revenus, leurs actifs et leurs dépenses afin d'être jugés éligibles. Il est donc indispensable de mettre en place une méthode de vérification efficace, un impératif particulièrement problématique dans les pays où les archives officielles du marché du travail ou d'autres types de transactions financières sont rares. En règle générale, l'utilisation de la déclaration vérifiée des ressouces n'est donc pas recommandée en Afrique subsaharienne, étant donné le coût élevé de la collecte d'informations vérifiables concernant le bien-être des ménages.[1]

La déclaration vérifiée des ressouces est parfois employée pour cibler des populations particulièrement vulnérables, telles que les enfants mal nourris. Dans ce cas, tout enfant souffrant potentiellement de malnutrition est pesé et mesuré afin d'identifier et de cibler la population mal nourrie. La déclaration vérifiée des ressouces est généralement employée pour identifier les ménages en situation d'insécurité alimentaire, souvent à d'autres fins que celles du ciblage à proprement parler. Il est en outre possible de recourir aux indices de diversité et de consommation alimentaires pour élaborer rapidement des mesures de sécurité alimentaire destinées aux ménages, qui ne requièrent qu'un simple historique des aliments consommées par les ménages durant la semaine écoulée. Ces mesures sont particulièrement efficaces lorsqu'il s'agit d'identifier rapidement les ménages tombés dans l'insécurité alimentaire sous l'effet de chocs.

Ces mesures rapides visant à assurer la sécurité alimentaire des ménages ne constituent pas pour autant un remède universel, car elles requièrent des investissements pour pouvoir mesurer avec précision le bien-être des ménages. Les difficultés rencontrées pour récolter des informations vérifiables dans le cadre de déclarations vérifiées des ressouces fondées sur les revenus et les dépenses sont certainement plus prononcées encore dans le domaine de la sécurité alimentaire, du fait de l'ambiguïté inhérente à la mesure de cette dernière. Les mesures subjectives de la sécurité alimentaire des ménages sont particulièrement susceptibles d'être manipulées lorsqu'elles sont employées pour déterminer l'éligibilité à un programme d'assistance. Des études ont également montré que les indices de diversité et de consommation alimentaires d'une part et les mesures de sécurité alimentaire fondées sur la consommation d'autre part ne se recoupent que rarement.

Le Test multidimensionnel des moyens d'existence (*Proxy Means Test*, PMT)

La déclaration vérifiée des ressouces génère une estimation du bien-être réel des ménages à partir de caractéristiques assez facilement observables des ménages et des individus. Plutôt que d'utiliser la déclaration vérifiée des ressouces, les pays présentant un taux élevé de pauvreté et disposant d'informations informelles sur les revenus et les dépenses peuvent générer une estimation du bien-être des ménages grâce à des modèles statistiques fondés sur des variables observables clés (lieu de vie d'un ménage et qualité de son logement, propriété de biens durables, structure démographique, niveau d'études et situation professionnelle des membres adultes du ménage, entre autres), toutes étroitement liées au niveau de vie du ménage. Une fois cette corrélation établie, il est possible d'identifier les ménages probablement situés sous les seuils de pauvreté et de sécurité alimentaire.

Le PMT permet donc d'estimer le niveau de vie d'un candidat à partir d'un modèle statistique. Ce système comporte donc les mêmes limites que d'autres types de mesures statistiques ; or, les statistiques peuvent attirer la méfiance, dans la mesure où elles reposent sur la déduction plutôt que sur l'observation. L'application pour laquelle le PMT a été conçu et pour laquelle il est le plus performant est le ciblage à long terme ; son application pour un ciblage à court terme suscite donc naturellement des critiques. Beaucoup l'accusent en outre d'être responsable de graves erreurs d'inclusion et d'exclusion, car le PMT peut entraîner une classification erronée des ménages. Dans de nombreux cas, une mauvaise mise en œuvre des programmes (liée à des stratégies de sensibilisation insuffisantes ou à l'incapacité de faire participer la population pour laquelle le programme est prévu) entraîne des erreurs d'exclusion. Plutôt que de proposer de nouvelles stratégies de mise en œuvre assorties d'un solide contrôle des données, les détracteurs du PMT plaident par conséquent en faveur d'autres instruments de ciblage, tels que le ciblage par catégorie de population (dont il est question plus bas). Il convient toutefois de noter qu'en se contentant d'inclure tous les membres d'un groupe donné pour éviter des erreurs d'exclusion, on court le risque de commettre de graves erreurs d'inclusion. Ce livre vise notamment à aider les praticiens à comprendre en quoi consiste réellement le PMT et dans quelles circonstances celui-ci constitue l'instrument de ciblage le plus indiqué.

L'utilisation d'une méthode d'approximation (telle que le PMT) pour estimer le bien-être d'un ménage ou la probabilité pour que ce dernier soit pauvre peut s'avérer particulièrement utile lorsque l'activité économique informelle et/ou l'auto-production représentent une part élevée du revenu total du ménage. En se fondant sur des modèles statistiques élaborés à partir d'enquêtes exhaustives auprès des ménages menées à grande échelle, il est possible de déterminer des co-variables faciles à vérifier (comme l'âge, l'appartenance ethnique, etc.) corrélées à la pauvreté, pour ensuite prédire le niveau des dépenses et la probabilité pour qu'un ménage donné soit pauvre. Le principal avantage de l'approximation réside dans sa capacité à enregistrer de bons résultats en matière de ciblage individuel des ménages en situation de pauvreté chronique, et ce à partir d'un volume d'informations assez restreint. De plus, le PMT n'incite pas les ménages à moins travailler ou à manipuler leur niveau de bien-être, car les candidats ne connaissent pas les variables ni la pondération utilisées pour déterminer le niveau de bien-être/pauvreté. C'est pourquoi le PMT peut constituer un instrument utile pour identifier les personnes en situation de pauvreté chronique et définir les critères d'éligibilité des programmes fournissant une assistance à long terme.

Le ciblage communautaire (CC)

Le ciblage communautaire (CC) consiste à confier la tâche de désigner les candidats éligibles d'une communauté à un groupe de membres ou de dirigeants dont les principales fonctions sont indépendantes du programme de protection sociale. L'avantage de ce type de ciblage réside dans le fait qu'il repose sur des informations locales relevant de circonstances propres qui peuvent se révéler plus précises et moins coûteuses à récolter que des données provenant d'autres sources. Il convient de peser le pour et le contre du ciblage communautaire, par ailleurs susceptible de politiser les décisions d'éligibilité et d'exacerber l'exclusion sociale.

Le ciblage communautaire peut en effet présenter des avantages dans le cas d'interventions au niveau de la pauvreté chronique et d'interventions à court terme. Dans le cadre de programmes luttant contre la pauvreté chronique, le ciblage communautaire requiert l'existence d'une structure communautaire efficace, c'est-à-dire cohésive et clairement définie. Lorsque le ciblage communautaire est correctement appliqué, il peut attirer un large soutien au programme, même lorsque celui-ci ne profite qu'à une faible proportion de la population (FAO, 2005). Le ciblage communautaire peut également se révéler utile dans le cadre d'interventions à court terme, dans la mesure où les communautés (même lorsqu'elles ne sont pas particulièrement structurées) sont capable d'identifier rapidement les membres affectés par des chocs covariants, voire idiosyncratiques (Banque mondiale, 2013). Quoi qu'il en soit, la mise en œuvre du ciblage communautaire doit tenir compte de la tendance des dirigeants à attribuer les bénéfices de façon à servir leurs propres intérêts.[2]

Le ciblage géographique

Le ciblage géographique détermine l'éligibilité des individus en fonction de leur lieu de vie. En d'autres termes, les personnes vivant dans les zones sélectionnées (généralement caractérisées par des taux élevés de pauvreté, d'insécurité alimentaire, de malnutrition ou d'exposition aux catastrophes naturelles) sont jugées éligibles, contrairement à celles résidant hors de ces zones. Par ailleurs, le ciblage géographique est souvent utilisé comme un outil d'allocation budgétaire des politiques d'assistance sociale, dans le cadre desquelles les zones les plus défavorisées bénéficient de budgets plus élevés.

L'aspect le plus délicat de ce type de ciblage consiste à déterminer la résolution à adopter pour sélectionner les zones bénéficiaires. Les enquêtes nationales sur les budgets des ménages peuvent être utilisées pour identifier les régions caractérisées par une forte incidence de la pauvreté ou de l'insécurité alimentaire. À partir de programmes d'envergure nationale, il est difficile de réaliser une ventilation géographique permettant d'identifier de petites zones caractérisées par de fortes concentrations de pauvreté. Si les provinces ou districts présentant des taux élevés de pauvreté chronique ou d'insécurité alimentaire peuvent être identifiés, les écarts de niveau de vie entre les ménages au sein de ces vastes circonscriptions géopolitiques sont susceptibles de rester élevés. Alderman *et al.* (2003) suggèrent qu'il est possible d'affiner le ciblage géographique en associant des données de recensement aux niveaux des dépenses.

Pour apporter une réponse à des besoins à court terme, le ciblage géographique peut aussi se fonder sur l'utilisation d'indicateurs d'exposition à des chocs covariants (inondations ou sécheresse, par exemple). Si cette technique requiert l'existence d'un système d'alerte précoce ou d'un réseau communautaire fonctionnels, elle permet également d'obtenir un ciblage plus précis au niveau géographique qu'avec des données issues d'enquêtes d'envergure nationale. Les ménages se trouvant dans une zone exposée ne seront pas tous affectés par un choc et, même si c'était le cas, certains d'entre eux disposeraient des ressources suffisantes pour avoir accès à des stratégies de survie leur permettant d'éviter de tomber dans la pauvreté et l'insécurité alimentaire. Les mécanismes de ciblage géographique sont souvent couplés à d'autres méthodes permettant de tenir compte du contexte singulier de chaque ménage.

L'auto-ciblage

Les programmes auto-ciblés sont techniquement ouverts à tous, bien qu'ils soient conçus de sorte que seuls les ménages dont les besoins sont très élevés puissent effectivement y participer. Dans le cas de travaux publics, les salaires sont par exemple fixés à un niveau si bas que ces programmes n'attireront que des travailleurs prêts à accepter ce tarif. Ce genre de ciblage a largement été utilisé pour atténuer la pauvreté suite à des crises économiques (comme ce fut le cas en Corée après la crise de 1997 ou en Argentine après celle de 1999) et pour soutenir la reconstruction et la création d'emplois suite à des catastrophes naturelles (comme au Sri Lanka après le tsunami de 2005). Selon la littérature, l'auto-ciblage est le plus indiqué dans le cas d'interventions temporaires menées pour répondre à des crises provoquant de fortes hausses du chômage déclaré ou pour maintenir le niveau de revenu pendant les saisons agricoles creuses. Alatas *et al.* (2013) font toutefois remarquer qu'en l'associant à une évaluation des actifs, cette méthode a contribué à renforcer l'efficacité du ciblage d'un programme à long terme en Indonésie. Les programmes NREGRA en Inde et *Oportunidades* au Mexique sont des exemples de programmes d'assistance à long terme conjuguant l'auto-ciblage au PMT.

Le tableau 2.1 récapitule les cinq principales méthodes de ciblage ainsi que leurs avantages et inconvénients.

Méthodes multiples

La littérature indique par ailleurs qu'il est possible d'obtenir de meilleurs résultats de ciblage en conjuguant différentes méthodes dans le cadre d'un même programme plutôt qu'en se reposant sur une seule méthode (Grosh *et al.* 2008; Coady *et al.* 2004; Handa *et al.* 2012). On trouve par exemple une combinaison de ciblage géographique et de PMT dans le cas du programme mexicain *Oportunidades* et du programme kenyan de transferts monétaires aux orphelins

Tableau 2.1 Récapitulatif des avantages et inconvénients des principales méthodes de ciblage

Méthode	Description	Avantages	Inconvénients
Déclaration vérifiée des ressources	Le niveau de consommation ou de revenu réel est comparé au seuil d'éligibilité.	Très précis si l'on dispose de données de bonne qualité en matière de revenu ou de consommation	La collecte de données relatives au revenu ou à la consommation de tous les bénéficiaires potentiels a un coût élevé.
Test multidimensionnel des moyens d'existence	Le niveau de consommation est évalué au moyen de variables facilement observables et vérifiables puis comparé au seuil d'éligibilité.	Capable de cibler les personnes en situation de pauvreté chronique de façon précise et peu coûteuse	N'agit pas au niveau de l'impact de chocs à court terme.
Ciblage communautaire	Des groupes de dirigeants ou de membres de la communauté déterminent l'éligibilité des ménages.	Intègre des connaissances locales et permet une réponse rapide en cas de choc à court terme. Peut susciter un soutien communautaire.	Risque d'appropriation par les élites et possible manque de transparence des décisions d'éligibilité
Ciblage géographique	Le ciblage se fait en fonction de la situation géographique : toutes les personnes résidant dans une zone géographique ciblée sont incluses.	Simple à mettre en œuvre et transparent. Capable de cibler rapidement en cas de catastrophe naturelle ou d'autre choc covariant de grande ampleur	Ne rend pas compte des écarts de niveau de vie entre les ménages d'une même zone.
Auto-ciblage	Les montants des bénéfices et des coûts de transactions sont fixés de façon à ce que seuls les ménages dans le besoin s'inscrivent.	Facile et peu coûteux à mettre en œuvre.	La stigmatisation et le manque de connaissance des programmes peuvent décourager les bénéficiaires potentiels.

et enfants vulnérables (*Orphans and Vulnerable Children program*, OVC) ; le programme de bourse familiale brésilien (*Bolsa Familia*) conjugue quant à lui le ciblage géographique à la déclaration vérifiée des ressouces ; la Tanzanie associe pour sa part le ciblage géographique, le ciblage communautaire et le PMT. Lorsqu'un programme est bien conçu, l'utilisation de méthodes multiples peut générer des gains complémentaires permettant de réduire au maximum les erreurs d'exclusion et d'inclusion.

Parmi les outils fondamentaux du ciblage figure la constitution d'une base de données centralisée tenant lieu de « registre » des bénéficiaires potentiels d'assistance sociale ; pourtant, cet élément est souvent négligé. Comme l'expliquent Leite *et al.* (2011), un registre est une base de données exacte et transparente permettant d'associer les personnes qu'elle recense aux multiples programmes de filets sociaux auxquels ces individus sont potentiellement éligibles. Avec le temps et pour chacune des méthodes de ciblage dont il est question plus haut, il est possible de réduire considérablement les investissements nécessaires en matière d'informations si, au lieu de procéder programme par programme, les filets sociaux collectent systématiquement des données sur les conditions de vie des ménages. Un registre bien conçu peut en effet contribuer à accroître de façon considérable la coordination des programmes de filets sociaux. De plus, un registre possède d'autres avantages : il aide les administrateurs des programmes à diffuser les informations, réduit les coûts de transaction des bénéficiaires, permet de réaliser des économies et renforce l'efficacité des programmes. L'existence d'un registre fonctionnel permet également de faire rapidement varier l'échelle d'un programme d'assistance en réponse à des chocs. La collecte de données destinées au ciblage peut en outre être réduite à une fraction de son coût si les informations sont déjà contenues dans le registre. Celui-ci peut par conséquent lever un grand nombre d'obstacles à l'utilisation de ces méthodes et devrait être considéré comme un élément fondamental dans la prise de décision concernant les domaines dans lesquels il convient d'investir du temps et des ressources pour améliorer les procédures et les performances du ciblage.

Identifier les ménages pauvres et vulnérables

Le choix des bonnes méthodes de ciblage dépend largement de la population concernée. L'une des dimensions fondamentales à prendre en compte lorsque l'on détermine la population cible est la durée prévue des besoins d'assistance, car les caractéristiques comme les besoins des ménages en situation de pauvreté chronique sont susceptibles de diverger de ceux des ménages vulnérables à la pauvreté à court terme. Le tableau 2.2 recense une série d'indicateurs, de mesures et de données nécessaires pour identifier et cibler les ménages en situation de

Tableau 2.2 Indicateurs et mesures de la pauvreté chronique et temporaire et de l'insécurité alimentaire

	Insécurité alimentaire chronique		Pauvreté et insécurité alimentaire à court terme (vulnérabilité)			
	Pauvreté chronique	Insécurité alimentaire chronique				
Dimensions clé	Exposition à long terme		Exposition à court terme	Dynamiques de l'exposition	Stratégies d'adaptation des ménages	
Indicateurs clé	Faible niveau de consommation	Faible accès chronique à l'alimentation ; Privations physiques (Retards de croissance ou émaciation)	Exposition aux chocs « Covariant » « Idiosyncratique »	Faible niveau d'actifs Forte probabilité d'exposition à l'insécurité alimentaire	Stratégies d'adaptation limitées	
Mesures clé	Dépenses	Consommation de calories Indice de diversité alimentaire « Retard de croissance » « Émaciation » anthropométriques	Probabilité et fréquence de chocs covariant et idiosyncratiques	Actifs et amortisseurs	Accès des ménages à une assistance informelle Adéquation des montants en vigueur	Accès des ménages à une assistance formelle
Données	Enquêtes quantitatives auprès des ménages (dépenses, quantités consommées, mesures anthropométriques)		Réseaux communautaires ou systèmes d'alerte précoce	Données récoltées dans le cadre d'enquêtes Évaluations communautaires	Enquêtes quantitatives et qualitatives auprès des ménages	Informations sur la couverture des programmes

pauvreté chronique et d'insécurité alimentaire chronique ainsi que les ménages vulnérables à la pauvreté à court terme et à l'insécurite alimentaire.

Exposition chronique

Il est nécessaire de disposer de mesures détaillées de la pauvreté chronique et de l'insécurité alimentaire chronique pour pouvoir évaluer le niveau de pauvreté et de sécurité alimentaire dans les pays d'Afrique subsaharienne et pour pouvoir informer les décideurs et les partenaires techniques et financiers au sujet des besoins des populations exposées à des privations prolongées. Des statistiques portant sur la pauvreté chronique et la sécurité alimentaire sont également utilisées pour concevoir et mettre en œuvre des programmes destinés à répondre à des besoins à long terme, pour superviser de façon efficace l'impact des interventions et pour ajuster les critères de ciblage afin de garantir une couverture adéquate des ménages en situation de pauvreté chronique.

Les ménages peuvent être classés en situation de pauvreté chronique ou d'insécurité alimentaire en fonction de différents indicateurs. Les chercheurs considèrent généralement qu'un faible niveau de dépenses est révélateur de pauvreté chronique. De même, les indicateurs d'insécurité alimentaire chronique se concentrent souvent sur les niveaux de dépenses trop faibles pour permettre aux ménages de répondre à leurs besoins alimentaires. Le travail de la Banque mondiale au Niger constitue un excellent exemple d'instauration d'un niveau de dépenses minimum permettant d'identifier des ménages en situation d'insécurité alimentaire en comparant le niveau de dépenses de ces ménages à ce seuil (Banque mondiale, 2009). La mesure de ces indicateurs fondés sur les dépenses est fortement tributaire de la disponibilité de données locales et des capacités d'analyse ; ce sont les enquêtes sur le budget des ménages et les données recueillies au niveau communautaire dans le cadre de ces enquêtes qui fournissent ces informations. Il arrive que l'on dispose de données detaillées portant sur les quantités d'aliments consommées et de mesures anthropométriques récoltées lors d'enquêtes ; ces données peuvent également être utilisées pour évaluer la sécurité alimentaire des ménages en employant d'autres types d'indicateurs de sécurité alimentaire. Les indicateurs d'insécurité alimentaire chronique peuvent également se fonder sur des données subjectives mesurant la perception de la quantité et de la qualité des aliments consommés. Afin de générer des mesures de ce genre, des institutions telles que la FAO le PAM, FANTA et OXFAM utilisent des enquêtes d'évaluation rapide fondées sur la perception qu'ont les ménages de l'adéquation de leur propre apport alimentaire ; ces enquêtes se fondent également sur des questionnaires faciles à récolter portant sur le nombre de jours pendant lesquels les ménages consomment des produits alimentaires déterminés.

Ce livre s'intéresse principalement aux indicateurs fondés sur les dépenses. Le diagnostic de la pauvrete chronique peut être établi lorsque la moyenne des dépenses ou des revenus est inférieure au niveau nécessaire pour se procurer un panier de consommation de base contenant des produits alimentaires et non-alimentaires. Le diagnostic de l'insécurité alimentaire chronique peut quant à lui être établi lorsque la moyenne des dépenses ou des revenus d'un ménage se trouve sous le niveau nécessaire pour acquérir des produits alimentaires adéquats, même en négligeant ses besoins non-alimentaires. L'utilisation d'autres indicateurs de sécurité alimentaire est abordée dans les études de cas du Kenya et du Niger. L'encadré 2.1 fournit un aperçu des autre indicateurs de pauvreté chronique et d'insecurité alimentaire couramment utilisés.

ENCADRÉ 2.1

Autres indicateurs d'exposition chronique

Plusieurs autres indicateurs d'exposition chronique à la pauvreté et à l'insécurité alimentaire sont couramment employés.

* *Les signes physiques de pauvreté et d'insécurité alimentaire (retard de croissance et émaciation)* : Des indicateurs nutritionnels tels que le retard de croissance et l'émaciation peuvent servir à déterminer si les ménages se trouvent en situation de pauvreté chronique ou d'insécurité alimentaire. Le retard de croissance (dont le *z-score* est mesuré de façon standardisée en comparant la taille à l'âge) indique une malnutrition à long terme, tandis que l'émaciation (dont le *z-score* est mesuré en comparant le poids à la taille) indique des privations immédiates graves.

* *Apport calorique* : Des mesures directes de la consommation alimentaire des ménages (en général leur apport en calories) peuvent être utilisées pour diagnostiquer une consommation alimentaire insuffisante et identifier les ménages en situation d'insécurité alimentaire chronique. Pour pouvoir procéder à cette mesure, il faut toutefois disposer d'un historique précis et détaillé des quantités d'aliments consommées ; or, dans le cadre de la plupart des programmes de filets sociaux, il existe peu de chance pour qu'un tel registre puisse être constitué et analysé. Les études sur les Connaissances, les attitudes et les pratiques (CAP) mesurent par exemple ce que consomme un ménage sur une période de six mois en pesant les rations alimentaires ingérées.

* *Niveau des disponibilités caloriques et de la part des dépenses alimentaires* : Les ménages dont l'apport calorique est insuffisant et qui consacrent pourtant une part importante de leur budget aux achats alimentaires peuvent être considérés en situation d'insécurité alimentaire. Les ménages qui consacrent une part importante de leur budget aux achats alimentaires et dont l'apport calorique est suffisant peuvent quant à eux être considérés en situation de « vulnérabilité », puisqu'ils ne disposent que d'une marge d'augmentation limitée de leurs dépenses alimentaires pour répondre à leurs besoins en calories en cas de réduction de leur niveau de dépenses total. Enfin, les ménages dont l'apport calorique est insuffisant mais dont la part des dépenses alimentaires est faible peuvent être considérés en situation de sécurité alimentaire « discutable » (voir del Ninno *et al.*, 2001, et l'équipe d'étude d'Accra, 1998).

La vulnérabilité

Il est également possible d'employer des mesures quantitatives afin d'identifier les personnes susceptibles d'être exposées à la pauvreté et à l'insécurité alimentaire suite à des chocs négatifs. Le manque de données ou de ressources contraint souvent à rechercher un compromis entre l'établissement de mesures rigoureuses au moyen de méthodes quantitatives à forte densité de données et l'utilisation de méthodes d'évaluation rapides davantage orientées vers une démarche qualitative. La vitesse d'application est également essentielle pour procéder au ciblage à court terme, car ces mesures sont généralement employées pour répondre à des besoins d'urgence.

La nature dynamique de l'insécurité alimentaire rend par ailleurs difficile l'établissement d'indicateurs d'exposition à court terme à l'insecurité alimentaire. Pour identifier les ménages les plus exposés à l'insécurité alimentaire, les mesures traditionnelles de l'état de santé, de la consommation ou des dépenses des ménages requièrent des enquêtes approfondies auprès des ces derniers et de grandes capacités d'analyse de données. Les enquêtes traditionnelles auprès des ménages risquent en effet de passer à côté de la plupart des diagnostics d'insécurité alimentaire. De plus, si un ménage ne se trouve pas en situation d'insécurité alimentaire chronique, il présentera un niveau d'actifs indiquant qu'il peut en moyenne manger à sa faim. C'est pourquoi les indicateurs *ex ante* d'insécurité alimentaire à court terme cherchent avant tout à générer des mesures portant sur les deux caractéristiques de la nature dynamique de l'insécurité alimentaire : (1) la fréquence et la gravité des chocs affectant le bien-être du ménage et (2) la solidité des mécanismes d'adaptation dont disposent les ménages ou les communautés pour atténuer l'effet des chocs.

Comme dans le cas précédent, les principales sources d'information permettant d'établir les indicateurs de vulnérabilité sont les enquêtes sur le budget des ménages, les données recueillies au niveau communautaire dans le cadre d'enquêtes sur le budget des ménages ou par d'autres agences, les évaluations rapides d'insécurité alimentaire menées par des agences telles que le PAM et les évaluations réalisées en vue de dresser des cartes de la vulnérabilité. Les principaux indicateurs mis en avant dans la littérature sont les suivants :

- *L'exposition aux chocs au cours des mois écoulés* : il est possible de conjuguer les informations sur l'exposition aux chocs à d'autres des ménages afin de comprendre quels sont les types de chocs qui représentent le plus gros risque d'insécurité alimentaire. Il est toutefois difficile d'identifier avec certitude l'impact causal des chocs sur le bien-être des ménages au moyen de données transversales.

- *Les mécanismes d'adaptation des ménages* : les actifs accumulés ainsi que les réseaux formels et informels d'assistance influent sur l'impact des chocs sur la sécurité alimentaire des ménages. La complexité des interactions entre l'exposition aux chocs et les mécanismes d'adaptation laisse toutefois penser que les données transversales ne suffisent peut-être pas à identifier l'impact causal des chocs sur le bien-être des ménages.[3] En outre, les variables ne devraient pas générer d'effets pervers. Si le fait qu'un enfant ne soit pas inscrit à l'école peut être indicateur de la pauvreté d'un ménage, cette variable pourrait inciter les parents à déscolariser l'enfant afin d'augmenter leurs chances de recevoir une aide.

• *Les mécanismes d'adaptation de la communauté* : les enquêtes informelles menées au niveau communautaire et les informateurs clés de la communauté peuvent servir à mesurer la solidité des réseaux d'assistance informelle et l'étendue de la couverture des programmes existants.

Le ciblage complique l'identification des ménages en situation de pauvreté chronique et de vulnérabilité, dans la mesure où les informations utilisées pour l'analyse doivent être faciles à obtenir et à vérifier. En réduisant le nombre de variables utilisées pour identifier les groupes en situation de difficulté chronique ou en situation de vulnérabilité, le risque de commettre des erreurs de prédiction augmente. Il convient néanmoins de mettre ce risque en perspective avec le coût d'une collecte d'informations supplémentaires portant sur les bénéficiaires potentiels et avec les erreurs associées à l'adoption de comportements stratégiques de la part des participants lorsqu'il s'agit de recueillir des informations non vérifiables afin de déterminer l'éligibilité aux programmes. Les étapes à suivre pour générer des PMT et pour adopter des mesures de PMT-plus destinées aux ménages vulnérables sont décrites plus bas.

L'utilisation du Test multidimensionnel des moyens d'existence (PMT) dans le cadre du ciblage

La réalisation d'un PMT implique deux éléments de base. Le premier est la mise en place d'un modèle permettant de traduire des caractéristiques facilement observables du ménage, de la communauté ou de la région (comme les dépenses des ménages) en une estimation précise du bien-être des menages. En d'autres termes, la pondération des variables est determinée au moyen d'un modèle statistique capable de réaliser la régression de l'indicateur de bien-être d'un ménage portant sur les caractéristiques de ce ménage en utilisant les informations issues d'une enquête sur le budget des ménages.

Pour commencer, il convient de concevoir une enquête sur le budget des ménages fournissant une représentation nationale adéquate. La mesure du bien-être des ménages (en général les dépenses des ménages par personne) sert de variable dépendante à la mesure du PMT. Les co-variables sont ensuites choisies en fonction des facteurs suivants :

1. *La disponibilité des données* : Les variables relatives aux ménages proviennent d'enquêtes sur le budget des ménages ; des informations relatives à la communauté ou à la région provenant d'autres sources peuvent également être ajoutées à la base de données.

2. *La possibilité de vérifier et d'observer facilement les données* : Les ménages ont intérêt à présenter leur situation de façon stratégique afin d'augmenter leurs chances de bénéficier d'une assistance sociale. Le choix des variables doit donc tenir compte de cette motivation et les variables choisies doivent être vérifiables et facilement observables. Le materiau de construction de la toiture est par exemple facile d'accès, contrairement à l'épargne en espèces d'un ménage.

3. *Le degré de corrélation avec l'indicateur de bien-être des ménages* : Le PMT n'est pas un exercice de modélisation structurelle mais un exercice de prédiction précise. L'objectif n'est donc pas de générer des estimations impartiales de paramètres structurels concernant la relation entre les caractéristiques et le niveau de bien-être du ménage, mais plutot de produire le modèle le plus approprié pour pouvoir prédire le bien-être des ménages. En d'autres termes, il s'agit de mettre au point un modèle fondé sur des variables faciles à vérifier, étroitement lié au bien-être du ménage et facile à mettre en œuvre sur le terrain.

Une autre question fondamentale qui se pose lors de la sélection des variables du PMT est celle de savoir si l'on souhaite ou non générer des effets spécifiques au contexte géographique par l'intermédiaire de variables relatives à l'indicateur de situation géographique et/ou d'interactions entre les indicateurs de situation géographique et d'autres variables. Grâce à l'inclusion d'indicateurs spécifiques au lieu, il est en effet possible de renforcer la capacité de prédiction d'un modèle et de réduire les erreurs d'exclusion et d'inclusion. L'inclusion d'indicateurs de situation géographique a toutefois pour conséquence d'instaurer des seuils distincts pour chaque lieu ; l'interaction des variables a quant à elle pour effet d'introduire des pondérations de PMT distinctes selon les lieux. Les procédures des programmes doivent définir de façon explicite le compromis à adopter entre l'adaptation à un contexte géographique spécifique et le maintien d'un seuil commun à tous les bénéficiaires.

On procède généralement aux estimations en utilisant l'équation suivante, résolue selon la méthode des moindres carrés ordinaires (MCO) :

$$C_i = X_i \cdot \beta + \varepsilon_i$$

Où C_i représente les dépenses du ménage i, X_i un vecteur ligne de co-variables, $\hat{\beta}$ un vecteur d'estimation de paramètres obtenu après modélisation et ε_i le terme d'erreur. Il convient de préciser que les PMT traditionnels n'incluent généralement pas de co-variables représentant les mesures d'exposition des ménages aux chocs ; ces dernières sont donc inclues dans la composante « erreur » du modèle.

L'encadré 2.2 présente l'utilisation de la régression quantile, un modele statistique prometteur permettant de générer des estimations de PMT dans le cas de ménages bénéficiaires susceptibles de se trouver dans l'extrémité inférieure de la répartition des dépenses ; l'étude de cas du Cameroun décrit une application de ce modèle en milieu urbain.

La seconde étape du processus de PMT utilise le vecteur d'estimation de paramètres $\hat{\beta}$ afin de prédire les dépenses des ménages examinés. Pour que ce processus puisse avoir lieu, il est nécessaire de collecter des informations concernant les candidats potentiels et de recueillir ces données dans un registre dont le formulaire d'inscription reprenne les mêmes caractéristiques des ménages que le modèle. Ainsi, un vecteur Z_j présentant les mêmes variables que X_i est multiplié par le vecteur de pondération afin de générer une prévision des dépenses du ménage. Si celle-ci est inférieure au seuil de l'indicateur, le ménage est alors jugé éligible au programme. Il convient de préciser que les méthodes

---

ENCADRÉ 2.2

Régression quantile pour le calcul de la pondération du PMT

La régression par la méthode des moindres carrés ordinaires (MCO) permet de générer la pondération du PMT à partir de la moyenne conditionnelle de la répartition. Lorsque cette moyenne est éloignée du seuil de pauvreté, il peut être plus judicieux d'estimer la pondération du PMT en utilisant des régressions quantiles axées sur l'extrémité supérieure ou inférieure de la répartition. Prenons le cas d'un analyste souhaitant générer une pondération du PMT à partir des dépenses *per capita*, avec un seuil de pauvreté fixé au vingtième centile inférieur de la répartition des dépenses *per capita*. Si l'on décide de se concentrer sur la partie inférieure de la répartition pour estimer la pondération du PMT, c'est parce que la relation entre les co-variables et la variable du PMT peut y être différente (et plus pertinente) qu'autour de la moyenne.

L'estimateur de base par régression quantile minimise $\hat{\beta}$ pour le qè quantile de population de la répartition.

$$Q_N(\beta_q) = \sum_{i:C_i \geq X_i \cdot \beta}^{N} q \, |C_i - X_i \cdot \beta_q| + \sum_{i:C_i < X_i \cdot \beta}^{N} (1-q) \, |C_i - X_i \cdot \beta_q|$$

N.B. : β_q est ici spécifique au choix du quantile.

Les régressions quantiles peuvent être calculées dans STATA en utilisant la fonction « qreg ».

de PMT ne tiennent pas véritablement compte de l'exposition aux chocs, c'est pourquoi ils sont plus efficaces lorsqu'il s'agit d'identifier les ménages susceptibles de se trouver en situation moyenne de pauvreté ou d'insécurité alimentaire. Ces méthodes sont donc tout indiquées dans le cas de systèmes de ciblage censés sélectionner les ménages en situation de pauvreté chronique.

La représentation formelle de l'indice de PMT et du critère de sélection peut être notée comme suit :

$$\widehat{C}_j = Z_j \cdot \widehat{\beta},$$

Où $\widehat{C}_j$ représente les estimations des dépenses du ménage j (l'indice de PMT), Z_i est un vecteur ligne de co-variables obtenu pour les ménages candidats et $\widehat{\beta}$ un vecteur d'estimations de paramètres obtenu après modélisation.

→ Le ménage j est éligible si $\widehat{C}_j \leq seuil$; il est en revanche inéligible si $\widehat{C}_j > seuil$

Le Test multidimensionnel des moyens d'existence Plus (PMT-plus)

Le Test multidimensionnel des moyens d'existence Plus (PMT-plus) est une variation du PMT qui tient compte de l'impact que peuvent avoir des chocs de grande ampleur sur un ménage (comme des sécheresses, des inondations, un handicap ou le décès d'adultes au sein d'une famille). Si les données de panel (des observations faites sur un même ménage à plusieurs reprises) constituent la solution la plus indiquée pour procéder à ce genre de mesure, le présent ouvrage se penche avant tout sur des techniques adaptées à des bases de données transversales (observées à une seule reprise, à un moment déterminé), étant donné la nature des données disponibles en Afrique subsaharienne.

Les données transversales ne permettent pas d'observer le niveau de bien-être des ménages à la fois avant et après un choc ; l'impact d'un choc donné sur la consommation des ménage est donc déduit des écarts de consommation observés chez des ménages aux caractéristiques similaires.

$$C_i = X_i B + S_i \alpha + u_i$$

Où S_i est une mesure discrète ou continue d'exposition à un choc majeur. Cette formulation est différente du modèle traditionnel de PMT, dans lequel l'exposition aux chocs est implicitement contenue dans la composante « erreur ».

L'intérêt central du PMT-plus consiste à produire des mesures précise de α, à savoir l'impact des chocs sur l'indice du PMT. Plusieurs autres stratégies sont par ailleurs disponibles. La méthode la plus simple pour mesurer les chocs covariants consiste à ajouter directement dans l'estimateur de PMT des informations régionales relatives aux chocs ; l'impact global de chocs climatiques peut ainsi être évalué à partir d'informations continentales géoréférencées et détaillées fournissant un historique largement accessible des précipitations disponible sur le site internet du projet *Langley Research Center POWER* de la NASA.[4]

Des indicateurs discrets de sécheresses et d'inondations peuvent être générés à partir de données agrégées et être utilisés pour estimer l'impact des événements climatiques sur le PMT (comme c'est le cas dans l'étude sur le Cameroun) ; il est également possible de se fonder sur les variations observées par rapport aux historiques de précipitations afin d'obtenir des estimations plus nuancées de l'impact du climat sur les indices de PMT. Cette approche présente plusieurs avantages, dans la mesure où les données sur les chocs agrégés sont souvent faciles à obtenir et les méthodes d'estimation sont les mêmes que celles employées pour les PMT. Cette approche présente toutefois un inconvénient : l'utilisation d'informations agrégées sur les chocs covariants constitue une forme de ciblage géographique. Si les mesures agrégées de précipitations sont par exemple corrélées à l'exposition des ménages aux chocs climatiques, elles ne constituent pas pour autant des indicateurs directs de leur exposition. En effet, seule une proportion limitée des ménages vivant dans les mêmes conditions climatiques générales est susceptible d'être exposée aux sécheresses ou aux innondation du fait des micro-climats, de la géographie, de la nature des sols ou des pratiques agricoles.

Il existe une seconde approche consistant à introduire directement des indicateurs discrets d'exposition des ménages aux chocs dans les régressions de PMT, comme cela a été fait dans les études de cas du Kenya et du Malawi. Cette méthode présente l'avantage de fonder les estimations d'α directement sur des indices de PMT provenant de ménages affectés. On peut toutefois émettre deux réserves : premièrement, les enquêtes auprès des ménages utilisées dans le cadre des PMT contiennent souvent des informations dont la qualité laisse à désirer. Deuxièmement, l'exposition des ménages aux chocs peut être endogène : lors d'un choc donné, les ménages les plus pauvres peuvent être plus enclins à se déclarer exposés, dans la mesure où ils disposent de ressources moins abondantes ou de mécanismes d'adapation plus fragiles, risquant ainside fausser les estimations de l'impact des chocs sur les indices de PMT.

Il existe une troisième approche, fondée sur la seconde et consistant à utiliser un modèle d'effet de traitement endogène (ou d'autres variables instrumentales, ou encore une méthode d'appariement par score de propension) afin d'expliquer une possible endogénéité de l'exposition aux chocs. Cette approche permet de produire des estimations impartiales de l'impact des chocs lorsque le modèle est dûment formulé. Cette approche a malgré tout deux inconvénients : la méthode d'estimation présente un degré de complexité supérieur et il est souvent difficile, à partir des données récoltées dans le cadre d'enquêtes, d'obtenir des variables de restriction d'exclusion valables permettant d'identifier le modèle (des variables associées à l'exposition aux chocs mais qui n'influencent les mesures de PMT que par le biais de leur impact sur l'exposition aux chocs).

ENCADRÉ 2.3

Application d'un modèle d'effet de traitement endogène

Les chocs affectant les ménages peuvent être endogènes et fausser les estimations de l'impact d'un choc sur les mesures de PMT, et ce pour deux raisons. D'abord, une causalité inverse peut s'opérer si le niveau de consommation ou de richesse influe sur la probabilité de l'exposition à un choc. Les membres de ménages plus aisés courent par exemple un risque moins élevé de tomber malades. Dans une simple régression par MCO, les chocs en matière de santé entraînent donc la baisse du score de PMT. Ce type de causalité est plus fréquent dans le cas des chocs idiosyncratiques que dans celui de chocs co-variables. D'autre part, l'exposition aux chocs peut dépendre de facteurs invisibles influençant à la fois l'exposition aux chocs et les facteurs sous-jacents du score de PMT, tels que les dépenses ou le niveau de vie des ménages. Les ménages plus aisés tendent par exemple à vivre sur des terrains de meilleure qualité et moins exposés à la sécheresse ; dans un tel cas de figure, si la qualité des sols n'entre pas en jeu, alors les estimations de l'impact de la sécheresse sur la mesure du PMT peuvent être faussées.

La méthode la plus couramment employée pour déterminer si des indicateurs discrets de chocs sont endogènes est le modèle d'effet de traitement endogène. L'équation du PMT demeure :

$$C_i = X_i B + S_i \alpha + u_i$$

Toutefois, la propension des ménages à se trouver exposés à un choc est désormais estimée conjointement. Soit S_i^* la propension latente à l'exposition d'un choc observable discret S_i.

$$S_i = \begin{cases} 0 \text{ si } S_i^* \leq 0 \\ 1 \text{ si } S_i^* > 0 \end{cases}$$

S_i^* est calculée ainsi : $S_i^* = \prod_i \gamma + v_i$.

Deux conditions doivent être remplies pour obtenir des estimations cohérentes au moyen de cette méthode :

(i)   Une variable apparaît dans le vecteur ligne $\prod_i$ mais n'apparaît pas dans l'équation de la consommation. Ce phénomène est connu sous le nom de restriction d'exclusion ;

(ii) L'unique variable de $\prod_i$ influe sur la consommation par le seul biais de son impact sur l'exposition du ménage au choc.

Le modèle d'effet de traitement endogène peut être facilement appliqué dans STATA en utilisant la fonction « treatreg ».

ENCADRÉ 2.4

Identification de restrictions d'exclusion plausibles dans les modèles d'effet de traitement

L'application empirique du modèle d'effet de traitement endogène dépend de l'établissement de restrictions d'exclusion plausibles et susceptibles de varier selon le type de choc. Dans le cas de chocs co-variables de grande ampleur tels que des sécheresses, des inondations et des situations d'insécurité politique, les risques de causalité inverse sont limités, dans la mesure où le niveau de dépenses ou de richesse des ménages n'est pas susceptible d'influencer le risque d'exposition à ces types de chocs. Les erreurs d'estimation imputables à une hétérogénéité non observée demeurent une préoccupation majeure, même dans le cas de chocs co-variables.

Plusieurs instruments permettent de mesurer les chocs co-variables. Dans le cas de chocs climatiques, la meilleure solution consiste certainement à mesurer l'écart par rapport aux normales saisonnières au niveau local ; il est probable que ces mesures soient étroitement liées à l'exposition des ménages aux inondations et aux sécheresses, bien qu'il soit peu probable que ces écarts par rapport aux moyennes à long terme influent sur le niveau de dépenses ou de richesse des ménages, si ce n'est via les chocs climatiques qu'ils génèrent. Les caractéristiques des sols locaux peuvent elles aussi servir d'instruments, même s'il est probable que les ménages les moins favorisés vivent dans des zones marginales. Il convient également de noter qu'il est nécessaire de disposer de grandes capacités d'analyse pour convertir des données géoréférencées en un format utilisable. Les instruments relatifs au climat et au sol peuvent toutefois se révéler inutiles dans le cas de certains chocs co-variables tels que l'exposition à la violence politique.

Une autre solution consiste à utiliser des mesures de l'exposition communautaire aux chocs (voir par exemple Datt et Hoogevenn 2003). Celle-ci peut être déterminée en soumettant à la communauté un questionnaire souvent distribué avec celui de l'enquête nationale auprès des ménages ; elle peut également être calculée à partir de l'exposition déclarée par d'autres ménages dans la même série d'enquêtes ou dans la même région géopolitique que celle de l'enquête de PMT. Les indicateurs d'exposition communautaire sont censés être fortement corrélés à l'exposition aux chocs (du fait de la nature des chocs co-variables). Les préoccupations de causalité inverse sont limitées par le fait que l'exposition de la communauté aux chocs n'est pas directement liée aux dépenses ni à la richesse des ménages. Il reste toutefois possible qu'une hétérogénéité non observée fausse l'estimation de l'impact des chocs, en particulier si la source de cette hétérogénéité est régionale.

Des conditions de vie insalubres non observées peuvent par exemple être liées à des maladies ou à de faibles niveaux de dépenses ; dans ce cas, d'autres conditions de vie communautaires peuvent être utilisées. Dans le cas de l'exposition d'un foyer à la maladie, des mesures relatives aux infrastructures de santé de la communauté peuvent être utilisées si d'autres mesures portant sur la richesse de la communauté interviennent dans la régression des dépenses pour vérifier le fait que les communautés les plus aisées disposent souvent de meilleures infrastructures de santé. Dans le cadre d'applications futures du PMT-plus, il est recommandé de mener des recherches actives afin de mettre au point de nouvelles stratégies d'identification.

L'encadré 2.3 fournit des explications plus détaillées sur le modèle d'effet de traitement endogène. Des conseils concernant le choix des restrcitions d'exclusion sont en outre fournis dans l'encadré 2.4.

Une fois le modèle de PMT-plus élaboré, il est simple de déterminer l'égibilité d'un ménage après exposition à un choc en incorporant la pondération associée à l'impact du choc S_i à la mesure du PMT. Les ménages dont la consommation prévue $\hat{C}_j = Z_j \cdot \hat{\beta}$ se trouve en-dessous du seuil en l'absence de tout choc majeur sont considérés en situation de pauvreté chronique. On inclut ensuite l'exposition aux chocs en introduisant $\hat{\alpha}$ dans le calcul du PMT afin d'identifier les ménages vulnérables aux chocs. Les ménages qui descendent au-dessous du seuil de l'indicateur après avoir été exposés à des chocs sont considérés comme vulnérables.

La méthode de PMT-plus requiert incontestablement des informations supplémentaires sur l'exposition des ménages aux chocs mais aussi sur les variables climatiques régionales, un besoin qui représente des investissements supplémentaires en matière d'informations pour le ciblage à court terme.

Conclusion

Le choix de la méthode appropriée dépend de la situation, des nécessités et des capacités particulières au pays ; une seule méthode ne suffit pas à couvrir tous les besoins. Si les chocs à court terme déterminent souvent les besoins des filets sociaux, les pays devraient chercher à concentrer leurs investissements sur des méthodes permettant de faciliter l'identification des ménages vulnérables et sur la capacité à cibler des besoins à court terme. Inversement, si la pauvreté chronique est source des plus grands besoins en filets sociaux, alors les méthodes devraient se concentrer sur l'identification et le ciblage des ménages en situation de pauvreté chronique.

Il est en outre essentiel de disposer de données et de ressources humaines pour pouvoir mettre en œuvre ces méthodes. Les méthodes choisies doivent en outre être compatibles avec les ressources humaines et/ou les ressources disponibles pour investir dans la formation. Il est nécessaire d'avoir accès à des bases de données pour pouvoir identifier et cibler les ménages en situation de pauvreté chronique, tandis que le ciblage de besoins à court terme exige d'investir dans l'obtention d'informations concernant les besoins immédiats et/ou l'exposition des ménages aux chocs. Il convient par ailleurs de reconnaître que, plus les filets sociaux s'orientent vers des méthodes structurées et quantitatives, plus la mise en œuvre des programmes dépend des ressources humaines disponibles. La faiblesse des capacités administratives chargées de la collecte des données peut par exemple être à l'origine d'une plus grande quantité d'erreurs de mesure et par conséquent entraîner de mauvaises performances de ciblage. La relation existant entre la capacité administrative, la qualité des données et les performances de ciblage peut être particulièrement étroite dans le cas d'erreurs d'exclusion et d'inclusion commises dans le cadre du PMT, étant donné que tous dépendent des enquêtes auprès des ménages pour prédire le bien-être de ces derniers. Les contraintes politiques pesant sur l'amélioration du ciblage doivent être identifiées et orienter le choix des méthodes appropriées. Dans le même ordre d'idées, la mise en œuvre de méthodes de ciblage plus quantitatives peut réduire l'appropriation directe des ressources par les élites, mais pousser ces dernières à chercher une compensation au travers d'autres failles.

Les sept chapitres suivants présentent des études de cas illustrant les choix traditionnels de données et de méthodes de ciblage dans le cadre des filets sociaux. Le dernier chapitre offre une synthèse de ces études de cas et met l'accent sur les domaines dans lesquels il conviendra d'investir à l'avenir.

Notes

1. Il convient également de noter que les données relatives à la consommation ou au revenu actuellement utilisées dans les tests des moyens d'existence sont sujettes à des fluctuations à court terme. Une mesure plus cohérente sur le long terme capable d'aplanir ces fluctuations pourrait être dérivée d'un PMT qui déduirait le niveau de consommation à long terme des actifs des ménages et des caractéristiques du capital humain.
2. Atalas *et al.* (2012) montrent qu'en Indonésie, le ciblage communautaire fonctionne moins bien que le PMT, en particulier aux alentours du seuil de pauvreté. Les mauvaises performances relatives du ciblage communautaire ne semblent pas être imputables à l'appropriation des élites. Bardhan et Mookherjee (2006) estiment que dans le Bengale occidental, la mainmise des élites est plus patente d'un village à l'autre qu'au sein d'un même village. D'autre part, Karlan and Thuysbaert (2013) constatent qu'au Honduras et au Pérou, la conjugaison d'une évaluation participative de la richesse et d'une enquête de vérification auprès des ménages obtient d'aussi bons résultats que le PMT.
3. En général, plus les variables du PMT sont nombreuses, plus sa capacité de prédiction est élevée. En pratique toutefois, cela n'est pas toujours vrai, car les erreurs de mesure augmentent proportionnellement aux variables récoltées, soit parce qu'il est plus difficile de mesurer un plus grand nombre de variables, soit à cause de la fatigue du responsable de l'enquête.
4. http://power.larc.nasa.gov/

Bibliographie

Accra Study Team (1998). *Promoting Urban Food Nutrition Security for the Vulnerable in the Greater Accra Metropolitan Area.* Rapport technique pour l'Organisation moniale de la santee. Washington DC: Institut international de recherche sur les politiques alimentaires.

Alatas, V., A. Banerjee, R. Hanna, B.A. Oklen, J. Tobias (2012). "Targeting the Poor: Evidence from a Field Experiment in Indonesia." *American Economic Review* 102(4): 1206-40.

Alatas, V., A. Banerjee, R. Hanna, B.A. Oklen, R. Purnamasari, M. Wai-Poi. (2013). "Ordeal Mechanisms in Trageting: Theory and Evidence From a Field Experiment in Indonesia." NBER Working Paper No. 19127.

Alderman, H., M. Babita, G. Demonbynes, N. Makhatha, B. Ozler (2003). "How Low Can You Go? Combining Census and Survey Data for Mapping Poverty in South Africa." *Journal of African Economies*. 11(2): 169-200.

Bardan, P. et D. Mookherjee. (2006). "Pro-Poor Targeting and Accountabiilty on Local Governments in West Bengal." *Journal of Development Economics*. 79(2): 303-327.

Coady, D., M. Grosh et J. Hoddinott (2004). *Targeting of Transfers in Developing Countries: Review of Lessons and Experience.* Washington DC: Banque mondiale.

Datt, G., et H. Hoogevenn (2003). "El Niño or El Peso? Crisis, Poverty, and Income Distribution in the Philippines." *World Development* 31(7):1103-1124.

del Ninno, C., P.A. Dorosh, L.C. Smith et D.K. Roy (2001). "The 1998 Floods in Bangladesh: Disaster Impacts, Household Coping Strategies, and Response." IFPRI Research Report No. 122. Washington DC: Institut international de recherche sur les politiques alimentaires.

FAO (2005). "Module 8: Targeting." In *Socio-Economic and Gender Analysis for Emergency and Rehabilitation.* Rome: FAO.

Grosh, M., C. del Ninno, E. Tesliuc et A. Ouerghi. (2008). *For Protection and Promotion: The Design and Implementation of Effective Safety Nets.* Washington DC: Banque mondiale.

Karlan, D. et B. Thuysbaert. (2013). "Targeting Ultra-Poor Households in Honduras and Peru." NBER Working Paper No. 19646.

Leite, P., Costella, C. et Quintana, R. (2011). *Developing and Improving Social Safety Net Programs* [Presentations PowerPoint]. Washington, DC: Banque mondiale. Retrieved from http://siteresources.worldbank.org/SAFETYNETSANDTRANSFERS/Resources /281945-1131468287118/1876750-1314735153635/8Leite_SSNSystems.pdf

Banque mondiale (2013). Building Resilience: Guidance Note 2. Groupe de la Banque mondiale: Washington D.C.

Chapitre 3

Mettre au point un système de ciblage pour les transferts monétaires non conditionnels au Cameroun

Quentin Stoeffler, Pierre Nguetse-Tegoum et Bradford Mills

Introduction

Le Cameroun a traversé une période de forte croissance économique et figure aujourd'hui parmi les pays les plus riches d'Afrique subsaharienne. La pauvreté s'y est malgré tout maintenue à un niveau résolument élevé et se concentre dans les régions du Nord, majoritairement rurales.

De façon générale, le pays a mis en œuvre des programmes d'assistance sociale rétrogrades, en subventionnant notamment le prix des aliments et du carburant en période de crise, dont les résultats se sont avérés régressifs (Banque mondiale, 2011a). Les programmes de filets sociaux (FS) ont été minés par l'insuffisance des ressources allouées, la faiblesse de leur couverture et le manque d'efficacité de leur système de ciblage. Mises à part les subventions, les FS ne représentent que 0,23 pour cent du PIB ; le Cameroun figure ainsi parmi les pays d'Afrique subsaharienne dont le budget alloué aux filets sociaux est le plus faible. Voilà pourquoi le gouvernement du Cameroun consacre désormais une large part des dépenses d'assistance sociale à la mise en place d'un système unifié de FS orienté vers des transferts monétaires non conditionnels (TMNC) ciblant les plus pauvres.

Cette étude de cas présente un mécanisme amélioré permettant de cibler les ménages pauvres et vulnérables du Cameroun. Elle se fonde sur les études menées depuis 2009 dans le but d'analyser le système de FS du pays et s'appuie sur des documents décrivant les efforts d'identification et de ciblage des ménages pauvres et vulnérables (Nguetse-Tegoum 2011, Banque mondiale, 2011a&b, Nguetse-Tegoum et Stoeffler 2012). L'expérimentation de ce mécanisme est actuellement en cours dans deux des provinces les plus pauvres, situées dans le Nord et l'extrême Nord du pays.

Cette étude de cas se compose de cinq parties. La suivante fournit un panorama de la pauvreté, de la vulnérabilité et des programmes de FS actuellement mis en œuvre au Cameroun. La troisième décrit la méthode de ciblage employée au Cameroun ainsi que la formule de Test multidimensionnel des moyens d'existence (*Proxy Means Testing*, PMT) mise au point. La quatrième présente les résultats du ciblage *ex ante* et propose une méthode possible d'évaluation *ex post* des mécanismes de ciblage. Enfin, la conclusion est consacrée aux principales leçons tirées de cette étude.

Pauvreté, vulnérabilité et réponse fournie par l'assistance sociale

La pauvreté et la pauvreté chronique : un phénomène persistant

Le Cameroun est divisé en dix régions administratives et en 58 départements, euxmêmes subdivisés en communes (milieu rural) ou arrondissements (milieu urbain). S'il est vrai que le pays a bénéficié d'une forte croissance économique au fil de la dernière décennie, les gains se sont globalement répartis de façon inégale entre le Nord et le Sud du pays et l'incidence de la pauvreté est restée élevée dans la moitié nord du Cameroun.

Entre 2001 et 2007, le taux de pauvreté n'a guère évolué, se maintenant autour de 40 pour cent de la population ; si l'on prend en compte la croissance démographique, ce pourcentage signifie que le nombre de pauvres a augmenté de 1,1 million. En 2007, sur une population de 17,9 millions d'individus, 7,1 millions de personnes se trouvaient ainsi en situation de pauvreté.[1] Si l'on désagrège toutefois la pauvreté en tenant compte de la variabilité des futurs niveaux de consommation estimés à partir des caractéristiques actuelles des ménages (Chaudhuri & Datt 2001), le constat est édifiant.

Les résultats indiquent en effet que 4,7 millions d'individus (26,1 pour cent de la population) se trouveraient en situation de pauvreté chronique et qu'ils devraient s'y maintenir, étant donné leur niveau actuel d'actifs (Nguetse-Tegoum 2011). Parmi la part de pauvres restante, 9 pour cent se trouvent en situation de pauvreté transitoire et 4 pour cent en phase de progression, c'est-à-dire qu'ils évoluent rapidement vers une sortie de la pauvreté.

La pauvreté chronique est un phénomène essentiellement rural : 95,6 pour cent de la population en situation de pauvreté chronique vit en milieu rural et près de 40 pour cent de la population rurale souffre de pauvreté chronique. En outre, comme il a été dit, la pauvreté se concentre dans les cinq régions du Nord du pays, où vivent 80 pour cent des habitants en situation de pauvreté chronique (et 46,2 pour cent de la population totale). Il s'agit des régions suivantes : l'Adamaoua, l'Est, le Nord-Ouest, le Nord et l'extrême Nord. À elles seules, les deux dernières régions présentent un taux de pauvreté chronique supérieur à 50 pour cent.

Caractéristiques des ménages en situation de pauvreté chronique

Le tableau 1 compare les caractéristiques des ménages en situation de pauvreté chronique à celles de l'ensemble de la population, en milieu rural et urbain et dans cinq régions sélectionnées pour participer à un projet de transfert monétaire. En général, les ménages pauvres présentent des caractéristiques socio-économiques communes en matière d'appartenance sexuelle du chef de ménage, de niveau d'instruction, de liens avec le marché du travail et de taille du ménage. Il apparaît clairement que la pauvreté chronique augmente proportionnellement à l'âge du chef de ménage et diminue proportionnellement au niveau d'instruction. Étant donné que le niveau d'instruction et l'activité principale sont liés, il n'est pas surprenant que le travail agricole soit fortement corrélé à la pauvreté chronique, même en zone urbaine. Les ménages polygames sont quant à eux associés à une incidence de pauvreté chronique plus élevée, tandis que les hommes et les femmes célibataires présentent une incidence de pauvreté chronique plus faible que les ménages monogames mariés. La taille du ménage est elle aussi proportionnelle au taux de pauvreté chronique.

La pauvreté chronique est également liée à l'impossibilité de satisfaire ses besoins fondamentaux. Les ménages dont le logement est privé d'électricité, dépourvu de sanitaires et bâti à partir de matériaux de construction peu durables présentent un risque plus élevé de se trouver en situation de pauvreté chronique. À l'inverse, les ménages possédant un téléphone portable vivent rarement en situation de pauvreté chronique.

Le tableau 3.1 confirme lui aussi que la population pauvre en situation de pauvreté chronique se concentre en milieu rural, en particulier dans les cinq régions choisies pour la mise en œuvre du projet. Sur l'ensemble de la population, 12% et 24% des ménages ruraux vivent respectivement dans le Nord et l'extrême Nord du pays ; ces régions abritent pourtant 18% et 37% des ménages en situation de pauvreté chronique, des proportions trahissant une surreprésentation de la pauvreté chronique dans les régions du Nord. Sans surprise, les ménages en situation de pauvreté chronique se caractérisent par de plus faibles niveaux de possession de différents biens matériels : en milieu rural, 3,5% des ménages en situation de pauvreté chronique possèdent en effet une télévision (29% en milieu urbain), contre 13% pour l'ensemble des ménages (69% en milieu urbain). De même, leur niveau de capital humain est plus faible, puisque 55% de la population pauvre n'est jamais allée à l'école ; ce pourcentage atteint 63% dans les cinq régions concernées par le projet. Les ménages pauvres sont en outre sous-représentés dans le secteur public (2,9% en régions urbaines) comme dans le secteur privé formel (3,2% en régions urbaines) par rapport à la population totale (15% et 13%, respectivement). Ils sont au contraire surreprésentés dans le secteur informel agricole, même en milieu urbain : leur proportion au sein des travailleurs agricoles urbains est en effet de 32%, contre 9,2%

Tableau 3.1 Caractéristiques des ménages en situation de pauvreté chronique

	Milieu rural, population totale	Milieu rural, Pauvreté chronique	Milieu urbain, population totale	Milieu urbain, Pauvreté chronique	Cinq régions du projet, milieu rural, population totale	Cinq régions du projet, milieu rural, Pauvreté chronique
Région du ménage (part de la catégorie de population)						
Adamaoua	0,062	0,061	0,032	0,053	0,10	0,075
Extrême Nord	0,24	0,37	0,067	0,14	0,40	0,45
Nord	0,12	0,18	0,056	0,15	0,20	0,22
Nord-Ouest	0,13	0,15	0,054	0,10	0,21	0,18
Est	0,061	0,065	0,019	0,021	0,100	0,079
Douala	-	-	0,28	0,088	-	-
Yaoundé	-	-	0,27	0,048	-	-
Centre	0,11	0,061	0,020	0,041	-	-
Littoral	0,030	0,011	0,044	0,15	-	-
Ouest	0,11	0,047	0,096	0,19	-	-
Sud	0,046	0,020	0,0080	0,0061	-	-
Sud-Ouest	0,090	0,046	0,050	0,017	-	-
Caractéristiques du chef de ménage (part de la catégorie de population)						
Pas d'instruction	0,40	0,55	0,12	0,32	0,57	0,63
Primaire	0,37	0,34	0,29	0,45	0,31	0,30
Enseignement 1 primaire	0,14	0,083	0,25	0,18	0,079	0,058
Enseignement 2 secondaire	0,063	0,021	0,21	0,049	0,031	0,010
Polygame	0,23	0,29	0,083	0,16	0,29	0,32
Veuf/veuve	0,11	0,099	0,099	0,16	0,076	0,074
Handicap	0,064	0,069	0,054	0,061	0,061	0,067
Chef de ménage de sexe masculin	0,80	0,84	0,77	0,73	0,85	0,87
Âge (*en années*)	45,2	46,9	42,7	48,5	45,0	46,6
Nombre de membres par tranche d'âge						
0-4 ans	1,26	1,54	0,93	1,31	1,44	1,61
5-14 ans	2,21	2,96	1,64	2,79	2,49	3,07
15-59 ans	2,95	3,32	3,45	4,11	3,10	3,33
60 ans ou plus	0,31	0,33	0,18	0,40	0,31	0,33
Emploi du chef de ménage (part de la catégorie de population)						
Secteur public	0,050	0,018	0,15	0,029	0,036	0,013
Secteur privé formel	0,028	0,0076	0,13	0,032	0,013	0,0047
Secteur informel	0,15	0,097	0,50	0,49	0,13	0,096

(continue page suivante)

Tableau 3.1 (suite)

	Milieu rural, population totale	Milieu rural, Pauvreté chronique	Milieu urbain, population totale	Milieu urbain, Pauvreté chronique	Cinq régions du projet, milieu rural, population totale	Cinq régions du projet, milieu rural, Pauvreté chronique
Secteur informel, agriculture	0,74	0,85	0,098	0,32	0,79	0,87
Sans emploi	0,038	0,030	0,12	0,13	0,029	0,020
Caractéristiques du logement (part de la catégorie de population)						
Propriétaire du logement	0,81	0,91	0,48	0,75	0,90	0,95
Éclairage à l'huile	0,66	0,72	0,094	0,37	0,73	0,73
Éclairage à l'électricité	0,23	0,092	0,90	0,59	0,098	0,039
Combustible de cuisson : bois acheté	0,12	0,063	0,38	0,55	0,14	0,068
Combustible de cuisson : bois ramassé	0,83	0,93	0,11	0,39	0,84	0,93
Combustible de cuisson : gaz naturel	0,028	0,0028	0,39	0,012	0,0063	0,0013
Source d'eau : forage	0,33	0,32	0,20	0,34	0,32	0,32
Murs en dur	0,12	0,061	0,58	0,28	0,064	0,043
Toiture en dur	0,61	0,41	0,99	0,94	0,41	0,30
Plancher en dur	0,27	0,13	0,87	0,63	0,17	0,092
Toilettes à chasse d'eau	0,0074	0	0,18	0,00062	0,0024	0
Latrines améliorées	0,12	0,057	0,48	0,29	0,059	0,037
Latrines non-améliorées	0,71	0,70	0,34	0,69	0,72	0,69
Absence de toilettes	0,16	0,24	0,0071	0,029	0,22	0,28
Biens matériels (part de la catégorie de population)						
Téléphone	0,26	0,11	0,84	0,44	0,16	0,078
Radio	0,48	0,36	0,64	0,50	0,41	0,34
Télévision	0,13	0,035	0,69	0,29	0,054	0,018
Moto	0,089	0,053	0,087	0,033	0,095	0,051
Vélos	0,21	0,27	0,054	0,11	0,30	0,31
Observations	5026	1240	6365	345	2702	951

Source : Calculs fondés sur les données de l'ECAM3 (2014).
Note : Les statistiques décrivant les ménages camerounais en fonction de leur lieu de vie et de leur statut de pauvreté sont exprimées en part de la population, indiquée dans chaque colonne (sauf mention contraire). La taille des ménages et le poids des échantillons sont utilisés pour obtenir des données individuelles représentatives au niveau national. Les ménages vivant sous la barre des 80% seuil national de pauvreté sont considérés en situation de pauvreté chronique.

au sein de la population urbaine totale. Les ménages en situation de pauvreté chronique sont généralement plus nombreux (plus de membres dans toutes les tranches d'âge, milieu urbain et rural confondus). Leurs logements sont généralement sous-équipés et manquent de matériaux solides : en milieu urbain, seuls 28% des ménages pauvres vivent dans des logements aux murs solides, contre 58% sur l'ensemble de la population urbaine.

Des différences entre la pauvreté urbaine et rurale ont également été relevées : comparée à la pauvreté rurale, la pauvreté urbaine se caractérise notamment par un plus grand nombre de personnes âgées et de veuves. L'observation de ces différences dans chaque lieu de vie peut servir de base à l'élaboration de la formule du Test multidimensionnel des moyens d'existence (voir ci-dessous).

Les chocs affectant les ménages

Les ménages camerounais sont vulnérables aux chocs covariants d'origine environnementale, économique et sociale et aux chocs idiosyncrasiques affectant l'emploi et la santé. Les risques climatiques constituent la principale source de chocs environnementaux, dans la mesure où ils nuisent directement au bien-être des 45 pour cent de la population travaillant dans l'agriculture de subsistance. La sécurité alimentaire de l'ensemble de la population dépend des risques climatiques, dans la mesure où ces derniers influent sur l'approvisionnement alimentaire régional. Parmi ces risques, les plus fréquents dans les provinces les plus pauvres (Nord et extrême Nord) sont les inondations, les sécheresses et la désertification.

Les risques macro-économiques incluent l'inflation, les fluctuations du taux de change, la volatilité des prix à l'exportation, la contraction de la demande en exportations et la baisse des envois de fonds et des investissements étrangers directs. Tous ces facteurs ont entraîné des chocs importants au cours des dernières années. Récemment, les crises pétrolière, alimentaire et financière ont provoqué des chocs majeurs au Cameroun. Les risques macro-économiques s'y trouvent en outre exacerbés par la forte dépendance de l'économie camerounaise vis-à-vis des matières premières non transformées, sujettes à la volatilité des prix, par le manque de diversification des biens exportés et par la faible productivité agricole, source de dépendance vis-à-vis des importations.

Les risques sociaux covariants affectent avant tout les femmes et les enfants. Ils incluent les mariages précoces et arrangés, la traite d'êtres humains et les mutilations génitales (taux de prévalence de 1,4 pour cent). Plus généralement, ces risques peuvent également recouvrir les bouleversements politiques et les conflits ethniques.

Les chocs idiosyncrasiques menacent plusieurs dimensions du bien-être des ménages. Si le décès de l'un des membres de la famille constitue le choc le plus important dans le domaine de la santé, la maladie et les handicaps affectent eux aussi le bien-être des ménages. Parmi les autres chocs idiosyncrasiques figurent également le vol ou la perte de l'emploi, bien que l'impact de ce dernier en milieu rural ait probablement des conséquences limitées.

De plus amples informations sur la fréquence des chocs permettraient de dresser un portrait exhaustif de l'importance de l'exposition aux risques pour le bien-être économique des ménages. La collecte de ces informations représente une voie d'investissement importante pour l'avenir.

Les programmes d'assistance sociale actuels et la réponse aux besoins à court et à long terme : Insuffisance de portée et de couverture

Les rares programmes de filets sociaux actuellement en place au Cameroun ont une portée et une couverture limitées. Le tableau 2 fournit un récapitulatif des sept catégories auxquels les filets sociaux existants appartiennent et des principaux acteurs impliqués dans le financement de ces programmes. Hormis dans le cas des subventions des prix, les programmes en place ne couvrent qu'un peu plus de 1 pour cent de la population et environ les deux tiers des personnes ciblées.

La santé et l'éducation absorbent à elles seules 96 pour cent des dépenses totales du secteur social, ce qui correspond à 24 pour cent du budget du gouvernement (Banque mondiale, 2011a) pour 2006-2010. De plus, si l'on exclut les subventions aux aliments et aux carburants, les programmes de protection sociale ne représentent plus que 0,76 pour cent du budget du gouvernement, soit 0,23 pour cent du PIB. Dans les pays en développement, la moyenne se situe à 1,9 pour cent du PIB ; en Afrique subsaharienne, le Burkina Faso (0,6 pour cent), le Mali (0,5 pour cent) et la Tanzanie (0,3 pour cent) allouent quant à eux une part plus élevée de leur PIB à ces programmes. En Éthiopie et au Malawi, ces dépenses tournent autour de 4,5 pour cent du PIB ; l'île Maurice et l'Afrique du Sud (deux pays dont le revenu *per capita* est plus élevé qu'au Cameroun) consacrent elles aussi une part de dépenses plus élevée aux FS.

Le tableau 3.2 fournit un récapitulatif des dépenses du système de FS camerounais par type de programme pour les années 2008, 2009 et 2010. Comme le montre ce tableau, en incluant les subventions universelles des prix, la dépense en FS passe à 7,4 pour cent du budget du gouvernement, soit 1,6 pour cent du PIB (Banque mondiale, 2011a). En effet, ces subventions sont particulièrement dispendieuses et leurs coûts ont largement dépassé les prévisions. De plus, ces subventions se sont avérées régressives, dans la mesure où la consommation des produits subventionnés est plus faible parmi les plus défavorisés.

Le Tableau 3.3 fournit une présentation détaillée des critères de ciblage (incluant la zone géographique), de la couverture et des coûts par bénéficiaire. En plus d'être minés par la faiblesse de leur portée et de leur couverture, les

Tableau 3.2 Dépenses allouées aux programmes de filets sociaux : 2008-2010 (en millions de FCFA)

		2008	2009	2010
Programmes d'alimentation scolaire				
Alimentation scolaire	MINEDUB	50	55	50
Alimentation scolaire	PAM	1 746	1 746	1 746
Programmes d'exonération de frais				
Frais d'hospitalisation	MINSANTE	4 400	1 600	1 600
Frais de scolarité	MINEDUB		4,800	4,800
Programmes de transferts monétaires				
Pauvres	MINAS	50	50	50
Enfants des rues	MINAS			
Subventions des prix				
Subventions aux produits énergétiques	MINFI	136 900	22 500	112 500
Subventions aux prix alimentaires	MINFI	73 000	51 000	51 000
Subventions au transport	MINFI	3 200	3 200	3 200
Programmes de travaux publics				
Travail rémunéré par des vivres	PAM		196	196
PAD-Y	MINEPAT		600	600
PAD-Y	BAD		2 400	2 400
Programmes d'urgence				
Stocks de céréales	PAM	396	196	196
Urgence/Réfugiés	PAM/UNICEF	25 713	6 354	14 597
Stocks de céréales	BID/MINADER		215	100
Programmes de soutien nutritionnel				
OVC	UNICEF	47	47	47
OVC	ONG	100	100	100
Total gouvernement		217 600	83 805	173 800
Total gouvernement (sans subventions)		1 762	4 500	2 305
Total Bailleurs/Partenaires		27 999	11 255	19 383
Total		245 599	95 060	193 183
Total (sans subventions)		32 499	13 560	21 683

Source : Banque mondiale (2011a).

différents programmes manquent de coordination et la réponse aux chocs prend avant tout la forme d'interventions d'urgence *ad hoc*. En règle générale, le ciblage est relativement faible et même régressif dans le cas des subventions universelles des prix, qui absorbent la plus grande part du budget de la protection sociale depuis 2007.

Tableau 3.3 Programmes d'assistance existants au Cameroun

Type de programme	Critère de ciblage	Zone géographique	Couverture	Coût par bénéficiaire
Programmes d'alimentation scolaire				
PAM et MINEDUB	Provinces caractérisées par une faible fréquentation scolaire et une insécurité alimentaire élevée	Adamaoua, extrême Nord, Nord	55 366 étudiants (7 180 jeunes filles recevant des rations à emporter chez soi) dans 367 écoles ciblées	35 000 FCFA
Programmes nutritionnels				
Greniers à céréales - PAM		Provinces du Nord	300 000 personnes pour 410 greniers à céréales	
PAM pour les réfugiés		Nord, Est, Adamaoua, principalement	210 000 bénéficiaires de programmes alimentaires pour réfugiés	
UNICEF *Survie* (santé, nutrition et WASH)		Extrême Nord et Nord	60 695 habitants de 60 villages	
UNICEF et ONG, programmes pour les enfants orphelins et vulnérables (OVC)	enfants orphelins et vulnérables (Prêts de micro-crédits)	Toutes les provinces, hormis le Nord et l'extrême Nord	2 614 enfants	16 190 FCFA par enfants
CARE, assistance aux enfants orphelins et vulnérables	État de santé des enfants et statut économique de la famille		20 000 personnes, dont 3 000 enfants orphelins et vulnérables	
CRS, programme d'assistance		Principalement les régions du Nord-Ouest	7 500 enfants sur l'ensemble du territoire	
Programmes de travaux publics à forte intensité de main d'œuvre				
Projet d'Assainissement de Yaoundé	Auto-sélection (inefficace à cause du niveau élevé des salaires)	Yaoundé	6 000 employés	22,3 milliards FCFA Montant quotidien : 2 400 FCFA
Programme de travail rémunéré par des vivres du PAM	Auto-sélection	Extrême Nord et Nord	16 590 familles	Salaire équivalent à 3 147 FCFA de céréales chaque mois
Initiatives d'intervention d'urgence				
PAM et MINADER, Stocks de céréales des villages	Zones et périodes de sécheresse, crises alimentaires et situations d'urgence	Provinces du Nord et de l'Ouest	133 stocks de céréales dans les villages	
Assistance du PAM aux réfugiés		Frontière orientale et Adamaoua	760 940 et 227 655 réfugiés en 2008 et 2009 sur 72 sites	

(continue page suivante)

Tableau 3.3 (Suite)

Type de programme	Critère de ciblage	Zone géographique	Couverture	Coût par bénéficiaire
Intervention d'urgence en période de sécheresse du PAM		Extrême Nord et Nord	565 400 bénéficiaires en 2008 et 94 457 en 2009	
Subventions universelles des prix				
	Universalité (s'est avérée contre-productive)	Pays entier	Population entière	6,92% du budget du gouvernement en 2009
Transferts monétaires universels				
MINAS	Groupes vulnérables spécifiques (enfants des rues, porteurs de handicaps, personnes âgées)			Total estimé à 10 millions de dollars environ
Programmes d'exonération des frais de services de base (par chaque ministère)				
MINEDUB et MINESUP	Élèves de primaire défavorisés, étudiants handicapés au niveau universitaire	Provinces du Nord et de l'Ouest	69 429 enfants et 60 000 étudiants au niveau universitaire	

Source : Banque mondiale (2011a).

Les améliorations proposées au système de protection sociale actuel par le biais de la mise en œuvre d'un programme de transferts monétaires non conditionnels (TMNC) visent essentiellement à étendre la couverture et à cibler de façon plus systématique les ménages pauvres.

Un projet pilote fondé sur la méthode de ciblage présentée en détail dans cette étude est actuellement en place dans les communes de Souléde-Roua (région de l'extrême Nord) et dans l'arrondissement urbain de Ndop (région Nord). Les différentes bases de données (l'ECAM3 et le recensement général de la population et de l'habitat) peuvent être utilisées pour affiner le ciblage géographique au niveau départemental ou même local. 49 pour cent des habitants du pays vivant en situation de pauvreté chronique sont par exemple concentrés dans 5 des 58 départements du Cameroun, ce qui représente 1,8 million d'individus. Ce programme pilote sera étendu aux cinq régions les plus touchées par la pauvreté chronique, à savoir l'Adamaoua, l'Est, l'extrême Nord, le Nord et le Nord-Ouest ; il ciblera en outre les ménages en situation de pauvreté chronique, étant données les contraintes budgétaires et la forte incidence de la pauvreté.

Le reste de l'étude de cas fournit des détails sur la méthode de ciblage utilisée dans le cadre du programme de TMNC.

Méthodes de ciblage employées au Cameroun

La formule du PMT

Le Test multidimensionnel des moyens d'existence dont il est question ici a été élaboré en vue d'améliorer la couverture et le ciblage du système actuel de protection sociale camerounais. Dans le cadre du projet pilote de transferts monétaires, sa formule a été conjuguée aux ciblages géographique et communautaire. Nous commencerons par présenter la formule du PMT pour ensuite décrire comment elle a été articulée à ces deux autres méthodes de ciblage.

Pour que la mise en œuvre d'un programme soit efficace et que ses coûts administratifs soient faibles, le nombre de variables doit être limité et l'exactitude des réponses facile à vérifier. Ces variables incluent les caractéristiques sociodémographiques du chef de ménage, la composition démographique du ménage, les matériaux de construction du logement, les équipements et les actifs du ménage. Elles ont pour vocation de couvrir la plupart des dimensions de la pauvreté et correspondent aux caractéristiques des personnes en situation de pauvreté chronique énumérées dans la section 2 du présent chapitre. La sélection des variables associées à la pauvreté chronique et leur pondération s'est fondée sur les données de l'ECAM3. La formule de PMT présentée ici considère comme ménages en situation de pauvreté chronique les ménages dont les dépenses des équivalents-adultes sont situées à moins de 80% du seuil de pauvreté, soit 215 554 FCFA.[2]

Afin de sélectionner les variables et de leur assigner une pondération, on utilise une régression des moindres carrés ordinaires (MCO) ; le niveau des dépenses des équivalents adultes constitue la variable dépendante. Dans ce contexte, les causes habituelles de partialité potentielle des paramètres (variables omises, endogénéité, etc.) ne constituent pas une préoccupation, puisque le PMT n'a pas pour but de déterminer la causalité, mais d'établir une corrélation entre la pauvreté chronique et les caractéristiques du ménage. En outre, l'accent est mis sur la capacité prédictive du modèle. Les principaux critères utilisés pour élaborer la formule ont donc été les erreurs d'inclusion et d'exclusion générées par le modèle. Pour procéder à un test rigoureux de la formule, deux tiers de l'échantillon ont été sélectionnés de façon aléatoire et ont fait l'objet d'une régression des moindres carrés ordinaires, alors que le dernier tiers de l'échantillon a servi à tester la formule et à relever les erreurs d'inclusion et d'exclusion.[3] La formule de PMT est présentée dans le tableau 3.4.

Lorsque le niveau de bien-être du ménage progresse, le score du PMT suit, réduisant la probabilité pour que le ménage examiné puisse bénéficier du programme. La composition démographique influe fortement sur son éligibilité,

Tableau 3.4 Formule du PMT, zones rurales

Variable	Réponse	Pondération
Sexe du chef de ménage (CM)	Homme	-99
	Femme	0
Âge du CM	Âge	0
Niveau d'instruction du CM	Âge au carré	-100
	Aucune instruction	-61
	Primaire	-312
	Secondaire 1er cycle	-291
	Secondaire 2nd cycle ou plus	-202
Religion du CM	Musulman	144
	Chrétien	0
	Pas de religion	0
Statut matrimonial	Monogame	85
	Polygame	115
	Autre (célibataire, etc.)	0
Catégorie socio-professionnelle du CM	Secteur formel (public ou privé)	0
	Secteur informel non-agricole	0
	Agriculture	-72
	Chômeur	-96
Taille du ménage	1 membre	0
	2-3 membres	-367
	4-5 membres	-684
	6-7 membres	-794
	8 membres ou plus	-894
Composition du ménage	Membres âgés de 0 à 4 ans	23
	Membres âgés de 5 à 14 ans	-30
	Membres âgés de 15 à 59 ans	-40
	Membres âgés de 60 ans ou plus	-43
Taille du logement	Petite : moins de 25 mètres carrés	-90
	Moyenne : de 25 à 50 mètres carrés	-33
	Grande : de 50 à 95 mètres carrés	-22
	Très grande : 96 mètres carrés ou plus	0
Source d'éclairage	Approvisionnement en électricité par AES Sonel	280
	huile	185
	Autre (gaz naturel, générateur, etc.)	0

(continue page suivante)

Tableau 3.4 (suite)

Variable	Réponse	Pondération
Principale source d'énergie utilisée pour cuisiner	Bois ramassé	-150
	Autre (bois acheté, gaz naturel, pétrole, sciure, charbon, etc.)	0
Installations sanitaires	Latrines améliorées	-240
	Latrines non-améliorées ou absence de latrines	-260
	Toilettes à chasse d'eau	0
Matériau principal de la toiture	Ciment/tôle/tuiles	51
	Autre	0
Matériau principal du plancher	Terre	-62
	Autre	0
Ménage propriétaire d'une radio	Oui	67
	Non	0
TV ou réseau satellite	Oui	40
	Non	0
Ménage propriétaire d'une télévision	Oui	171
	Non	0
Ménage propriétaire d'une moto	Oui	285
	Non	0
Ménage propriétaire d'une charrette	Oui	117
	Non	0
Ménage propriétaire d'un réfrigérateur	Oui	415
	Non	0
Ménage propriétaire d'une terre cultivée	Oui	46
	Non	0
Ménage propriétaire d'un logement non occupé par l'un des membres du ménage	Oui	105
	Non	0
Constante		13 787
Observations : 1752		
R au carré : 0,615		

Source : Nguetse-Tegoum et Stoeffler (2012).

puisque la pondération associée à un ménage de grande taille est négative. Le fait que le chef de ménage soit un homme, sans instruction et/ou âgé (coefficients négatifs) augmente également la probabilité de l'éligibilité. À l'inverse, lorsque le ménage a accès à l'électricité ou au carburant et possède des biens tels qu'une radio ou une charrette, la hausse du score du PMT est inversement proportionnelle à la probabilité pour le ménage d'être déclaré éligible.

Certains actifs pèsent tout particulièrement dans la balance : réfrigérateur, moto, télévision (coefficient positif) ou absence de latrines adéquates (coefficient négatif). Le R au carré de 0,615 indique que 61,5% de la variation des dépenses des équivalents-adultes s'explique par le modèle.

Ciblage à court terme et manque de données

La formule du PMT présentée plus haut ne contient aucune composante à court terme qui permettrait au programme d'agir au niveau de la vulnérabilité et d'inclure des ménages affectés par des chocs temporaires. L'introduction d'une composante à court terme dans le système de ciblage par PMT est rendue difficile par le manque de données, car les questionnaires de l'ECAM3 n'avaient prévu qu'un nombre limité de questions portant sur les chocs subis par les ménages. Dans l'idéal, il faudrait disposer d'informations sur les chocs idiosyncrasiques affectant par exemple la santé (maladie et décès), la perte d'emploi ou le vol, mais aussi d'informations relatives aux chocs covariants, tels que les chocs agricoles ou climatiques (insectes ravageurs, inondations, tempêtes, sécheresses, etc.). Du fait de l'endogénéité des chocs, il est en outre souhaitable de disposer de données au niveau individuel comme au niveau communautaire (ou régional).

En l'absence de ce type d'information, nous avons utilisé d'une part les données météorologiques géo-référentielles de la NASA sur la pluviométrie[4] entre 1997 et 2006 pour établir des moyennes pluviométriques à long terme ; nous avons d'autre part utilisé les données sur les écarts pertinents en 2007 pour calculer la déviation par rapport aux moyennes à long terme. Nous avons également créé une variable nominale « sécheresse » pour chaque département ; celle-ci a ensuite été introduite dans la formule du PMT pour lui assigner une pondération. La variable a une estimation de coefficient de -0,094 avec une déviation standard de 0,020 ; ces chiffres signifient que les habitants des régions touchées par des sécheresses présentent en moyenne un niveau de consommation inférieur de 9 pour cent. Dans le cadre du PMT, cette pondération est presque équivalente à celle du chômage. L'ajout de cette variable n'a qu'une faible influence sur les coefficients présentés dans le tableau 5. Dans l'ensemble, cela signifie que les pondérations associées aux variables conservent la même magnitude et qu'aucun des signes ne change.

Cependant, cette variable « sécheresse » est très limitée. L'échelle utilisée (le département) est trop vaste pour tenir compte des variations locales, c'est-à-dire du niveau réel des précipitations. De plus, l'ECAM3 a été menée en 2007, une « bonne » année qui n'a été marquée par aucune sécheresse ni inondation majeure. Enfin, l'ECAM3 ne contient aucune donnée sur l'exposition des ménages qui puisse être conjuguée à cette variable « sécheresse » afin de calculer un effet de traitement endogène. Dans notre modèle, l'impact de la « sécheresse » doit donc être identique pour tous les ménages vivant en zone de « sècheresse ».

La collecte d'informations sur les chocs covariants et idiosyncrasiques au niveau des ménages est de plus en plus nécessaire si l'on souhaite améliorer la formule du PMT et introduire une composante de ciblage à court terme. Malgré les obstacles rencontrés, notre simple variable « sécheresse » produit néanmoins des résultats encourageants qui font l'objet de la section suivante, où il est également question des autres résultats du ciblage.

Une formule pour les zones urbaines : des taux de pauvreté plus faibles et une différentiation plus difficile à opérer

Il est plus délicat d'élaborer une formule de PMT efficace en milieu urbain qu'en milieu rural. Au Cameroun, le taux de pauvreté est beaucoup plus élevé en milieu rural qu'en milieu urbain : l'incidence de la pauvreté, qui atteint 55 pour cent dans les zones rurales, n'est en effet que de 12,2 pour cent dans les zones urbaines (Nguetse-Tegoum, 2011). De plus, les causes et les manifestations de la pauvreté urbaine sont probablement plus diverses que celles de la pauvreté rurale. Toutes les formules potentielles de PMT fondées sur la base de données de l'ECAM3 se sont révélées peu performantes en zone urbaine, notamment en matière d'erreurs d'exclusion. La conduite d'une recherche spécifiquement axée sur les ménages exclus par erreur à la suite de l'application d'une formule de PMT permettrait d'identifier les caractéristiques de ces ménages.

À la lumière de ces difficultés, nous avons adopté une méthodologie de régression quantile (RQ) pour mettre au point une formule de PMT applicable en milieu urbain. Les régressions quantiles ont trois avantages par rapport aux régressions par la méthode du MCO.[5] Elles sont tout d'abord moins sensibles aux valeurs extrêmes, ce qui peut constituer un avantage en zone urbaine. Ensuite, elles nous ont permis d'accorder une attention particulière à la limitation des erreurs au bas de l'échelle des dépenses et de nous assurer que la formule modélise effectivement la consommation des ménages les plus pauvres, sans tenir compte de ses imprécisions au-dessus du seuil de pauvreté utilisé pour le programme. Troisièmement, les RQ permettent de modifier facilement les seuils utilisés en fonction des besoins du programme : nombre total de bénéficiaires, compromis entre les erreurs d'inclusion et d'exclusion, etc. Pour toutes ces raisons, le modèle de RQ s'est avéré plus performant que les formules de MCO testées dans les zones urbaines (voir la section 4).

Dans le souci de refléter le niveau de pauvreté en zone urbaine (12,2 pour cent), nous avons retenu un quantile de 0,1 pour la RQ appliquée au modèle urbain, qui peut être ajusté en fonction des besoins du programme. Le signe de pondération de chaque variable contenu dans la formule de PMT urbain, présentée dans le tableau 6, n'a rien de surprenant. Dans la mesure où la RQ minimise les erreurs au bas de l'échelle des dépenses, les pondérations générales générées pour le PMT sont plus faibles que dans le modèle par MCO appliqué aux zones rurales. Dans ce dernier, l'instruction est moins importante que dans la formule rurale, mais le coefficient de la composition du ménage reste élevé, puisque les plus grands ménages sont associés aux dépenses les plus faibles. La formule urbaine permet également d'introduire de nouveaux types d'actifs, tels que la voiture, le lecteur de CD et DVD, etc.

Processus de ciblage : ciblage géographique, PMT et ciblage communautaire (CC)

Le PMT ne fournit qu'une partie des informations utilisées dans le cadre du processus de ciblage mené au Cameroun. Nous décrivons ici la façon dont un même processus de ciblage conjugue la méthode géographique, la méthode communautaire et le PMT. Les principales étapes de ce processus sont présentées dans le graphique 1. Après identification de la zone géographique de mise en œuvre du projet, la communauté concernée sélectionne les bénéficiaires potentiels, c'est-à-dire ceux qu'elle considère pauvres. Les ménages ainsi désignés répondent ensuite à une courte enquête comprenant toutes les variables entrant dans la formule du PMT (voir le tableau 5). La base de données ainsi obtenue est ensuite utilisée pour calculer les scores du PMT ; les ménages présentant un score inférieur au seuil (fixé à 12,281 par cette formule) sont alors inscrits sur une liste soumise à la validation de la communauté.

Graphique 3.1 Étapes de la mise en place d'un système de ciblage

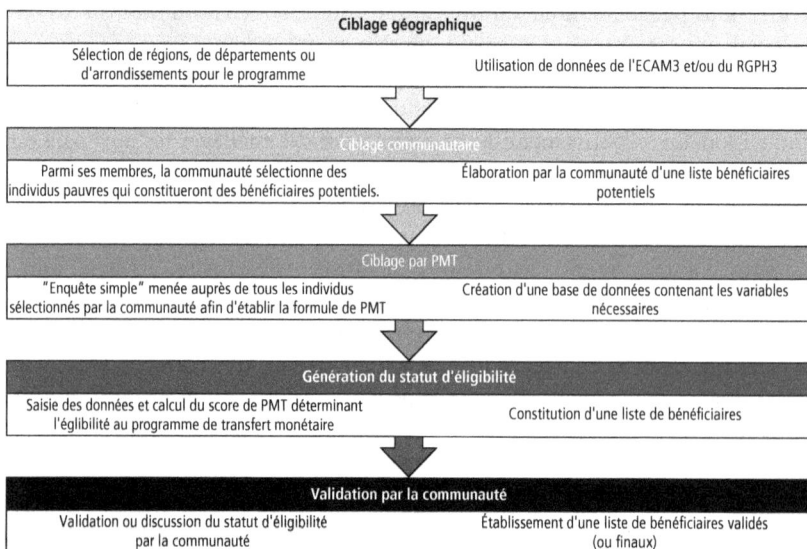

Ciblage géographique	
Sélection de régions, de départements ou d'arrondissements pour le programme	Utilisation de données de l'ECAM3 et/ou du RGPH3

Ciblage communautaire	
Parmi ses membres, la communauté sélectionne des individus pauvres qui constitueront des bénéficiaires potentiels.	Élaboration par la communauté d'une liste bénéficiaires potentiels

Ciblage par PMT	
"Enquête simple" menée auprès de tous les individus sélectionnés par la communauté afin d'établir la formule de PMT	Création d'une base de données contenant les variables nécessaires

Génération du statut d'éligibilité	
Saisie des données et calcul du score de PMT déterminant l'éligibilité au programme de transfert monétaire	Constitution d'une liste de bénéficiaires

Validation par la communauté	
Validation ou discussion du statut d'éligibilité par la communauté	Établissement d'une liste de bénéficiaires validés (ou finaux)

Source : Auteurs (2013).

Le ciblage communautaire (CC) joue un rôle essentiel dans le cas précis du projet pilote de Soulédé-Roua. Un ciblage géographique réalisé à Soulédé-Roua a en effet sélectionné les 15 villages les plus pauvres de cette commune (sur un total de 34) en se fondant sur des critères de pauvreté tels que l'absence d'infrastructures et le manque de terres arables. Dans les villages retenus, les communautés ont procédé au premier cycle de sélection des ménages avec l'objectif d'octroyer l'éligibilité à 70 pour cent d'entre eux environ. Le protocole de sélection a été établi conjointement par l'équipe du projet pilote et la communauté. Des comités de sélection assortis de mécanismes de contrôle et de régulation ont été mis en place et ont appliqué les critères de pauvreté définis : conditions de logement, sécurité alimentaire, accès aux services de base dans le domaine de la santé et de l'éducation, etc.

Dans la mesure où ce programme conjugue le CC et le PMT, il permet d'établir des comparaisons entre ces deux méthodes de ciblage, particulièrement utiles pour mesurer les erreurs d'inclusion et d'exclusion, comme cela a été fait dans d'autres pays (voir par exemple Alatas *et al.* 2010).

Les résultats du ciblage

Un niveau d'erreurs d'inclusion et d'exclusion encourageant
Les principaux indicateurs utilisés pour évaluer l'efficacité de la formule de ciblage sont les erreurs d'inclusion et d'exclusion. Comparés aux résultats de systèmes de ciblage étudiés ou testés dans d'autres pays, les résultats obtenus ici sont relativement positifs (les erreurs de l'inclusion s'élèvent à 24,1 pour cent et les erreurs d'exclusion à 24,8 pour cent), ce qui peut probablement s'expliquer par les variables utilisées et par la relative homogénéité de la zone géographique dans laquelle le ciblage a été effectué. Étant donné le niveau élevé de pauvreté de la région, il est essentiel d'accorder un soin particulier à la minimisation des erreurs d'exclusion, en mettant notamment en place un mécanisme permettant de contester leur inéligibilité aux habitants qui s'étaient initialement vus refuser le statut de bénéficiaires. Les données disponibles (ECAM3) ne permettent malheureusement pas d'identifier les groupes spécifiques qui auraient fait l'objet d'erreurs d'exclusion (ou d'inclusion) particulièrement importantes. L'évaluation *ex post* permettra d'expliquer plus en détail pourquoi certains ménages présentent des niveaux de consommation inférieurs à ceux prévus par le PMT (voir ci-après).

Le graphique 3.2 présente la proportion des ménages en situation de pauvreté chronique pour chaque décile du score de PMT. L'association des déciles les plus bas du score de PMT à une plus forte proportion de pauvreté chronique confirme l'efficacité du mécanisme de ciblage.

Graphique 3.2 Proportion des ménages en situation de pauvreté chronique estimée à partir des scores de PMT

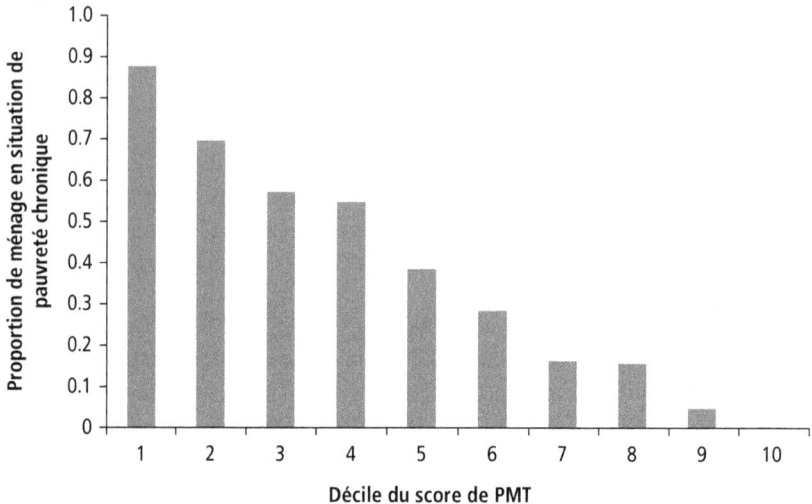

Source : Calculs des auteurs fondés sur les données de l'ECAM3 (2013).

L'ajout de la variable « sécheresse » entraîne une légère réduction des erreurs, en particulier des erreurs d'exclusion, qui diminuent d'environ un point de pourcentage ; le taux d'erreurs passe ainsi à 23,8 et à 23,9 pour cent (inclusion et exclusion, respectivement). Les résultats suggèrent que l'introduction de variables supplémentaires relatives aux chocs en général, et de variables de meilleure qualité sur les chocs météorologiques en particulier, peut accroître l'efficacité du ciblage. De plus amples informations sur l'exposition des ménages aux chocs sont toutefois nécessaires.

Le taux d'erreurs généré par la formule urbaine est également encourageant (14,5 pour cent d'erreurs d'exclusion et 35,3 pour cent d'erreurs d'inclusion). Cette asymétrie peut s'expliquer par le faible niveau de régression quantile retenu (0,1), qui permet de minimiser les erreurs d'exclusion en zone urbaine.

Performances *ex ante* du programme : un fort impact sur les indicateurs de pauvreté

Des simulations *ex ante* ont été menées avant le lancement du projet pilote afin de déterminer dans quelle mesure les TMNC allaient permettre de réduire la pauvreté dans les zones rurales. Fondées sur les données de l'ECAM3, ces simulations sont purement arithmétiques : l'éligibilité du ménage est déterminée à partir de la formule de PMT présentée dans la section précédente ; les transferts sont ensuite ajoutés à la consommation du ménage ; on calcule enfin l'indice de pauvreté avant et après le versement du transfert pour mesurer l'ampleur de la réduction de la pauvreté. Dans un souci de clarté, nous avons pris pour référence les trois indicateurs Foster-Greer-Thorbecke (FGT), à savoir l'incidence de la pauvreté (*per capita*), l'écart de pauvreté et la sévérité de la pauvreté. Puisque la réduction de l'incidence de la pauvreté ne tient compte que du nombre de ménages qui franchissent le seuil de pauvreté, il est en effet important de le compléter en utilisant les deux autres indices servant à mesurer l'effet opéré sur la pauvreté : l'écart de pauvreté et la sévérité de la pauvreté. Nous avons ici choisi d'observer l'impact des programmes sur la pauvreté chronique, c'est-à-dire sur les ménages dont la consommation se situe à moins de 80% du seuil de pauvreté.

Ces simulations rendent également possible le calcul de l'indice Coady-Grosh-Hoddinott (CGH).[6] Il s'agit d'un indicateur de la qualité du ciblage qui mesure la part des transferts effectivement versés aux ménages les plus pauvres, divisée par la part qu'ils représentent au sein de la population. Nous avons ici considéré la part reçue par les 20 pour cent des ménages les plus pauvres. Enfin, ces simulations nous ont permis d'estimer le budget nécessaire à une mise en œuvre du programma à l'échelle du pays entier.

Différents scénarios de transferts ont été envisagés pour effectuer ces simulations. Le montant versé par un programme de transferts monétaires représente habituellement entre 10 et 20 pour cent des dépenses des bénéficiaires ; c'est par exemple le cas du programme de TMNC du Niger. Si l'on se fonde sur les données de l'ECAM3, ce transfert représenterait donc une somme mensuelle par ménage située entre 7 500 et 15 000 FCFA. Le tableau 3.6 présente les variations du budget en fonction du montant versé à chaque ménage. Dans le cas des cinq régions sélectionnées, le budget annuel total du programme se situe entre 44,1 et 97,1 milliards FCFA (3è colonne du tableau 3.6), si l'on omet les frais administratifs.[7] La dernière colonne du tableau 3.6 illustre la baisse de l'incidence de la pauvreté chronique (ménages vivant sous la barre de 80 pour cent du seuil de pauvreté) pour chaque montant transféré, tandis que le PMT présenté au tableau 3.5 est utilisé pour cibler les ménages pauvres.

Les simulations décrites dans le tableau 3.6 partent du principe que tous les ménages vivant sous le seuil établi par le PMT reçoivent le même montant ; il est toutefois possible d'accorder des bénéfices variables aux différents ménages. Le montant transféré peut en effet fluctuer selon la taille du ménage, le score de PMT ou ces deux caractéristiques.

La modulation des transferts en fonction des besoins des ménage peut en effet permettre une plus forte réduction des indicateurs de pauvreté, dans la mesure où les ménages les plus pauvres perçoivent des sommes plus élevées, ce qui accroît l'effet du programme sur l'écart de pauvreté et sur la sévérité de la pauvreté. En outre, si les bénéfices sont proportionnels à la taille du ménage, les

Tableau 3.5 Formule du PMT, zones urbaines

Variable	Réponse	Pondération
Sexe du chef de ménage (CM)	Homme	0
	Femme	213
Âge du CM	Âge	11
	Âge au carré	-0,5
Niveau d'instruction du CM	Aucune instruction	-110
	Primaire	-136
	Secondaire 1er cycle	-104
	Secondaire 2nd cycle	-100
	Éducation supérieure	0
Statut matrimonial	Marié / en couple	131
	Célibataire/divorcé/séparé	0
Catégorie socio-professionnelle du CM	Secteur public	77
	Secteur privé formel	80
	Secteur informel non-agricole	15
	Chômeur	24
	Secteur informel agricole	0
Taille du ménage	1 membre	0
	2-3 membres	-339
	4-5 membres	-566
	6-7 membres	-634
	8 membres ou plus	-691
Composition du ménage	Membres âgés de 0 à 14 ans	-51
	Membres âgés de 15 à 59 ans	-49
	Membres âgés de 60 ans ou plus	-3
Type de logement	Maison individuelle	0
	Bâtiment composé de plusieurs logements	60
	Enclos / saré	98
	Villa moderne/immeuble composé de différents appartements	145
Régime d'occupation du logement	Logement gratuit (mis à disposition par l'employeur, la famille, etc.)	-21
	Locataire	-6
	Propriétaire	0
Taille du ménage	Petite : moins de 25 mètres carrés	0
	Moyenne : de 25 à 50 mètres carrés	12

(continue page suivante)

Tableau 3.5 (suite)

Variable	Réponse	Pondération
	Grande : de 50 à 99 mètres carrés	42
	Très grande : 100 mètres carrés ou plus	47
Principale source d'eau potable	Robinet ou forage	53
	Autre (puits, source aménagée, cours d'eau, eau de pluie, etc.)	0
Principale source d'éclairage	Approvisionnement en électricité par AES Sonel	60
	Autre (gaz naturel, générateur, etc.)	0
Principale source d'énergie utilisée pour cuisiner	Bois acheté	0
	Bois ramassé	73
	Autre (gaz naturel, pétrole, sciure, charbon, etc.)	-16
	Latrines améliorées / toilettes à chasse d'eau	-133
	Latrines non-améliorées	-23
Installations sanitaires	Pas d'installations sanitaires	280
	Approvisionnement en électricité par AES Sonel	138
	Autre (gaz naturel, générateur, etc.)	102
	Bois acheté	0
Matériau principal des murs	Béton / briques cuites / pierre	11
	Autre (terre cuite, briques simples, planches, etc.)	0
Matériau principal de la toiture	Ciment/tôle/tuiles	137
	Autre	0
Matériau principal du plancher	Ciment / Carreaux	45
	Autre	0
Ménage propriétaire d'un téléphone mobile/fixe	Oui	189
	Non	0
Ménage propriétaire d'une radio	Oui	56
	Non	0
Ménage propriétaire d'une télévision	Oui	114
	Non	0
Ménage propriétaire d'un lecteur CD/DVD	Oui	46
	Non	0
Ménage propriétaire d'un réfrigérateur/ congélateur	Oui	158
	Non	0
Ménage propriétaire d'un ventilateur/système d'air conditionné	Oui	94
	Non	0
Ménage propriétaire d'une cuisinière/poêle à pétrole portatif	Oui	51
	Non	0

(continue page suivante)

Tableau 3.5 (suite)

Variable	Réponse	Pondération
Ménage propriétaire d'une moto/d'un vélo	Oui	132
	Non	0
Ménage propriétaire d'une voiture	Oui	405
	Non	0
Ménage propriétaire d'un salon/une salle à manger	Oui	6
	Non	0
Ménage propriétaire d'une terre cultivée	Oui	33
	Non	0
Ménage propriétaire d'une terre non-cultivée	Oui	53
	Non	0
Ménage propriétaire d'un logement non occupé par l'un des membres du ménage	Oui	1
	Non	0
Constante		12245

Source : Calculs des auteurs fondés sur les données de l'ECAM3 (2013).
Note : Régression quantile (0,1), variable dépendante : dépenses du ménage par équivalent-adulte
(*Note :* Régression quantile (0,1), variable dépendante : dépenses du ménage par équivalent-adulte (*in log*))

Tableau 3.6 Montant du transfert par ménage et budget global correspondant du programme de transfert monétaire (en FCFA)

Bénéfice mensuel par ménage (FCFA)	Bénéfice mensuel *per capita* (FCFA)	Budget annuel des transferts (en milliards de FCFA, données de 2007)	Budget annuel des transferts (en milliards de FCFA, avec projection démographique)	Réduction de l'incidence de la pauvreté chronique (%)
7 500	1 000	44,1	49,0	9,15
10 000	1 333	58,8	65,3	13,02
11 250	1 500	66,2	73,4	15,17
12 500	1 667	73,5	81,6	17,64
15 000	2 000	88,2	97,9	21,82
16 500	2 200	97,1	107,7	24,44

Source : Calculs des auteurs fondés sur les données de l'ECAM3 et les projections du RGPH3 (2013).
Note : Le budget est basé sur le nombre de ménages pauvres au Cameroun.

plus pauvres percevront des sommes supérieures, puisque les ménages les plus nombreux présentent également une plus grande profondeur de pauvreté. De plus, si les transferts varient en fonction du score de PMT, le programme sera perçu comme étant plus juste, dans la mesure où ils accordent une quantité de ressource supérieure aux ménages les plus pauvres. Ce mécanisme permet également de réduire les bénéfices des ménages à mesure que ceux-ci se r approchent du seuil de pauvreté, plutôt que de suspendre brutalement l'aide fournie une fois le seuil franchi.

La modulation des bénéfices a toutefois pour inconvénient de complexifier le programme sur le plan administratif (liste de bénéficiaires, inscription des bénéficiaires et paiements). Il est également possible que les ménages se demandent pourquoi le montant qu'ils perçoivent est différent de celui d'autres bénéficiaires, ou qu'ils trouvent cette différence injuste. En outre, l'octroi de sommes différentes peut créer des opportunités de corruption supplémentaires. Pour conclure, le choix de montants fixes ou variables dépend du pays, des ressources administratives, mais aussi de l'évaluation des risques impliqués par la modulation des transferts (injustice, corruption, etc.).

Le premier scénario simulé se base sur un transfert de 12 500 FCFA par mois ; ce montant correspond à la médiane de l'échelle du PMT (tableau 3.6). La baisse de l'incidence, de la profondeur et de la sévérité de la pauvreté observés dans ce scénario est présentée dans le tableau 3.7, qui montre une réduction sensible de l'incidence de la pauvreté chronique et une baisse plus prononcée encore de l'écart et la sévérité de la pauvreté. L'indice CGH est de 2,51 ; ce score correspond à un ciblage très efficace. Ce scénario constitue le point de référence des comparaisons effectuées entre les différents niveaux de réduction de la pauvreté associés à l'octroi de montants variables.

Le scénario 2 est comparable au précédent, dans la mesure où le montant moyen versé à chaque ménage est identique (12 500 FCFA par mois, budget de 72,7 milliards de FCFA). À la différence du premier scénario, cinq tailles de

Tableau 3.7 Résultats *ex ante* de simulation de la pauvreté

	Montant mensuel par foyer (en FCFA)	Réduction de l'incidence de la pauvreté (%)	Réduction de l'écart de pauvreté (%)	Réduction de la sévérité de la pauvreté (%)	Budget (en milliards de FCFA)
Scénario 1 : Montant fixe par ménage	12 500	17,64	43,35	54,50	72,0
Scénario 2 : Montant variable selon les ménages	5 000 à 21 000	16,63	45,09	56,96	72,7
Scénario 3 : Montant variable selon le score de PMT des ménages	7 500 à 17 500	17,46	45,65	56,82	74,2
Scénario 4 : Montant variable selon le score de PMT et la taille des ménages	1 025 à 2 250 (par membre)	16,09	47,42	59,02	76,2

Source : Calculs fondés sur les données de l'ECAM3 (2013).
Note : Le budget est basé sur le nombre de ménages pauvres au Cameroun.

ménages ont toutefois été introduites et se sont vues associer un montant mensuel différent allant de 5 000 FCFA pour un ménage composé de 1 à 3 membres jusqu'à 21 000 FCFA pour un ménage de 10 membres ou plus. Cette méthode est plus équitable, puisqu'elle accorde à chaque personne (et non à chaque ménage) un montant fixe.

Les résultats obtenus sont similaires à ceux de la simulation précédente, à deux différences près : un plus faible impact sur la réduction de l'incidence de la pauvreté et un effet plus prononcé sur la réduction de l'écart et la sévérité de la pauvreté. Cette différence s'explique par le fait que les ménages les plus défavorisés sont en moyenne plus nombreux. Dans ce scénario, l'indice CGH est également plus élevé (2,57) que dans le premier, ce qui laisse penser que le ciblage est plus efficace lorsque le montant du transfert varie en fonction de la taille du ménage.

Le scénario 3 divise les ménages éligibles en trois catégories en fonction de leur score de PMT. Les scores de la catégorie la plus basse vont de 11 589 à 12 047,99 ; ceux de la catégorie médiane vont de 12 048 à 12 178,39 et ceux de la catégorie la plus élevée vont de 12 178,4 à 12 280. Le tiers le plus pauvre reçoit 17 500 FCFA mensuels, le tiers médian 12 500 FCFA et le tiers supérieur 7 500 FCFA. Dans ce scénario, l'incidence mesurée correspond au niveau observé dans le scénario 1 ; le niveau de réduction de la profondeur et de la sévérité de la pauvreté observé dans le scénario 2 est quant à lui largement maintenu. L'indice CGH est nettement plus élevé que dans les scénarios 1 et 2, puisqu'il atteint ici 2,75, un chiffre traduisant une plus grande efficacité du ciblage.

Le scénario 4 conjugue les deux scénarios précédents : le montant perçu dépend en effet de la taille du ménage et de son score de PMT. Un membre appartenant à un ménage de la catégorie la plus basse reçoit 2 250 FCFA ; ce montant est de 1 700 FCFA pour la catégorie moyenne et de 1 025 FCFA pour la catégorie supérieure. L'impact sur les indices de pauvreté est mitigé ; les transferts entraînent un léger déclin de la réduction de l'incidence de la pauvreté associée aux transferts, mais une réduction accrue de l'écart de pauvreté et de la sévérité de la pauvreté par rapport à tous les autres scénarios. En outre, le CGH passe ici à 2,80, un chiffre traduisant une efficacité encore plus élevée.

Comparées à des simulations similaires réalisées dans d'autres contextes (voir par exemple Narayan & Yoshida, 2005), ces quatre simulations révèlent un fort potentiel de réduction de la pauvreté, et plus particulièrement de la réduction de l'écart de pauvreté et de la sévérité de la pauvreté. La réduction accrue de la profondeur et de la sévérité de la pauvreté par rapport à celle de l'incidence de la pauvreté indique que le système de ciblage parvient à cibler les degrés de pauvreté les plus élevés. La force de l'impact varie également selon les régions : les effets du programme sont plus prononcés dans les provinces présentant un taux de pauvreté chronique plus élevé. Un indice CGH situé entre 2,5 et 2,8 classerait ce programme de transferts parmi les plus efficaces au monde (voir Castañeda *et al.*, 2005). Même s'il est clair que le ciblage est plus efficace lorsque le montant versé varie en fonction du ménage, cette modulation ne suffit peut-être pas à justifier la complexification administrative que cette mesure implique.

Les simulations *ex ante* laissent entrevoir des perspectives prometteuses de réduction de la pauvreté. Cependant, l'ampleur effective des progrès ne peut être saisie qu'à travers une évaluation *ex post*, dont la conception est abordée dans la section suivante.

Conception d'une évaluation *ex post* : enseignements complémentaires tirés du programme

Pour recueillir un soutien politique au niveau national et des données empiriques sur l'impact économique des transferts, il faudra mener une évaluation exhaustive du programme de transferts monétaires. Une telle évaluation permettra également aux enseignements tirés d'être diffusés au-delà du projet camerounais lui-même, comme le souligne la littérature relative aux évaluations (Behrman 2007 ; Rawlings et Rubio 2005), et étoffera la base des savoirs acquis sur la conception et l'exécution de programmes de filets sociaux en Afrique subsaharienne.[8]

L'évaluation d'impact se concentrera sur les questions suivantes :

- Le système de ciblage est-il efficace ?
  Il est possible de répondre à cette question en se fondant sur des indicateurs simples : erreurs d'inclusion et d'exclusion mesurées après avoir défini le seuil d'éligibilité, mais avant le versement du premier transfert ; couverture (nombre de bénéficiaires, proportion des dépenses de ces bénéficiaires) ; impact sur les indicateurs de pauvreté (FGT). Ces indicateurs peuvent être comparés à ceux utilisés *ex ante* dont il est question plus haut afin d'élargir la palette des connaissance disponibles sur la précision des mesures *ex ante* permettant de prévoir des performances *ex post*.

- Quel est l'impact des transferts sur la consommation à court terme et sur l'atténuation des chocs ?
  La mesure à court terme des dépenses et de la consommation alimentaire permettrait d'obtenir une première réponse à cette question. Des variables relatives à la gestion du risque par le ménage (*ex ante* et *ex post*) permettraient d'obtenir des indications supplémentaires sur l'évolution de la capacité des ménage à faire face aux chocs liée au versement des transferts.

- Quel est l'impact à court terme (permanent) sur l'accumulation des actifs et la génération de revenus ?
  La collecte de données sur l'utilisation du transfert permettra de mieux comprendre l'impact de ce dernier sur l'investissement et les activités génératrices de revenus. Parmi les variables à récolter, on peut citer l'évolution des actifs

des ménages, l'évolution des activités agricoles et non agricoles, les modifications des comportements de participation au marché, etc.

• Quels sont les conséquences à moyen et long terme sur l'éducation, la santé et les indicateurs sociaux ?
  La plupart des retombées sur la santé et l'éducation se manifestent à moyen ou à long terme. Des données seront collectées sur des variables telles que les maladies, les consultations chez le médecin, la nutrition, la fréquentation scolaire et certaines variables sociales telles que le mariage précoce des filles ou le travail des enfants.

Pour mener une évaluation rigoureuse du programme de TMNC et de ses conséquences, il convient de confronter ce programme à un projet expérimental fondé sur des villages non traités (Rawlings & Rubio 2005). Dès lors, il est nécessaire de recueillir des données à la fois dans les villages où le projet a été mis en œuvre (villages traités) et dans des villages similaires qui n'ont pas participé au projet pilote de transferts monétaires (villages contrôle). La littérature (Angelucci & De Giorgi 2009 ; Katayama 2010) recommande de procéder ainsi plutôt que d'utiliser des ménages contrôle appartenant à la même communauté que les ménages traités, du fait des effets indirects des transferts sur les ménages non éligibles au sein d'une même communauté. Cette méthode permettra également de mesurer les retombées des transferts. Afin de fournir une évaluation exhaustive des effets des transferts, il conviendra de compléter cette évaluation quantitative rigoureuse par une analyse qualitative (Kanbur 2002 ; Ravallion 2009).

Conclusion : Que retenir ?

L'élaboration de ce programme de TMNC suggère qu'au Cameroun, la pauvreté à long terme peut-être ciblée de manière efficace au moyen d'interventions d'assistance sociale. La concentration de la pauvreté dans le Nord et dans les zones rurales du pays fait du ciblage géographique une composante essentielle à tout mécanisme de ciblage. Dans les zones rurales, lorsque le ciblage géographique est conjugué au PMT, le taux d'erreurs d'inclusion et d'exclusion générées est inférieur à 25 pour cent. Le ciblage communautaire sera en outre intégré au projet pilote pour renforcer l'efficacité du ciblage et l'acceptation communautaire. Il est plus difficile de mettre au point un mécanisme de ciblage efficace pour les zones urbaines, où l'incidence de la pauvreté chronique est plus basse et les erreurs d'inclusion beaucoup plus élevées ; des méthodes de régression quantile nous ont malgré tout permis de surmonter en partie ces difficultés. Les données actuellement disponibles sur les chocs affectant les ménages ne permettent pas de bâtir un système de ciblage répondant à des besoins à court terme, même dans les zones rurales, où les chocs covariants ont des conséquences majeures sur le bien-être des ménages.

Les prochaines étapes dans la mise en œuvre de TMNC ciblés au Cameroun comportent deux volets : il faudra commencer par recueillir de plus amples informations sur les risques et les chocs afin d'élaborer un système de ciblage par PMT-plus utilisable dans le cadre d'une extension rapide des programmes en cas de chocs. Ensuite, le projet pilote de TMNC doit faire l'objet d'une évaluation rigoureuse pour pouvoir mesurer l'efficacité (à long terme) de sa principale composante.

Annexes

Tableau A3.1 Cameroun - Variables utilisées pour le PMT dans le programme pilote mis en œuvre dans les régions rurales

Variable	Réponse	Pondération
Sexe du chef de ménage (CM)	Homme	1569
	Femme	0
Âge du CM	Âge	69
	Âge au carré	-0,5
Niveau d'instruction du CM	Aucune instruction	3647
	Primaire	4103
	Secondaire 1er cycle	2826
	Secondaire 2nd cycle ou plus	0
Religion du CM	Musulman	-423
	Chrétien et autre	0
Catégorie socio-professionnelle du CM	Secteur formel (public ou privé)	0
	Secteur informel non-agricole	2408
	Agriculture	4953
	Chômeur	2590
Taille du ménage	1-3 membres	0
	4-5 membres	2646
	6-7 membres	4520
	8 membres ou plus	6371
Composition du ménage	Membres âgés de 0 à 4 ans	204
	Membres âgés de 5 à 14 ans	2084
	Membres âgés de 15 à 59 ans	921
	Membres âgés de 60 ans ou plus	1000

(continue page suivante)

Tableau A3.1 (suite)

Variable	Réponse	Pondération
Type de logement	Enclos / saré	-679
	Autre	0
Régime d'occupation du logement	Propriétaire	1819
	Non-propriétaire	0
Source principale d'eau potable	Robinet ou forage	-246
	Autre (puits, source aménagée, cours d'eau, eau de pluie, etc.)	0
Principale source d'éclairage	Approvisionnement en électricité par AES Sonel	-3872
	Autre (gaz naturel, générateur, etc.)	0
Principale source d'énergie utilisée pour cuisiner	Bois acheté	3229
	Bois ramassé	6033
	Autre (gaz naturel, pétrole, sciure, charbon, etc.)	0
Installations sanitaires	Latrines améliorées / toilettes à chasse d'eau	0
	Latrines non-améliorées	1851
	Pas d'installations sanitaires	4613
Matériau principal des murs	Béton / briques cuites / pierre	-1149
	Autre (terre cuite, briques simples, planches, etc.)	0
Matériau principal de la toiture	Ciment/tôle/tuiles	-3210
	Autre	0
Matériau principal du plancher	Ciment / Carreaux	-1377
	Autre	0
Ménage propriétaire d'une radio	Oui	-844
	Non	0
Ménage propriétaire d'une télévision	Oui	-2686
	Non	0
Ménage propriétaire d'une voiture/d'une moto/d'un vélo	Oui	-506
	Non	0
Ménage propriétaire d'une terre cultivée	Oui	-883
	Non	0
Ménage propriétaire d'une terre non cultivée	Oui	-1595
	Non	0
Ménage propriétaire d'un logement non occupé par l'un des membres du ménage	Oui	-2522
	Non	0

(continue page suivante)

Tableau A3.1 (suite)

Variable	Réponse	Pondération
Ménage propriétaire d'une charrette/ brouette	Oui	-296
	Non	0
Ménage propriétaire d'une ou plusieurs vaches	Oui	-3347
	Non	
Ménage propriétaire d'un ou plusieurs chevaux/ânes	Oui	-1656
	Non	
Ménage propriétaire d'une ou plusieurs moutons/chèvres	5 ou plus	-596
	Moins de 5	0
Ménage propriétaire d'une ou plusieurs poulets/de volaille	15 ou plus	-346
	Moins de 15	0
Constante		-27136

Source : Calculs fondés sur les données de l'ECAM3 (2013).
Note : Régression Probit, variable dépendante: "chronique" (le statut de pauvreté chronique du ménage étant défini comme dans Nguetse-Tegoum, 2011).

Notes

1. Ces chiffres sont tirées d'études fondées sur des données provenant de l'*Enquête Camerounaise auprès des Ménages 2 et 3* (ECAM2 et ECAM3), qui fixent le seuil de pauvreté à 738 FCFA (1,64 dollar) par jour (Nguetse-Tegoum 2011).
2. Cette ligne est proche du seuil de pauvreté, à savoir 1,25 par jour ; elle est utilisée dans le PMT pour des raisons économétriques. Le niveau de consommation d'un équivalent-adulte est défini à partir des apports nutritionnels recommandés par le Conseil national de recherche des États-Unis (1989).
3. Plutôt que d'employer cinq formules différentes, les cinq régions concernées par le projet utilisent la même formule de PMT en milieu rural. Ce choix se justifie par une volonté d'améliorer la gestion du programme en simplifiant la formule et en améliorant sa conception grâce à des observations plus abondantes. L'inclusion de régions dans la formule au moyen de variables indicatrices n'en accroît pas l'efficacité de ciblage.
4. Ces données proviennent du projet de la NASA intitulé *Langley Research Center POWER* et financé par le Programme de science appliquée du Directorat de science terrestre de la NASA.
5. Dans toutes nos tentatives visant à mettre au point une formule efficace en milieu urbain, la RQ a généré des taux d'erreurs bien plus bas que la méthode des MCO, même lorsque cette dernière était appliquée à un sous-échantillon ne contenant que les ménages les plus pauvres ou lorsque la régression des variables de PMT se faisait au moyen d'un simple indicateur situant les ménages par rapport au seuil de pauvreté.
6. Voir Coady *et al.* (2004).

7. En tenant compte de la croissance démographique, cette somme se situerait entre 49 et 107,7 milliards de FCFA. En outre, les coûts administratifs représentent généralement 10 à 20 pour cent du budget de ce type de programme.
8. Pendant les quinze dernières années, plusieurs évaluations d'impact sur les programmes de transferts monétaires conditionnels ont été menées sous l'angle des indicateurs de capital humain (Behrman et Hoddinott 2005, Gertler 2004) ou de la production (Gertler *et al.* 2012). Pour un examen complet de la littérature, consulter Fiszbein et Schady (2009). Dans le cas des programmes d'Afrique subsaharienne, les informations manquent encore, en particulier pour les programmes monétaires non conditionnels (Devereux 2006).

Bibliographie

Alatas, V., A. Banerjee, R. Hanna, B. Olken et J. Tobias (2010). *Targeting the Poor: Evidence from a Field Experiment in Indonesia*. Cambridge, Mass.: MIT.

Angelucci, M. et G. de Giorgi (2009). "Indirect Effects of an Aid Program: How Do Cash Transfers Affect Ineligibles' Consumption?" *The American Economic Review* 99:486-508.

Behrman, J. (2007). "Policy-Oriented Research Impact Assessment (PORIA) Case Study on the International Food Policy Research Institute (IFPRI) and the Mexican PROGRESA Anti-Poverty and Human Resource Investment Conditional Cash Transfer Program." Impact Assessments. Washington DC: Institut international de recherche sur les politiques alimentaires.

Behrman, J. et J. Hoddinott (2005). "Programme Evaluation with Unobserved Heterogeneity and Selective Implementation: The Mexican PROGRESA Impact on Child Nutrition," *Oxford Bulletin of Economics and Statistics* 67:547-569.

Castañeda, T., K. Lindert, B. de la Brière, L. Fernandez, C. Hubert, O. Larrañaga, M. Orozco et R. Viquez (2005). *Designing and Implementing Household Targeting Systems: Lessons from Latin America and the United States. Social Protection Discussion Paper Series*. Washington DC: Banque mondiale.

Chaudhuri, S. et G. Datt (2001). *Assessing Household Vulnerability to Poverty: A Methodology and Estimates for the Philippines*. Washington DC: Banque mondiale.

Coady, D., M. Grosh et J. Hoddinott (2004). "Targeting Outcomes Redux," *The World Bank Research Observer* 19:61-85.

Devereux, S. (2006). "Unconditional Cash Transfers in Africa." IDS In *Focus 1*. Brighton: Institute for Development Studies.

Fiszbein, A. et N. Schady (2009). *Conditional Cash Transfers: Reducing Present and Future Poverty*. Washington DC: Banque mondiale.

Gertler, P. (2004). "Do Conditional Cash Transfers Improve Child Health? Evidence from PROGRESA's Control Randomized Experiment," *The American Economic Review* 94:336-341.

Gertler, P., S. Martinez et M. Rubio-Codina (2012). "Investing Cash Transfers to Raise Long-Term Living Standards," *American Economic Journal: Applied Economics* 4:164-192.

Kanbur, R. (2002). "Economics, Social Science and Development," *World Development* 30:477-486.

Katayama, R. (2010). "Appui à l'équipe de gestion dans le cadre de la mise en œuvre du projet pilote des filets sociaux par le transfert de cash." Rapport de la Mission. (20 juillet 2010-18 aout 2010). (Mimeo) Niamey, Niger: Banque mondiale.

National Research Council (1989). Recommended Dietary Allowances. Subcommittee on the Tenth Edition of the RDAs. Washington, D.C.: National Academy Press.

Narayan, A. et N. Yoshida (2005). *Proxy Means Tests for Targeting Welfare Benefits in Sri Lanka.* Rapport No. SASPR–7, Washington, DC: Banque mondiale.

http://siteresources.worldbank.org/EXTSAREGTOPPOVRED/Resources/493440 -1102216396155/572861-1102221461685/Proxy+Means+Test+for+Targeting+Welfare +Benefits.pdf, Site consulté le 5 février 2009.

Nguetse-Tegoum, P. (2011). *Pauvreté et vulnérabilité des ménages au Cameroun.* (Mimeo) Yaoundé, Cameroun: Banque mondiale.

Nguetse-Tegoum, P. et Q. Stoeffler (2012). "Programme de transferts monétaires sociaux : Le ciblage des pauvres chroniques." (Mimeo) Yaoundé, Cameroun: Banque mondiale.

Ravallion, M. (2009). "Evaluation in the Practice of Development," *The World Bank Research Observer* 24:25.

Rawlings, L. et G. Rubio (2005). "Evaluating the Impact of Conditional Cash Transfer Programs," The World Bank Research Observer 20:29-55.

Banque mondiale (2011a). Cameroon: Social Safety Nets. Washington DC.

—— (2011b). Social Safety Net Programs in Cameroon: A Feasibility Study. Washington DC.

Chapitre **4**

Solutions pour améliorer le ciblage des filets sociaux au Ghana[1]

Lucian Pop

Introduction

Le développement de nouveaux programmes et l'extension de l'échelle des programmes déjà en place contribuent à complexifier le système des filets sociaux au Ghana, dont l'objectif est de préserver le niveau de vie des plus pauvres, de soutenir les investissements en matière de capital humain (transferts monétaires conditionnels et exonération des cotisations d'assurance maladie) et d'aider les bénéficiaires à sortir de la pauvreté grâce à des filets sociaux productifs, tels que des programmes de travaux publics.

L'expérience d'autres pays (Brésil, Mexique, Arménie, etc.) indique qu'il ne suffit pas toujours d'avoir une idée claire de la combinaison idéale des programmes à mettre en œuvre pour garantir la cohérence et l'efficacité des programmes de filets sociaux. Des efforts supplémentaires doivent en effet être déployés pour garantir que les programmes ciblant les mêmes groupes ou se recoupant utilisent des systèmes et des instruments de ciblage communs plutôt qu'exclusifs. L'adoption d'une approche commune génère en effet des économies d'échelle, des complémentarités et des synergies, en plus d'augmenter la cohérence et l'efficacité des filets sociaux. Enfin, le débat sur les avantages et les inconvénients d'une approche commune ou spécifique est une question empirique, dans la mesure où le choix de l'une ou l'autre approche dépend du contexte spécifique de chaque pays, et en particulier des capacités de mise en œuvre, du profil de la pauvreté propre à chaque pays, de l'économie politique et de la rentabilité du système.

Si l'on peut avancer qu'un système commun est susceptible d'exposer plusieurs programmes aux erreurs de mesures d'un mécanisme de ciblage unique, les avantages que présente l'utilisation d'un registre unique ont toutefois le potentiel de neutraliser ce risque. L'existence d'au moins une base de données commune peut en effet permettre de réduire les coûts et les délais d'identification des bénéficiaires de programmes multiples, en particulier dans les pays dont les capacités sont limitées, dans la mesure où un tel système permet de supprimer les doublons et d'accroître la transparence des programmes. Un registre commun permet en effet à chaque programme spécifique d'être suffisamment souple pour atteindre son ou ses groupe(s) cible(s) et ses objectifs grâce à des critères de ciblage supplémentaires ou alternatifs[2] ; il leur permet aussi de s'adapter aux changements de politiques sociales et/ou de conditions socio-économiques.

Le Ghana dispose actuellement de plusieurs programmes de filets sociaux rendus à différents stades de développement et destinés à la population pauvre ou à certains sous-groupes spécifiques de cette population : (1) le Programme de renforcement des moyens de subsistance contre la pauvreté (*Livelihood Empowerment Against Poverty*, LEAP) ; (2) le Programme d'exonération des cotisations d'assurance maladie pour les pauvres et autres groupes vulnérables du Régime national d'assurance maladie (*National Health Insurance Scheme*, NHIS) ; (3) le Programme d'uniformes scolaires (*school uniforms programme*, SUP) ; (4) le Programme de travaux publics à haute intensité de main-d'œuvre (*Labor Intensive Public Works*, LIPW), en cours d'élaboration, et (5) le Programme de Transferts monétaires conditionnels destinés aux élèves du premier cycle secondaire (*Conditional cash transfer for junior high school students*, JHSCCT), lui aussi en cours d'élaboration. Les différentes agences responsables de la mise en œuvre de ces programmes se sont montrées fortement intéressées par le développement et l'utilisation d'un système de ciblage et d'un registre de bénéficiaires communs.

Parmi ces programmes, le LEAP est doté du système et des instruments de ciblage les plus perfectionnés ; il est donc le mieux placé sur l'échiquier institutionnel pour constituer une référence en matière de mécanisme de ciblage.[3] Le LEAP conjugue en effet plusieurs instruments de ciblage : le ciblage géographique, le ciblage catégoriel, le ciblage communautaire (CC) et le Test multidimensionnel des moyens d'existence (*proxy-means test*, PMT).

- *Le ciblage géographique* n'est pas utilisé pour sélectionner des districts, mais des communautés établies **à l'intérieur** de ces districts. Le choix des districts « pilotes » ne repose pas uniquement sur des critères de pauvreté, et le nombre de bénéficiaires par district est indépendant du niveau de pauvreté, car les ressources sont allouées de façon uniforme entre les différents districts. Au sein d'un même district, les communautés sont sélectionnées par les Comités communautaires d'exécution du LEAP (CECL) à partir de cartes participatives de pauvreté (méthodologie élaborée par la GTZ). La répartition des bénéficiaires entre les différentes communautés sélectionnées est elle aussi relativement uniforme (c'est-à-dire effectuée selon des quotas presque équivalents pour chaque communauté).

- *Le ciblage catégoriel* (démographique) du programme LEAP s'adresse actuellement à trois catégories de bénéficiaires : les personnes âgées de 65 ans et plus, les porteurs de handicaps et les enfants orphelins et vulnérables. Le tiers des bénéficiaires du LEAP se compose toutefois de « bénéficiaires d'urgence »[4] qui n'appartiennent pas nécessairement à l'une de ces trois catégories.

- *Le ciblage communautaire (CC)* est effectué par les Comités d'exécution du LEAP au niveau communautaire. L'inscription au LEAP traditionnel (qu'il convient de distinguer du LEAP d'urgence) n'est pas ouverte au public. L'identification des bénéficiaires est en effet confiée aux communautés, qui se fondent sur le nombre/quota de questionnaires reçus. Ce nombre (quota) de questionnaires permet de limiter la demande à chaque niveau, dans la mesure où l'administration centrale du programme distribue une quantité limitée de questionnaires à chaque district participant, qui les achemine à son tour aux communautés sélectionnées ; le nombre de questionnaires reste donc généralement inférieur au nombre de ménages/individus potentiellement éligibles. Les méthodes d'identification des bénéficiaires varient d'une communauté à l'autre (rassemblements communautaires, consultations, participation à la sélection ou pré-identification par le CECL). Le niveau des quotas étant fixé très bas, il est difficile de prévoir les performances potentielles du ciblage communautaire dans l'éventualité d'une hausse d'activité et d'estimer les besoins des CECLen matière de renforcement des capacités.

- *Le Test multidimensionnel des moyens d'existence* (Proxy Means Test, *PMT*). Les données collectées grâce aux questionnaires portant sur plusieurs caractéristiques des ménages sont saisies dans une base de données centrale. Chaque ménage se voit attribuer un score de pauvreté indicatif (indice) calculé en agrégeant plusieurs indicateurs tirés du questionnaire. Le score obtenu est ensuite comparé à un seuil précis afin de déterminer/tester l'éligibilité des ménages (PMT). Le PMT actuel est utilisé dans le cadre d'une validation *ex post* de la sélection des ménages éligibles effectuée par les CECL. La formule utilisée pour calculer le score n'a pas été rendue publique afin d'éviter les fraudes potentielles, notamment la dissimulation/falsification d'informations par les ménages. Cette formule n'utilise qu'une partie des indicateurs figurant dans le questionnaire soumis aux ménages lors de leur inscription, ce qui a permis de simplifier le questionnaire (relativement complexe et long à remplir).

Cette étude de cas examine donc les moyens qui permettraient d'améliorer la formule de PMT (l'un des piliers fondamentaux d'un système de ciblage commun) actuellement utilisée par le LEAP et aborde ainsi implicitement la question de l'amélioration des instruments de collecte d'informations portant sur les bénéficiaires potentiels. Cette étude s'articule comme suit : la section 2 évalue la formule de PMT du LEAP et la précision de son ciblage à partir de la dernière série de données recueillies par l'Enquête sur le niveau de vie au Ghana (*Living Standards Survey*, GLSS5[5]). La section 3 présente la méthode employée pour générer une formule de PMT à partir des données de l'enquête des ménages et évalue les résultats du Ghana en se fondant sur le GLSS5 ; cette section aborde également les implications de cette méthode. la Section 4 présente les retombées escomptées sur les groupes actuellement ciblés par les différents programmes (les orphelins en situation de pauvreté, les porteurs de handicaps et les personnes âgées, les enfants en âge d'être scolarisés dans le cas du Programme d'uniformes scolaires et les agriculteurs). Les sections 5 et 6 présentent la mise à l'épreuve sur le terrain de la formule proposée et les ajustements qui en découlent. La section 7 fait office de conclusion.

La formule de PMT actuellement utilisée par le LEAP

En 2010, le LEAP couvrait environ 80 des 170 districts du pays et comptait près de 30 000 bénéficiaires inscrits, dont plus du tiers appartenaient à la composante d'urgence du programme (*Emergency* LEAP)[6]. Si aucune enquête ne fournit actuellement de données permettant de mesurer directement les performances du programme, les évaluations effectuées à partir de techniques d'imputation (Banque mondiale, 2009) laissent penser que le système actuel de ciblage est plutôt efficace, dans la mesure où 42 à 48 pour cent des bénéficiaires appartiennent au quintile le plus pauvre de la population. Cette étude n'a pas pour but d'évaluer les effets du programme, qui résultent de la multiplicité des instruments de ciblage employés et de leur mise en œuvre, mais entend plutôt simuler la performance de la formule actuelle de PMT en plantant l'hypothèse d'une « mise en œuvre parfaite ».

La formule actuellement utilisée dans le cadre du LEAP comprend environ 36 indicateurs relatifs aux actifs (bétail) et équipements agricoles, à la propriété de biens durables (appareils ménagers), aux conditions de logement et aux revenus provenant d'envois de fonds (aide extérieure). Le ciblage démographique/ catégoriel utilise des critères supplémentaires, à savoir les caractéristiques des membres du ménage. À quelques exceptions près (comme les revenus provenant d'envois de fonds), les indicateurs sont faciles à vérifier, bien que certains d'entre eux puissent facilement être dissimulés par les ménages interrogés (comme la propriété d'une radio, d'un téléphone mobile ou d'un lecteur cassette). Le score obtenu correspond à la somme pondérée des indicateurs : $s = \sum w_i x_i$, où s représente le score, x_i l'indicateur i et w_i la pondération de l'indicateur i. Les indicateurs ont été sélectionnés et pondérés sur l'avis experts et sont donc empreints d'un certain degré de subjectivité.

La formule du LEAP peut être simulée de façon relativement précise à partir du GLSS5. Seuls deux indicateurs ne peuvent pas être pris en compte par la simulation, à savoir le matériau de construction de la toiture et celui des murs du logement ; tous deux sont observés lors de la visite à domicile effectuée auprès des bénéficiaires potentiels du programme mais n'ont aucune équivalence dans le GLSS5. Leur exclusion de la simulation risque d'entraîner une surestimation des erreurs d'inclusion/exclusion du LEAP (en d'autres termes, le score simulé risque d'entraîner le classement des bénéficiaires dans des catégories qui ne leur correspondent pas, alors qu'ils ont correctement été évalués par la formule complète). Malgré tout, cette surestimation des erreurs sera probablement limitée par la faible pondération de ces deux indicateurs dans le score total.

Si la formule de PMT actuelle et le ciblage catégoriel (des personnes âgées, des porteurs de handicaps et des orphelins) étaient les seuls instruments de ciblage utilisés par le LEAP, environ 11 pour cent des ménages du Ghana seraient déclarés éligibles au programme, soit approximativement 9 pour cent de la population totale (tableau 4.1). Le programme couvrirait ainsi 12 pour cent des ménages en situation d'extrême pauvreté et 16 pour cent des ménages situés sous le seuil de pauvreté mais au-dessus du seuil d'extrême pauvreté. L'algorithme de sélection actuel exclurait donc plus de 80 pour cent des ménages pauvres (erreurs d'exclusion). À l'inverse, 76 pour cent des ménages participants ne seraient pas en situation de pauvreté, et seuls 24 pour cent des bénéficiaires seraient en situation de pauvreté ou d'extrême pauvreté (erreurs d'inclusion). Si l'on omettait d'appliquer les filtres/critères catégoriels (personnes âgées, orphelins, porteurs de handicaps), la performance du ciblage ne varierait guère, mais la couverture des ménages extrêmement pauvres passerait à 20 pour cent et celle des ménages situés entre le seuil de pauvreté et celui de l'extrême pauvreté passerait à 24 pour cent. Sans le ciblage démographique, environ 19 pour cent des ménages seraient éligibles au LEAP (voir l'appendice A4.1).

En raison de la faible corrélation existant entre le score de PMT et le niveau de bien-être, la combinaison des instruments de ciblage (PMT et ciblage catégoriel) génère des erreurs d'inclusion importantes dans les régions présentant un taux de pauvreté moins élevé, tout en offrant une plus grande efficacité dans les régions où le taux de pauvreté est très élevé. La formule actuelle semble par

Tableau 4.1 Formule des performances escomptées du LEAP (%)

	National			Rural			Urbain		
	Extrême pauvreté (%)	Pauvreté totale (%)	Pop. totale (%)	Extrême pauvreté (%)	Pauvreté totale (%)	Pop. totale (%)	Extrême pauvreté (%)	Pauvreté totale (%)	Pop. totale (%)
Ciblage	19	33	-	20	35	-	16	27	-
Couverture	15	16	14	13	15	17	30	26	11%
Erreurs d'inclusion	81	67	-	80	65	-	84	73	-
Erreurs d'exclusion	85	84	-	87	85	-	70	74	-

Source : Calculs fondés sur le GLSS5 (2013).

ailleurs favoriser le milieu urbain, probablement parce que la plus forte pondération attribuée à la propriété d'actifs agricoles gonfle le score obtenu en zone
rurale. En raison de cette distorsion, il est probable que la couverture du programme soit plus élevée en zone urbaine qu'en zone rurale (graphique 4.1).

Dans l'hypothèse d'une pleine mise en œuvre du programme, d'une « application parfaite » du PMT et d'un ciblage démographique (sans l'intervention
d'autres mécanismes de sélection), le LEAP devrait couvrir environ 25 pour cent
des ménages en situation d'extrême pauvreté comprenant un orphelin ; 19 pour
cent des ménages en situation d'extrême pauvreté comprenant un membre porteur de handicap ; et 20 pour cent des ménages comprenant une personne âgée
de 64 ans ou plus.

Les effets escomptés du PMT sur la pauvreté dans le cadre du LEAP sont
résumés ci-dessous, sans tenir compte du ciblage catégoriel (démographique).
À cette fin, le tableau 4.1 contient des pourcentages d'individus (et non
de ménages) relatifs aux indicateurs de performance suivants : *couverture
des pauvres* (pourcentage de pauvres couverts par le programme), *ciblage*
(pourcentage de bénéficiaires en situation de pauvreté), *erreurs d'exclusion*
(ou sous-couverture, à savoir le pourcentage de pauvres exclus du programme)
et *erreurs d'inclusion* (pourcentage des bénéficiaires qui ne sont pas pauvres et
représentent une *fuite* des transferts, en particulier lorsqu'il est question de
fonds/d'allocations).

Graphique 4.1 PMT et ciblage catégoriel : estimations de couverture et de ciblage par lieu
de résidence et par région (% des ménages)

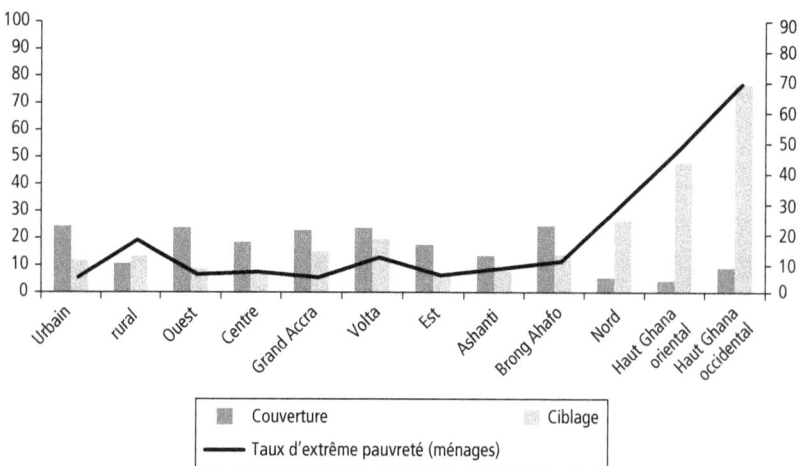

Source : Calculs fondés sur le GLSS5 (2013).

Tableau 4.2 Indicateurs intervenant dans le calcul de la formule de PMT

Composition du ménage	- Taille du ménage (nombre de membres)
	- Présence de personnes âgées (au-dessus de 64 ans)
	- Part des membres adultes du ménage (au-dessus 18 ans)
	- Statut professionnel du chef de ménage
Logement	- Nombre de personnes par chambre
	- Accès à l'électricité
	- Source d'eau potable
	- Type de toilettes
	- Matériel de construction des murs
	- Matériel de construction de la toiture
	- Matériel de construction du plancher
Actifs agricoles	- Propriété foncière
	- Propriétaire de bétail
Biens durables	- Cuisinière
	- Réfrigérateur/congélateur
	- TV
	- Moto
	- Voiture
Situation géographique	- Zone de résidence (rurale/urbaine) **et** régions administratives
	OU
	- Sept éco-zones: secteurs ruraux/urbains des régions de littoral/forêt/ savane et de la région métropolitaine du Grand Accra

Puisque les deux derniers indicateurs peuvent être déduits des deux premiers et qu'ils fournissent pratiquement les mêmes informations, le reste de cette étude ne tiendra compte que des deux premiers indicateurs, à savoir la couverture (des pauvres) et les performances du ciblage, respectivement. Le tableau 4.2 présente les mesures utilisées pour évaluer l'efficacité des filets sociaux ciblés, utilisées ici pour estimer la précision de la formule de PMT.

Améliorer la formule de PMT du LEAP

Approche méthodologique. La principale différence existant entre la conception du PMT actuellement utilisé par le LEAP et le modèle standard adopté par la plupart des pays vient des indicateurs entrant dans la formule et la pondération (coefficient) associée à ces indicateurs. Dans le cas d'un programme ciblant les pauvres, les indicateurs sont généralement sélectionnés en fonction de leur corrélation observée avec un indicateur de bien-être, déterminée à partir de données récoltées lors d'enquêtes. En somme, il s'agit d'une *formule empirique* dérivée d'un modèle de régression de la *relation observée entre les caractéristiques observables d'un ménage et son niveau de bien-être*, à la différence des formules établies à partir de l'opinion d'experts (qu'il convient malgré tout de ne pas négliger, dans la mesure où elle peut contribuer à orienter le processus).[7]

Dans ce cas de figure, le modèle de régression par moindres carrés ordinaires a été appliqué à partir de la dernière série de données collectées par l'Enquête sur le niveau de vie (*Living Standards Survey*, GLSS5) menée dans tout le pays par le Service de statistique du Ghana (GSS) entre septembre 2005 et septembre 2006 auprès d'un échantillon de 8 687 ménages représentatifs.[8] La variable dépendante (Y) correspond au logarithme naturel de la consommation des ménages par équivalent-adulte.

L'approche du PMT rejoint le principal objectif des programmes mentionnés plus haut, qui consiste à apporter un *soutien* en espèces ou en nature (par ex. uniformes) *au revenu* des *pauvres* (ou à certaines catégories de pauvres). Cette méthode inclut un « instrument opérationnel » qui facilite l'identification des individus dont les ressources ne leur permettent pas de subvenir à leurs propres besoins (niveau de consommation adéquat) ; elle est toutefois moins efficace lorsqu'il s'agit d'identifier les personnes en situation de pauvreté transitoire causée par l'exposition à d'autres types de risques et de vulnérabilités (sauf si ces risques sont fortement corrélés à la pauvreté). Puisque cette méthode se fonde sur la sélection d'un nombre limité d'indicateurs faciles à vérifier et à mesurer et que la plupart de ces indicateurs ne varient pas avec le temps (caractéristiques du logement, accès aux infrastructures et possession de biens durables), cette formule favorise généralement les personnes en situation de pauvreté chronique et identifie plus difficilement les ménages en situation de pauvreté transitoire ou les ménages vulnérables.[9]

Sélection des indicateurs. Les indicateurs *proxy* (l'ensemble de variables X) on été choisis en fonction de l'objectif visé, à savoir l'identification d'un ensemble d'indicateurs de ciblage (1) faciles à vérifier (aisément observables et mesurables), (2) difficilement manipulables par les ménages, (3) fortement corrélés au bien-être des ménages et (4) peu nombreux (pour permettre une collecte de données à faible coût). Pour établir notre modèle, nous avons tout d'abord utilisé les mêmes catégories d'indicateurs que celles de la formule actuelle : composition/aspects démographiques du ménage, caractéristiques du logement, actifs agricoles et propriété de biens durables. Compte tenu de l'ampleur géographique de la pauvreté au Ghana, un indicateur de localisation fondé sur deux séries d'indicateurs a été ajouté au modèle. La première série inclut le milieu de résidence (rural/urbain) et les dix régions administratives ; la seconde inclue les sept zones écologiques : six d'entre elles se caractérisent par la combinaison de lieux de résidence (rural/urbain) et de trois grandes zones écologiques (forêt, littoral et savane), tandis que la dernière renvoie à la grande région métropolitaine d'Accra. L'introduction de ces variables géographiques devrait améliorer la capacité de prévision du modèle. Ce modèle de PMT peut être utilisé en intégrant ou non ces variables géographiques. Les indicateurs sélectionnés après la mise en pratique des modèles (et la vérification de la pertinence statistique des coefficients[10]) sont présentés ci-dessous (tableau 4.2). Les résultats détaillés sont quant à eux disponibles en annexe, dans les tableaux A2.1 et A2.2.

La sélection des variables implique de parvenir à un compromis entre l'optimisation de l'efficacité du modèle et l'inclusion d'indicateurs faciles à vérifier (dans le but d'élaborer un instrument de PMT simple et facile à mettre en œuvre). Ainsi, bien que le statut de travailleur indépendant non agricole et le fait de recevoir des envois d'argent (aide extérieure) constituent des signes fiables de bien-être, ils n'ont pas été retenus car leur vérification pose problème. La même logique s'applique à la propriété d'un téléphone mobile, d'une radio ou d'un lecteur cassette. La propriété de ces biens est difficile à vérifier et le coefficient qui leur est associé a baissé entre 2006 et 2010, ce qui signifie que leur pondération peut évoluer avec le temps. D'autres variables potentiellement intéressantes ont elles aussi été exclues du fait de leur faible occurrence (moins d'un pour cent des ménages comprenait par exemple un porteur de handicap au moment de l'enquête) ou parce que leur coefficient n'était pas « statistiquement significatif » (comme la présence d'un orphelin dans le ménage).

Quels ménages sont donc les plus susceptibles d'être éligibles, selon notre modèle (tableaux A4.2 et A4.3) ? Les premiers concernés sont les ménages nombreux vivant dans des logements surpeuplés et les ménages présentant une part élevée de personnes à charge. Cependant, puisque ce modèle « favorise » les ménages plutôt nombreux, les ménages multi-générationnels ont plus de chance d'être éligibles que ceux qui ne sont composés d'une seule personne âgée ou que ceux dont la moyenne d'âge est élevée. Les ménages dont le chef est un travailleur indépendant du secteur agricole sont généralement pauvres, contrairement aux ménages dont le chef est employé dans le secteur formel. Un logement privé d'accès aux services de base (tels que l'électricité et les toilettes) et le type d'approvisionnement à l'eau potable constituent des critères de sélection fondamentaux. Ainsi, parmi les dix sources d'eau potable recensées par le GLSS5, seules trois présentent une forte corrélation avec la pauvreté : l'eau de forage, les puits protégés et les puits non protégés. Les toitures et les murs en boue, en terre, en amiante ou en tuiles indiquent également un niveau de bien-être plus faible. La propriété de plus de quatre acres de terre et de plus de deux têtes de bétail (bovins, moutons, chèvres) fait en outre chuter la probabilité d'éligibilité, dans une moindre mesure toutefois que les biens durables. Si la possession d'une voiture a de grande chances d'exclure un ménage du programme, la possession d'une cuisinière, d'un téléviseur, d'un réfrigérateur/congélateur ou d'une moto ne fait que réduire la probabilité d'éligibilité (dans différentes mesures). Finalement, la situation géographique demeure un facteur important, dans la mesure où les habitants des régions du Nord du pays ont un niveau de vie plus modeste.

Identifier les différentes possibilités et fixer le seuil d'éligibilité

Les modèles proposés ont été évalués à partir de deux critères : (1) le coefficient de détermination du modèle ou sa « capacité explicative » et (2) la précision du ciblage des pauvres (prévision de la couverture des pauvres et de la performance du ciblage). Comme la plupart des modèles de régression appliqués à des données d'enquête transversales et en raison des contraintes de sélection des variables indépendantes (indicateurs *proxy*), notre modèle « n'explique pas » pleinement la variation de l'indicateur de bien-être (la variable dépendante). La statistique R au carré s'élève à 0,54 dans le modèle national englobant les éco-zones et à 0,55[11] dans le modèle basé sur les régions administratives (tableaux A4.2 et A4.3). Ces valeurs sont toutefois prometteuses si on les compare aux modèles développés ailleurs, dont les scores vont de 0,20 (Arménie) à 0,57 (Bangladesh).[12] Par ailleurs, les modèles contenant des variables de localisation régionale ont enregistré de meilleurs résultats.

Puisqu'aucun des modèles n'est capable de prédire avec exactitude l'indicateur de bien-être, il est normal que l'identification des pauvres ne soit pas tout à fait précise. En outre, la précision du processus dépend du seuil fixé. Puisque le LEAP et les autres programmes mentionnés plus haut sont orientés vers l'extrême pauvreté, nous avons placé le seuil d'éligibilité au 20e centile[13] de l'indicateur de bien-être attendu (c'est-à-dire l'indice de PMT), ce qui correspond au taux d'extrême pauvreté estimé par le GLSS5 (18 pour cent en 2006). Le graphique 4.2 illustre les compromis résultant du choix du seuil d'éligibilité : plus ce seuil est élevé, plus la couverture des ménages extrêmement pauvres augmente et plus la performance de la formule de ciblage diminue.

Le tableau 4.3 décrit la précision du ciblage des pauvres à partir des trois modèles nationaux fondés sur un seuil d'éligibilité fixé au 20è centile.

Ces informations ne sont pas encore suffisamment solides pour déterminer lequel de ces trois modèles est le plus fiable. Si le modèle A présente les performances et la correspondance statistique les plus élevées, il ne devance les autres modèles que de peu. Pour éclairer notre choix, nous avons donc introduit un second critère : la précision du modèle en cas de réduction du seuil d'éligibilité. Il s'agit d'un élément important s'il est décidé par exemple que le programme ne doive bénéficier qu'aux 10 pour cent les plus pauvres de la population, et non plus aux 20 pour cent fixés précédemment (c'est-à-dire si le seuil d'éligibilité est placé au 10è centile plutôt qu'au 20è). Cette seconde analyse démontre que le modèle A (dont les variables de localisation sont les régions administratives) s'avère encore une fois le plus précis. Nous pouvons

Graphique 4.2 Compromis entre la couverture et le ciblage en fonction seuil choisi (%)

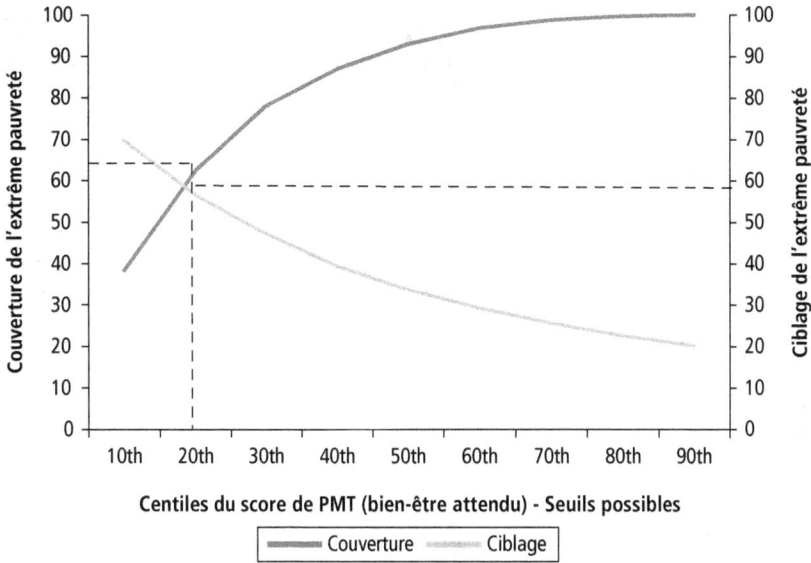

Centiles du score de PMT (bien-être attendu) - Seuils possibles

Couverture   Ciblage

Source : Calcul à partir du GLSS5 (2013).

donc décider d'écarter l'autre modèle (celui qui se fonde sur les indicateurs des éco-zones).

Finalement, nous avons testé la performance de nos modèles selon les milieux de résidence et les régions. Le tableau 4.3 démontre que les différents modèles, y compris le modèle A (auquel nous avons précédemment accordé notre préférence), n'assurent qu'une faible couverture des populations pauvres en milieu urbain et favoriseraient donc le milieu rural. L'analyse de la répartition régionale des populations éligibles montre en outre que le ciblage du modèle A a été efficace dans toutes les régions (autour de 60 pour cent des ménages auxquels le PMT a accordé l'éligibilité sont pauvres), mais que la couverture des pauvres est plus faible dans les régions du Sud du Ghana, plus aisées que les régions du Nord (tableau A4.4 en annexe). Ce phénomène peut en grande partie s'expliquer par la forte influence des faibles niveaux de consommation concentrés dans les régions du Nord sur les prévisions de niveau de vie (le taux de pauvreté dépasse par exemple 60 pour cent dans les régions du Haut Ghana occidental et oriental). [14]

Le problème des inégalités de couverture des pauvres dans les différentes zones de résidence et régions[15] peut être résolu de deux façons différentes. La première solution consiste à utiliser des formules de PMT dérivées de modèles

Tableau 4.3 Précision du ciblage des pauvres (%)

Modèle		National			Rural			Urbain		
		Extrême pauvreté (%)	Pauvreté totale (%)	Pop. totale (%)	Extrême pauvreté (%)	Pauvreté totale (%)	Pop. totale (%)	Extrême pauvreté (%)	Pauvreté totale (%)	Pop. totale (%)
Modèle A Modèle national incluant des indicateurs régionaux	Ciblage	57	72	-	57	72	-	50	69	-
	Couverture	62	50	20	67	55	30	29	21	3
Modèle B Modèle national incluant des indicateurs des éco-zones	Ciblage	55	72	-	55	72	-	54	64	-
	Couverture	61	50	20	66	56	30	25	16	3
Modèle C Modèle national sans indicateurs géographiques	Ciblage	53	70	-	53	71	-	53	65	-
	Couverture	59	49	20	62	54	30	30	19	3

Source : Calculs fondé sur le GLSS5 (2013).

différents, mais la taille relativement réduite des échantillons régionaux ne le permet pas. La seconde solution repose sur l'utilisation de seuils différents fixés en fonction de la répartition de la pauvreté par région et par milieu rural/urbain.[16] Cette approche a également l'avantage d'être simple : un seul modèle, une seule formule.

L'utilisation de seuils régionaux variables risque certes d'altérer la performance globale et les résultats du ciblage au niveau national, mais ce compromis est acceptable si l'on considère qu'il peut permettre d'atteindre l'équité horizontale, un enjeu politique potentiellement important. Dans cette étude, l'utilisation de différents seuils régionaux et urbains/ruraux est similaire à un ajustement des coefficients régionaux estimés par le modèle de régression. En pratique, cet ajustement se traduit par une diminution de la valeur absolue de la pondération initiale des différentes régions. Le tableau 4.4 ci-dessous et le tableau A4.4 en annexe présentent les résultats obtenus suite à l'application d'une pondération régionale et rurale/urbaine, sans modification du seuil d'éligibilité fixé au 20e centile.

En introduisant des seuils régionaux et rural/urbain (ce qui revient à ajuster la pondération régionale), on obtient une meilleure couverture de la

Tableau 4.4 Précision de l'identification des pauvres. Modèle national avec ajustement de la pondération régionale et rurale/urbaine (% des seuils régionaux)

Modèle		National Extrême pauvreté (%)	Pauvreté totale (%)	Pop. totale (%)	Rural Extrême pauvreté (%)	Pauvreté totale (%)	Pop. Totale (%)	Urbain Extrême pauvreté (%)	Pauvreté totale (%)	Pop. totale (%)
Modèle D	Ciblage	53	70	-	56	73	-	35	53	-
Modèle national ajusté en fonction des pondérations régionales	Couverture	57	48	19	59	50	27	45	36	7

Source : Calculs fondé sur le GLSS5 (2013).

Graphique 4.3 Répartition des bénéficiaires par décile de bien-être (%)

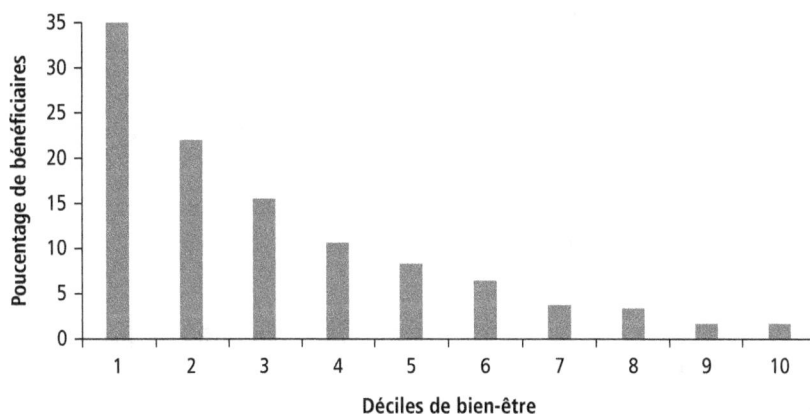

Source : Calcul à partir du GLSS5 (2013).

population en situation d'extrême pauvreté dans les zones urbaines et les régions du Sud (tableau en annexe A4.4), bien que cet ajout entraîne de moins bonnes performances globales du ciblage et de la couverture de l'extrême pauvreté. La répartition des bénéficiaires potentiels par déciles de bien-être indique que seuls 11 pour cent d'entre eux appartiennent aux cinq déciles les plus riches, tandis que 70 pour cent appartiennent aux trois déciles les plus pauvres. Si le premier décile (le plus pauvre) est relativement bien couvert

Tableau 4.5 Simulation de la couverture des groupes cibles

		Couverture individuelle prévue	
		Effectif	(%)
Couverture de l'extrême pauvreté	Orphelins	250 283	50,7
	Enfants 7-14	488 321	62,3
	Personnes âgées de plus de 64	63 031	48,5
	Porteurs de handicap	23 054	62,5
	Population active 19-64	641 464	52,3
Couverture de la pauvreté globale	Orphelins	333 413	39,8
	Enfants 7-14	644 900	52,7
	Personnes âgées de plus de 64	81 977	41,6
	Porteurs de handicap	45 700	65,2
	Population active 19-64	828 538	42,5
Couverture totale	Orphelins	531 949	15,9
	Enfants 7-14	947 338	25,7
	Personnes âgées de plus de 64	122 553	15,0
	Porteurs de handicap	70 596	44,3
	Population active 19-64	1 156 625	14,5

Source : Calculs fondés sur le GLSS5 (2013).

(environ 70 pour cent), le taux d'exclusion est plus élevé dans le cas du second décile (environ 58 pour cent).

Couverture escomptée des groupes cibles des différents programmes

La formule de PMT proposée devrait permettre au LEAP de mieux cibler les groupes spécifiques et d'aider les autres programmes de filets sociaux à atteindre leurs propres groupes cibles. À en croire les simulations effectuées, le PMT proposé (et le seuil d'éligibilité correspondant) devrait permettre de couvrir 50 à 60 pour cent des orphelins, des personnes âgées, des porteurs de handicaps et des enfants en situation d'extrême pauvreté en âge d'être scolarisés. Le taux de précision du ciblage par groupe cible est comparable à sa performance générale : dans chaque catégorie, il tourne autour de 50 pour cent (population en situation d'extrême pauvreté) et de 65 pour cent (population en situation de pauvreté). Dans un scénario de mise en œuvre « parfaite », le PMT proposé devrait couvrir environ la moitié des adultes en situation d'extrême pauvreté et en âge de travailler et la moitié des ménages du secteur agricole en situation d'extrême pauvreté.

Mise en pratique de la formule de PMT

Étant donné que les coefficients de régression ne sont guère aisés à appliquer, nous avons déterminé la pondération des indicateurs en modifiant l'échelle des coefficients de façon à obtenir un score de PMT qui augmente proportionnellement au degré de pauvreté (plus le score est élevé, plus le ménage est pauvre) et nous avons fixé le seuil d'éligibilité à un score de 1 000. Ce seuil signifie *qu'un ménage doit obtenir un score minimum de 1 000 pour être éligible au programme.*[17] Cette nouvelle version de la formule de PMT sera dorénavant désignée sous le nom de « *PMT initial* » ou de « formule *initiale* ».

Pour tester cette formule initiale, un formulaire de PMT (ou fiche de score en matière de pauvreté) a été élaboré à partir des principes suivants :

- utilisation des mêmes questions que le GLSS pour les indicateurs *proxy* ;
- travail en collaboration avec le Service de statistique du Ghana (GSS) pour l'élaboration du questionnaire et des directives d'accompagnement ;
- abandon des modules spécialisés complexes (par ex. sur la santé/les handicaps) susceptibles de compliquer la collecte de données et de ne pas présenter d'utilité pour un instrument de ciblage commun ;
- définition de directives claires à l'intention des agents de recensement, conjointement avec le GSS.

La formule de PMT initiale a fait l'objet d'un test pilote sur le terrain pendant la saison printemps-été 2011. Cette opération comprenait trois étapes successives : (1) enquête auprès des ménages/recensement; (2) ciblage communautaire (CC) et (3) validation communautaire (VC). Ses objectifs étaient les suivants :

a) Tester le questionnaire de PMT sur le terrain et évaluer la performance de ciblage de la nouvelle formule de PMT (par rapport à la mesure de la pauvreté fondée sur les dépenses de consommation) ;

b) Évaluer les résultats du ciblage communautaire ;

c) Évaluer les résultats d'une combinaison de PMT et de ciblage communautaire ;

d) Tester la faisabilité/le coût d'une méthode alternative à la combinaison PMT/ciblage communautaire conjuguant la campagne de recensement (enquête porte-à-porte), le PMT et la validation communautaire (VC) ;

e) Élaborer des directives claires et détaillées pour le ciblage des ménages ;

f) Évaluer la possibilité d'utiliser un score de consommation alimentaire élaboré à partir de la méthodologie employée par le PAM pour cibler les plus pauvres.

Méthodes

Pour atteindre l'objectif (a) mentionné ci-dessus, à savoir l'évaluation de la précision de ciblage du PMT, une petite enquête randomisée a été menée en mars 2011 dans 12 aires de dénombrement (AD) du recensement de 2010, situées dans les trois zones écologiques du Ghana (forêt, littoral et savane), auprès d'un échantillon de 480 individus. Le nombre d'AD et la taille globale de l'échantillon ont été dictés par les contraintes budgétaires. Le Service de statistique a procédé à la sélection des AD à partir des critères suivants : (1) deux AD maximum par région administrative (le Ghana compte 10 régions) et (2) sélection des AD parmi les communautés/villages les plus pauvres d'une région/zone donnée. L'enquête a ensuite été menée dans 6 districts de 6 régions différentes. Les zones urbaines étaient représentées par 3 AD sur 12, deux dans la zone des savanes et une dans la zone côtière. Environ 40 ménages ont été sélectionnés dans chaque aire de dénombrement. L'échantillon ainsi obtenu n'était représentatif ni de l'ensemble du pays ni des communes pauvres du Ghana ; il a cependant été considéré adéquat pour une évaluation de la performance du PMT dans les communautés pauvres des trois zones écologiques.

Afin d'atteindre les objectifs (b), (c), (d) et (e) mentionnés ci-dessus, 6 des 12 AD ont fait l'objet d'une enquête complète (campagne de recensement/enquête porte-à-porte). Selon le GSS, les limites des AD correspondent en grande partie au découpage territorial des villages/hameaux/collectivités rurales et des quartiers des zones urbaines. Pour des raisons pratiques, les 6 AD ont été considérées comme des communautés. Chaque AD comprend en moyenne 150 ménages. Dans le souci de maintenir un maximum d'hétérogénéité et de respecter la répartition régionale, la sélection des 6 communautés s'est fondée sur un seul critère (tableau 4.6).

L'enquête pilote comprenait trois étapes successives : (1) recensement/enquête des ménages; (2) ciblage communautaire (CC) et (3) validation communautaire (VC). L'enquête a tout d'abord été réalisée dans toutes les AD.

Tableau 4.6 Répartition géographique et nombre de ménages interrogés dans la campagne de recensement par aire de dénombrement

Communauté	Eco-Zone	Région	Zone Urbaine/Rurale	Nombre de ménages visités
New Town (hameau)	Littoral	Ouest	Rurale	166
Anyamam (village)	Littoral	Grand Accra	Rurale	133
Ehiamakyene (village)	Forêt	Est	Rurale	102
Samproso (village)	Forêt	Ashanti	Rurale	152
Nakpanduri (quartier)	Savane	Nord	Urbaine	173
Chiana[18] (quartier)	Savane	Haut Ghana oriental	Urbaine	170

Source : Calculs fondés sur l'enquête pilote de ciblage, 2011 (2013).

Le ciblage communautaire a ensuite été effectué dans 3 des 6 communautés participantes, une dans chaque zone écologique. Enfin, la validation communautaire a eu lieu dans les 6 communautés où l'enquête avait été menée.

Au cours de l'enquête, trois questionnaires différents ont été soumis dans chaque communauté : (1) un questionnaire de PMT, (2) un questionnaire de validation et (3) un questionnaire communautaire. Le questionnaire de PMT n'englobait que les indicateurs utilisés dans la formule du PMT ; le questionnaire de validation mesurait avant tout les dépenses de consommation (période de référence d'un mois), la consommation des produits agricoles produits sur place, la sécurité alimentaire (période de référence d'une semaine) et l'exposition aux chocs (période de référence de 12 mois) ; le questionnaire communautaire a enfin permis de collecter des données sur les prix alimentaires, les chocs covariants des 12 mois antérieurs et les moyens de subsistance de la communauté. Ce travail de terrain a été effectué par le GSS en mars 2011.

Le ciblage communautaire a été placé sous la responsabilité de comités communautaires similaires à ceux du LEAP et formés à cet effet.[19] Chaque comité responsable de la mise en œuvre du ciblage communautaire était chargé de sélectionner les 40 ménages les plus pauvres de leur communauté. Les comités n'ont reçu aucune orientation concernant les critères de sélection (tels que les caractéristiques des ménages ou les indicateurs de pauvreté) ; la seule instruction qu'ils ont reçue consistait à diviser la communauté en quatre secteurs et à identifier les ménages les plus pauvres dans chacun de ces secteurs (« *le ménages se trouvant dans le plus grand dénuement et faisant face aux difficultés les plus importantes, par rapport à tous les autres membres de votre communauté* »).

Pour terminer, les communautés ont procédé à la validation de l'éligibilité des ménages préalablement sélectionnés, soit par PMT, soit par ciblage communautaire, mais pas par les deux ; les ménages sur lesquels ces deux méthodes avaient prononcé le même avis n'ont pas été soumis au processus de validation. Dans les communautés qui avaient procédé à un ciblage communautaire, seuls les ménages pour lesquels les résultats des deux méthodes divergeaient ont fait l'objet d'une validation. Partout, le processus de validation a consisté en des rassemblements communautaires de 25 à 30 membres, dont 2 à 5 membres du CECL. Environ la moitié des participants étaient de sexe féminin (parfois plus de la moitié) ; les rapports font état, dans certains cas, d'une participation plus active chez les femmes que chez les hommes. L'agent de la protection sociale responsable du district et les chefs des villages participaient également à ce rassemblement[20]. L'examen des ménages s'est fait au cas par cas ; de plus, les règles de validation (telles que le consensus ou la majorité) et le rôle des membres du CECL dans le processus ont varié selon les communautés.

Toutes les étapes ont été marquées par des erreurs :

- Des failles dans la collecte des données (données manquantes) ont fortement affecté certains indicateurs clés (notamment le nombre de pièces du logement et la mesure de certains éléments entrant dans la composition de l'indicateur de consommation). Pour éviter de perdre les observations recueillies, les erreurs ont été corrigées par des méthodes d'imputation unidimensionnelles ou multidimensionnelles.

- Le nom/l'identification des ménages a également été source de problèmes. Dans certaines communautés, les listes de recensement et les listes de ciblage communautaire ou de validation ne se superposaient pas parfaitement en raison des divergences de noms utilisés ou parce que le Comité communautaire portait au-delà de la délimitation territoriale de l'AD (un seul cas).

- Les directives à l'intention des comités responsables du ciblage communautaire n'ont pas toujours été respectées ; l'équipe chargée de l'enquête a dû apporter de légères modifications aux directives et reprendre le processus à zéro.

- Enfin, le déroulement du processus de validation communautaire a varié selon les communautés.

Résultats

Performances du PMT

Les performances du PMT ont été mesurées à partir de deux critères : (1) la comparaison de l'échantillon randomisé dans les 12 AD (N = 487 ménages) et de l'enquête menée dans six communautés (N = 896 ménages) avec des mesures de la pauvreté basées sur l'agrégat de consommation et (2) la cohérence avec l'opinion de la communauté (exprimée par la validation communautaire) dans les six aires de dénombrement.

L'agrégat de consommation a été calculé à partir des dépenses alimentaires, des dépenses non-alimentaires, des dépenses en services et de la valeur de la production autoconsommée. Les données sur les dépenses et la consommation ont été collectées pour une période de référence d'un mois (février 2011), juste avant le début de la période de soudure (qui commence généralement en mars-avril).[21] Les seuils de pauvreté utilisés sont les mêmes que ceux utilisés par le GLSS5 (ils ont simplement été ajustés en fonction de l'évolution des prix) : un seuil supérieur correspondant à un équivalent-adulte de 59 cedis ghanéen (GHC) par mois (1,9 GHC par jour/équivalent-adulte) et un seuil inférieur correspondant à un équivalent-adulte de 46 GHC par mois (1,5 GHC par jour/ équivalent-adulte), selon le niveau des prix à Accra en janvier 2011.[22] La plupart des analyses présentées dans ce chapitre n'ont toutefois utilisé que le seuil inférieur.

Deux seuils ont été retenus pour le PMT : (1) un seuil conservateur qui per-mettrait, selon les simulations, de sélectionner environ 19 pour cent de la popu-lation du Ghana et (2) un seuil plus élevé, supérieur de 10 pour cent au précédent. Le tableau 4.7 résume les résultats du PMT appliqué aux 12 AD de l'échantillon.

Sans surprise, le taux de pauvreté estimé au sein de l'échantillon est élevé : environ 60 pour cent des individus ont en effet été classés en situation d'extrême pauvreté.[23] De façon générale, le PMT a généré peu d'erreurs d'inclusion (bonne performance de ciblage), mais de nombreuses erreurs d'exclusion : 88 pour cent des ménages sélectionnés par le PMT à partir du seuil conservateur se trouvaient effectivement en situation d'extrême pauvreté, mais ce seuil n'a permis de toucher qu'environ le tiers des ménages en situation d'extrême pauvreté de l'échantillon. Lorsqu'un seuil de PMT plus généreux est utilisé, les erreurs d'exclusion dimi-nuent (couverture de 42 pour cent), aux dépens toutefois d'une légère hausse des erreurs d'inclusion (précision du ciblage de 82 pour cent). Il convient de souli-gner que même un seuil de PMT-plus élevé entraîne une sous-estimation de la pauvreté. Le seuil généreux de PMT a évalué le taux de pauvreté à 30 pour cent, contre 60 pour cent selon le niveau général de la consommation.

La performance du PMT n'est pas équivalente dans toutes les éco-zones (tableau 4.8). Les erreurs d'inclusion et d'exclusion sont en effet plus élevées dans la zone côtière, où les taux de pauvreté sont plus bas. Ce résultat corrobore

Tableau 4.7 Performances du PMT par rapport à la pauvreté mesurée par le niveau de dépenses de consommation, échantillon de 12 AD (%)

Individus		Extrême pauvreté (%)	Pauvreté (%)	Échantillon total Ménages sélectionnés par le PMT (%)
PMT – Seuil conservateur	Ciblage	88	97	
	Couverture	29	26	20
PMT – Seuil généreux	Ciblage	82	92	
	Couverture	42	38	30
Échantillon total (2 068 Personnes)		60	74	

Source : Calculs basés sur l'enquête pilote de ciblage, 2011 (2013).

Tableau 4.8 Performance du PMT par zone écologique, échantillon de 12 AD (%)

Extrême pauvreté, individus		Littoral (%)	Forêt (%)	Savane (%)
PMT – Seuil conservateur	Ciblage	58	83	94
	Couverture	9	22	41
PMT – Seuil généreux	Ciblage	65	71	92
	Couverture	23	33	53

Source : Calculs fondés sur l'enquête pilote de ciblage, 2011 (2013)

Tableau 4.9 Performances du PMT par zone écologique dans les six communautés de recensement (%)

Extrême pauvreté, individus		Littoral (%)	Forêt (%)	Savane (%)
PMT – Seuil conservateur	Ciblage	43,1	70,9	94,2
	Couverture	23,8	18,7	41,1
PMT – Seuil généreux	Ciblage	50,0	70,1	92,1
	Couverture	39,1	32,0	52,3

Source : Calculs fondés sur l'enquête pilote de ciblage, 2011 (2013)

les simulations effectuées à partir du GLSS5, bien que le nombre d'erreurs observées soit plus élevé que le nombre d'erreurs prévu par la simulation.[24] Lorsque l'on utilise le seuil de PMT le plus élevé, ces deux types d'erreurs diminuent. Ces résultats confirment les estimations des six communautés qui ont fait l'objet d'un recensement (tableau 4.9).

Cependant, les niveaux de pauvreté et d'inégalités varient considérablement entre les six communautés participant au recensement (tableau 4.10). Les deux communautés urbaines de la zone de savane sont plus pauvres et plus inégalitaires que les autres (sauf dans le cas de New Town, sur le littoral, qui présente le taux d'inégalités le plus élevé). Anyamam, l'une des deux communautés de la zone côtière, est quant à elle moins pauvre et moins inégalitaire que les autres.

Les performances du PMT semblent meilleures dans les communautés les plus pauvres (et inégalitaires) et moins bonnes dans les communautés les moins pauvres (et moins inégalitaires) (tableau 4.11).

Performances du ciblage communautaire (CC)

Un ciblage communautaire a été effectué dans trois communautés : à New Town, dans le district de Jomoro (région occidentale) ; à Ehiamankyene, dans le district de Fanteakwa (région orientale) ; et à Chiana, dans le district de Kassena-Nankana (ouest du Haut Ghana oriental). Les agents de protection

Tableau 4.10 Pauvreté et inégalités dans les six communautés de recensement (%)

	Extrême pauvreté Individus	Extrême pauvreté Ménages	Inégalités – Gini Individus	Inégalités – Gini Ménages
New Town (Ouest, rural)	51%	43%	0,46	0,48
Anyamam (Grand Accra, rural)	24%	20%	0,32	0,36
Ehiamakyene (Est, rural)	43%	33%	0,37	0,41
Samproso (Ashanti, rural)	62%	43%	0,32	0,36
Nakpanduri (Nord, urbain)	79%	70%	0,41	0,46
Chiana (Haut Ghana oriental, urban)	76%	59%	0,42	0,47

Source : Calculs fondés sur l'enquête pilote de ciblage, 2011 (2013).

Tableau 4.11 Efficacité du PMT dans les six communautés de recensement (%)

		Littoral		Forêt		Savane	
		New Town Ouest, Rural (%)	Anyamam Grand Accra, Rural (%)	Ehiamakyene Est, Rural (%)	Samproso Ashanti, Rural (%)	Nakpanduri Nord, Urbain (%)	Chiana Haut Ghana oriental (%)
				(Individus)			
PMT - Seuil conservateur	Ciblage	64	32	49	83	93	95
	Couverture	19	36	15	20	32	55
PMT - Seuil généreux	Ciblage	79	28	52	86	91	94
	Couverture	39	43	27	34	41	70
Taux d'extrême pauvreté (Individus)		51	24	43	61	79	76

Source : Calculs fondés sur l'enquête pilote de ciblage, 2011 (2013).

sociale du district ont reçu des directives pour la formation des comités communautaires (CECL) qui devaient procéder au ciblage communautaire sur une période de deux jours.

Selon les instructions initiales, les CECL devaient identifier les ménages les plus pauvres de la communauté en se fondant sur leurs propres critères de pauvreté et n'avaient reçu aucune directive relative au nombre de ménages à sélectionner. Les formulaires distribués contenaient des questions portant sur différentes caractéristiques du ménage et devaient permettre d'identifier le type de caractéristiques considérées par les communautés comme des indicateurs de pauvreté. Les informations recueillies concernaient le nombre d'adultes au chômage, d'enfants, de personnes âgées, d'orphelins et d'enfants vulnérables, de porteurs d'un handicap sévère, mais aussi la source des revenus des ménages, les actifs et les autres allocations perçues. Le questionnaire prévoyait également un espace pour expliquer pourquoi un ménage avait été considéré pauvre ou vulnérable par le CECL.

Dans les trois communautés, ce premier ciblage communautaire a généré de longues listes de noms (plus de 100) appartenant dans la plupart des cas à des membres des ménages plutôt qu'à leur chef, ce qui a brouillé la correspondance de ces résultats avec les données de l'enquête (qui identifiait les ménages par le nom du chef de ménage). En outre, la zone couverte par le ciblage communautaire de Chiana ne correspondait pas à celle de l'enquête ; il n'a donc pas été possible de comparer les ménages pauvres identifiés au cours des deux processus ; dans cette communauté, le ciblage a dû être repris à zéro. Une fois encore, la liste transmise par le CECL était très longue.

En raison de ces difficultés, une nouvelle campagne de ciblage communautaire a été menée. Le nombre de ménages pouvant être sélectionnés s'est cette fois vu limité en fonction de la population totale : 40 ménages à New Town et à Chiana et 30 ménages à Ehiamankyene. De plus, les agents de protection sociale affectés à ces communautés ont bénéficié d'une formation plus complète au siège du Département de protection sociale. Les listes de recensement leur ont également été communiquées afin de s'assurer que les noms sur lesquels se fondait le ciblage communautaire correspondaient à ceux du recensement. Les directives ont été renforcées afin que les objectifs visés par le programme soient plus explicites. Malgré ces directives, seuls 20 ménages d'Ehiamankyene correspondaient à la liste du recensement.[25]

Les résultats du ciblage communautaire ont été satisfaisants (tableau 4.12) dans deux communautés (New Town et Chiana), mais moins bons à Ehiamankyene. Dans les deux premiers cas, les erreurs d'inclusion étaient peu nombreuses (respectivement 34 et 18 pour cent), alors qu'elles s'élevaient à 60 pour cent à Ehiamankyene.[26] La couverture des pauvres permise par le ciblage communautaire est déterminé par deux facteurs : (1) le quota imposé (40 ménages à New Town et à Chiana, 20 ménages à Ehiamankyene) et (2) la performance du ciblage. Le taux de couverture des pauvres obtenu ici va

Tableau 4.12 Performances du PMT par rapport à la consommation (%)

Extrême pauvreté	New Town (Ouest, Rural) (%)	Ehiamakyene (Est, Rural) (%)	Chiana (Haut Ghana oriental, Urbain) (%)
Ciblage	66	40	83
Couverture	35	24	33

Source : Calculs fondés sur l'enquête pilote de ciblage, 2011 (2013).

de 24 à 35 pour cent (une fois encore, on remarque une plus faible couverture à Ehiamankyene, où le quota était également plus bas).

La comparaison des deux méthodes de ciblage de l'extrême pauvreté (ciblage communautaire et PMT) indique que le ciblage communautaire est aussi efficace que le PMT (fondé sur un seuil conservateur). Dans tous les cas, la précision du ciblage communautaire est toutefois (légèrement) inférieure, bien que sa couverture soit plus élevée (sauf à Chiana, où les performances du PMT ont été meilleures dans les deux cas). Les écarts de couverture s'expliquent en partie par les différents « seuils » utilisés par les deux méthodes : dans le cas du ciblage communautaire, des quotas non corrélés au niveau de la pauvreté de la communauté ont été utilisés, tandis que le PMT a maintenu le même seuil (restrictif) pour toutes les communautés. Puisqu'il existe une corrélation entre le PMT et le niveau de consommation, le nombre de ménages sélectionnés varie proportionnellement à la pauvreté, selon les régions ; en d'autres termes, le PMT est plus « généreux » dans les régions les plus pauvres (par ex. Chiana) et moins généreux dans les régions les moins pauvres (par ex. New Town, Ehiamankyene).[27] Le PMT a en effet sélectionné 37 pour cent des ménages à Chiana (alors que le ciblage communautaire en a sélectionné 24 pour cent), contre 11 à 13 pour cent dans les deux autres communautés (la moitié du nombre sélectionné par le ciblage communautaire) (graphique 4.4).

Graphique 4.4 Comparaison du PMT et du ciblage communautaire (CC)

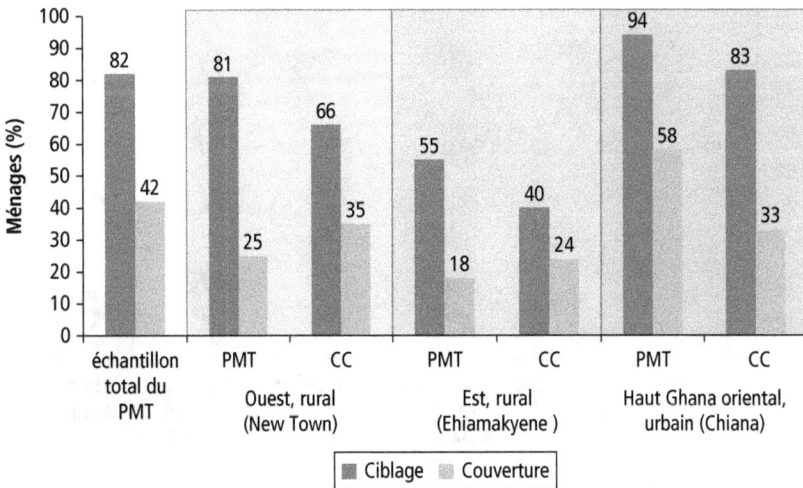

Source : Calculs fondés sur l'enquête pilote de ciblage, 2011 (2013).
Note : Si ces chiffres ne sont pas tout à fait comparables, les deux méthodes présentent une même tendance lorsqu'elles se voient imposer un nombre équivalent de ménages à sélectionner (par la communauté).

Ces résultats (limités par le nombre de cas et d'autres difficultés méthodologiques) indiquent qu'aucune des méthodes de ciblage ne l'emporte sur les autres. Cette expérience pilote n'avait toutefois pas pour objectif de comparer les deux méthodes, mais plutôt d'envisager leur possible combinaison. Pour ce faire, nous avons commencé par comparer les résultats de la validation communautaire obtenus avec chacune de ces deux méthodes, ce qui a donné lieu à des bilans plutôt mitigés : dans quatre communautés, l'éligibilité de plus de 80 pour cent des ménages sélectionnés par le PMT a été validée ; dans deux autres communautés, la validation s'est limitée à 50-60 pour cent. Dans le cas du ciblage communautaire, le taux de ménages validés a partout dépassé 80 pour cent. Les principales raisons de non-validation invoquées par les communautés ont été : (1) la présence d'un « soutien extérieur » (parents) ; (2) la propriété d'équipement agricole/de pêche ; (3) des revenus tirés d'un emploi ou d'un petit commerce ; et (4) l'aptitude au travail des membres du ménage (graphique 4.5).

Préférences communautaires et PMT
La principale raison justifiant la combinaison des ces deux méthodes (CC et PMT) est la possibilité de réduire les erreurs d'inclusion du ciblage communautaire au moyen du PMT. On estime généralement que le ciblage communautaire tend à

Graphique 4.5 Validation du PMT et ciblage communautaire opéré lors de rassemblement communautaires (% des ménages validés)

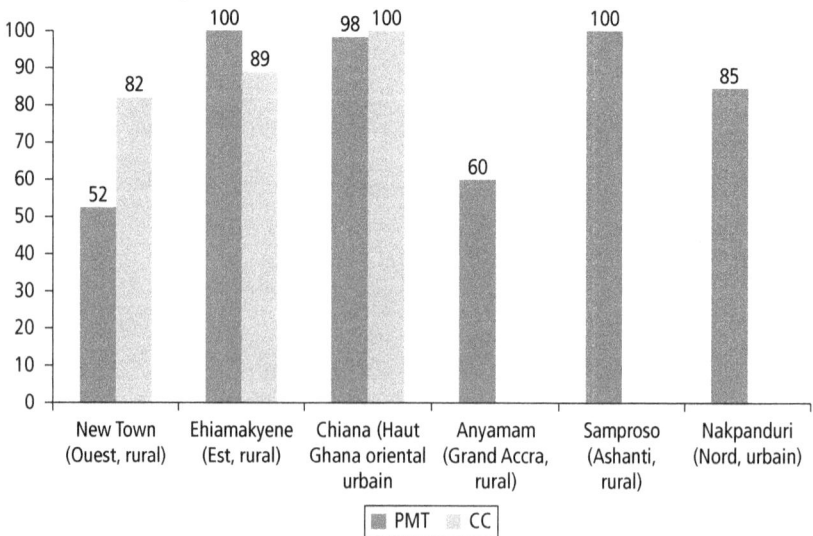

Source : Calculs fondés sur l'enquête pilote de ciblage, 2011 (2013).
Note : Dans les communautés qui avaient procédé à un ciblage communautaire, seules les listes qui ne correspondaient pas ont été soumises à validation.

générer plus d'erreurs d'inclusion, dans la mesure où ce processus manque parfois de transparence, aux yeux des administrateurs du programme comme parfois aux yeux des membres de la communauté. Le fait d'impliquer la communauté (les comités) dans la première étape du ciblage des ménages soulève un dilemme mandant-mandataire : les administrateurs du programme (mandants) délèguent le ciblage aux communautés (comités), qui agissent alors en qualité de mandataires. Or, la faible capacité du programme à suivre et à contrôler l'application du programme au niveau local et la fréquente absence de mécanismes de traitement des plaintes liées au fonctionnement du programme exacerbent les difficultés. En d'autres termes, dans le cas d'une combinaison de ces deux méthodes, le PMT devient un « outil de contrôle et de rétroaction » censé corriger les erreurs d'inclusion du ciblage communautaire ; tant un tel contexte, le PMT ne permet cependant pas de corriger également les erreurs d'exclusion du ciblage communautaire.

Le PMT permet-il de réduire efficacement les erreurs d'inclusion du ciblage communautaire ? L'enquête a montré que c'était effectivement le cas, bien que cette méthode génère également d'importantes erreurs d'exclusion, en écartant des ménages pauvres pourtant correctement sélectionnés par le ciblage communautaire. Lorsque l'on applique le PMT à des ménages présélectionnés par le ciblage communautaire, les erreurs d'inclusion imputables à ce dernier descendent à 4 pour cent, mais environ la moitié des pauvres correctement identifiés sont simultanément exclus. Le graphique 4.6 présente les résultats finaux de l'application du PMT aux ménages présélectionnés par un ciblage communautaire.[28]

Ce résultat s'explique principalement par le fait que ces deux méthodes ciblent des profils différents. Le ciblage communautaire favorise en effet les ménages peu nombreux, généralement composés d'une personne âgé ne bénéficiant d'aucun soutien (en particulier les veuves âgées) ou d'un porteur de handicap (voir également l'analyse par catégorie de population en annexe, graphique A4.1), alors que le PMT identifie mieux les ménages pauvres de grande taille, en particulier les ménages composés de plus de deux adultes en âge de travailler.

Formule de PMT finale

L'analyse indique que les simulations et modèles de PMT précédents[29] ont tous tendance à exclure les ménages peu nombreux (composés par exemple de veuves âgées) et à favoriser les ménages nombreux composés d'adultes en âge de travailler. Un examen plus poussé de la composition des indicateurs de bien-être[30] indique que l'échelle d'équivalence joue effectivement en la défaveur des personnes âgées (en particulier les femmes), puisqu'elle est fondée sur les besoins caloriques des individus. En outre, puisque l'échelle d'équivalence ne

Graphique 4.6 Résultats de l'application du PMT à des ménages sélectionnés par ciblage communautaire (%)

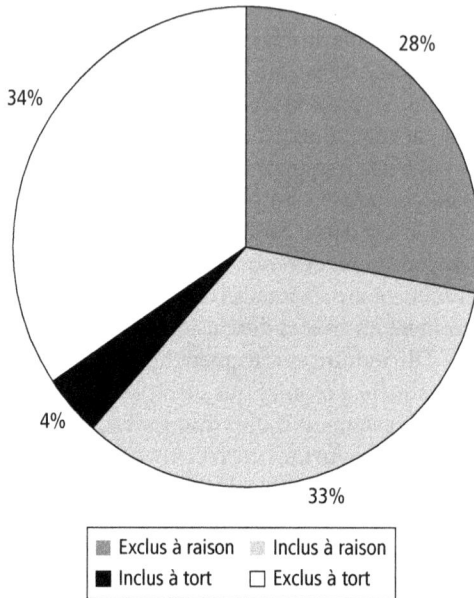

Source : Calculs fondés sur l'enquête pilote de ciblage, 2011 (2013).

prenait pas en considération les économies d'échelle dans les ménages, ceux qui étaient plus petits et composés de personnes âgées risquaient davantage d'être exclus, alors que les ménages de grande taille mais sans personnes âgées avaient plus de chances d'être sélectionnés (tableau 4.13).

Si l'utilisation d'une échelle d'équivalence calorique se justifie dans le cadre d'une mesure de la pauvreté (en particulier lorsque les aliments représentent la plus grande part de la consommation et une dépense très élevée), la solution la plus efficace pour rendre le PMT plus « inclusif » et plus conforme à l'opinion de la communauté consisterait à remplacer l'échelle d'équivalence actuelle par une autre échelle qui accorderait une pondération plus élevée aux personnes âgées et réduirait celle des familles nombreuses composées de plusieurs adultes en âge de travailler. Après un examen de la littérature et la conduite de quelques tests de sensibilité, nous avons retenu l'échelle suivante :

$$AE = (A + 0.5{*}C)^{0.8}.$$

AE correspond au nombre d'équivalents-adultes,
A correspond au nombre d'adultes en âge de travailler,

Tableau 4.13 Échelle d'équivalence utilisée par le GLSS5

Catégories	Âge (Années)	Apport énergétique quotidien moyen (kcal)	Échelle d'équivalence
Nourrissons	0 – 0.5	650	0,22
	0.5 – 1.0	850	0,29
Enfants	1 – 3	1300	0,45
	4 – 6	1800	0,62
	7 – 10	2000	0,69
Hommes	11 – 14	2500	0,86
	15 – 18	3000	1,03
	19 – 25	2900	1,00
	25 – 50	2900	1,00
	51+	2300	0,79
Femmes	11 – 14	2200	0,76
	15 – 18	2200	0,76
	19 – 25	2200	0,76
	25 – 50	2200	0,76
	51+	1900	0,66

Source : Conseil de recherche nationale (1989).

C correspond au nombre d'enfants de 0 à 14 ans,
0,8 correspond au facteur d'économie d'échelle.

Les coefficients de régression du modèle révisé sont présentés en annexe, dans le tableau A4.5. La performance générale du PMT révisé est similaire à celle du PMT initial, bien que la couverture des ménages pauvres composés de personnes âgées ou de veuves augmente, se rapprochant ainsi du taux de la pauvreté de ces catégories estimé par le GLSS5 (graphique 4.7).

Conclusions

Le ciblage communautaire joue un rôle central dans les programmes de filets sociaux mis en œuvre dans les pays à faible revenu. En Afrique, au moins 71 pour cent des transferts monétaires conditionnels (TMC) et 49 pour cent des transferts monétaires non conditionnels (TMNC), dont certains sont encore en phase pilote, conjuguent une forme de ciblage communautaire à un ciblage géographique, catégoriel ou par PMT.[31] Les données recueillies jusque-là indiquent

Graphique 4.7 Performances globales du PMT, initial et révisé (%)

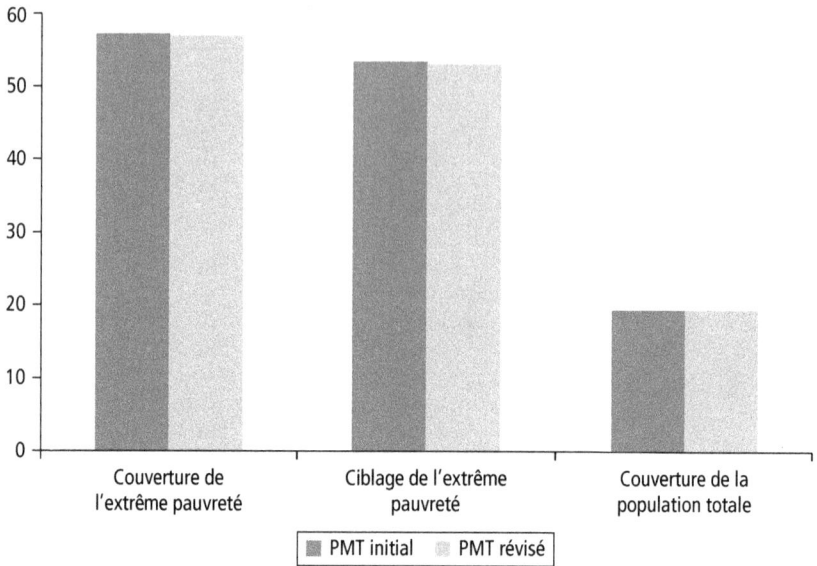

Source : Calculs des auteurs fondés sur le GLSS5 (2013).

qu'au moment de mettre en place un filet social dans un contexte caractérisé par un ciblage des pauvres entravé par d'importants obstacles géographiques et administratifs, les gouvernements et la communauté internationale optent en priorité pour une forme de ciblage communautaire. Lorsque les capacités de mise en œuvre sont faibles, le ciblage communautaire semble présenter plusieurs avantages par rapport à d'autres méthodes de ciblage des pauvres (telles que des recensements de la pauvreté) : la mise à profit du savoir local, la rapidité de mise en œuvre et les faibles coûts générés. Il a été prouvé que le CC peut être efficace (par ex. en Éthiopie), qu'il est mieux accepté par les communautés que d'autres méthodes de ciblage[32] et qu'il contribue à renforcer les capacités locales (par ex. celles de la communauté de Mahallas, en Ouzbékistan). D'aucuns affirment en revanche que cette méthode comporte des limites et des risques, notamment en matière de transparence, de pratiques discriminatoires, d'exclusion de pauvres considérés comme « indignes », d'accaparement par les élites ou d'inégalités horizontales. Afin de minimiser ces risques, il est recommandé de conjuguer le ciblage communautaire à un ciblage géographique ou par PMT. L'objectif de cette étude de cas était de décrire les différentes étapes liées à l'amélioration du mécanisme de ciblage du LEAP et les résultats de sa mise en pratique sur le terrain. La seconde partie de cette étude a été consacrée à l'analyse de l'efficacité de la combinaison du ciblage communautaire et du PMT dans le contexte ghanéen. Bien que cette approche ne soit pas nouvelle, elle a été adoptée par la plupart des pays qui cherchent à pallier les limites du ciblage communautaire au moyen d'une approche plus « objective » tout en maintenant les coûts administratifs à un niveau acceptable.

Bien que leur portée soit limitée, les données présentées ici donnent une idée des résultats d'une possibles combinaison de deux méthodes de ciblage. Il semble en effet que le ciblage communautaire soit relativement efficace au Ghana. Si cette méthode est moins efficace que le PMT, son taux d'erreurs d'inclusion n'est ni beaucoup plus élevé ni plus préoccupant que celui du PMT. La « préférence communautaire » est toutefois principalement accordée aux groupes vulnérables traditionnels, tels que les personnes âgées, et tend à exclure les ménages composés d'adultes en âge de travailler. Deuxièmement, la combinaison du ciblage communautaire et du PMT semble être plus efficace lorsque l'on n'impose pas de restriction de nombre de ménages éligibles aux communautés. Il convient toutefois de fixer des limites pour permettre au ciblage communautaire de remplir sa fonction de « filtre » primaire et de réduire ainsi les coûts administratifs liés aux enquêtes de PMT. Troisièmement, la présente étude constate que, appliqué après le ciblage communautaire, le PMT permet de réduire efficacement le nombre d'erreurs d'inclusion ; ce progrès s'accompagne toutefois de l'exclusion d'individus correctement présélectionnées par le ciblage communautaire, en particulier de membres appartenant à des ménages de petite taille (en général des personnes âgées ou veuves). Ce phénomène est dans une certaine mesure influencé par les choix entrant en jeu dans l'élaboration de l'agrégat (de consommation) sur le bien-être utilisé pour déterminer la pondération des composantes du PMT, mais aussi par le choix d'une échelle d'équivalence. Enfin, l'analyse confirme que le ciblage communautaire doit s'accompagner d'une formation approfondie des comités communautaires, qui doivent également avoir accès à des services de conseils. En outre, des mécanismes de plainte et d'appel adéquats doivent être mis en place afin de compenser les erreurs inhérentes et les limites du PMT.

Annexe

Tableau A4.1 Simulation des performances du PMT utilisé par le LEAP au Ghana

		Niveau de pauvreté – Ménages (GLSS5)			
		Extrême pauvreté	Pauvreté	Population non-pauvre	Total
Score de PMT du LEAP et ciblage catégoriel					
Non-éligible	Nombre	430 064	277 732	3 169 615	3 877 411
	Ligne N %	11%	7%	82%	100%
	Colonne N %	88%	84%	90%	89%
	Tableau N %	10%	6%	73%	89%
Éligible	Nombre	60 363	53 045	352 734	466 142
	Ligne N %	13%	11%	76%	100%
	Colonne N %	12%	16%	10%	11%
	Tableau N %	1%	1%	8%	11%
Score de PMT du LEAP et ciblage NON-catégoriel					
Non-éligible	Nombre	390 999	249 758	2 896 865	3 537 622
	Ligne N %	11%	7%	82%	100%
	Colonne N %	80%	76%	82%	81%
	Tableau N %	9%	6%	67%	81%
Éligible	Nombre	99 429	81 018	625 484	805 931
	Ligne N %	12%	10%	78%	100%
	Colonne N %	20%	24%	18%	19%
	Tableau N %	2%	2%	14%	19%
Total	Nombre	490, 427	330 777	3 522 349	4 343 553
	Ligne N %	11%	8%	81%	100%
	Colonne N %	100%	100%	100%	100%
	Tableau N %	11%	8%	81%	100%

Source : Calculs fondé sur le GLSS5 (2013).

Légendes : Couverture des pauvres, Erreurs d'exclusion, Performances de ciblage, Erreurs d'inclusion.

Tableau A4.2 Méthodes de régression du PMT au Ghana. Variable dépendante : niveau de consommation par équivalent-adulte (ln)

Variables	Modèles fondés sur les régions administratives		
	National (retenu)	Rural (écarté)	Urbain (écarté)
Composition du ménage			
Taille du ménage (nombre de membres)	-0.0792***	-0.0658***	-0.105***
	(0.0045)	(0.0054)	(0.0066)
L'un des membres au moins est une personne âgée (65 ans ou plus)	-0.0821***	-0.0980***	-0.0688**
	(0.0190)	(0.0248)	(0.0291)
Part des membres adultes (au-dessus de 18 ans)	0.136***	0.271***	-
	(0.0350)	(0.0472)	-
Chef de ménage travaillant dans le secteur formel	0.0379*	-	0.0495**
	(0.0202)	-	(0.0241)
Chef de ménage travaillant dans l'agriculture	-0.114***	-0.128***	-0.126***
	(0.0215)	(0.0279)	(0.0382)
Logement			
2 personnes par chambre (1.5=<n<2.5)	-0.204***	-0.208***	-0.172***
	(0.0217)	(0.0304)	(0.0306)
3 personnes par chambre (2.5=<n<3.5)	-0.247***	-0.224***	-0.242***
	(0.0229)	(0.0330)	(0.0297)
4 personnes par chambre (n>=3.5)	-0.324***	-0.312***	-0.296***
	(0.0286)	(0.0460)	(0.0358)
Non relié à l'électricité	-0.105***	-0.0688**	-0.153***
	(0.0225)	(0.0329)	(0.0268)
Source d'eau potable : eau de forage	-0.0638*	-	-
	(0.0352)	-	-
Source d'eau potable : puits	-0.110**	-	-0.103**
	(0.0429)	-	(0.0489)
Source d'eau potable : eau de forage, puits, cours d'eau/source, étang artificiel/bassin/lac/barrage, eau de pluie	-	-0.0950*	-
	-	(0.0503)	-
Type de toilettes : latrines à fosse	-0.104***	-	-0.111***
	(0.0358)	-	(0.0411)
Type de toilettes cabinets à fosse améliorés ventilés	-0.0796**	-	-0.0849**
	(0.0344)	-	(0.0397)

(continue page suivante)

Tableau A4.2 (suite)

	Modèles fondés sur les régions administratives		
Variables	National (retenu)	Rural (écarté)	Urbain (écarté)
Type de toilettes : toilettes publics	-0.126***	-	-0.118***
	(0.0350)	-	(0.0392)
Pas de toilettes	-01.168***	-	-01.197***
	(0.0408)	-	(0.0590)
Murs en boue/briques/tôle/amiante/chaume	-01.0678***	-01.0528**	-
	(0.0262)	(0.0262)	-
Toiture en amiante/ardoise/briques de boue/terre	-01.109***	-01.262***	-
	(0.0416)	(0.0658)	-
Plancher en terre/boue/briques de boue	-	-	-01.277***
	-	-	(0.0889)
Actifs agricoles			
Propriétaire de plus de 4 acres de terre	0.0518**	0.0562*	-
	(0.0252)	(0.0295)	-
Propriétaire de plus de 2 têtes de bétail (bétail, moutons, chèvres)	0.0514**	-	-
	(0.0217)	-	-
Propriétaire de plus de 5 têtes de bétail (bétail, moutons, chèvres)	-	0.0551*	-
	-	(0.0288)	-
Propriétaire de terre ou de bétail	-	-	0.0716**
	-	-	(0.0279)
Biens durables			
Cuisinière	0.237***	0.255***	0.228***
	(0.0213)	(0.0398)	(0.0230)
Réfrigérateur/congélateur	0.164***	0.151***	0.174***
	(0.0189)	(0.0284)	(0.0238)
TV	0.119***	0.162***	0.108***
	(0.0176)	(0.0249)	(0.0253)
moto	0.337***	0.380***	0.248***
	(0.0471)	(0.0710)	(0.0460)
Voiture	0.580***	0.572***	0.598***
	(0.0491)	(0.0727)	(0.0633)

(continue page suivante)

Tableau A4.2 (suite)

Variables	Modèles fondés sur les régions administratives		
	National (retenu)	Rural (écarté)	Urbain (écarté)
Situation géographique			
Ouest	0.269***	-	0.192**
	(0.0574)	-	(0.0757)
Centre	0.263***	-	0.433***
	(0.0556)	-	(0.0725)
Volta	0.159**	-	0.251***
	(0)	-	(0.0779)
Est	0.227***	-	0.270***
	(0.0512)	-	(0.0646)
Ashanti	0.204***	-	0.281***
	(0.0477)	-	(0.0492)
Brong Ahafo	0.137**	-01.0968*	0.214***
	(0.0554)	(0.0513)	(0.0729)
Nord	-	-01.310***	-
	-	(0.10)	-
Haut Ghana oriental	-01.350***	-01.653***	-
	(0.0954)	(0.0946)	-
Haut Ghana occidental	-01.632***	-01.941***	-
	(0.1000)	(0.0920)	-
rural	-01.127***	-	-
	(0.04)	-	-
Constante	14.86***	14.71***	14.95***
	-01.0535	-01.0698	-01.0476
Observations	8,686	5,069	3,617
R au carré	0.552	0.474	0.495

Source : Calculs fondés sur le GLSS5 (2013).
Notes : Les erreurs-types sont signalées entre parenthèses.
*** $p < 0.01$, ** $p < 0.05$, * $p < 0.1$

Tableau A4.3 Méthodes de régression du PMT au Ghana. Variable dépendante : niveau de consommation par équivalent-adulte (ln)

Variables	Modèles associés aux éco-zones			Modèles non-associés à une situation géographique		
	National (Retenu)	Rural (Écarté)	Urbain (Écarté)	National (Écarté)	Rural (Écarté)	Urbain (Écarté)
Composition du ménage						
Taille du ménage (nombre de membres)	-0.0862***	-0.0747***	-0.108***	-0.0917***	-0.0796***	-0.110***
	(0.0047)	(0.0054)	(0.0066)	(0.0045)	(0.0053)	(0.0069)
L'un des membres au moins est une personne âgée (65 ans ou plus)	-0.0989***	-0.114***	-0.0668**	-0.0875***	-0.106***	-0.0646**
	(0.0195)	(0.0253)	(0.0283)	(0.0201)	(0.0256)	(0.0304)
Part des membres adultes (au-dessus de 18 ans)	0.114***	0.223***	–	0.0928**	0.222***	–
	(0.0371)	(0.0501)	–	(0.0369)	(0.0491)	–
Chef de ménage travaillant dans le secteur formel	0.0353*	–	0.0494**	–	–	0.0501*
	(0.0201)	–	(0.0242)	–	–	(0.0274)
Chef de ménage travaillant dans l'agriculture	-0.128***	-0.139***	-0.120***	-0.149***	-0.166***	-0.122***
	(0.0221)	(0.0254)	(0.0410)	(0.0231)	(0.0271)	(0.0429)
Logement						
2 personnes par chambre (1.5=<n<2.5)	-0.206***	-0.220***	-0.168***	-0.219***	-0.223***	-0.188***
	(0.0227)	(0.0324)	(0.0308)	(0.0229)	(0.0327)	(0.0310)
3 personnes par chambre (2.5=<n<3.5)	-0.245***	-0.231***	-0.239***	-0.246***	-0.225***	-0.238***
	(0.0235)	(0.0335)	(0.0300)	(0.0238)	(0.0343)	(0.0312)

(continue page suivante)

Tableau A4.3 (suite)

Variables	Modèles associés aux éco-zones			Modèles non-associés à une situation géographique		
	National (Retenu)	Rural (Écarté)	Urbain (Écarté)	National (Écarté)	Rural (Écarté)	Urbain (Écarté)
4 personnes par chambre (n>=3.5)	-0.303***	-0.299***	-0.280***	-0.282***	-0.265***	-0.272***
	(0.0282)	(0.0415)	(0.0348)	(0.0296)	(0.0446)	(0.0366)
Non relié à l'électricité	-0.117***	-0.111***	-0.141***	-0.126***	-0.111***	-0.165***
	(0.0232)	(0.0329)	(0.0267)	(0.0228)	(0.0321)	(0.0277)
Source d'eau potable : eau de forage	-0.114***	-0.135***	-	-0.108***	-0.137***	-
	(0.0356)	(0.0416)		(0.0361)	(0.0411)	
Source d'eau potable : puits	-0.131***	-0.140**	-0.0986**	-0.0918**	-0.126**	-
	(0.0418)	(0.0611)	(0.0493)	(0.0424)	(0.0625)	
Source d'eau potable : eau de forage, puits, cours d'eau/source, étang artificiel/bassin/lac/barrage, eau de pluie	-0.0822**	-	-0.0984**	-	-	-
	(0.0364)		(0.0429)			
Type de toilettes : latrines à fosse	-0.0616*	-	-0.0748*	-	-	-0.0668*
	(0.0341)		(0.0392)			(0.0386)
Type de toilettes cabinets à fosse améliorés ventilés	-0.122***	-	-0.107***	-0.0785***	-	-0.101***
	(0.0354)		(0.0399)	(0.0267)		(0.0376)
Type de toilettes : toilettes publics	-0.249***	-0.163***	-0.232***	-0.255***	-0.261***	-0.176***
	(0.0405)	(0.0377)	(0.0568)	(0.0358)	(0.0415)	(0.0653)

(continue page suivante)

Tableau A4.3 (suite)

Variables	Modèles associés aux éco-zones			Modèles non-associés à une situation géographique		
	National (Retenu)	Rural (Écarté)	Urbain (Écarté)	National (Écarté)	Rural (Écarté)	Urbain (Écarté)
Pas de toilettes	-0.0613**	-0.0664***	-0.0886*	-0.0823***	-0.0963***	-
	(0.0245)	(0.0254)	(0.0520)	(0.0261)	(0.0257)	-
Murs en boue/briques/tôle/amiante/chaume	-0.121***	-0.261***	-	-0.155***	-0.239***	-0.113**
	(0.0413)	(0.0656)	-	(0.0393)	(0.0690)	(0.0459)
Toiture en amiante/ardoise/briques de boue/terre	-	-	-0.232***	-	-	-0.275***
	-	-	(0.0812)	-	-	(0.0780)
Plancher en terre/boue/briques de boue						
Actifs agricoles	0.0871***	0.0906***	-	0.0787***	0.0838**	-
	(0.0291)	(0.0344)	-	(0.0285)	(0.0339)	-
Propriétaire de plus de 5 têtes de bétail (bétail, moutons, chèvres)	0.0697***	-	-	-	-	-
	(0.0251)	-	-	-	-	-
Propriétaire de terre ou de bétail	-	0.0653*	-	0.0744**	-	-
	-	(0.0332)	-	(0.0311)	-	-
Biens durables	-	-	0.0733***	-	-	0.101***
	-	-	(0.0277)	-	-	(0.0300)
Cuisinière						

(continue page suivante)

Tableau A4.3 (suite)

Variables	Modèles associés aux éco-zones			Modèles non-associés à une situation géographique		
	National (Retenu)	Rural (Écarté)	Urbain (Écarté)	National (Écarté)	Rural (Écarté)	Urbain (Écarté)
Réfrigérateur/congélateur	0.242***	0.240***	0.234***	0.247***	0.236***	0.241***
	(0.0207)	(0.0402)	(0.0232)	(0.0217)	(0.0403)	(0.0243)
TV	0.167***	0.144***	0.180***	0.176***	0.142***	0.200***
	(0.0182)	(0.0286)	(0.0241)	(0.0192)	(0.0286)	(0.0246)
moto	0.121***	0.157***	0.108***	0.113***	0.169***	0.0791***
	(0.0172)	(0.0247)	(0.0241)	(0.0185)	(0.0249)	(0.0258)
Voiture	0.290***	0.358***	0.214***	0.271***	0.309***	0.209***
	(0.0491)	(0.0774)	(0.0475)	(0.0490)	(0.0778)	(0.0482)
Situation géographique	0.588***	0.577***	0.599***	0.579***	0.591***	0.574***
	(0.0490)	(0.0723)	(0.0633)	(0.0498)	(0.0770)	(0.0614)
Ouest	-0.150***	–	–	–	–	–
	(0.0538)					
Centre	–	–	–	–	–	–
Volta	0.240***	–	0.399***	–	–	–
	(0.0540)		(0.0573)			
Est	0.0822**	–	0.273***	–	–	–
	(0.0377)		(0.0472)			

(continue page suivante)

Tableau A4.3 (suite)

Variables	Modèles associés aux éco-zones			Modèles non-associés à une situation géographique		
	National (Retenu)	Rural (Écarté)	Urbain (Écarté)	National (Écarté)	Rural (Écarté)	Urbain (Écarté)
Ashanti	-	-	0.177**	-	-	-
	-	-	(0.0779)	-	-	-
Brong Ahafo	-0.232***	-0.242***	-	-	-	-
	(0.0542)	(0.0543)	-	-	-	-
Nord	-	-	-	-0.0700*	-	-
	-	-	-	(0.0363)	-	-
Haut Ghana oriental	15.00***	14.84***	14.93***	15.04***	14.85***	15.11***
	(0.0554)	(0.0701)	(0.0490)	(0.0461)	(0.0690)	(0.0373)
Observations	8,686	5,069	3,617	8,686	5,069	3,617
R au carré	0.54	0.44	0.50	0.52	0.42	0.46

Source : Calculs fondés sur le GLSS5 (2013).
Notes : Les erreurs-types sont signalées entre parenthèses.
*** p<0.01, ** p<0.05, * p<0.1

Tableau A4.4 Performances du modèle par région (%)

Région	Modèle	Extrême pauvreté		Pauvreté & extrême pauvreté		Couverture totale (%)
		Ciblage (%)	Couverture (%)	Ciblage (%)	Couverture (%)	
Ouest	A. Modèle national avec indicateurs géographiques	50	36	73	22	6
	D. Modèle national avec pondérations régionales ajustées	41	52	68	38	10
Centre	A. Modèle national avec indicateurs géographiques	45	31	70	23	7
	D. Modèle national avec pondérations régionales ajustées	33	40	68	39	12
Grand Accra	A. Modèle national avec indicateurs géographiques	29	25	54	24	5
	D. Modèle national avec pondérations régionales ajustées	26	27	50	28	7
Volta	A. Modèle national avec indicateurs géographiques	33	24	71	25	11
	D. Modèle national avec pondérations régionales ajustées	31	32	65	33	16
Est	A. Modèle national avec indicateurs géographiques	35	32	46	18	6
	D. Modèle national avec pondérations régionales ajustées	34	43	46	25	8
Ashanti	A. Modèle national avec indicateurs géographiques	45	36	58	25	9
	D. Modèle national avec pondérations régionales ajustées	40	48	55	36	13
Brong Ahafo	A. Modèle national avec indicateurs géographiques	38	45	63	38	18
	D. Modèle national avec pondérations régionales ajustées	38	42	65	36	16
Nord	A. Modèle national avec indicateurs géographiques	54	68	69	64	49
	D. Modèle national avec pondérations régionales ajustées	56	58	68	52	40
Haut Ghana oriental	A. Modèle national avec indicateurs géographiques	68	95	77	92	84
	D. Modèle national avec pondérations régionales ajustées	76	65	84	61	51
Haut Ghana occidental	A. Modèle national avec indicateurs géographiques	82	100%	91	99	96
	D. Modèle national avec pondérations régionales ajustées	83	93%	92	93	88
Total	A. Modèle national avec indicateurs géographiques	57	62%	72	50	20
	D. Modèle national avec pondérations régionales ajustées	53	57%	70	48	19

Tableau A4.5 Comparaison des modèles initial et révisé du PMT

Variables	Initial Ln bien-être	Révisé (nouvelle échelle d'équivalence) Ln bien-être
Taille du ménage – Nombre de membres	−0.0792***	−0.0443***
L'un des membres au moins est une personne âgée (65 ans ou plus)	−0.0821***	
Part des personnes âgées (65 ans ou plus) dans le nombre total des membres		−0.306***
Part des enfants de moins de 5 ans dans le nombre total des membres		−0.139***
L'un des membres au moins est porteur d'un handicap		−0.126
Le chef de ménage est une veuve âgée de plus de 65 ans		−0.105***
Part des membres adultes (au-dessus de 18 ans)	0.136***	
Chef de ménage travaillant dans le secteur formel	0.0379*	0.0591***
Chef de ménage travaillant dans l'agriculture	−0.114***	−0.106***
Nombre de membres du ménage par chambre		−0.0420***
2 personnes par chambre (1.5=<n<2.5)	−0.204***	
3 personnes par chambre (2.5=<n<3.5)	−0.247***	
4 personnes par chambre (n>=3.5)	−0.324***	
Logement non relié à l'électricité	−0.105***	−0.114***
Source d'eau potable : eau de forage	−0.0638*	−0.0562
Source d'eau potable : puits	−0.110**	−0.113**
Type de toilettes : latrines à fosse	−0.104***	−0.101***
Type de toilettes cabinets à fosse améliorés ventilés	−0.0796**	−0.0804**
Type de toilettes : toilettes publics	−0.126***	−0.128***
Pas de toilettes	−0.168***	−0.168***
Murs en boue/briques/tôle/amiante/chaume	−0.0678***	−0.0697***
Toiture en amiante/ardoise/briques de boue/terre	−0.109***	−0.115***
Propriétaire de plus de 4 (5+) acres de terre	0.0518**	0.0494*
Propriétaire de plus de 2 (3+) têtes de bétail (bétail, moutons, chèvres)	0.0514**	0.0402*
Propriétaire de matériel agricole/de pêche (dont canoë)		0.140**
Cuisinière	0.237***	0.226***
Réfrigérateur/congélateur	0.164***	0.166***

(continue page suivante)

Tableau A4.5 (suite)

Variables	Initial Ln bien-être	Révisé (nouvelle échelle d'équivalence) Ln bien-être
TV	0.119***	0.140***
moto	0.337***	0.326***
Voiture	0.580***	0.591***
Région 1	0.269***	0.274***
Région 2	0.263***	0.267***
Région 4	0.159**	0.159**
Région 5	0.227***	0.221***
Région 6	0.204***	0.204***
Région 7	0.137**	0.134**
Région 9	−0.350***	−0.373***
Région 10	−0.632***	−0.663***
rural	−0.127***	−0.131***

Notes

1. Cette etude de cas se fonde sur une note d'assistance technique qui passé en revue les manières d'améliorer le ciblage des programmes de protection sociale au Ghana. Ce document a été élaboré par le ministère de l'Emploi et de la Sécurité sociale.
2. Les données collectées grâce à un instrument simple et enregistrées dans une base de données commune peuvent servir au ciblage par PMT ou à un simple ciblage catégoriel, ou encore à un système conjuguant ces deux méthodes. Un programme peut par exemple sélectionner des ménages à partir de critères catégoriels, tels que la présence d'enfants de moins de deux ans au sein du ménage, tandis qu'un autre programme peut se servir des données pour calculer un niveau de pauvreté fondé sur le PMT.
3. Banque mondiale (2011).
4. En 2009, des mesures d'urgence furent prises pour limiter les inondations et la hausse des prix alimentaires. Cette composante a ciblé des ménages dans vingt des districts les plus exposés à l'insécurité alimentaire et a offert une allocation de 15 Cédis ghanéens à chaque ménage. Ces mesures étaient financées par la Banque mondiale et sont restées en place pendant sept mois (Atala 2009).
5. Étant donné que la période de référence du GLSS5 va de septembre 2005 à septembre 2006, les données ne correspondent probablement pas tout à fait avec le profil de démographie et de pauvreté actuelles (il est probable que le taux de pauvreté ait

Graphique A4.1 Ghana Sélection par CC – Arborescence de classification (analyse par segmentation)

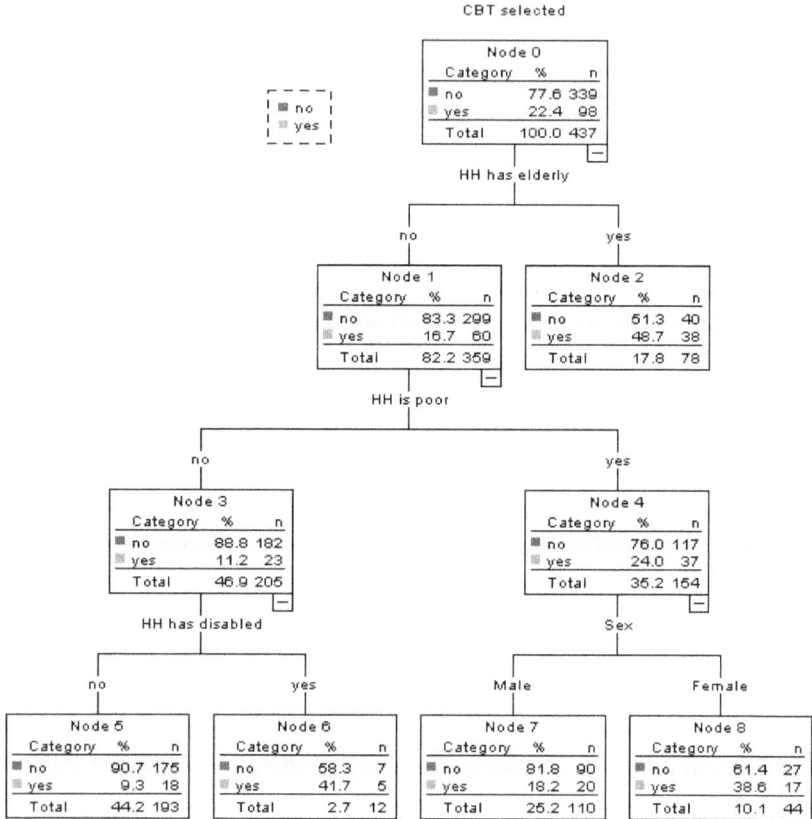

CBT selected

Node 0		
Category	%	n
■ no	77.6	339
▨ yes	22.4	98
Total	100.0	437

HH has elderly

no / yes

Node 1		
Category	%	n
■ no	83.3	299
▨ yes	16.7	60
Total	82.2	359

Node 2		
Category	%	n
■ no	51.3	40
▨ yes	48.7	38
Total	17.8	78

HH is poor

no / yes

Node 3		
Category	%	n
■ no	88.8	182
▨ yes	11.2	23
Total	46.9	205

Node 4		
Category	%	n
■ no	76.0	117
▨ yes	24.0	37
Total	35.2	154

HH has disabled

no / yes

Sex

Male / Female

Node 5		
Category	%	n
■ no	90.7	175
▨ yes	9.3	18
Total	44.2	193

Node 6		
Category	%	n
■ no	58.3	7
▨ yes	41.7	5
Total	2.7	12

Node 7		
Category	%	n
■ no	81.8	90
▨ yes	18.2	20
Total	25.2	110

Node 8		
Category	%	n
■ no	61.4	27
▨ yes	38.6	17
Total	10.1	44

Source : Calculs fondés sur l'enquête pilote de ciblage, 2011 (2013).

baissé et que la population ait augmenté depuis 2006). Il est toutefois probable que les corrélations de base soient restées les mêmes.

6. Le LEAP d'urgence se fonde sur un autre mécanisme de sélection et n'utilise pas le PMT.

7. Lorsque les données des enquêtes ne contiennent pas les informations suffisantes à la construction d'un agrégat de revenu ou de consommation, ou lorsque le programme entend cibler des bénéficiaires en se fondant sur une définition plus « complexe » de la « privation », d'autres techniques peuvent être utilisées, telles que l'Analyse de la composante principale (*Principal Component Analysais*, PCA) ou d'autres approches similaires. Si nous avons utilisé un modèle de régression, c'est parce que le LEAP, comme d'autres programmes mentionnés plus haut, cible avant

tout l'extrême pauvreté et que le GLSS5 inclut des informations sur la consommation des ménages.

8. Pour une description détaillée de l'enquête, voir *Ghana Living Standards Survey - Report of the Fifth Round, Ghana Statistical Service* (2008).

9. Le PMT proposé ici pourrait être complété par n'importe quel autre série d'indicateurs permettant de cibler des groupes vulnérables aux chocs en se fondant sur les données de l'enquête sur la vulnérabilité de 2008 du Programme alimentaire mondial.

10. Les écarts types sont calculés en tenant compte du plan d'échantillonnage (un échantillonnage randomisé à deux niveaux) et de la pondération de l'échantillon. Une validation croisée a été utilisée pour raccorder les résultats.

11. Sans surprise, le modèle ne tenant pas compte des région présente un plus faible coefficient de détermination (voir annexe 2). C'est également le cas des modèles rural/urbain.

12. Consulter Sharif (2009) pour un bref examen et des travaux de référence.

13. Un seuil fixé au 20è centile signifie que le programme couvrira 20 pour cent de la population, celle que l'indice de PMT identifie comme étant la plus pauvre.

14. Nous avons également exécuté les modèles nationaux contenant des paramètre d'interaction régionaux afin de tester (permettre) différents effets dans le Nord, mais les résultats de ciblage/couverture étaient assez proches.

15. Cela se traduit en une question d'équité régionale/horizontale: un taux de sous-couverture dans certaines régions signifie que les pauvres n'ont pas les mêmes chances (opportunités) d'être sélectionnés par le programme dans toutes les régions; en d'autres termes, une personne pauvre vivant dans le Sud n'a pas les mêmes probabilités d'être sélectionnée qu'une personne pauvre vivant dans le Nord.

16. Une autre possibilité (similaire à celle consistant à élaborer des modèles distincts pour les différentes régions/zones de résidence) consiste à mettre au point un modèle tenant compte des interactions géographiques. Cette possibilité a été testée, mais les résultats obtenus (qui ne sont pas mentionnés dans la présente étude) ne sont pas meilleurs.

17. Cette approche a été choisie dans un souci de cohérence avec l'algorithme et le seuil initialement choisi par le LEAP, dont il est question au début de l'étude de cas. La formule originale du niveau de pauvreté du LEAP, fondée sur l'avis d'experts, a été conçue pour attribuer un score augmentant proportionnellement au niveau de pauvreté ; son seuil est de 1 000.

18. Classé en milieu rural au stade la conception de l'échantillon.

19. Le ciblage du programme LEAP est mis en œuvre par des Comités d'exécution communautaires du LEAP (CECL).

20. Dans l'une des communautés, l'équipe de terrain a décidé d'ajouter à la liste soumise à validation des noms sélectionnés au hasard, dont l'un était celui du chef de la ville de Zongo, présent au rassemblement. D'emblée, la communauté a convenu que celui-ci devait être exclu de la liste, étant donné son niveau d'actifs.

21. À partir de la mesure de la consommation/des dépenses sur une période de référence ou d'un mois, on obtient une estimation faible/imparfaite du bien-être d'un ménage, puisque ce genre de mesure varie en fonction des saisons. Le choix du mois de février réduit toutefois le risque de forte sous-estimation ou de surestimation de la pauvreté.

22. Les deux seuils correspondent à peu près à 53 et 41 GHC mensuels respectivement par équivalent-adulte, exprimés en devise nationale. Le seuil le plus élevé correspond à un seuil de .US$2 PPA/jour/équivalent adulte.

23. L'échantillon n'était pas pondéré.

24. Les intervalles de confiance de l'enquête pilote sont relativement grands du fait de la taille réduite de l'échantillon.

25. Les noms fournis par les ménages aux enquêteurs étaient très différents de ceux effectivement utilisés dans la communauté.

26. Le PMT comme le CC présentent des taux d'erreur d'inclusion élevés à Ehiamankyene ; ces chiffres peuvent être le signe d'un dysfonctionnement de notre mesure du bien-être dans cette communauté et/ou dans la collecte des données réalisée lors de l'enquête.

27. Le PMT comporte également des "pondérations" intégrées qui varient en fonction du type de milieu (urbain/rural). Ces pondérations ont été ajustées de sorte que le seuil conservateur du PMT relate la répartition de la pauvreté en 2006.

28. La combinaison de différentes méthodes soulève également une question qui mérite attention, à savoir la question du coût. À partir de ce projet pilote à petite échelle, il a été estimé que le coût d'une combinaison PMT/CC est 60 pour cent inférieur à celui d'un recensement fait au porte-à-porte pour mettre au point un PMT. L'ajout d'une validation communautaire (VC) entraîne une hausse de 20 pour cent des coûts.

29. Y compris les modèles fondés sur des approches alternatives, telles que la régression quantile, etc.

30. Il aurait également été possible de fixer des seuils plus généreux pour des groupes spécifiques, mais cette approche ne s'est pas non plus révélée assez solide et n'a pas permis de résoudre les erreurs d'inclusion affectant les ménages nombreux comprenant des adultes en âge de travailler.

31. Garcia et Moore (2012).

32. Alatas *et al.* (2010).

Bibliographie

Alatas, V., A. Banerjee, R. Hanna, B. Olken et J. Tobias (2010). *Targeting the Poor: Evidence from a Field Experiment in Indonesia*. Cambridge, Mass.: MIT.

Ayala, F. (2009). *LEAP Operational Assessment Report*, mimeo.

Garcia, M. et C. Moore (2012). The Cash Dividend: The Rise of Cash Transfer Programs in Sub-Saharan Africa. Washington DC: Banque mondiale.

Service de statistique du Ghana (2008). *Ghana Living Standards Survey, Report of the Fifth Round*. Accra: Gouvernement du Ghana.

Grosh, M., C. del Ninno, E. Tesliuc et A. Ouerghi. (2008). *For Protection and Promotion: The Design and Implementation of Effective Safety Nets*. Washington DC: Banque mondiale.

Conseil de recherche national (1989). *Recommended Dietary Allowances, 10ᵗʰ Edition*. Washington DC: The National Academies Press.

Sharif, I. (2009). *Building a Targeting System for Bangladesh Based on Proxy Means Testing*. Social Protection Discussion Paper No. 0914. Washington DC: Banque mondiale. Disponible à l'adresse : http://go.worldbank.org/AC1Z563GK0

Banque mondiale (2011). République du Ghana. *Improving the Targeting of Social Programs*. Banque mondiale : Washington DC.

Chapitre **5**

Ciblage à court et à long terme au Kenya

Phillippe Leite

Introduction

Après plusieurs années de turbulences, l'économie du Kenya opère actuellement une transition progressive vers la stabilité. Si 2012 s'y est ouverte sur une croissance économique encore plombée par une forte hausse des prix qui a culminé en novembre 2011 avec un taux d'inflation de 19,7 pour cent et une dépréciation du shilling kenyan, la fin de cette même année a toutefois été marquée par une solide reprise soutenue par une diminution de l'inflation et des taux d'intérêt, grâce à laquelle la Banque centrale a pu assouplir sa politique monétaire afin de stimuler la croissance. Si le taux de croissance escompté de 4,3 pour cent n'est pas parvenu à dépasser les 4,4 pour cent de 2011,[1] il a toutefois permis au pays d'occuper une place respectable par rapport aux taux de croissance macroéconomique de l'Afrique subsaharienne et de la Communauté de l'Afrique de l'Est (CAE), respectivement situées à 5,3 et 6 pour cent.[2] Cette période de forte instabilité économique et de déclin des infrastructures s'est traduite par un taux pauvreté élevé et persistant qui a entravé la capacité du Kenya à gérer la hausse de la précarité, de la discrimination et de l'inégalité des chances face à l'obtention d'emplois de qualité dans les zones urbaines et a empêché aux populations rurales de profiter des retombées de la reprise économique.

La pauvreté et la vulnérabilité au changement climatique demeurent les principaux obstacles auxquels se heurte le développement du Kenya. Plus de 3,7 millions de Kenyans ont été victimes de la grave sécheresse qui a frappé la corne de l'Afrique en 2011 ; cette année, ce chiffre est passé à 2,2 millions. Malgré cette réduction, la part de la population ayant besoin d'aliments, de soins médicaux et d'autres types de soutien s'élève encore à 5,5 et se concentre particulièrement dans les régions du Nord et de l'Est, parmi les plus pauvres du pays.

La pauvreté, la vulnérabilité et la réponse de l'assistance sociale

La pauvreté

Malgré diverses initiatives menées par le Gouvernement au cours des quatre dernières décennies, la pauvreté reste élevée au Kenya.[3] Bien que celle-ci ait diminué entre 2000 et 2005-2006, cette période s'est clos sur un taux d'incidence de la pauvreté de 47 pour cent et le nombre d'habitants en situation de pauvreté a légèrement augmenté sous l'effet de la croissance démographique, passant de 15,1 à 16,5 millions d'individus. En 2005-2006, la pauvreté alimentaire a concerné 6,9 millions de Kényans, dont les revenus ne suffisaient pas à satisfaire leurs besoins alimentaires, même en négligeant leurs autres besoins fondamentaux.[4] La pauvreté alimentaire peut se définit comme l'impossibilité pour un individu ou un ménage de satisfaire pleinement ses besoins nutritionnels à cause de la part des dépenses consacrée aux besoins fondamentaux non alimentaires.

La pauvreté n'affecte pas la population de façon uniforme ou aléatoire ; on a ainsi observé des taux de pauvreté beaucoup plus élevés en zone rurale (49,7 pour cent) qu'en zone urbaine (34,4 pour cent) (tableau 5.1). Ces disparités sont causées et alimentées par différents facteurs, tels que les écarts régionaux d'accès aux services et aux opportunités génératrices de revenus. La répartition de la pauvreté dépend également de la viabilité des moyens de subsistance des ménages et de la vulnérabilité de ces moyens de subsistance aux chocs économiques, environnementaux et sécuritaires.

Les données nationales masquent de fortes disparités régionales. Les dernières cartes de la pauvreté au Kenya évaluent en effet l'incidence de la pauvreté de la région côtière et des provinces nord-est à 70 et 74 pour cent respectivement, contre 22 pour cent pour Nairobi et 31 pour cent pour la Province centrale. Les zones rurales et urbaines offrent des opportunités génératrices de revenus variables ; en outre, les taux de pauvreté sont moins élevés en zone urbaine qu'en zone rurale, où les moyens de subsistance sont fortement tributaires de l'agriculture.

Tableau 5.1 Évolution des niveaux de pauvreté, 1997-2005/06 (%)

	Effectif (P0) (%)			Écart de pauvreté (P1) (%)			Sévérité de la pauvreté (P2) (%)		
	1997	2005	Évolution	1997	2005	Évolution	1997	2005	Évolution
Pauvreté absolue									
Rurale	52,7	49,7	-3.0	19,0	17,8	-1,2	8,9	8,9	0,0
Urbaine	49,9	34,4	-15,4	15,8	11,7	-4,2	6,9	5,6	-1,3
Totale	52,2	46,6	-5,6	18,5	16,6	-1,9	8,6	8,2	-0,3

Source : Ndirangu (2010).

Malgré un taux d'incidence de la pauvreté plus élevée en milieu rural, les habitants des quartiers précaires urbains sont eux aussi confrontés à de fortes privations, parfois bien plus graves qu'en milieu rural. Selon l'Évaluation de la pauvreté et des inégalités au Kenya (*Poverty and Inequality Assessment*, KPIA) de 2009, l'incidence de la pauvreté dans les quartiers précaires de Nairobi en 2006 se situait à 63 pour cent environ, bien au-dessus de la moyenne nationale estimée à 46,7 pour cent pour la même période

La vulnérabilité

L'environnement macro-économique actuel alimente la pauvreté et la vulnérabilité de plusieurs façons. La vulnérabilité est souvent définie comme « l'exposition des ménages à l'imprévu et au stress, assortie d'une difficulté à y faire face ». On peut déduire de cette définition que le bien-être à venir la population dépend de sa capacité d'adaptation, des risques auxquels elle est exposée et plus généralement du contexte politique, social et économique, duquel dépendent à la fois ces risques et la capacité d'adaptation des ménages et individus.

Les ménages kenyans ont déclaré avoir été exposés à plusieurs chocs, dont les conséquences sur leur bien-être ont été plus ou moins graves. Les données du KIHBS (2005/6) ont par exemple indiqué que la hausse des prix alimentaires figurait parmi les chocs les plus courants de la période étudiée (2000-2005). Bien qu'il s'agisse du choc grave le plus fréquemment cité, la hausse des prix alimentaires y est considérée par 15 pour cent des ménages comme moins destructrice que le décès d'un membre de la famille ou une sècheresse. L'étude a par ailleurs révélé que le risque pour que les ménages extrêmement pauvres affirment avoir subi les conséquences négatives d'un choc est supérieur de 78 pour cent à cette même probabilité chez les ménages plus aisés. Au sein de la population au chômage, la proportion d'hommes en situation de pauvreté chronique est légèrement plus élevée que celle des femmes dans la même situation. Les ménages ont déclaré avoir utilisé différentes stratégies d'adaptation pour faire face à un choc ; les stratégies les plus fréquemment citées ont été l'utilisation de l'épargne (pour les ménages les plus aisés) et la vente des biens (pour les ménages les plus pauvres). Les transferts en provenance de la famille ou des amis ont quant à eux joué un rôle fondamental dans les cas de chocs causés par le décès ou la maladie. Enfin, la part des emprunts formels et informels contractés pour faire face à un choc était limitée et peu de ménages ont déclaré avoir reçu une aide de l'État.

Les ménages kenyans vivant en milieu rural sont plus susceptibles d'être exposés à des chocs agro-climatiques, tandis que les ménages vivant en milieu urbain souffrent surtout du faible niveau de l'activité entrepreneuriale et de la création d'emplois. Les opportunités génératrices de revenus varient en effet entre zones rurales et urbaines. Des études antérieures ont fait état d'une plus grande concentration d'activités génératrices de revenus en milieu urbain qu'en milieu rural, ce qui explique la plus grande vulnérabilité des ménages ruraux,

Tableau 5.2 Répartition spatiale des ménages qui sont passés au-dessous/au-dessus du seuil de, 2000-2007 (%)

	Hors pauvreté (%)	Pauvreté chronique (%)	Sortis de la pauvreté (%)	Tombés dans la pauvreté (%)	Tombés dans/sortis de la pauvreté (%)
Plaines littorales	13	28	12	5	41
Plaines orientales	34	12	14	3	37
Plaines occidentales	7	39	16	8	30
Zone de transition occidentale	25	16	7	7	45
Maïs à fort potentiel	41	17	12	5	24
Haut Ghana occidental	17	32	12	8	32
Haut Ghana central	70	6	8	1	15
Ombre pluviométrique marginale	41	8	19	3	30
Ensemble	36	19	12	5	29

Source : Suri *et al.* (2009).

particulièrement ceux qui vivent dans les zones arides (Christiansen et Subbarao. 2005, Suri *et al.* 2009) Cependant, s'il est vrai que l'incidence moyenne de la pauvreté est plus élevée en milieu rural qu'en milieu urbain, le fait de résider dans un bidonville est un facteur prédisposant à un niveau de pauvreté particulièrement élevé ; l'évaluation KPIA de 2009 a d'ailleurs montré l'incidence de la pauvreté dans les quartiers précaires de Nairobi en 2006 s'élevait à 63 pour cent environ. Comme l'indique la Banque mondiale dans son Rapport sur le développement dans le monde de 2013, il est nécessaire de mettre en place une stratégie de création d'emploi pour que les Kenyans aient accès à des emplois mieux payés ; il conviendrait par ailleurs que les décideurs politiques, avant tout au niveau local, considèrent les entreprises familiales informelles comme une composante légitime de l'économie kenyane, dans la mesure où celles-ci contribuent à l'accroissement de la productivité dans les zones urbaines

La composition du ménage influence elle aussi la vulnérabilité des ménages à la pauvreté et à l'insécurité alimentaire. Le KPIA (2009) a démontré que la pauvreté affectait principalement la jeunesse : en 2005-2006, les moins de vingt ans représentaient en effet la moitié de la population et les deux tiers des pauvres. Suri *et al.* (2009) ont montré que la probabilité pour chaque ménage de sortir de la pauvreté se réduisait avec la présence de chaque jeune supplémentaire en son sein. En effet, plus la part des personnes à charge augmente, plus celle des membres en âge de travailler diminue, et avec elle le nombre d'opportunités de diversifier les sources de revenus du ménage.

Les ménages dirigés par des femmes sont plus susceptibles d'être pauvres et vulnérables. Le KPIA (2009) a constaté que ces ménages étaient généralement plus nombreux et plus touchés par la pauvreté. En outre, la plus grande vulnérabilité de ces ménages peut s'expliquer par un moins grand nombre d'opportunités génératrices de revenus (Hall, 2005). D'autres études ont toutefois démontré que les ménages dirigés par un homme ou par une femme présentent un risque de vulnérabilité comparable à des risques agrégés (Glewwe et Hall, 1998).

Les ménages dont le chef est âgé sont particulièrement vulnérables à la pauvreté. Suri *et al* (2009) ont montré que les chances de sortir de la pauvreté étaient 20 pour cent inférieures chez les ménages dirigés par une personne de plus de soixante ans que chez les ménages dirigés par une personne de trente ans. Le graphique 5.1 présente les taux de pauvreté (pauvreté absolue, alimentaire et extrême) par type de ménage et confirme que les ménages comprenant des personnes âgées et des enfants affichent des plus forts taux de pauvreté plus élevés.

Le manque d'éducation peut aussi constituer une source de vulnérabilité à la pauvreté, dans la mesure où elle réduit la capacité d'un individu à adopter une stratégie adéquate et rapide d'adaptation aux chocs d'ordre économique ou naturel (Schultz, 1975). Un ménage dirigé par une personne instruite sera en effet

Graphique 5.1 Incidence de la pauvreté par type de ménage (%)

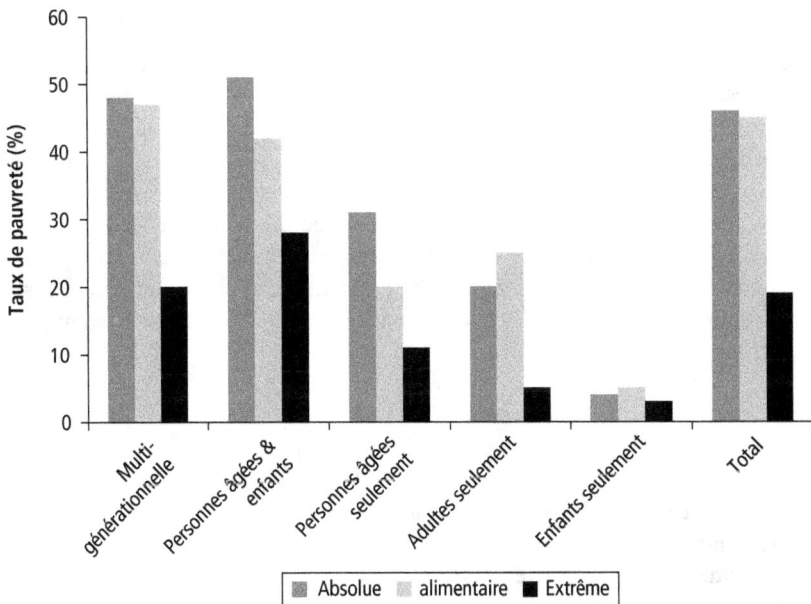

Source : Ndirangu (2010).

moins vulnérable car une personne instruite se caractérise par une plus grande flexibilité sur le marché du travail, une plus grande mobilité économique et des emplois mieux rémunérés. Le KPIA (2009) indique que les ménages dotés d'un niveau supérieur d'instruction et de compétences professionnelles présentent moins de risques d'être pauvres.

À partir de son analyse des facteurs déterminant le début ou la fin de la pauvreté en milieu rural, Burke et al. (2007) montre que la vente de produits d'élevage (en particulier de lait) et de bétail joue un rôle essentiel dans le maintien des ménages hors de la pauvreté.[5] Selon cette étude, un ménage initialement pauvre en biens fonciers qui n'a ni bétail ni lait à vendre se trouve exposé à un risque 62 pour cent supérieur de rester pauvre et ne présente qu'un pour cent de chances de ne pas être en situation de pauvreté. À l'inverse, la probabilité pour qu'un ménage possédant 3,25 acres de terre, produisant du lait et vendant du bétail puisse se maintenir hors de la pauvreté est de 51 pour cent et la probabilité qu'il se trouve en situation de pauvreté persistante est pratiquement nulle.

Les ménages dont le mode de vie repose principalement sur l'agriculture pluviale sont très vulnérables aux chocs pluviométriques (Dercon, 2002). L'analyse de panel Tegemeo indique que les ménages ont plus de chance de sortir de la pauvreté pendant la saison des pluies, suggérant ainsi que le maintien du niveau de vie des ménages ruraux au Kenya dépend de la stabilité de leur production agricole. Comme souligné plus haut par Suri et al. (2009), la sortie de la pauvreté est favorisée par des entrées régulières de ressources issues d'un travail salarié ou d'une activité commerciale ; à l'inverse, l'instabilité des revenus, qui caractérise par exemple le travail agricole occasionnel, réduit les chances de sortir de la pauvreté. Christiansen et Subbarao (2005) observent que les ménages ayant accès aux emplois non agricoles présentent en moyenne un niveau de consommation plus élevé et des revenus plus stables, en particulier dans les zones arides et semi-arides. La vulnérabilité des ménages dirigés par un travailleur du secteur informel est quant à elle accentuée par l'absence de filets sociaux formels et fiables. En outre, les ménages employés dans l'agriculture et le secteur informel désireux d'éviter les risquent peuvent tomber dans la pauvreté sous l'effet des stratégies à faible rendement qu'ils adoptent souvent pour faire face aux risques (Chaudhuri, 2003).

Une vulnérabilité plus prononcée chez les pauvres

Les chocs liés à l'agriculture (comme la sècheresse, la perte de récoltes ou de bétail) sont des phénomènes essentiellement ruraux, contrairement à la perte d'un emploi salarié, une faillite, l'inflation, le vol de voiture ou le cambriolage (graphique 5.2, panel a).

L'incidence de la pauvreté est étroitement liée à une plus grande vulnérabilité aux chocs agricoles (graphique 5.2, panel b). Environ 13,3 pour cent des ménages kenyans ont en effet déclaré que la sècheresse constituait le choc le plus

Graphique 5.2 L'incidence des chocs selon les zones de résidence et le statut de pauvreté du ménage

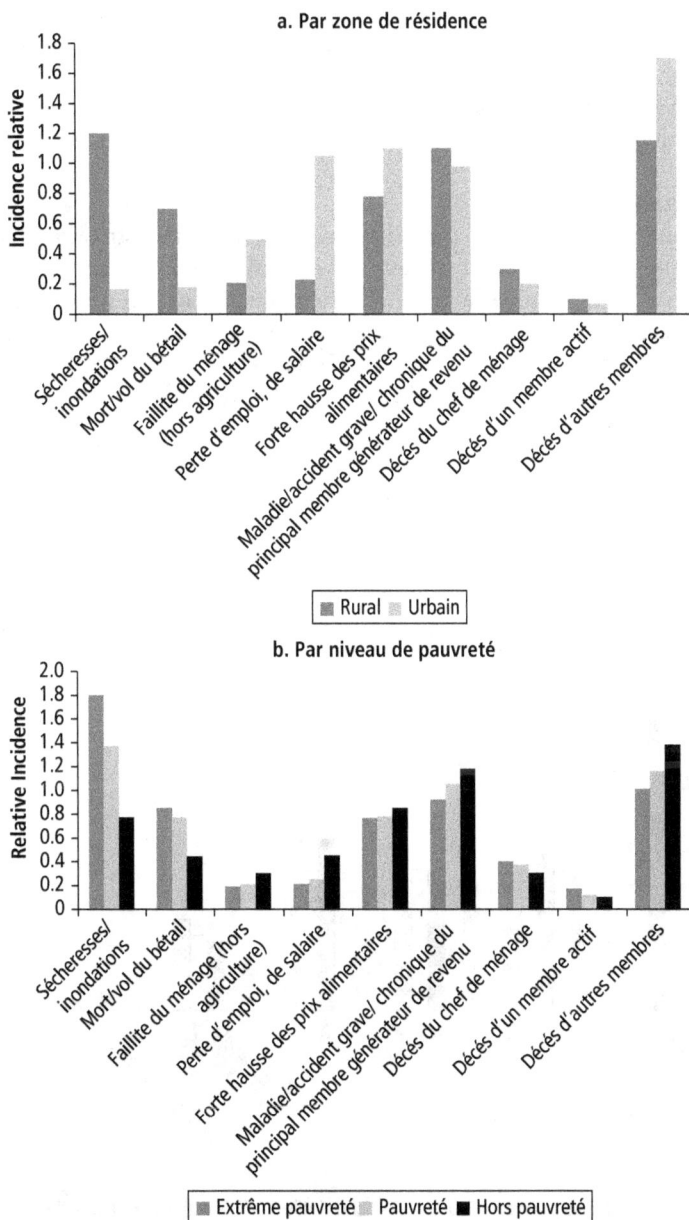

a. Par zone de résidence

Rural ■ Urbain ▦

b. Par niveau de pauvreté

Extrême pauvreté ■ Pauvreté ▦ Hors pauvreté ■

Source : Ndirangu (2010).

grave auquel ils aient été amenés à faire face. En termes relatifs, l'incidence de ce type de choc chez les personnes en situation d'extrême pauvreté dépasse de 78 pour cent la moyenne nationale ; pour l'ensemble des pauvres, ce chiffre s'élève à 37 pour cent (graphique 5.2, panel b). Quoique moins sévères, les autres chocs ont également une incidence plus prononcée sur les ménages en situation d'extrême pauvreté. L'inflation, la maladie et le décès d'un membre de la famille semblent quant à eux concerner avant tout les ménages les plus aisés.

Stratégies d'adaptation

Pour faire face aux chocs, les ménages adoptent différentes stratégies d'adaptation (graphique 5.3) et recourent avant tout à l'utilisation de l'épargne et à l'auto-assurance. Tout comme la vente des biens du ménage, ces deux pratiques constituent une pratique inverse à celle de l'épargne. Très peu de ménages ont déclaré avoir contracté un emprunt auprès du secteur financier formel ou informel pour faire face à un choc ; les aides publiques sont elles aussi limitées et

Graphique 5.3 Stratégies d'adaptation des ménages en fonction des quintiles de consommation (%)

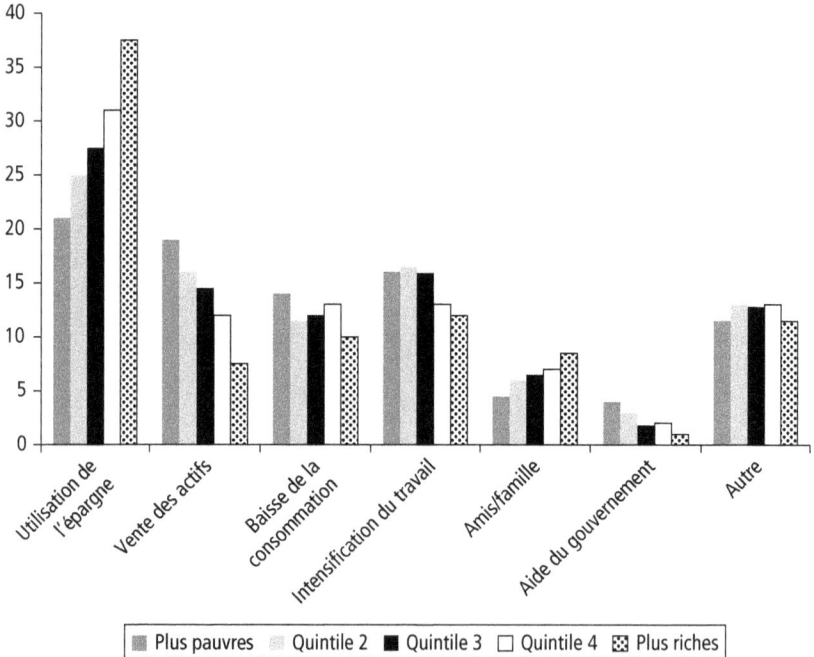

Source : Ndirangu (2010).

susceptibles de n'être disponibles qu'à la suite d'un choc covariant, tel qu'une sècheresse ou une inondation. De nombreux ménages (autour de 40 pour cent) s'adaptent à la hausse des prix alimentaires en réduisant leur consommation. Face au décès ou à la maladie de l'un de leurs membres, les ménages recourent souvent aux transferts effectués par des membres de leur famille ou par des amis.

Les mécanismes d'adaptation mis en œuvre varient entre les ménages riches et les ménages pauvres. Dans la mesure où les ménages plus les plus aisés jouissent d'un revenu disponible plus élevé, la fréquence de l'utilisation de l'épargne augmente proportionnellement à la richesse du ménage. À l'inverse, les ménages les plus pauvres ont plus recours à la vente d'actifs ou travaillent davantage pour faire face à un choc.

La réponse de l'assistance sociale

Si le Kenya a adopté plusieurs lois sectorielles visant à améliorer le bien-être de la population pauvre et vulnérable, le pays n'est pas doté d'une stratégie nationale cohérente capable de répondre aux besoins des plus pauvres. Une étude des filets sociaux existants a récemment été menée afin d'évaluer l'ampleur de ces programmes. Le rapport a conclu que le Kenya dispose de nombreux filets sociaux mais que l'absence d'une stratégie nationale cohérente empêche le pays d'apporter une réponse intégrée ou systématique aux besoins des pauvres. Sous l'effet d'une pression nationale, de la demande des bailleurs et de chocs extérieurs (tels que les sécheresses), diverses interventions manquant de coordination ont été mises sur pied. La définition du principal objectif de ces programmes manquait de clarté et n'a pas permis de parvenir à un emploi uniforme, équitable et efficace des fonds alloués. Si les interventions d'urgence répétées ont constitué la principale réponse du pays à la vulnérabilité *aiguë*, les mesures de lutte contre la vulnérabilité *chronique* sont restées fragmentaires et géographiquement limitées. Le rapport a également souligné que la distribution continue et répétée de vivres aux familles pauvres en milieu aride et semi-aride permettait effectivement de sauver des vies, sans toutefois contribuer à réduire la pauvreté sur le long terme. Les auteurs décrivent donc ces interventions comme « une série de réponses disparates et fragmentées apportant un soutien prolongé à certains groupes vulnérables tout en excluant d'autres groupes du filet social ».[6]

Cet examen des filets sociaux s'est penché sur vingt programmes opérant dans quatre secteurs et poursuivant différents objectifs. Les différents programmes ont été classés en fonction des secteurs couverts : l'agriculture, l'éducation, les transferts monétaires, le secours et le relèvement. Même au sein de chacun de ces secteurs, les objectifs sont multiples et visent notamment : (1) à améliorer l'accès aux intrants, aux compétences et autres ressources susceptibles d'augmenter la productivité agricole ; (2) mettre en place des cantines scolaires afin d'améliorer les résultats des élèves, d'accroître la consommation alimentaire chez les enfants, plus particulièrement chez les enfants marginalisés ;

(3) prévenir la malnutrition chez des femmes ; (4) améliorer l'état de santé et les résultats nutritionnels des femmes, des enfants et des groupes vulnérables ; (5) encourager le suivi du traitement du VIH sida et contribuer à la réduction de la mortalité infantile et maternelle ; (6) promouvoir la protection et le développement du capital humain des orphelins ; (7) améliorer les conditions de vie des personnes âgées et des habitants des quartiers précaire ; (8) apporter un soutien aux individus porteurs d'un handicap grave ; (9) réduire la pauvreté et les taux élevés de malnutrition chez les éleveurs nomades du nord du Kenya; et (10) aider les ménages à surmonter les sécheresses. Ces programmes sont mis en œuvre par différents ministères (Agriculture, Éducation et Santé), le Programme alimentaire mondial (PAM) et des ONG. Il convient de noter que plusieurs d'entre eux se trouvent à un stade pilote et ont été conçus dans le but de produire des enseignements, concernant par exemple le versement de transferts visant à lutter contre l'insécurité alimentaire chronique, l'extrême pauvreté ou la vulnérabilité, ou encore des enseignements concernant la meilleure manière d'encourager les ménages à gagner leur vie de façon durable et à sortir de la pauvreté. En somme, le Kenya dispose actuellement de plusieurs programmes axés sur la protection de sa population pauvre ; il peut s'agir de transferts en espèces ou en nature, mais aussi de programmes ciblant des ménages, des individus ou des zones géographiques. Malgré l'ampleur de la pauvreté et de la vulnérabilité au Kenya, le système actuel de filets sociaux y est limité, largement financé par des bailleurs et par conséquent fragmenté.

Les 12 programmes ciblés actuellement en place couvrent plus d'un million d'individus.[7] Comme le montre le tableau 5.3, le plus grand programme de transferts monétaires destiné aux ménages pauvres cible les orphelins et les enfants vulnérables (OVC, *Orphans and Vulnerable Children*). Pendant sa première phase d'exécution, ce programme a touché 27 000 ménages ; après son expansion, il devrait couvrir 47 districts et plus de 400 000 individus en 2011. Il s'agit d'un programme de transferts monétaires conditionnels (TMC) visant à encourager le maintien des orphelins et enfants vulnérables au sein de leur famille et de leur communauté, favoriser l'accès de ces enfants aux soins de santé et à l'éducation et augmenter l'enregistrement de leurs naissances. Ce programme est financé par le Gouvernement du Kenya, le DFID, l'UNICEF et la Banque mondiale. Financé par le DFID et mis en œuvre dans les régions arides et semi-arides du Nord du pays, le filet social contre la faim (*Hunger Safety Net*, HSNP) est un autre programme de transfert monétaire important dont l'objectif consiste à protéger les ménages en situation d'insécurité alimentaire chronique. Pendant sa phase pilote, le HNSP couvrait 12 000 ménages répartis dans quatre districts. Le DFID et le gouvernement procèdent actuellement à son expansion progressive, censée aboutir à une couverture de 346 000 individus. Ces deux interventions et le programme de soutien aux personnes âgées sont les seuls transferts monétaires du pays à cibler les ménages.

Tableau 5.3 Nombre de ménages et d'individus couverts par des programmes ciblés au Kenya

		2008/09	2011
Programmes	Ménages	Individus (en milliers)	Individus (en milliers)
1 Programme de transferts monétaires pour les enfants vulnérables et orphelins	44 668	134	412
2 Programme de filets sociaux contre la faim	12 000	60	346
3 Distribution alimentaire: interventions d'urgence		2 581	2 1801
4 Programme de cantine scolaire normal et étendu		1 076	1 900
5 Cantine scolaire approvisionnée par la production locale		743	538
6 Enfants les plus vulnérables		200	1 778
7 Programme d'alimentation complémentaire et de santé maternelle et infantile		340	455
8 Programme d'alimentation et de nutrition aux maladies du VIH/SIDA		77	72
9 Programmes de bons santé			60
10 *Njaa marufuku* Kenya		31	37
11 Programme national d'accélération de l'accès aux intrants agricoles			121
12 Transferts monétaires pour les personnes âgées (*Older Persons Cash Transfer*, OPCT)			33

Source : Ndirangu (2010).

Parmi les autres programmes fondamentaux, on peut citer le programme pour les enfants les plus vulnérables (*Most Vulnerable Children*, MVC), les cantines scolaires, l'aide alimentaire générale (*General Food Distribution*, GFD) et le programme d'alimentation complémentaire et de santé maternelle et infantile (*Supplementary Feeding and Mother and Child Health*, SFMCH). Le MVC est financé par le DFID, l'UNICEF et la Banque mondiale ; le programme de cantines scolaires par le gouvernement, le DFID, le PAM et la Banque mondiale ; le GFD et le SFMCH par le PAM. Toutes ces interventions se fondent sur un ciblage géographique, à l'exception de l'OVC, doté d'un triple mécanisme de ciblage, fondé notamment sur un Test multidimensionnel des moyens d'existence (*proxy means test*, PMT) permettant d'identifier les ménages pauvres. Le GFD et le SFMCH sont quant à eux des interventions de secours et de relèvement tenant lieu de réponse humanitaire en cas de pénuries et couvrant les populations en situation d'insécurité alimentaire chronique des zones arides et semi-arides. Globalement, la couverture globale de ces deux programmes programme de cantines scolaires et (programme de cantines scolaires approvisionnées par la production locale, lancé en mai 2009) s'élève à près de 4,4 millions d'individus. Ces filets sociaux concernent avant tout les zones rurales, et plus particulièrement les zones arides et semi-arides ; seules quelques interventions ciblent les populations vulnérables vivant en milieu urbain.

Au Kenya, la faiblesse globale des dépenses consacrées au secteur de la protection sociale masque des variations du niveau et de la structure des dépenses au sein des sous-secteurs. Différents acteurs, dont le gouvernement, des organismes donateurs bilatéraux et multilatéraux, des entreprises privées et des travailleurs (qui cotisent à des systèmes contributifs) financent les différents programmes du pays. Pour l'année fiscale 2008-2009, les 12 programmes ciblés examinés ici ont représenté une dépense totale de à 20 milliards de shilling kényans, couvrant la contribution du gouvernement et celles des bailleurs (voir tableau 5.4).

Comme le montre le tableau 5.5, ce sont les bailleurs qui financent en grande partie des filets sociaux du Kenya. La majorité des programmes sont mis en œuvre par d'autres partenaires techniques et financiers pour le compte du gouvernement. Seuls quelques programmes, tels que le *Kazi kwa Vijana* (transferts monétaires aux personnes âgées), sont intégralement financés par le gouvernement. Cependant, une telle structure n'est pas viable à long terme. Les décideurs politiques ont connaissance de ces défis ; ils ont d'ailleurs adopté ou sont en train de concevoir plusieurs réformes visant à étendre la couverture et à accroître la durabilité des filets sociaux. Ce faisant, ils ont l'intention de dégager des ressources qui pourraient ainsi être réaffectées à d'autres programmes de réduction de la pauvreté et de la vulnérabilité.

Bien qu'il existe plusieurs programmes de filets sociaux visant à protéger les populations pauvres et vulnérables, l'échelle, la couverture et les mécanismes de

Tableau 5.4 Part budgétaire des programmes ciblés en 2008/9

	2008/09
PIB (en milliards de Ksh)	2 299
Revenu total (en milliards de Ksh)	513
Dépenses totales (en milliards de Ksh)	673
Dépenses en programmes ciblés (en milliards de Ksh)	21
Gouvernement du Kenya	5
Bailleurs	16
Programmes ciblés	
Pourcentage du PIB (Total)	0,9
Contribution gouvernementale	
Pourcentage du PIB	0,2
Pourcentage des dépenses totales	0,7
Pourcentage du revenu	0,9

Source : Gouvernement du Kenya (2009).
Note : Les parts ont diminué au cours du trimestre central car les taux de croissance du PIB et des dépenses totales étaient supérieures aux sommes allouées aux programmes ciblés.

Tableau 5.5 Niveau de dépense des programmes ciblés en 2008/09 (en millions de Ksh)

Programmes		Gvt du Kenya	Bailleur	Total
1	Programme de transferts monétaires pour les enfants vulnérables et orphelins	95	803	898
2	Programme de filets sociaux contre la faim	-	155	155
3	Distribution alimentaire: interventions d'urgence	258	10 025	10 283
4	Programme de cantine scolaire normal et étendu	206	2 387	2 593
5	Cantines scolaires approvisionnées par la production locale	400	180	580
6	Enfants les plus vulnérables Programme d'alimentation complémentaire et de santé	-	1	1
7	maternelle et infantile	-	1 833	1 833
8	Programme d'alimentation et de nutrition aux maladies du VIH/SIDA	-	640	640
9	Programmes de bons santé			-
10	*Njaa marufuku* Kenya	128	30	158
11	Programme national d'accélération de l'accès aux intrants agricoles	300	400	700
12	Programmes spéciaux			-
13	*Kazi kwa Vijana*	3 400	-	3 400
14	Transferts monétaires pour les personnes âgées (*Older Persons Cash Transfer*, OPCT)	4	-	4

Source : Ndirangu (2010).

ces programmes sont extrêmement variés. Jusqu'à présent, les méthodes de ciblage par zone géographique, par ménages et/ou individus utilisées par l'OVC, le HSNP, les interventions d'aide d'urgence et les programmes de cantines scolaires ne sont pas parvenus à atteindre de grandes quantités de personnes pauvres et vulnérables et ont même injustement favorisé certains districts, au détriment de provinces plus pauvres (Ouest du pays et Nyanza). Les zones rurales absorbent la plus grande partie des dépenses en filets sociaux. Il est prévu une extension des programmes de transferts monétaires (OVC et HSNP), qui concernera également d'autres programmes, si le budget le permet. Compte tenu de la diversité de la population souffrant d'insécurité alimentaire, composée à la fois de personnes en situation de pauvreté chronique comme transitoire (vulnérabilité aux chocs), il reste beaucoup à faire pour identifier les populations spécifiques affectées par une pauvreté à court terme causée par un choc covariant.

Pourquoi instaurer un système de ciblage ?

La pauvreté génère plusieurs types de coûts pour les communautés. Les personnes en situation de pauvreté chronique disposent généralement d'un capital limité, se caractérisent par une faible productivité et dépendent donc des ressources communautaire pour satisfaire leur besoins de base. La vulnérabilité aux chocs[8] force les familles dotées de faibles ressources à recourir à des stratégies d'adaptation consistant parfois à employer les ressources de façon inefficace dans le seul but de réduire l'incertitude des revenus futurs. Un appauvrissement soudain peut avoir des conséquences sur le long-terme. Pour maintenir un niveau minimum de consommation, les ménages en situation de pauvreté sont contraints de vendre leur capital ou de renoncer à investir dans le capital humain de leurs enfants en réduisant les dépenses de santé, de nutrition ou d'instruction destinées à ces derniers. Les effets des crises sur le bon développement des enfants sont souvent irréversibles et peuvent limiter les perspectives de ces derniers, empêchant ainsi les familles à sortir de la pauvreté.[9] Dans un monde en perpétuel changement exposé à des chocs naturels et économiques, les décideurs politiques peuvent donc choisir d'orienter leur action vers les personnes pauvres et vulnérables.

Méthodes de ciblages examinées par la présente étude

L'évaluation de la sécurité alimentaire

Le deuxième chapitre de la présente étude fournit d'utiles conseils permettant de cibler les ménages en situation d'insécurité alimentaire en conjuguant différents systèmes dans le but d'identifier et de distinguer les ménages en situation d'insécurité alimentaire à long terme (chronique) et à court terme (vulnérables et transitoires). La disponibilité des données quantitatives/qualitatives et des ressources humaines est essentielle à l'identification des ménages souffrant d'insécurité alimentaire. Suite à des chocs covariants, il est toutefois nécessaire de parvenir à un compromis entre rigueur et rapidité lorsque l'on conçoit des programmes de réponse d'urgence. Il est en effet essentiel d'identifier rapidement les ménages les plus pauvres pour leur apporter une aide immédiate. Une telle réponse requiert des méthodes d'évaluation qualitative rapide plutôt que des méthodes quantitatives fondées sur les données des enquêtes de ménage, plus longues à élaborer à appliquer. En outre, il est particulièrement difficile de consigner dans une enquête les dimensions dynamiques de l'exposition à l'insécurité alimentaire, dans la mesure où celles-ci reposent souvent sur des réponses subjectives à des questions portant sur l'exposition des ménages à des chocs ou à l'insécurité alimentaire. Par conséquent, si l'on emploie des mesures qualitatives pour gagner du temps, celles-ci devront par la suite être validées pour garantir qu'il s'agit bien d'indicateurs fiables de l'exposition réelle des ménages à l'insécurité alimentaire.

Si les indicateurs d'insécurité alimentaire sont faciles à collecter, ils entraînent souvent des erreurs de mesure. Malgré leur utilité en période de crises ou de chocs, leur collecte sur le terrain peut être marquée par une certaine partialité. Les réponses sont par exemples fournies par un seul membre adulte du ménage ; or, les réponses peuvent varier selon le sexe de cette personne, en particulier lorsque les questions impliquent une évaluation subjective. D'autre part, le contexte peut également affecter la personne interrogée. Ainsi, les réponses sur la fréquence de consommation de certaines denrées par les ménages peuvent être influencées par le choc lui-même, mais aussi par l'impossibilité financière d'acquérir les biens concernés, qui n'est pas liée au choc mais à la pauvreté elle-même. Par conséquent, même les enquêtes rapides dont le but est d'identifier les changements à court terme provoqués par des chocs commettent des erreurs de mesure susceptibles d'exclure des ménages en situation d'extrême pauvreté.

Selon les résultats de l'Enquête intégrée sur le budget des ménages (*Kenya Integrated Household Budget Survey*, KIHBS) de 2005-2006, l'insécurité alimentaire mesurée à partir de l'apport calorique et de la diversité alimentaire reste élevée, et ce malgré la reprise économique des cinq années précédant l'enquête auprès des ménages. Le KIHBS 2005/2006 a en effet relevé que la consommation énergétique quotidienne s'élevait à 1690 kcal par personne en milieu rural, contre 2060 kcal en milieu urbain. La proportion de la population ne disposant pas des moyens financiers pour acquérir un panier alimentaire équilibré était estimée à 22 pour cent en milieu rural et à 15 pour cent en milieu urbain. En désagrégeant ces résultats par province, on constate que les taux les plus élevés appartiennent à la province de l'Ouest (35 pour cent), suivie par les provinces du Nord, du Nord-Est, de Nyanga et de Rift Valley.

Le Test multidimensionnel des moyens d'existence (*Proxy means test*, PMT)

L'OVC a d'abord utilisé une approche en deux étapes conjuguant le ciblage communautaire (CC) à une fiche de score en matière de pauvreté. Cette méthode a cependant généré des erreurs d'inclusion, attribuant l'éligibilité à des candidats non pauvres (13 pour cent d'entre eux provenaient même du quintile le plus riche), à tel point que les résultats de cette approche n'étaient que légèrement supérieurs à ceux d'une sélection aléatoire. Une évaluation d'impact a également constaté que cette méthode avait refusé l'éligibilité à près de 43 pour cent des ménages les plus pauvres (erreurs d'exclusion). Les décideurs ont donc décidé de modifier le processus de ciblage du programme en remplaçant la fiche de scores par un Test multidimensionnel des moyens d'existence (*Proxy Means Test*, PMT) plus conventionnel, fondé sur les données du KHIBS 2005/06 (Hurrell *et al.* 2008). Le PMT repose sur une liste de caractéristiques pondérées censées être étroitement liées au bien-être ou à la privation.

L'enquête auprès des ménages KHIBS 2005/06 fournit une large gamme d'indicateurs permettant de comprendre le profil de la pauvreté au Kenya. Certains facteurs de la pauvreté peuvent toutefois être manipulés si les ménages ont conscience du fait que leurs réponses peuvent déterminer leur éligibilité aux programmes d'assistance ; d'autres facteurs sont quant à eux difficile à vérifier sur le terrain. Après une rigoureuse analyse de la corrélation entre les caractéristiques des ménages (composition démographique et infrastructures) et la pauvreté au Kenya, les principales variables du PMT sélectionnées pour le PMT de l'OVC sont : (a) la taille du ménage mesurée par l'échelle d'équivalent-adulte utilisée par le bureau national de statistique, (b) le nombre par ménage d'enfants âgés de moins de cinq ans, (c) la principale source d'eau potable du ménage, (d) la principale source de combustible de cuisson, (e) le type de toilettes, et (f) le type de matériau de construction de la toiture.

Le PMT devrait générer un niveau acceptable d'erreurs de ciblage. Les simulations effectuées à partir des données du KIHBS 2005-2006 ont montré que, si un PMT était appliqué à l'ensemble de la population du Kenya, 1,6 million de ménages seraient considérés en situation d'insécurité alimentaire chronique, c'est à dire sous le seuil de pauvreté alimentaire. Le PMT générerait alors d'es erreurs d'inclusion et d'exclusion d'environ 30 pour cent, si l'on comparait les scores obtenus à la dépense du ménage *per capita* et si on l'appliquait au niveau national, sans ciblage géographique ni validation communautaire supplémentaire. Une évaluation du ciblage du programme CT-OVC est en cours, mais le gouvernement est globalement satisfait du niveau d'erreurs de ciblage détectées au cours du suivi du programme.

Le PMT-plus

Compte tenu de la vulnérabilité du Kenya au changement climatique et aux fluctuations des prix internationaux, il n'est pas surprenant que les niveaux de pauvreté et de vulnérabilité varient à travers le pays. De plus, le PMT actuellement utilisé par l'OVC ne constitue pas un instrument adéquat d'identification des ménages temporairement affectés par un choc idiosyncrasique.

Pour une grande partie des ménages kenyans, l'insécurité alimentaire chronique vient s'ajouter aux sècheresses et à la hausse des prix dont souffre principalement le pays. Selon le KIHBS 2005-2006, les sècheresses touchent 16 pour cent des 6,7 millions de ménages kényans, soit 1,3 millions de ménages parmi lesquels 388 000 (30 pour cent) souffraient déjà d'insécurité alimentaire chronique, caractérisée par un niveau de dépenses *per capita* situé sous le seuil de pauvreté alimentaire. Les sècheresses et les crises alimentaires ont deux types d'impact sur le bien-être des Kényans : elles peuvent entraîner une mortalité accrue du bétail dans les zones touchées, puis une hausse des prix alimentaires, en particulier du prix du maïs, résultant de la sècheresse, mais aussi de la hausse des prix mondiaux.

Le PMT-plus peut être considéré comme une méthode permettant un léger ajustement du PMT afin de réduire les erreurs d'inclusion en cas de choc. Si on applique une valeur $\hat{\alpha}$ (soit l'impact estimé du choc sur le bien-être) permettant de corriger le seuil d'admissibilité établi par le PMT ou l'évaluation des ressources (*Means* Test, MT) et que l'on utilise un indicateur d'insécurité alimentaire comme le score de consommation alimentaire du PAM (facile à collecter sur le terrain), il devient possible d'identifier les ménages vulnérables à la pauvreté. En ce sens, le meilleur moyen de renforcer la précision du ciblage consisterait à examiner les données géographiques les plus récentes afin d'identifier les zones affectées par un choc (ciblage géographique) et de procéder ensuite à une collecte rapide de données afin de déterminer les indicateurs d'insécurité alimentaire nécessaires à un plus grand degré de précision.

On peut considérer qu'en cas de choc covariant, il serait plus efficace et peut-être plus politiquement acceptable de fournir une aide universelle plutôt qu'un aide ciblée. Dans certains cas, nous sommes d'accord sur ce point ; toutefois, le PMT+ n'est pas un outil prévu pour des interventions d'urgence. En temps normal, les ménages en situation de pauvreté sont déjà couverts par des programmes fondés sur le ciblage par PMT. L'objectif du PMT+ est de permettre au programme existant d'étendre rapidement sa couverture en cas de choc pour couvrir d'autres ménages et, ce faisant, atténuer l'impact du choc. Étant donné que les informations et caractéristiques des ménages sont déjà connues, le PMT+ identifie les ménages qui auraient besoin d'une assistance supplémentaire en période de crise ; les ajustements proposés en cas de choc ne seraient appliqués que dans les zones affectées. Une fois ces dernières identifiées, les administrateurs des programmes pourraient revoir à la hausse le nombre de bénéficiaires en relevant le seuil d'admissibilité fixé par le PMT, octroyant ainsi l'éligibilité à de nouveaux ménages. Une évaluation des ressources serait ensuite menée pour mesurer l'insécurité alimentaire dans les zones affectées par le choc à partir de données obtenues via une enquête rapide (en utilisant par exemple le niveau de consommation alimentaire et de diversité alimentaire des ménages). Finalement, les résultats du PMT et ceux de l'évaluation des ressources seraient croisés, permettant ainsi d'identifier les ménages ayant besoin d'assistance temporaire. Le tableau 5.6 fournit une représentation graphique de la population ciblée.

En conjuguant le PMT original à un nouveau ciblage géographique et à une déclaration vérifiée des ressources fondée sur les indicateurs d'insécurité alimentaire, il serait possible d'étendre la couverture à court terme sans que cela n'implique d'erreurs d'inclusion. Cette stratégie rend en effet possible l'identification de ménages ayant besoin d'une aide temporaire pour faire face à un choc covariant. Le Yémen a notamment employé cette stratégie suite aux bouleversements politiques de l'an dernier à travers son Fonds social pour le développement (*Social Fund for Development*, SFD). Le programme a (1) redéfini ses priorités en mettant l'accent sur des programmes d'argent contre travail ; (2) sélectionné ses zones d'intervention à partir des cartes de la malnutrition et de la vulnérabilité; (3) impliqué les communautés dans l'identification des ménages souffrant d'insécurité alimentaire; et (4) ajouté une déclaration vérifiée

Tableau 5.6 Ciblage au moyen du PMT-plus des populations en situation d'insécurité alimentaire affectées par des chocs

			Après le choc		
				Affectées par le choc	
		Total	Régions non affectées par le choc	Sécurité alimentaire	Insécurité alimentaire
Avant le choc					
	Sécurité alimentaire	A	A20	A21	A22
	↑		A10	A11	A12
Seuil de pauvreté alimentaire	Insécurité alimentaire	B	B10	B11	B12

Notes : B représente les ménages en situation d'insécurité alimentaire et les bénéficiaires des filets sociaux. A_{12} représente les ménages rendus vulnérables à l'insécurité alimentaire par un choc, c'est-à-dire les ménages qui ont besoin d'une assistance immédiate à cause d'un choc. A_{22} représente les ménages qui sont tombés en situation d'insécurité alimentaire à cause d'un choc et ont peut-être besoin de l'aide d'une intervention à court terme, mais ne se trouvent pas en situation de pauvreté chronique. A_{10} et A_{20} représentent les ménages vivant dans des régions non exposées à des chocs et ne sont donc pas éligibles à une intervention à court terme.

des ressources à la stratégie de ciblage qui comprenait déjà un ciblage communautaire, un auto-ciblage et un PMT. Suite à ces mesures, le SFD a rapidement pu accroître la couverture de ses programmes d'argent contre travail.

Performances des mécanismes de ciblage

Au Kenya, les simulations fondées sur un ciblage par PMT-plus ont généré des résultats encourageants. Les simulations effectuées à partir des données du KIHBS 2005-2006 indiquent que si un PMT avait été appliqué à l'ensemble de la population kenyane, 1,6 million de ménages auraient été considérés sous le seuil de pauvreté alimentaire, c'est à dire affectés par une insécurité alimentaire chronique. Les erreurs d'inclusion et d'exclusion générées par ce PMT auraient été d'environ 40 pour cent si les scores obtenus avaient été comparés à la dépense du ménage par tête (lorsqu'appliqué à tout le pays, sans ciblage géographique ou validation communautaire supplémentaire) (tableau 5.7).

On a procédé à un exercice de simulation pour mesurer la capacité du PMT-plus à identifier les ménages vulnérables et ceux en situation de pauvreté chronique parmi l'ensemble des ménages affectés par une sècheresse :

1. Nous avons supposé que les 1,6 million de ménages identifiés par le PMT étaient inscrits sur un registre unique, c'est-à-dire que les informations relatives à ces ménages avaient été collectées lors de leur inscription à un programme donné (pour lequel 972 000 ménages avaient été considérés à raison comme pauvres et 639 500 avait fait l'objet d'une erreur de classification).

Tableau 5.7 Résultats des estimations par PMT sans recourir à d'autres méthodes de ciblage

		PMT		
		Hors pauvreté	Pauvreté	Total
Seuil de pauvreté alimentaire	+ Hors pauvreté	4 553 751	639 508	5 193 259
	Pauvreté	739 961	972 695	1 712 656
	-	5 293 712	1 612 203	6 905 915
	Erreurs d'inclusion		40%	
	Erreurs d'exclusion		43%	

2. Nous avons identifié les zones affectées par des sécheresses au cours des six derniers mois (ce qui représente une population de 1,3 million de ménages, sur un total de 6 millions), où vivent 388 000 de ménages pauvres. Le PMT avait sélectionné 371 000 ménages éligibles, dont seulement 227 000 à raison, ce qui représente un taux d'erreurs d'inclusion de 38 pour cent un taux d'erreurs d'exclusion de 41 pour cent.

3. Nous avons analysé les chocs modélisés à partir des données du KIBHS 2005-2006 et constaté qu'une sècheresse faisait chuter les dépenses des ménages d'un facteur de -0,216 causé par une sécheresse, ce qui signifie que l'occurrence d'un choc réduit en moyenne les dépenses de 19,4 pour cent (1-exp(-0.216)).

4. Le ciblage par PMT a été ajusté à partir du modèle de choc, en rehaussant le seuil d'admissibilité de 19,4 pour cent dans les zones affectées par la sècheresse.

5. Nous avons utilisé les indicateurs nutritionnels figurant dans le KIBHS 2005/2006 pour établir le teste des moyens d'existence tenant lieu de référence en matière de score de consommation alimentaire, dans la mesure où les données du KIBHS 2005-2006 ne permettaient pas de calculer ce score. En d'autres termes, puisque les scores de consommation alimentaires ne pouvaient pas être calculés à partir du KIBHS et puisqu'il existe une corrélation entre les indicateurs nutritionnels et l'insécurité alimentaire, nous avons considéré que tout ménage ayant au moins un enfant souffrant de malnutrition était profondément affecté par la sécheresse et se trouvait par conséquent en situation d'insécurité alimentaire.[10] Nous avons ensuite estimé que 324 000 ménages tomberaient en situation d'insécurité alimentaire suite à un choc.

6. La couverture du nouveau programme temporaire a été estimée au moyen d'un PMT-plus, en croisant les résultats du PMT ajusté et ceux de la déclaration des ressources (tableau 5.8, ci-dessous) ; nous avons fait les constatations suivantes :

   ○ Le groupe B englobe les ménages en situation d'insécurité alimentaire chronique et les bénéficiaires habituels des filets sociaux. Il s'est maintenu au même niveau, avec 1,6 million de ménages identifiés par le PMT ;

   ○ Le groupe A_{12} englobe les ménages vulnérables à l'insécurité alimentaire à la suite d'un choc ou en situation d'insécurité alimentaire qui ont besoin d'une assistance immédiate suite à un choc. Il représente 66 000 ménages ;

   ○ Le groupe A_{22} englobe les ménages en situation d'insécurité alimentaire suite à un choc ; ces ménages ne se trouvent pas en situation de pauvreté chronique et n'ont donc pas besoin d'une intervention à plus court terme. Il représente 98 000 ménages.

7. Le nombre de nouveaux bénéficiaires potentiels des filets sociaux a été calculé au moyen de deux méthodes :

   i. L'addition du groupe A_{12} (66 000) aux 371 000 ménages déjà identifiés par le PMT, qui porterait le nombre de bénéficiaires à 437 000 ;

   ii. L'addition des groupes A_{12} et A_{22} aux 371 000 ménages déjà identifiés par le PMT, qui porterait le nombre de bénéficiaires à 536 000.

8. La consommation des ménages a servi de référence pour l'estimation des erreurs de ciblage générées par les approches (i) et (ii). Dans l'approche (i), les erreurs d'inclusion s'élevaient à 28 pour cent et les erreurs d'exclusion à 42 pour cent, alors que dans l'approche (ii), elles s'élevaient toutes les deux à 35 pour cent.

Tableau 5.8 Simulation *ex-ante* du PMT-plus

| | | | | Après le choc | |
| | | | | Affectées par le choc | |
		Total	Régions non affectées par le choc	Sécurité alimentaire	Insécurité alimentaire
Avant le choc					
	Sécurité alimentaire	5 062 557	4 352 707	611 479	98 371
Seuil de pauvreté alimentaire			-	164 791	66 364
	Insécurité alimentaire	1 612 203	1 241 028	211 499	159 676
	Total	6 674 760	5 593 735	987 769	324 411

9. Pour éviter la collecte à court terme des données nécessaires à l'évaluation des ressources, on pourrait procéder en ajustant simplement le score de PMT par $\hat{\alpha}$, c'est-à-dire en rehaussant le seuil d'admissibilité du PMT en fonction de l'ampleur du choc. Dans ce cas, 600 000 ménages participeraient au programme. Les erreurs d'inclusion et d'exclusion estimées s'élèveraient respectivement à 35 et 28 pour cent.

Cependant, malgré la similarité des erreurs d'inclusion entre (9) et (ii) et les erreurs d'exclusion beaucoup plus faibles générées par (9), on peut remarquer dans le tableau 5.9 que la part des ménages souffrant d'insécurité alimentaire en raison d'un choc (identifiée au moyen du critère de dénutrition infantile) diffère considérablement. Une approche par PMT-plus paraît préférable à un simple ajustement du PMT standard, puisque ce dernier n'est pas en mesure d'identifier correctement les ménages en situation d'insécurité alimentaire.

Un exercice similaire a été réalisé pour les régions affectées par des hausses de prix et des pertes de récoltes/bétail.

Conclusion

Dans cette étude de cas, nous avons examiné une mesure fiable permettant d'identifier les ménages en situation de pauvreté chronique ainsi que des indicateurs de vulnérabilité à court terme permettant de pallier les erreurs d'identification en cas de choc au Kenya. Les principales observations d'une simulation *ex ante* montrent que l'occurrence de chocs, la combinaison d'un ciblage géographique permettant d'identifier les régions concernées par les chocs à un PMT permettant de cibler les populations en situation de pauvreté chronique et à une déclaration vérifiée des ressources permettant d'identifier les ménages vulnérables aux chocs faciliterait l'expansion des programmes à court terme tout en réduisant les erreurs d'inclusion et d'exclusion.

Tableau 5.9 Nombre de ménages en situation d'insécurité alimentaire identifiés dans les régions frappées par des sécheresses

Régions affectées par les sécheresses	Bénéficiaires (nombre)	Erreurs d'inclusion (%)	Erreurs d'exclusion (%)	Ménages en situation d'insécurité alimentaire (%)	(nombre)
PMT original	371 175	39	41	43	159 605
PMT ajusté seulement	602 330	35	28	38	226 054
(2) PMT - plus = (1) + groupe A_{22}	437 539	28	42	52	226 033
(3) PMT - plus = (2) + groupe A_{21}	535 910	35	36	61	324 386

Il serait donc possible d'obtenir de meilleurs résultats de ciblage au Kenya en conjuguant ces deux mesures. En période de crise, le gouvernement serait ainsi plus à même de répondre aux besoins à court terme de la population affectée en conjuguant son PMT actuel (dont la conception est bonne) à un test des ressources alimentaires à court terme.

Notes

1. Banque mondiale (2011).
2. FMI (2011).
3. Banque mondiale (2012).
4. La plupart des statistiques sur la pauvreté proviennent de l'Enquête intégrée sur le budget des ménages (*Kenya Integrated Household Budget Survey*, KIHBS) de 2006-2006, conçue pour fournir des données susceptibles d'être mobilisées pour mettre à jour les statistiques relatives à la pauvreté, au bien-être et à l'emploi, pour générer l'indice des prix à la consommation et réviser les informations relatives aux comptes nationaux. Cette enquête a également recueilli des données socio-économiques relatives à la population kényane, dont des indicateurs d'éducation, de santé, de source d'énergie, de logement, d'eau et d'assainissement. Le rapport issu de cette enquête fournit un profile du statut socio-économique de la population kényane. Les données de l'enquête KIHBS 2005-2006 ont été collectées sur une période de douze mois, à partir du 16 mai 2005. Elle a été menée dans 1 343 agglomérations réparties dans tous les districts du pays et sélectionnées au hasard, dont 861 en milieu rural et 482 en milieu urbain. En plus d'un questionnaire de base, l'enquête se fondait sur un questionnaire supplémentaire portant sur les prix du marché et un questionnaire communautaire visant à identifier les zones affectées par les chocs.
5. Il a largement été démontré que les ménages confrontés à des chocs affectant leurs revenus et à des marchés d'assurances imparfaits se servent de leurs actifs pour maintenir leur niveau de consommation (Deaton 1992). Comme les terres, le bétail constitue un actif essentiel pour les ménages ruraux. Plusieurs études ont montré que le bétail est couramment utilisé pour maintenir le niveau de consommation dans les pays en développement (Fafchamps *et al.* 1998, Rosenzweig et Wolpin 1993, Kinsey *et al.* 1998, Ndirangu 2007). Les résultats présentés par Kinsey *et al.* (1998) indiquent que le bétail tient lieu d'amortisseur pour les populations rurales, en particulier en cas de sécheresse. Cette étude a également montré que les ménages les plus exposés aux effets négatifs des sécheresses sont précisément ceux qui ne possèdent pas de bétail. Dans le cas du Kenya, Christiansen et Subbarao (2005) ont remarqué que la propriété de chèvres ou de moutons aide les ménages à maintenir leur niveau de consommation en cas de chocs idiosyncratiques.
6. Banque mondiale (2012).
7. Il s'agit d'une estimation approximative fondée sur une taille moyenne de sept membres. De plus, certains ménages pourraient être couverts par plus d'un programme, ce qui pourrait fausser les chiffres.

8. Un troisième concept envisage la vulnérabilité sous un angle catégoriel, dans la mesure où certains groupes (les personnes âgées ou porteuses de handicap, les veufs, les enfants et les orphelins) ont besoin d'un traitement et d'une attention spécifiques. Par exemple, (a) les enfants ont des besoins très différents de ceux des adultes et requièrent une attention adaptée à leur âge ; (b) les personnes âgées présentent des besoins spécifiques du fait de l'incidence accrue de la maladie et du handicap, mais aussi des interactions multiples et complexes d'autres types de conséquences physiques et sociales liées à l'âge ; et (c) les orphelins peuvent être trop jeunes pour gérer un héritage ou ne pas même savoir qu'ils ont droit à un héritage.

9. Le besoin d'aider les pauvres et les plus démunis représente un coût pour les communautés et exerce une pression sur les réseaux de soutien locaux et familiaux, souvent à des périodes difficiles pour tous. La pauvreté peut également engendrer des comportements socialement préjudiciables (crime, mendicité, etc.) qui représentent un coût pour tous les membres de la société.

10. La présence d'enfants mal nourris n'a pas été inclue dans le modèle, pour plusieurs raisons, et principalement pour éviter d'inciter les ménages dans ce sens. Nous nous contentons d'utiliser la présence d'enfants mal nourris pour estimer l'insécurité alimentaire et plaider en faveur du PMT-plus. En réalité, il serait nécessaire de rendre visite à tous les ménages des zones affectées inscrits au programme actuel et de récolter des indicateurs d'insécurité alimentaires afin d'identifier les ménages souffrant effectivement d'insécurité alimentaire afin de procéder à une application intégrale du PMT-plus.

Bibliographie

Burke, W., T. Jayne, H. Freeman et P. Kristjanson (2007). *Factors Associated with Households' Movement into and out of Poverty in Kenya: The Rising Importance of Livestock*. International Development Working Paper No. 90. East Lansing: Université de l'État du Michigan.

Chaudhuri, S. (2003). *Assessing Vulnerability to Poverty: Concepts, Empirical Methods, and Illustrative Examples*. New York: Université de Colombia, mimeo.

Christiansen, L. et K. Subbarao (2005). "Towards an Understanding of Vulnerability in Rural Kenya," *Journal of African Economies* 14(4):529-558.

Coady, D., M. Grosh et J. Hoddinott (2004). *Targeting of Transfers in Developing Countries: Review of Lessons and Experience*. Washington DC: Banque mondiale.

Deaton, A. (1992). "Understanding Consumption," *OUP Catalogue*, Oxford University Press, No. 9780198288244, Juillet.

Dercon, S. (2002). "Income Risk, Coping Strategies and Safety Nets," *World Bank Research Observer* 17:141–66.

Fafchamps M., C. Udry et K. Czukas (1998). "Drought and Savings in West Africa: Are Livestock a Buffer Stock?" *Journal of Development Economics* 55:273-305.

Glewwe, P., and G. Hall (1998). "Are Some Groups More Vulnerable to Macroeconomic Shocks than Others? Hypothesis Tests Based on Panel Data from Peru." *Journal of Development Economics* 56:181-206.

Gouvernement du Kenya (2009). Budget Outlook Paper (BOPA). Nairobi: Ministère des Finances.

———— (2008). Kenya Vision 2030: A Globally Competitive and Prosperous Kenya. Nairobi.

Grosh, M., C. del Ninno, E. Tesliuc et A. Ouerghi. (2008). *For Protection and Promotion: The Design and Implementation of Effective Safety Nets.* Washington DC: Banque mondiale.

Hall, G. (2005). *Identifying the Vulnerable: New Evidence from Peru.* Publication conjointe du département de recherche sur les politiques et du département de politiques sociales et de lutte contre la pauvreté de la Banque mondiale, No. 6. Washington DC: Banque mondiale.

Hurrell, A., Ward, P. et Merttens, F. (2008). *Kenya OVC-CT Programme Operational and Impact Evalaution,* Baseline Report. Oxford: Oxford Policy Management.

Fonds monétaire international (2011). *Regional Economic Outlook: Sub-Saharan Africa, Sustaining the Expansion.*

Bureau national de la statistique du Kenya (2007). Kenya Integrated Household and Budget Survey 2005/06. Nairobi: Gouvernement du Kenya, Ministère de la planification et du développement national.

Kinsey, B., K. Burger et J. Gunning (1998). "Coping with Drought in Zimbambwe: Survey Evidence on Responses of Rural Households to Risk," *World Development* 26(1):89-110.

Ndirangu, L. (2010). "Addressing the Food Price Situation in COMESA with Reference to Kenya", étude présentée devant l'Association poru le renforcement de la recherche agricole en Afrique orientale et centrale (ASARECA), les 4 et 5 mai à Kigali, Rwanda.

———— (2007). *Household's Responses to Shocks: Evidence from Central Kenya.* Thèse doctorale. Pays-Bas : Université de Wageningen.

Schultz, T. (1975). "The Value of the Ability to Deal with Disequilibria," *Journal of Economic Literature* 13(3):827-846.

Suri, T., D. Tschirley, C. Irungu, R. Gitau et D. Kariuki (2009). *Poverty, Inequality, and Income Dynamic in Kenya,* 1997-2007. Tegemeo Institute Working Paper Series, No. 030/2008. Nairobi: Université d'Egerton, Institut de Tegemeo Institute pour les politiques et le développement agricole.

Banque mondiale (2013) Rapport 2013 sur le développement dans le monde – Jobs ISSN: 0163-5085   http://siteresources.worldbank.org/EXTNWDR2013/Resour ces/8258024-1320950747192/8260293-1322665883147/WDR_2013_Report.pdf

———— (2012). *Kenya Social Protection Review.* Washington DC.

———— (2011). *Kenya Economic Update,* décembre 2011. Washington DC. Disponible à l'adresse suivante : www.worldbank.org/kenya/keu

———— (2009). Évaluation de la pauvreté et des inégalités au Kenya (*Kenya Poverty and Inequality Assessment,* KPIA): Résumé analytique et rapport de synthèse. Washington DC. Disponible à l'adresse suivante : ———— (2008). Concernant les écarts de pauvreté régionaux, voir p104.

———— (2007). Concernant les écarts de pauvreté régionaux, voir p104.

Chapitre 6

Des méthodes de ciblage pour identifier les plus pauvres au Malawi

Rodica Cnobloch et Kalanidhi Subbarao

Introduction

Les estimations suggèrent qu'en 2009, 15 pour cent de la population du Malawi était en situation d'extrême pauvreté et 40,4 pour cent en situation de pauvreté (IFPRI, 2011). L'incidence de la pauvreté y est passée de 52 pour cent en 2004-2005 à 40 pour cent en 2009-2010 ; malgré ce recul, en grande partie attribuable à la croissance de la demande en main d'œuvre au cours de cette période, l'importance de faire en sorte que les programmes de filets sociaux[1] arrivent véritablement jusqu'aux pauvres ne saurait être sous-estimée, et ceci pour plusieurs raisons. Tout d'abord, au Malawi comme partout ailleurs, les ménages extrêmement pauvres (soit les 10 pour cent situés au bas de l'échelle de la consommation) ont besoin d'un soutien généralisé. Ensuite, il y aura toujours des ménages qui tomberont dans la pauvreté, souvent suite à des chocs imprévisibles ou imprévus, et ce même en période de croissance économique. À moins de bénéficier de la protection de filets sociaux rapidement disponibles et efficaces, les ménages concernés par cette situation sont très exposés aux chocs et le capital humain de leurs enfants se trouve alors particulièrement menacé. Compte tenu de ces considérations, les programmes de filets sociaux jouent un rôle essentiel, au Malawi comme dans la plupart des pays d'Afrique subsaharienne.

À l'heure actuelle, le système d'assistance sociale du Malawi est fragmenté par l'existence de différents programmes ; dans l'ensemble, il est faible et peu préparé à agir efficacement en cas de besoin, c'est-à-dire en cas de choc. En outre, le manque de fonds et de coordination entre les organismes d'exécution soulève la question de l'adéquation, de l'impact et de la capacité d'expansion des programmes existants. Dans l'optique de réformer ce système, le projet de Politique de protection sociale envisage de conjuguer différents types d'interventions destinées à différentes catégories de pauvres (voir le graphique 6.1 ci-dessous). Il est donc désormais nécessaire d'établir des critères d'identification des bénéficiaires qui soient à la fois clairs et applicables à l'ensemble du pays. La présente étude vient combler cette lacune.

Même si le cadre du système de protection sociale schématisé par le graphique 6.1 est doté d'une bonne conception et envisage les différents types de vulnérabilité, il faudra malgré tout veiller à ce que sa couverture soit adéquate et s'assurer de l'efficacité de sa mise en œuvre et de son système de ciblage. Pour atteindre ces objectifs, trois mesures s'imposent : (a) l'adoption d'une définition commune des groupes cibles (populations en situation de pauvreté et d'extrême pauvreté) sur laquelle tous les programmes puissent se fonder, (b) l'adoption de critères communs d'identification des groupes cibles et (c) l'élaboration d'une base de données unifiée. Le graphique 6.1 montre clairement que les différents groupes cibles présentent des besoins sociaux distincts, auxquels il ne sera possible de répondre qu'au moyen de différents programmes de protection sociale. Bien que ces différents programmes puissent employer différentes méthodes de

Graphique 6.1 Schéma du projet de programme de protection sociale

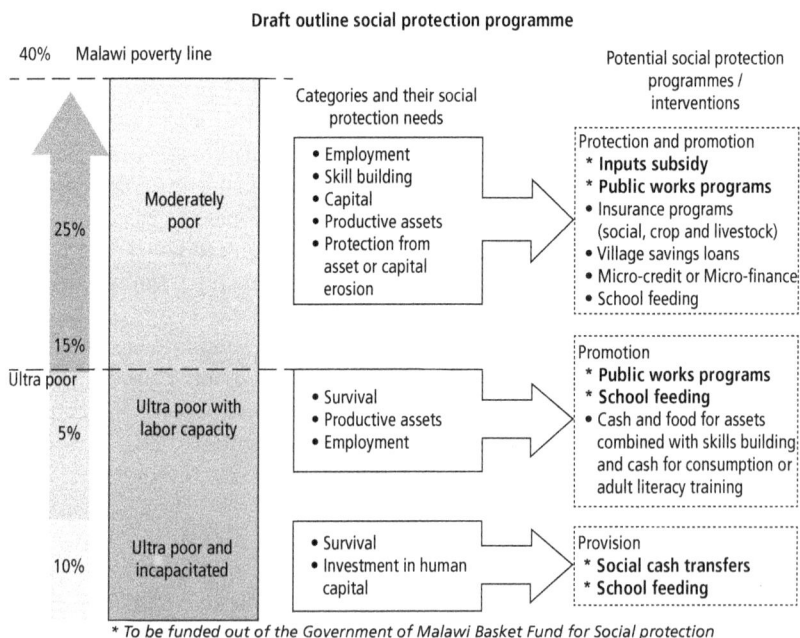

Draft outline social protection programme

* To be funded out of the Government of Malawi Basket Fund for Social protection

Source : UNICEF (2011).
Note : Les ménages présentant une insuffisante aptitude au travail sont ceux dont aucun adulte (membres âgés de 19 à 64 ans) n'est apte au travail. Cette catégorie englobe les ménages dont le chef et une personne âgée, un enfant, une personne porteuse de maladie chronique ou de handicap. L'inaptitude au travail peut également s'appliquer aux ménages comprenant un adulte (âgé de 19 à 64 ans) mais présentant une proportion élevée de personnes à charge (trois membres ou plus).

ciblage, il est nécessaire de coordonner les différents critères afin de garantir un ciblage adéquat, d'éviter la duplication des efforts et la multiplication des bénéfices perçus par les bénéficiaires. Un registre unique peut être utile pour identifier les lacunes des programmes comme leurs redondances, mais ne requiert en aucun cas l'utilisation d'un mécanisme de ciblage unique.

Pour identifier la marche à suivre et procéder aux réformes, il faut commencer par mesurer l'efficacité du ciblage des programmes en place. Les données les plus récentes ne portent toutefois que sur l'année 2003 (pour plus de détails, voir le tableau 6.1 ci-dessous ou le tableau A1 en annexe).[2] Dans l'ensemble, on a constaté que les programmes d'assistance sociale couvraient la moitié de la population ; à eux seuls, le Kit de démarrage d'intrants agricoles (*Starter Pack of Agricultural Inputs*, programme principal) et le Programme d'aliments gratuits (*Free food program*) couvrent respectivement 44,3 et 13,3 pour cent de la population, tandis que la couverture des autres programmes est relativement faible et

Tableau 6.1 programmes d'assistance sociale : taux de couverture, d'exclusion et d'inclusion (%)

		Extrême pauvreté		Pauvreté	
	Couverture	Sous-couverture	Fuites	Sous-couverture	Fuites
Ensemble de l'assistance sociale	**50,9**	**44,0**	**73,2**	**44,4**	**44,1**
Programme d'alimentation gratuite	13,3	86,3	75,2	86,2	47,1
Intrant pour programme de travaux publics	0,6	99,0	59,4	99,1	25,3
Programme d'espèces/vivres contre travail	3,9	94,9	69,0	95,2	37,7
Programme de nutrition ciblé	4,3	96,5	80,4	96,2	55,3
Programmes d'alimentation complémentaire	0,9	98,6	64,0	98,8	34,8
Intrants agricoles	0,6	99,5	78,6	99,3	40,1
Kits de démarrage d'intrants agricoles	44,3	51,0	73,5	50,8	43,5
Bourses et programme GABLE destinés aux jeunes filles	0,2	99,8	76,6	99,8	61,4

Source : MLSMS 2004/05.
Notes : Le taux de couverture du programme désigne la part de chaque groupe de population bénéficiant des transferts.
Le taux de couverture est égal au (nombre d'individus du groupe vivant dans un ménage dont au moins un membre reçoit un transfert)/(nombre d'individus du groupe).
Le taux d'erreurs d'exclusion désigne le pourcentage d'individus pauvres qui ne reçoivent pas de transferts.
Le taux d'erreurs d'inclusion désigne le pourcentage d'individus qui reçoivent un transfert, mais ne sont pas pauvres.

ne concerne que 0,6 à 4,3 pour cent de la population ; le pourcentage d'habitants non bénéficiaires et pourtant en situation d'extrême pauvreté s'élève quant à lui à 44 pour cent. Le programme affichant les meilleurs résultats est le Kit de démarrage d'intrants agricoles (avec un taux d'exclusion de 51 pour cent) et dans une moindre mesure le Programme d'aliments gratuits (avec un taux d'exclusion de 86 pour cent) ; aucun des autres programmes ne semble atteindre les pauvres, dans la mesure où leurs taux d'exclusion dépassent les 95 pour cent. Parmi les bénéficiaires, le taux d'inclusion des personnes en situation d'extrême pauvreté s'élève à 73 pour cent, contre 44 pour cent pour les personnes en situation de pauvreté.

Le tableau 6.1 montre que les programmes d'assistance sociale du Malawi présentaient en 2003 de nombreuses erreurs d'inclusion et d'exclusion, quel que soit l'instrument de ciblage utilisé. Il est par conséquent essentiel de définir une méthode fiable de ciblage permettant de classer les individus/ménages candidats à une aide sociale en fonction de leur niveau de pauvreté. Consciente de ce besoin, la présente étude élabore un outil de mesure objectif permettant d'identifier les bénéficiaires potentiels de programmes de filets sociaux. L'enjeu principal de cette étude de cas consiste par conséquent à exposer les difficultés liées à l'utilisation d'une formule de PMT pour cibler les personnes en situation de pauvreté et d'extrême pauvreté, qui correspondent respectivement aux 10 et aux 25 pour cent inférieurs de l'échelle de la consommation.

Mise au point d'un PMT pour les programmes de filets sociaux

Modélisation statistique et sources de données

La présente étude élabore un modèle de PMT (*Proxy Means Test*, ou Test multidimensionnel des moyens d'existence) dans l'optique de mettre au point un mécanisme de ciblage destiné aux programmes d'aide sociale et capable de mieux cibler les ménages pauvres et vulnérables.[3] Ce modèle de PMT établit un lien objectif entre différentes caractéristiques facilement observables des ménages et leur niveau de revenu/pauvreté en utilisant la méthode des moindres carrés ordinaires (MCO). Une spécification progressive a été utilisée pour tous les modèles testés afin de ne conserver que les variables explicatives dont la signification statistique dépasse les 90 pour cent.[4] Étant donné que notre objectif consiste à cibler les individus présentant les plus faibles dépenses annuelles *per capita*[5] (la mesure du bien-être que nous avons choisie)[6], nous avons utilisé le logarithme de consommation annuelle *per capita* afin de déterminer le niveau de revenus et de pauvreté des ménages.

Si nous avons choisi de nous fonder sur l'Enquête intégrée auprès des ménages du Malawi (*Malawi Integrated Household Survey*, MIHS), c'est parce qu'il s'agit d'une enquête représentative sur le plan national spécialement conçue pour fournir des estimations d'indicateurs de bien-être au niveau des districts. La MIHS la plus récente à l'heure où nous rédigeons cette étude a été menée par le Bureau national de la statistique entre mars 2004 et mars 2005 et porte sur un échantillon de 11 280 ménages.

La sélection des variables

L'élaboration d'une formule de PMT implique de sélectionner certains indicateurs (hors revenu) afin de prédire le niveau de revenu/pauvreté des ménages. Pour le choix des variables, quatre critères de sélection ont été utilisés : (1) la corrélation avec l'indicateur retenu (qui doit être aussi élevée que possible, puisqu'elle détermine la fiabilité et la précision de la prévision) ; (2) le caractère facilement mesurable (les variables doivent pouvoir être collectées et mises à jour au moyen d'un questionnaire simple) ; (3) le caractère vérifiable (les variables doivent être faciles à observer par l'équipe de ciblage ou les observateurs communautaires, selon le dispositif adopté) ; (4) le caractère difficilement manipulable par les bénéficiaires potentiels. En outre, les indicateurs ne devraient pas constituer une source potentielle de mécontentement politique (la présente étude abordera également ce critère supplémentaire, sans toutefois l'approfondir) ; en effet, si les variables incluant des caractéristiques propres au niveau local peuvent être très révélatrices de la pauvreté, elles peuvent également être associées à un ciblage partisan orienté par certains politiciens/partis. De plus, si des délimitations géographiques claires ne sont pas établies (zones rurales/urbaines ou niveau d'unités administratives, par exemple), les équipes de terrain auront du mal à déterminer le type de données à récolter et les formules à appliquer.

Dans le cas présent, les indicateurs de base retenus pour les ménages et les individus sont les suivants :

(i)   La composition démographique du ménage : taille du ménage, nombre de personnes âgées (65 ans ou plus), nombre d'enfants de 0 à 4 ans, de 5 à 12 ans et de 13 à 18 ans ; présence d'un membre aux facultés réduites (handicapé physique ou mental, porteur d'une maladie chronique auto-déclaré) ou d'un individu pour lequel les activités quotidiennes posent problème (passer le balai ou marcher 5 km, par exemple) ; présence d'enfants de 0 à 12 ans et de 13 à 18 ans orphelins de mère seulement, de père seulement ou des deux parents ;

(ii) Les caractéristiques du chef de ménage : sexe, statut marital, niveau d'études, facultés réduites (handicap, maladie chronique, difficultés dans la conduite des activités quotidiennes), emploi dans le secteur formel ;

(iii) Les caractéristiques du logement : propriété/location, accès à l'électricité, nombre de pièces par habitant, type de plancher, de toiture et de murs ;

(iv) La propriété de biens durables[7] : ventilateur, climatiseur, télévision, machine à coudre, machine à laver, réfrigérateur, cuisinière à kérosène, cuisinière à gaz, vélo, moto, voiture, bateau ;

(v) La propriété de biens productifs, notamment de terres et de bétail : surface des cultures pluviales ou des terres dimba[8] ; cultures de tabac ; propriété de bétail/bœufs, chèvres/moutons ou cochons ;

(vi) Des variables relatives à la situation géographique : outre les variables mentionnées plus haut, nous avons inclus de potentielles caractéristiques locales et non-observables de la pauvreté en intégrant des variables de situation géographique. Nous avons utilisé un premier modèle fondé sur les vingt-six districts administratifs et un second modèle fondé sur huit districts de développement agricole (DDA)[9] ; nous n'avons pas cherché toutefois à utiliser de modèles indépendants pour les zones urbaines et rurales, avant tout parce que la taille de l'échantillon utilisé pour estimer le PMT serait trop réduite pour permettre d'attribuer des pondérations propres à la situation géographique.

Nous n'avons pas inclus d'indicateurs difficiles à vérifier (travailleur indépendant agricole ou non-agricole, par exemple) ni d'indicateurs faciles à dissimuler (propriété de radio ou de téléphone mobile, par exemple). Certaines des variables mentionnées ci-dessus nous ont d'abord semblé présenter une corrélation avec le niveau de consommation (propriété de l'habitat, présence d'un porteur de handicap, présence d'un individu pour lequel les activités quotidiennes posent problème, chef de ménage aux facultés réduites ou employé par une entreprise hors du ménage, par exemple) ont finalement été écartées car elles n'ont pas été estimées statistiquement significatives.

De plus, lorsque l'on établit un modèle national, la couverture de la population cible (qu'il s'agisse des 10 pour cent les plus pauvres, des ménages en situation de pauvreté ou d'extrême pauvreté) est plus faible dans les zones urbaines (plus aisées) que dans les régions rurales (plus défavorisées). Cette inégalité de couverture des pauvres et les différences de caractéristiques entre milieux rural et urbain peuvent toutefois être surmontées (1) en conjuguant des modèles régionaux pour en dériver la formule de PMT ou (2) en utilisant un seul modèle de PMT, mais des seuils différents pour les zones urbaines et rurales. Parmi ces modèles, celui dont le calcul a été fait en fonction du milieu (urbain/rural) semble obtenir de meilleurs résultats marginaux ; nous continuerons donc de l'utiliser dans la présente étude. Il convient toutefois d'être conscient (1) que ce choix implique la sélection du modèle nécessitant le moins d'informations (quitte à perdre en efficacité), (2) que les modèles fondés sur la mixité (milieux rural/urbain, différents seuils) peuvent être plus difficiles à mettre en œuvre et (3) que les retombées positives de l'équité horizontale ne justifient pas nécessairement la sous-couverture/les fuites (en particulier si l'on ne souhaite mettre en œuvre un programme qu'en milieu rural, par exemple). Le véritable choix appartient encore une fois au gouvernement du Malawi, auquel il incombera de définir le principal objectif du nouveau programme d'aide sociale.

Évaluer les performances de ciblage du PMT

Pour évaluer l'efficacité d'un PMT, il faut tenir compte du fait que ce modèle classe les individus dans quatre groupes distincts en fonction de leur niveau réel et estimé de pauvreté ; ceux dont le *niveau réel de pauvreté* est inférieur à un seuil déterminé constituent la population cible (les pauvres, par exemple) et ceux dont le *niveau estimé de pauvreté* est inférieur au seuil d'éligibilité représentent la population jugée éligible par le modèle. Dans cette typologie, les erreurs de ciblage les plus couramment observées lors de l'évaluation d'une formule sont (1) les erreurs d'exclusion (phénomène de sous-couverture), qui renvoient au pourcentage du groupe cible non couvert par le programme (E1/N1 dans le tableau 6.2) et (2) les erreurs d'inclusion (ou phénomène de fuite), qui renvoient au pourcentage des individus jugés éligibles alors qu'ils ne font pas partie du groupe cible (E3/N3 dans le tableau 6.2).[10]

En règle générale, il conviendrait d'opter pour une formule qui minimise à la fois les erreurs d'inclusion et d'exclusion ; en pratique, la réduction conjointe de ces deux types d'erreurs implique des concessions. Si l'objectif politique est de hausser le revenu des individus en situation d'extrême pauvreté, la priorité consiste alors à réduire les erreurs d'exclusion ; s'il existe en revanche d'importantes contraintes budgétaires, la priorité consiste à réduire les erreurs d'inclusion afin d'augmenter les sommes disponibles pour la population éligible. En ce qui concerne les formules conçues pour cibler l'extrême pauvreté, les erreurs d'exclusion sont généralement considérées plus graves et inacceptables que les erreurs d'inclusion.

Outre l'analyse des erreurs d'inclusion et d'exclusion, deux autres outils permettent d'évaluer l'efficacité d'un modèle : (1) la proportion de la variation des dépenses *per capita*, qui peut s'expliquer par le modèle de régression sélectionné

Tableau 6.2 Mesure des performances du PMT

	Groupe cible	Autres groupes	Total
Éligibles (jugés ainsi par le PMT)	Correctement identifié - ciblage efficace (S1)	Erreur d'inclusion (E2)	Population éligible totale selon le PMT (N3)
Non éligibles (jugés ainsi par le PMT)	Erreur d'exclusion (E1)	Correctement identifié - ciblage efficace (S2)	Population non éligible totale selon le PMT (N4)
Total	Population sociale du groupe cible (N1)	Population totale hors du groupe cible (N2)	N

(R au carré ajusté, où R au carré indique une meilleure correspondance) et (2) la répartition des bénéficiaires potentiels en fonction de l'échelle de la répartition des revenus/dépenses (incidence du ciblage : plus la proportion d'individus éligibles situés au bas de l'échelle de répartition est élevée, meilleur est le résultat). En d'autres termes, la contribution du programme à la réduction de l'indice de l'écart de pauvreté (consistant à toucher avant tout la population en situation d'extrême pauvreté située tout en bas de l'échelle de répartition des revenus/dépenses) est aussi importante (voire plus importante) qu'une simple réduction de la pauvreté par habitant (consistant à toucher les ménages situés sous le seuil de pauvreté).

Le modèle de PMT final et d'autres instruments de ciblage

Nous avons testé différents modèles et sélectionné un modèle de PMT dont le calibrage varie en fonction des zones (rurales/urbaines). Conformément à la littérature traditionnelle sur les diagnostics de pauvreté, le modèle final a conservé les variables relatives au nombre de personnes à charge, aux caractéristiques du logement et à la surface des terres cultivées (la liste des coefficients de régression et de leurs niveaux statistiques respectifs se trouve en annexe, dans tableau A6.2). Les scores ont ensuite été déterminés en multipliant les coefficients issus des différents modèles par 100 et en arrondissant les résultats à la première décimale. Dans ce processus, la valeur des variables influence directement le logarithme de la consommation par habitant et, par conséquent, le score de PMT. Utilisés comme critères d'éligibilité, les scores de PMT influencent à leur tour l'éligibilité au programme. Si par exemple une variable est négativement corrélée à la consommation, elle exerce une influence négative sur le score PMT, augmentant ainsi la probabilité d'éligibilité. Nous allons à présent aborder l'influence des différentes variables de consommation (logarithme *per capita*).

Comme on pouvait s'y attendre, les résultats montrent que les facteurs associés à une faible consommation sont les suivants : ménages nombreux, présence de personnes âgées et/ou d'enfants, logement surpeuplé, chef de ménage de sexe féminin. Le niveau de consommation *per capita* est généralement plus élevé dans le cas de logements reliés à l'électricité dont le plancher et la toiture sont construits en matériaux de meilleure qualité. En ce qui concerne les toilettes, les ménages urbains ne disposant pas de toilettes à chasse d'eau sont associés à un niveau de consommation plus bas, alors qu'en milieu rural, l'accès à des toilettes à chasse d'eau ou à des latrines traditionnelles (couvertes ou non) est associé à un niveau supérieur de consommation ; à l'exception de l'accès à l'eau courante, toutes les sources d'eau potable sont quant à elles liées à un plus faible niveau de consommation et l'influence du type de toilette et de la source d'eau potable est plus importante en zone urbaine. La culture de tabac est associée à un niveau de consommation supérieur et réduit donc les chances d'être éligible ; ce constat n'est pas surprenant, puisque les producteurs de tabac du Malawi sont généralement plus riches que les agriculteurs de subsistance. En zone urbaine (où la culture de deux acres ou plus suffi t à faire une diff érence), la surface des terres cultivées au cours de la dernière saison (culture pluviale) présente une corrélation nettement positive avec la consommation, contrairement à ce que l'on peut observer en zone rurale. La culture de parcelles dimba ne présente pour sa part d'intérêt qu'en zone rurale, où elle est exerce une influence positive sur la consommation. Enfin, les ménages vivant ailleurs que dans les districts du centre (Dedza, Dowa, Kasungu, Lilongwe, Nkhotakota, Ntcheu et Ntchisi) et du Nord (Mzimba, Karonga et la ville de Mzuzu) présentent des niveaux de consommation plus faibles et ont donc plus de chances d'être sélectionnés.

Le nombre d'erreurs d'inclusion et d'exclusion diminue lorsque le groupe cible passe des 10 aux 50 pour cent les plus pauvres de la population (voir le tableau 6.3). Si les décideurs choisissaient de cibler l'extrême pauvreté, les taux d'exclusion et d'inclusion s'élèveraient alors respectivement à 32 et 52 pour cent ; ces chiffres signifient qu'un tiers de la population en situation d'extrême pauvreté serait privé d'assistance sociale par le PMT et que la moitié des bénéficiaires ne se trouverait pas en situation d'extrême pauvreté. Comme indiqué ci-dessous, la plupart des bénéficiaires profitant des erreurs d'inclusion sont toutefois vulnérables à la pauvreté, bien qu'ils ne soient pas effectivement pauvres au moment de l'étude.

Le graphique 6.2 fournit une représentation désagrégée de l'incidence du programme (à partir du PMT) : si la population en situation d'extrême pauvreté constitue le groupe cible, seuls 13 pour cent des bénéficiaires seraient strictement situés hors de la pauvreté (et appartiendraient à la moitié supérieure de l'échelle de consommation). En outre, en examinant la couverture du programme, on constate qu'il existe une forte probabilité pour que les pauvres exclus appartiennent aux déciles les plus élevés, alors que la formule du PMT permet d'identifier correctement 8 individus sur 10 appartenant aux 10 pour cent les plus pauvres de la population (ou encore 14 individus sur 20 appartenant aux 20 pour cent les plus pauvres de la population). Ce graphique montre également que les erreurs d'inclusion profitent généralement à une population susceptible de tomber dans la pauvreté en cas de léger choc sur le revenu (la majorité de ces ménages bénéficiaires pourtant non ciblés appartiennent aux troisième, quatrième et cinquième déciles, dont la consommation mensuelle par équivalent-adulte est inférieure au seuil officiel de pauvreté). En d'autres termes, ces résultats et le comportement du modèle sont encourageants, dans la mesure où ce dernier exclut les non-pauvres du programme tout en favorisant l'inclusion des plus pauvres, dans des proportions différentes.

Tableau 6.3 Efficacité du ciblage du modèle 3 et de ses variantes (%)

			Modèle national		Modèle rural/urbain
			Un seuil	Différents seuils	Différents seuils
			Modèle 3	Modèle 3_1	Modèle 3_2
National	10% les plus pauvres	Sous-couverture	48,3	45,5	48,7
		Fuites	68,4	68,6	68,1
	Extrême pauvreté	Sous-couverture	31,6	30,5	31,6
		Fuites	52,6	54,1	52,2
	Pauvreté	Sous-couverture	13,9	13,7	13,9
		Fuites	29,3	30,6	29,1
Urbain	10% les plus pauvres	Sous-couverture	80,3	83,1	62,0
		Fuites	78,4	40,9	74,2
	Extrême pauvreté	Sous-couverture	52,5	88,7	44,2
		Fuites	51,3	55,9	56,8
	Pauvreté	Sous-couverture	40,3	74,9	27,8
		Fuites	36,1	21,1	40,5
Rural	10% les plus pauvres	Sous-couverture	47,2	44,2	48,2
		Fuites	68,2	68,8	67,9
	Extrême pauvreté	Sous-couverture	30,7	28,2	31,1
		Fuites	52,7	54,1	52,0
	Pauvreté	Sous-couverture	12,3	10,1	13,0
		Fuites	29,0	30,7	28,5

La conjugaison de notre ciblage par PMT à d'autres méthodes permettrait d'obtenir de meilleures performances. Un ciblage communautaire pourrait par exemple permettre de réduire les risques d'erreurs d'inclusion en supprimant chez les candidats la tentation de manipuler les réponses (indicateurs) fournies au questionnaire de ciblage. L'impact de ce ciblage complémentaire reste toutefois difficile à mesurer.

Un modèle alternatif : le PMT et le ciblage géographique

Étant données les contraintes budgétaires et la répartition géographique de la pauvreté au Malawi (essentiellement concentrée dans les zones rurale et les districts du Sud)[11], il semble judicieux de combiner le PMT à un ciblage géographique. Dans cette section, nous aborderons donc l'efficacité du PMT dans trois cas distincts.

Dans la première étude, nous nous sommes concentrés sur les six districts présentant la plus forte incidence d'individus classés dans les dix pour cent les

Graphique 6.2 Incidence et couverture du programme par décile de consommation (%)

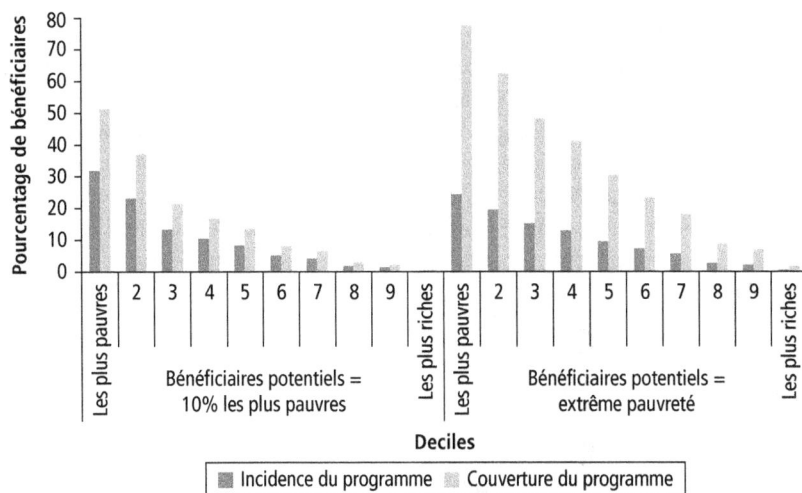

plus pauvres de la population (pauvreté et extrême pauvreté). Si le programme était uniquement mis en œuvre dans les districts où les taux d'extrême pauvreté sont les plus élevés (à savoir Nsanje, Machinga, Zomba/Zomba ville, Balaka, Thyolo et Chikwawa), il couvrirait plus de la moitié de la population des districts concernés. Seuls 17,8 pour cent de la population en situation d'extrême pauvreté vivant dans ces districts ne seraient pas couverts, tandis que moins de la moitié des bénéficiaires ne se trouveraient pas en situation d'extrême pauvreté. Il convient également de préciser que près des deux tiers de ces erreurs d'inclusion se feraient au profit d'individus en situation de pauvreté, mais pas d'extrême pauvreté. Le nombre de districts concernés pourrait être ajusté en fonction du budget disponible.

Dans le second cas, nous avons retenu les six districts où vivent la plupart des individus appartenant aux 10 pour cent les plus pauvres de la population (en chiffres absolus, par opposition au « taux » et à l'incidence dont il est question plus haut), à savoir les personnes en situation de pauvreté et d'extrême pauvreté.[12] Cette fois, les taux de couverture et d'erreurs d'exclusion observés dans les six districts sont un peu plus élevés qu'au niveau national, mais le taux d'erreurs d'inclusion n'y est que légèrement supérieur. Si l'on appliquait le modèle de PMT à ces six districts, sa performance serait nettement moins bonne que lorsque le modèle est appliqué aux districts dont il est question plus haut.

Le troisième cas se fonde sur les huit districts présentant la plus forte concentration de ménages à faible consommation alimentaire.[13] Dans ce cas de figure, l'efficacité du PMT par rapport au niveau national n'est que légèrement supérieure. Le tableau A6.3 en annexe illustre la capacité du PMT à prédire les 10 pour cents les plus pauvres et les populations en situation d'extrême pauvreté.

Avant de décider s'il convient ou non d'employer le ciblage géographique, il faut peser les avantages et les inconvénients de cette méthode : opposition politique, stigmatisation, migration, simplicité de la gestion, allocation efficace de ressources limitées, etc. Cette analyse a toutefois démontré que la combinaison de méthodes, en particulier le ciblage spécifique de districts présentant une forte incidence de la pauvreté/vulnérabilité permet non seulement d'améliorer la couverture et de réduire les erreurs de ciblage, mais aussi de réaliser des économies d'échelle. Il convient toutefois de noter que d'autres combinaisons de méthodes peuvent également être employées : dans des régions caractérisée par une forte incidence de la pauvreté, le PMT peut par exemple être conjugué à un recensement ou à un auto-ciblage.

Couverture escomptée des groupes vulnérables (ciblage catégoriel)

Sur l'ensemble des ménages vulnérables au Malawi, quatre groupes se caractérisent par : (1) une faible propriété foncière, (2) des chefs de ménage de sexe féminin, (3) des enfants de moins de cinq ans, (4) des orphelins de moins de 18 ans et (5) une aptitude au travail limitée.[14] Le modèle de PMT devrait permettre de mieux cibler ces ménages vulnérables et d'aider du même coup les autres programmes de filets sociaux à atteindre leurs propres groupes cibles.

Le tableau 6.4 révèle un taux élevé de pauvreté chez tous les types de ménages vulnérables mentionnés ci-dessus, à l'exception des ménages avec orphelins ; il montre par ailleurs que ces groupes se concentrent dans les déciles les plus bas.

Lorsqu'un programme cible les populations en situation d'extrême pauvreté, nous avons constaté qu'il est plus à même d'identifier efficacement les groupes vulnérables, en partie parce que le modèle de PMT inclut certains des critères relatifs à la vulnérabilité. L'estimation du taux de couverture des ménages vulnérables énumérés plus haut se situe toutefois entre 35 et 45 pour cent ; seuls 20 à 30 pour cent des individus en situation d'extrême pauvreté et de vulnérabilité ne seraient pas intégrés au programme et 50 pour cent des bénéficiaires potentiels ne seraient pas en situation d'extrême pauvreté.

Le tableau 6.4 montre que le taux d'erreurs d'exclusion frappant ces catégories de ménages potentiellement vulnérables est en réalité inférieur au niveau national. Les erreurs d'exclusion frappent particulièrement peu les ménages dirigés par des femmes ou caractérisés par une inaptitude au travail. Ce constat démontre que le mécanisme de ciblage proposé couvre les principaux groupes vulnérables aussi bien, voire mieux, que les pauvres en général. Le taux d'erreurs d'inclusion est lui aussi généralement inférieur à la moyenne lorsque le ménage possède peu de terres, est dirigé par une femme ou présente une inaptitude au travail.

Tableau 6.4 Performances du PMT en matière de ciblage des groupes vulnérables (%)

	Petits propriétaires*		Sexe du chef de ménage		Ménages avec enfants de 0-4 ans		Ménages avec enfants de 0-18 ans^		Ménages inaptes au travail@		Total
	Non	Oui	Homme	Femme	Non	Oui	Non	Oui	Non	Oui	
% d'individus vivant dans des logements [type]	59,4	40,6	80,9	19,1	33,9	66,1	70,9	29,2	66,3	33,7	
Incidence de l'extrême pauvreté	18,5	28,0	21,3	26,7	16,1	25,5	22,4	22,2	19,2	28,5	22,3
Incidence de la pauvreté	47,9	59,0	51,0	58,5	43,2	57,1	53,1	50,8	48,0	61,1	52,4
Répartition des individus [type] par décile											
Poorest	7,6	13,6	9,2	13,3	6,8	11,7	9,8	10,6	7,9	14,2	
Les plus pauvres	8,7	11,9	9,8	10,8	7,2	11,4	10,5	8,8	9,2	11,6	
3è	9,5	10,7	9,8	10,7	8,1	11,0	10,2	9,6	9,3	11,5	
4è	9,9	10,2	9,9	10,6	9,2	10,4	10,1	9,7	9,7	10,5	
5è	9,8	10,3	9,8	10,8	9,7	10,2	10,2	9,6	9,5	10,9	
6è	10,4	9,4	10,1	9,6	9,4	10,3	10,1	9,7	10,1	9,9	
7è	10,2	9,7	10,0	10,0	10,2	9,9	9,8	10,6	10,5	9,0	
8è	10,5	9,2	10,2	9,1	11,3	9,4	9,9	10,3	10,4	9,2	
9è	11,4	8,0	10,6	7,6	12,7	8,6	9,7	10,7	11,3	7,4	
Les plus riches	12,1	7,0	10,6	7,5	15,5	7,2	9,8	10,5	12,1	5,9	
Prévisions											
Couverture	27,1	38,9	29,7	41,0	18,7	38,6	30,7	34,6	25,1	45,1	31,9
Sous-couverture	36,8	26,6	34,7	21,2	45,6	27,1	32,9	28,5	39,9	20,7	31,6
Fuites	57,1	47,1	53,3	48,5	53,1	51,9	51,2	54,2	54,4	49,7	52,2

Note : * - Les petits propriétaires sont définis comme des ménages ayant procédé à la culture pluviale de parcelles dont la surface est inférieure ou égale à deux acres.

^ - Sont considérés comme orphelins les enfants dont les deux parents sont décédés ou résident hors du ménage.

@ - Les ménages inaptes au travail se définissent par une absence d'adultes aptes au travail (19-64 ans) ou par un ratio de personnes à charges supérieur ou égal à 3:1.

Exposition aux chocs et efficacité du ciblage par PMT[15]

Quatre-vingt-quinze pour cent des ménages du Malawi ont déclaré avoir subi au moins un choc au cours des cinq années écoulée avant l'enquête. Les chocs affectant les Malawites sont généralement d'ordre covariant ou idiosyncrasique (voir le tableau 6.5). Les chocs les plus fréquents, par ailleurs fortement corrélés entre eux, sont liés aux récoltes et à la hausse des prix alimentaires : 62,5 pour cent des personnes interrogées ont en effet déclaré avoir vu le volume de leurs récoltes diminuer sous l'effet de sécheresses ou d'inondations ; 77 pour cent ont par ailleurs fait état de fortes hausses des prix alimentaires. Les autres chocs les plus fréquemment mentionnés ont trait à la santé/au décès : 45,7 pour cent des ménages auraient été affectés par la maladie/l'accident d'un membre du ménage et 54,1 pour cent par un décès (qu'il s'agisse du chef, d'un membre actif ou d'un autre membre du ménage). Ces chocs mentionnés par les ménages sont non seulement les plus répandus, mais également les plus graves. Le graphique 6.1 en annexe illustre l'incidence des chocs subis par les ménages en fonction du lieu de résidence au cours des cinq années écoulées avant l'enquête.

On peut constater que l'incidence et la gravité des chocs diffère selon le lieu de résidence des ménages, bien que le principal choc (en milieu rural comme urbain) soit la forte chute des prix. Les ménages ruraux sont ensuite frappés par divers chocs agricoles et les ménages urbains par le décès d'un membre de la famille. En outre, il semble que les ménages urbains soient globalement moins exposés aux chocs : 60 pour cent d'entre eux ont déclaré avoir été exposés à trois chocs ou moins au cours des cinq années écoulées, contre quatre chocs ou plus dans 75 pour cent des ménages ruraux.

Même si le lien existant entre les caractéristiques d'un ménage et sa vulnérabilité à un choc dépend du type de choc en question, il est toutefois possible d'identifier certaines tendances. Les ménages ruraux caractérisés par un plus haut niveau d'instruction, de terres et de dépenses présentent par exemple un risque de chocs multiples plus élevé. Hormis la mortalité et le vol, les ménages urbains aisés ne semblent pas avoir été plus exposés que les autres à un choc économique au cours des cinq années écoulées. Enfin, les ménages urbains et ruraux abritant un membre porteur d'une maladie chronique sont davantage exposés aux risques de chocs.

Étant donné le caractère relativement limité de la corrélation entre l'exposition à un choc et la pauvreté (illustré dans le tableau 6.5, qui montre la répartition des chocs sur tous les quintiles), il est utile de savoir dans quelle mesure la formule du PMT est capable d'identifier correctement les ménages exposés aux chocs. La précision du PMT au niveau des ménages exposés aux chocs s'est avérée comparable à son efficacité au niveau de l'ensemble de la population. En effet, la formule de PMT a correctement classé comme éligibles ou non éligibles 75 pour cent des ménages exposés à un choc au moins au cours des

Tableau 6.5 Chocs subis au cours des cinq années antérieures à l'enquête tels que déclarés par les ménages (% de mentions par les ménages)

	Plus pauvres	2è	3è	4è	Plus riches	Total	Le plus grave*
Baisse des récoltes à cause des inondations ou sécheresses	71,4	68,1	67,1	62,5	50,8	62,5	23,3
Maladie de cultures ou insectes ravageurs	20,9	24,7	26,2	26,4	20,9	23,7	1,6
Perte ou vol du bétail	29,9	35,2	35,5	36,1	30,1	33,3	1,9
Faillite de l'entreprise familiale, hors agriculture	13,5	19,0	21,1	24,8	26,7	21,9	3,4
Perte d'un emploi salarié ou non-paiement du salaire	4,7	8,0	8,2	9,4	10,6	8,5	2,1
Fin d'une assistance, d'une aide ou d'envois de fonds réguliers	5,8	6,9	6,8	7,7	7,8	7,2	0,7
forte baisse du prix de vente des cultures	33,7	37,8	40,5	41,3	36,1	38,0	4,3
Forte hausse des prix alimentaires	74,3	75,5	79,7	78,6	76,1	77,0	19,4
Maladie ou accident d'un membre du ménage	41,8	46,3	47,1	49,0	43,7	45,7	8,5
Naissance au sein du ménage	11,1	12,9	13,0	11,8	7,7	11,0	0,5
Décès du chef de ménage	4,8	5,0	4,7	4,6	4,8	4,8	3,6
Décès d'un membre actif	7,9	9,9	9,6	8,4	8,0	8,7	4,1
Décès d'un autre membre de la famille	35,5	39,3	43,4	41,8	41,1	40,6	12,7
Scission du ménage	10,1	10,2	9,9	8,9	10,3	9,9	2,4
Vol	13,2	17,6	17,8	21,7	22,9	19,3	3,0

Source : Banque mondiale (2007).
Note : « Le plus grave » renvoie au pourcentage de ménages ayant identifié le choc en question comme étant le plus grave.

12 mois antérieurs[16]. Lors de ce processus, le PMT a généré un taux d'erreurs d'exclusion d'environ 31 pour cent et un taux d'erreurs d'inclusion de 52 pour cent. Pour les ménages exposés à un choc au moins au cours des six mois écoulés, ces chiffres sont de 73,30 et 56 pour cent, respectivement.

Lorsque les chocs qui ont affecté le niveau de consommation des ménages n'ont pas (encore) eu d'effet sur les facteurs qui influencent le score PMT, un ciblage exclusivement fondé sur la formule PMT exclurait du programme les ménages concernés. Les taux d'exclusion reflètent ces remarques : la formule du PMT a écarté 30 pour cent des individus affectés par un choc et tombés en situation d'extrême pauvreté. Comme il a été dit plus haut, ces chiffres sont toutefois légèrement supérieurs à ceux de l'efficacité du PMT au niveau général.

Nous nous sommes ensuite penchés uniquement sur les chocs ayant affecté les ménages au cours des 12 mois antérieurs à l'enquête (31,8 pour cent des ménages), à savoir la maladie/le décès d'un membre du ménage (18,9 pour cent des ménages), la perte des récoltes causée par des sécheresse/inondations (8,9 pour cent) et les maladies des cultures et les pertes de bétail (7,7 pour cent des ménages). Voici ce qui a été observé :

(i)   Dans 77 pour cent des cas de décès ou de maladie d'un membre du ménage, la formule de PMT a correctement identifié les ménages éligibles et non éligibles, avec un taux d'exclusion de 29 pour cent et d'inclusion de 51 pour cent.

(ii)   Dans 74 pour cent des cas de perte de récolte pour cause de sécheresse/inondation, la formule de PMT a correctement identifié les ménages éligibles et non éligibles, avec un taux d'exclusion de 19 pour cent et d'inclusion de 41 pour cent.

(iii) Dans 74 pour cent des cas de perte de récolte et de bétail, la formule de PMT a correctement identifié des ménages éligibles et non éligibles, avec un taux d'exclusion de 33 pour cent et d'inclusion de 56 pour cent.

L'ajout d'un ciblage géographique filtrant les districts où plus de 32 pour cent de ménages ont été affectés par l'un des chocs mentionnés ci-dessus au cours des 12 derniers mois (10 districts sur un total de 26) a permis d'obtenir une légère amélioration du ciblage :

(i)   Dans les cas de décès/maladie d'un membre du ménage, les pourcentages respectifs se sont élevés à 75,29 et 46 pour cent ;

(ii)   Dans les cas de pertes de récoltes dues à des sécheresses/inondations, les pourcentages respectifs se sont élevés à 75,21 et 41 pour cent ;

(iii) Dans les cas de pertes de récolte/bétail, les pourcentages respectifs se sont élevés à 72,30 et 48 pour cent.

Le modèle de PMT actuel (conjugué au ciblage géographique) devrait donc être appliqué avec précaution lorsqu'une intervention rapide s'avère nécessaire pour répondre rapidement aux différents besoins de la population vulnérable.

Application du modèle de PMT

L'utilisation du modèle de PMT se fait en trois étapes : (1) définition des stratégies/dispositifs de ciblage, (2) formulaire de candidature et (3) calcul du score (pondération). Nous passerons rapidement en revue chacune de ces étapes.

Dispositifs de ciblage

Si le PMT est conjugué au ciblage géographique, l'organisme d'exécution doit commencer par identifier les régions concernées par la mise en œuvre du programme. Une fois ces régions identifiées et clairement délimitées sur le terrain, les processus de ciblage et d'inscription des ménages peuvent commencer.

Quelle que soit la méthode de ciblage adoptée (une enquête porte-à-porte ou l'ouverture de centres d'inscription, par exemple), l'étape suivante consiste à recenser les ménages à partir d'un formulaire d'identification/de ciblage. Si un ciblage communautaire a été prévu afin de réduire les fuites et d'améliorer la couverture, cette étape peut être ajoutée avant ou après l'enregistrement. Chacune de ces méthodes présente des avantages et des inconvénients qu'il convient d'examiner avec attention pour déterminer la marche à suivre. En commençant par identifier les bénéficiaires, la communauté s'expose à des risques de fraude ou de corruption et à la possibilité que les ménages exclus à tort à ce stade ne présentent plus leur candidature à l'avenir. Si l'identification se fait au contraire après l'enregistrement, la probabilité de déclarations erronées diminue, mais les comportements de recherche de bénéfices risquent d'augmenter.

La sélection des bénéficiaires potentiels se fait ensuite au moyen de la formule de PMT. Toutes les variables entrant dans la composition de la formule et collectées au moyen du formulaire d'identification sont alors pondérées ; un score est ensuite assigné à chaque ménage. La comparaison de ce score au seuil d'éligibilité déjà identifié (par le gouvernement du Mozambique) permet de définir l'éligibilité ou la non-éligibilité des ménages au programme. Vient ensuite le processus d'inscription formelle : les ménages sélectionnés reçoivent une carte d'identité ainsi que des informations sur leurs droits et les dispositifs de paiement des allocations.

Le formulaire de candidature

Le formulaire de candidature/ciblage doit au moins inclure toutes les variables nécessaires au calcul du score de PMT, mais aussi des questions permettant d'identifier clairement les candidats/bénéficiaires (carte d'identité nationale, par exemple). Les 11 variables entrant dans la composition du PMT final retenues ici sont les suivantes :

- Âge des membres du ménage ;
- Sexe et statut marital du chef de ménage;
- Matériaux utilisés dans la construction (1) des planchers, (2) de la toiture et (3) des murs;
- Nombre de pièces;
- Accès effectif à l'électricité;
- Type de toilettes;
- Source d'eau potable;

- Surface des terres cultivées lors de la dernière récolte (culture pluviale, sur des terres louées ou possédées);
- Culture du tabac au cours de la dernière saison;
- Quantité de terres cultivées au cours de la dernière saison sèche (culture dimba sur des terres louées ou possédées);
- Situation géographique du district.

L'Enquête intégrée auprès des ménages du Malawi (MIHS) comprend toutes les questions et définitions utilisées pour l'élaboration de ce modèle. Le numéro d'identification national de chaque demandeur devrait en outre être récolté avec chaque questionnaire afin de réduire les risques de duplication, dans la mesure où plusieurs membres du même ménage pourraient soumettre différentes demandes (en tant que représentants de ménages différents). Ce problème peut toutefois être évité grâce à une bonne supervision administrative et communautaire.

Puisque les données sont destinées à plusieurs programmes d'aide sociale, le formulaire ne devrait pas se limiter aux 11 indicateurs nécessaires au calcul de la formule de PMT, mais chercher toutefois à éviter des questions longues et complexes. Ainsi, avant la finalisation du formulaire, les différentes parties prenantes (gouvernement du Mozambique et bailleurs) devraient être consultées afin de définir les informations supplémentaires à collecter pour que ce processus puisse également être utile à d'autres programmes.

Ces quelques principes/recommandations pourront aider à finaliser la conception du questionnaire :

(i)   Pour les variables servant d'indicateurs de PMT, il convient d'utiliser les questions du MIHS, qui ont d'ailleurs servi à l'élaboration de la formule. Pour les variables/indicateurs supplémentaires, il est possible d'utiliser des questions figurant déjà dans les recensements et enquêtes nationales. Ce type d'approche facilite la validation des données et l'évaluation ultérieure du programme.

(ii) La conception du formulaire d'identification/de ciblage et des directives qui l'accompagnent doit se faire en collaboration avec le Bureau national de la statistique afin de s'assurer que les indicateurs se fondent sur les mêmes définitions.

(iii) Outre les indicateurs nécessaires au PMT, le questionnaire doit inclure la liste des membres du ménage et certaines questions fondamentales (sexe et niveau d'éducation, au minimum), tout en évitant de contenir des modules spécifiques et complexes (santé/invalidité, par exemple), difficiles à compléter et pas toujours pertinentes dans l'optique d'un ciblage commun.

(iv) L'intégration d'un module portant sur les biens du ménage pourra être envisagée pour affiner la formule, si nécessaire.

Il convient également d'inclure un court module contenant quelques questions sur la communauté (accès aux infrastructures/services, par exemple), puisque ces variables peuvent jouer un rôle important dans l'affinement du PMT et la réduction des erreurs de ciblage.

L'établissement d'un score

Les coefficients de régression couramment utilisés dans le calcul de la formule de PMT (voir le tableau A6.2 en annexe) peuvent toutefois être recalibrés afin de faciliter l'application de la formule. Les seuils d'éligibilité actuels pour les zones urbaines et rurales ont respectivement été fixés (1) aux centiles 2,9 et 10,9 de la consommation estimée (logarithme) lorsque le ciblage vise les 10 pour cent les plus pauvres de la population ; (2) aux centiles 7,5 et 24,2 lorsque le ciblage vise les populations en situation d'extrême pauvreté (soit 22,4 pour cent de la population totale). Ces seuils d'éligibilité peuvent être modulés en fonction des besoins spécifiques d'un programme et du budget disponible.

Pour rendre compte d'indicateurs (mentionnés) que nous n'avons pas pu prendre en considération (comme l'envoi de fonds ou l'emploi) mais que les communautés peuvent juger importants pour déterminer le niveau de pauvreté, les dirigeants communautaires peuvent être autorisés à ajuster le score d'un ménage d'environ 15 pour cent par rapport au seuil d'éligibilité. Cette possibilité devrait toutefois s'accompagner d'instructions précises sur la confidentialité et les recommandations en matière d'éventuels indicateurs supplémentaires. En outre, les personnes responsables de prendre cette décision doivent conserver des notes écrites des raisons justifiant l'utilisation de ce procédé.

Conclusion

L'objectif principal de cette étude consistait à proposer un mécanisme susceptible de constituer un instrument commun de ciblage au Malawi. Après une brève présentation des différentes méthodes de ciblage employées dans ce pays, l'étude s'est interrogée sur l'intérêt de développer une formule de PMT qui pourrait par la suite constituer un mécanisme de ciblage de base. Elle a ensuite mis l'accent sur les défis qu'implique l'utilisation d'une telle formule pour le ciblage des 10 pour cent et des 25 pour cent d'individus (en situation d'extrême pauvreté) situés au bas de l'échelle de répartition de la consommation.[17]

Après avoir examiné différents modèles de PMT, cette étude s'est concentrée sur un seul modèle, fondé sur 11 indicateurs. Même si ce dernier s'est avéré le plus approprié aux fins de l'analyse menée ici, étant donné ses bons résultats en matière d'identification des populations en situation de pauvreté et d'extrême pauvreté, il convient de souligner qu'il n'est pas simple de correctement distinguer les ménages pauvres des non pauvres. Il convient de garder à l'esprit que

(1) le modèle final a été retenu parce qu'il demandait moins d'informations (malgré la perte d'efficacité que cela implique), que (2) les modèles mixtes (urbain/rural, avec différents seuils d'éligibilité) pourraient s'avérer plus difficiles à appliquer et que (3) les progrès en matière d'équité horizontale ne justifient pas nécessairement les compromis implicites en matière d'erreurs d'inclusion/d'exclusion (en particulier si le modèle n'est par exemple appliqué qu'en zone rurale). En dernière instance, ce sont les objectifs des nouveaux programmes d'aide sociale au Malawi qui orienteront, comme dans les autres pays, le choix du modèle de PMT.

Les simulations montrent également que l'efficacité et le potentiel d'estimation du modèle choisi sont nettement supérieurs lorsque ce dernier est conjugué à un ciblage géographique (des 6 districts où l'incidence des 10 % d'individus en situation de pauvreté et d'extrême pauvreté est la plus élevée). La combinaison du PMT à un ciblage géographique semble donc éminemment souhaitable.

En outre, nous avons également testé la performance du PMT dans l'identification des ménages exposés à différents types de chocs. Il était essentiel de mener cette évaluation, compte tenu de la nature omniprésente des chocs subis par les plus pauvres au Malawi. Malgré le manque de correspondance relative observée entre l'exposition aux chocs et la pauvreté, il convient toutefois de noter que le modèle sélectionné a correctement identifié comme éligibles ou non éligibles 75 pour cent des ménages exposés à un choc au cours des 12 derniers mois, générant des taux d'erreurs d'exclusion de 31 pour cent et des taux d'erreurs d'inclusion de 52 pour cent. Lorsque l'on a considéré exclusivement les chocs majeurs (maladie ou perte du principal soutien de la famille, perte de récoltes ou de bétail), le PMT a identifié correctement 74 à 77 pour cent des ménages affectés par des chocs différents, générant des taux d'erreurs d'exclusion s'échelonnant de 19 à 33 pour cent et des taux d'erreurs d'inclusion de 41 à 56 pour cent. L'importance des taux d'erreurs d'exclusion et d'inclusion indique que le modèle général de PMT (conjugué à un ciblage géographique) doit être appliqué avec prudence lorsque l'on cherche à cibler les populations vulnérables exposées à différents types de chocs, ou encore à répondre aux besoins des populations vulnérables exposées à d'autres types de chocs. Même si, comme nous l'avons montré, la performance du PMT peut être améliorée en fonction des circonstances, il reste préférable d'incorporer, si possible, un processus de ciblage communautaire qui permettra d'affiner davantage (et/ou de corriger) l'efficacité du ciblage par PMT.

Nous avons également examiné les modalités de mise en œuvre du PMT et identifié les différentes étapes à suivre et les décisions à prendre. Une fois le groupe cible identifié, il faut commencer par fixer un seuil d'éligibilité. Ce faisant, il convient de tenir compte des compromis entre erreurs d'inclusion et d'exclusion : plus le seuil d'éligibilité est élevé (et plus le nombre d'individus éligibles augmente), plus le taux d'erreurs d'exclusion diminue (et plus le taux d'erreurs d'inclusion augmente), et inversement.

Les décideurs doivent également déterminer si le groupe éligible doit être élargi proportionnellement au groupe cible (si ce dernier doit par exemple passer de 10 à 25 pour cent des individus les plus pauvres de la population). Ce processus ferait diminuer les taux d'erreurs d'inclusion et d'exclusion, mais réduirait le montant des allocations accordées aux bénéficiaires, si le budget alloué au programme restait le même. Cette mesure pourrait s'avérer particulièrement préjudiciable pour les plus pauvres.

Les décideurs sont également confrontés aux défis suivants : (1) l'actualisation de la formule au fil du temps, (2) l'élaboration d'un système de collecte des données à la fois efficace et caractérisé par un bon rapport coût-efficacité, (3) l'élaboration d'une base de données facilement et régulièrement actualisable, (4) l'élaboration d'un mécanisme fiable de suivi, de vérification et de contrôle des fraudes.

Certaines limites du modèle de PMT évoquées dans cette étude méritent d'être recensées :

(i)   L'utilisation d'un nombre limité de variables vérifiables et dans l'ensemble insensibles au changement (puisque nous avons eu recours à une base de données ancienne pour procéder aux calculs/à la mise en œuvre) joue en la faveur des populations en situation de pauvreté chronique. Pour cibler des groupes sensibles à différents chocs, il conviendrait donc d'ajouter des indicateurs supplémentaires de vulnérabilité ou de conjuguer différentes méthodes de ciblage (le PMT et le ciblage catégoriel et/ou géographique).

(ii) La formule de PMT présentée ici a été développée à partir de données de 2003 ; certaines des variables considérées pourraient donc avoir changé, ce qui impliquerait une modification de la pondération et des scores. Lorsqu'une nouvelle base de données consécutive à une enquête des ménages sera disponible, il pourrait s'avérer utile de répéter cet exercice pour vérifier si les résultats fondés sur les données de 2003 se maintiennent ou doivent être réajustés.

(iii) Enfin, s'il est vrai que l'efficacité de ce modèle théorique est nettement supérieure à celle des programmes existants (voir tableau 6.1), l'ensemble de cette étude a non seulement permis de constater qu'il est très difficile de cibler les dix pour cent de la population situés au bas de l'échelle de consommation et les individus en situation d'extrême pauvreté (un processus plus difficile encore lorsque le budget disponible est limité), mais aussi que le PMT ne constitue pas une solution universelle pour atteindre les groupes cibles. En outre, le PMT ne semble pas être approprié à l'identification des ménages exposés à d'autres types de risques et de vulnérabilités, sauf dans les cas où ces risques sont corrélés à la pauvreté. Certains outils d'affinement (comme l'introduction de variables communautaires en milieu rural ou le calibrage de deux régressions distinctes pour les milieux rural et urbain) peuvent cependant renforcer l'efficacité du ciblage. L'utilisation exclusive du PMT, comme celle de tout autre instrument de ciblage, ne constitue pas une solution miracle permettant de cibler les ménages les plus pauvres. La combinaison du PMT et des informations recueillies directement auprès de communautés permettra de corriger les erreurs, de prévenir les fraudes et d'englober les dimensions de la pauvreté non prises en compte par le modèle actuel.

Tableau A6.1 Programmes d'assistance sociale au Malawi – Couverture, erreurs d'exclusion et d'inclusion, bénéficiaires directs et indirects (%)

	Couverture	Extrême pauvreté 1		Extrême pauvreté 2		Extrême pauvreté		Pauvreté	
		Sous-couverture	Fuites	Sous-couverture	Fuites	Sous-couverture	Fuites	Sous-couverture	Fuites
All social assistance	**50,9**	**34,3**	**99,1**	**42,8**	**85,7**	**44,0**	**73,2**	**44,4**	**44,1**
Programme d'alimentation gratuite	13,3	71,3	98,6	85,4	86,1	86,3	75,2	86,2	47,1
Intrant pour programme de travaux publics	0,6	100,0	100,0	99,1	81,2	99,0	59,4	99,1	25,3
Programme d'espèces/vivres contre travail	3,9	92,8	98,8	95,3	84,7	94,9	69,0	95,2	37,7
Programme de nutrition ciblé	4,3	94,4	99,1	96,6	90,0	96,5	80,4	96,2	55,3
Programmes d'alimentation complémentaire	0,9	93,2	95,2	98,6	81,8	98,6	64,0	98,8	34,8
Intrants agricoles	0,6	100,0	100,0	99,5	90,0	99,5	78,6	99,3	40,1
Kits de démarrage d'intrants agricoles	44,3	40,3	99,1	49,9	85,6	51,0	73,5	50,8	43,5
Bourses et programme GABLE destinés aux jeunes filles	0,2	100,0	100,0	99,8	89,6	99,8	76,6	99,8	61,4

Source : MLSMS 2004/05.
Notes : Extrême pauvreté 1 are those individuals whose per-capita consumption is lower than a quarter of the median consumption
Extrême pauvreté are those individuals whose per-capita consumption is lower than half the median consumption
Le taux de couverture du programme désigne la part de chaque groupe de population bénéficiant des transferts.
Le taux de couverture est égal au (nombre d'individus du groupe vivant dans un ménage dont au moins un membre reçoit un transfert)/(nombre d'individus du groupe).
La sous-couverture désigne le pourcentage d'individus pauvres qui ne reçoivent pas de transferts.
Les fuites désignent le pourcentage d'individus qui reçoivent un transfert, mais ne sont pas pauvres

Tableau A6.2 Malawi – Coefficients de régression pour le modèle 3_2

	Urbain	Rural
Démographie des ménages		
Taille du logement (pré-construite)		-0,067
		(8.99)***
Nombre de personnes âgées (>=65 ans)	-0,265	-0,11
	(5.59)***	(9.21)***
Nombre d'enfants		
0-4 ans	-0,145	-0,07
	(7.73)***	(6.56)***
5-12 ans	-0,125	-0,073
	(9.89)***	(8.66)***
13-18 ans	-0,13	-0,024
	(7.71)***	(2.49)**
Caractéristiques du chef de ménage		
1: Femme à la tête du ménage	-0,206	-0,219
	(4.42)***	(11.20)***
1: Chef de ménage actuellement marié	-0,157	-0,153
	(3.04)***	(7.31)***
Logement		
Matériau du plancher		
Ciment lisse	0,213	0,226
	(6.23)***	(9.37)***
Sable/autre	0,407	-0,122
	(2.59)**	(2.98)***
Matériau de la toiture		
Tôle/autre	0,152	0,172
	(4.35)***	(8.85)***
Matériau des murs		
Briques brûlées		0,031
		(1.95)*
Terre compactée	-0,173	
	(2.50)**	
Nombre de pièces per capita (hors salle de bain/cuisine)	0,468	0,249
	(10.39)***	(17.00)***
1: Le logement est relié à l'électricité	0,413	0,612
	(9.64)***	(11.77)***

(continue page suivante)

Tableau A6.2 (suite)

	Urbain	Rural
Type de toilettes		
Latrine améliorée à fosse autoventilée	-0,447	0,115
	(4.63)***	(1.87)*
Latrines traditionnelles couvertes	-0,567	0,088
	(6.41)***	(5.18)***
Latrines traditionnelles non couvertes	-0,54	0,059
	(5.59)***	(3.45)***
Pas de toilettes/autre	-0,799	
	(7.28)***	
Source d'eau potable		
Autres sources personnelles	-0,231	
	(2.75)***	
Pompe communale	-0,101	-0,088
	(2.10)**	(2.13)**
Robinet communal	-0,261	-0,132
	(4.38)***	(3.57)***
Puits ouvert communal	-0,269	-0,128
	(4.10)***	(3.47)***
Autres sources ouvertes		-0,163
		(3.63)***
Actifs agricole		
Surfaces cultivées durant la dernière saison (cultures pluviales)		
1: Entre 0 et 0,5 acres inclus		-0,14
		(5.42)***
1: Entre 0,5 et 1 acre inclus		-0,112
		(6.41)***
1: Entre 1 et 2 acres inclus		-0,104
		(7.22)***
1: Entre 2 et 10 acres inclus	0,175	
	(3.38)***	
1: Plus de 10 acres	0,225	-0,045
	(3.57)***	(1.97)**
1: Culture de tabac		0,106
		(4.95)***
Culture d'une terre lors de la dernière saison sèche (parcelles dimba)		
1: Entre 0 et 0,5 acres inclus		0,064

(continue page suivante)

Tableau A6.2 (suite)

	Urbain	Rural
		(3.52)***
1: Entre 0,5 et 2 acres inclus		0,143
		(6.44)***
1: Plus de 2 acres		0,069
		(3.45)***
Situation gépgraphique		
Districts		
Chitipa		-0,238
		(2.90)***
Nkhata Bay		-0,284
		(2.59)***
Rumphi		-0,303
		(2.98)***
Salima		-0,105
		(1.83)*
Mchinji		-0,201
		(3.31)***
Mangochi		-0,175
		(3.17)***
Machinga		-0,337
		(7.98)***
Zomba/Zomba ville	-0,33	-0,371
	(6.29)***	(5.67)***
Chiradzulu		-0,264
		(4.51)***
Blantyre/Blantyre Ville	-0,103	-0,127
	(1.92)*	(2.14)**
Mwanza		-0,137
		(2.01)**
Thyolo		-0,415
		(8.55)***
Mulanje		-0,428
		(11.35)***
Phalombe		-0,267
		(5.58)***

(continue page suivante)

Tableau A6.2 (suite)

	Urbain	Rural
Chikwawa		-0,229
		(3.34)***
Nsanje		-0,133
		(2.48)**
Balaka		-0,185
		(3.17)***
Constante	10,731	10,377
	(105.35)***	(208.26)***
Observations	1 436	9 809
R au carré	0,71	0,48

Statistiques robustes entre parenthèses

* signifiant à 10% ; ** signifiant à 5% ; *** signifiant à 1%

Tableau A6.3 Malawi – Efficacité du modèle de PMT, par district

	Répartition de la population	Répartition par district de ...			Incidence de...			Efficacité de la formule de PMT, par district								
		10 pour cent les plus pauvres	Extrême pauvreté	Pauvreté	10 pour cent les plus pauvres	Extrême pauvreté	Pauvreté	10 pour cent les plus pauvres			Extrême pauvreté			Pauvreté		
								Couverture	Sous-couverture	Fuites	Couverture	Sous-couverture	Fuites	Couverture	Sous-couverture	Fuites
Nsanje	2,3	5,5	4,5	3,3	24,4	44,3	76,0	39,6	25,5	54,1	59,2	18,0	38,6	88,5	4,5	18,0
Machinga	3,6	6,1	6,2	5,1	16,9	38,3	73,7	33,2	33,0	65,8	60,1	18,9	48,2	90,2	2,8	20,7
Zomba/Zomba Ville	5,7	12,2	9,3	6,9	21,6	36,9	64,2	34,9	25,4	54,2	53,7	16,4	43,3	80,0	4,7	23,7
Balaka	2,5	4,8	3,8	3,2	18,9	33,5	66,8	30,4	26,4	54,3	48,4	19,4	44,0	78,0	8,8	21,8
Thyolo	5,3	6,9	7,8	6,6	13,0	33,0	64,9	33,6	30,1	72,9	56,0	14,7	49,6	76,4	8,5	21,9
Chikwawa	3,6	5,9	5,2	4,6	16,3	31,9	65,8	31,8	32,9	65,9	53,1	22,4	53,6	82,7	9,7	28,2
Mulanje	1,3	1,9	1,8	1,7	14,9	30,6	68,6	29,8	34,7	67,3	50,4	14,9	48,2	78,5	6,6	18,4
Chitipa	1,3	1,2	1,7	1,6	9,9	30,4	67,2	26,5	52,6	82,4	50,7	26,0	55,5	82,3	10,1	26,7
Mchinji	3,4	3,9	4,6	3,9	11,5	30,4	59,6	15,7	72,2	79,4	37,3	35,9	47,6	72,8	10,9	27,3
Nkhata Bay	1,4	2,8	1,9	1,7	19,4	30,3	63,0	29,6	29,1	53,7	47,2	21,3	49,5	76,5	8,4	24,6
Mangochi	6,4	9,1	8,3	7,4	14,4	29,3	60,7	19,9	54,1	66,8	42,9	31,5	53,2	77,6	9,3	28,9
Karonga	1,9	2,6	2,4	2,0	13,9	28,3	54,9	12,9	60,7	60,4	28,6	45,8	47,7	63,1	17,9	29,2
Chiradzulu	2,5	2,4	3,1	3,1	9,6	27,5	63,5	19,1	41,0	70,2	42,7	18,0	47,2	76,3	10,1	25,1
Phalombe	2,3	2,7	2,8	2,7	11,7	26,9	61,9	17,0	55,5	69,4	36,1	25,7	44,5	68,8	11,0	19,9
Salima	2,6	3,5	2,9	2,8	13,6	25,0	57,3	17,4	46,5	57,5	36,6	17,3	44,3	69,0	15,5	30,3
Rumphi	1,0	1,1	1,1	1,2	10,9	24,2	61,6	21,9	44,4	72,5	38,5	24,1	52,2	70,1	15,5	25,8

(continue page suivante)

Tableau A6.3 (suite)

	Répartition de la population	Répartition par district de ...			Incidence de...			Efficacité de la formule de PMT, par district								
								10 pour cent les plus pauvres			Extrême pauvreté			Pauvreté		
		10 pour cent les plus pauvres	Extrême pauvreté	Pauvreté	10 pour cent les plus pauvres	Extrême pauvreté	Pauvreté	Couverture	Sous-couverture	Fuites	Couverture	Sous-couverture	Fuites	Couverture	Sous-couverture	Fuites
Ntcheu	4,0	3,5	3,7	3,9	8,7	21,1	51,6	7,9	84,4	82,8	23,6	47,1	52,5	62,9	16,6	31,8
Dedza	5,3	3,7	5,0	5,5	7,0	20,9	54,6	7,5	87,4	88,2	22,5	55,3	58,8	66,0	16,7	31,2
Mzimba/Mzuzu Ville	5,7	4,0	5,2	5,2	6,9	20,3	47,5	8,3	75,6	80,2	20,6	49,8	50,9	51,1	25,6	31,1
Mwanza	3,0	2,8	2,6	3,2	9,4	19,7	55,6	5,9	74,0	58,3	21,9	54,5	58,9	56,7	24,3	25,7
Kasungu	5,1	2,8	3,5	4,4	5,4	15,1	44,9	8,6	92,6	95,3	18,4	56,5	65,6	53,5	25,7	38,0
Ntchisi	1,8	1,1	1,0	1,7	6,2	12,2	47,3	12,7	41,3	71,2	25,0	30,6	66,1	59,0	15,9	32,5
Nkhotakota	2,4	1,1	1,2	2,2	4,5	11,4	48,0	10,4	100,0	100,0	23,6	60,0	80,6	63,1	16,7	36,5
Lilongwe/ Lilongwe Ville	14,2	5,9	6,8	9,0	4,2	10,7	33,0	5,4	66,6	74,0	13,2	53,9	62,7	44,5	22,4	42,6
Blantyre	7,3	2,6	3,0	4,5	3,6	9,2	32,4	4,5	60,9	69,1	12,9	46,3	62,0	37,0	23,0	32,4
Dowa	4,1	0,0	0,6	2,9	0,0	3,3	36,6	4,7	.	100,0	16,7	0,0	79,9	51,1	13,5	38,1
Total (les 6 districts les plus pauvres)								33,5	28,3	58,4	55,1	17,8	46,7	84,3	6,6	22,6
Total (les 6 districts avec la plus forte concentration de ...)*								30,0	35,0	64,6	43,2	22,7	50,1	68,5	10,2	26,3
Total (8 districts avec la plus forte concentration de ménages présentant une faible consommation alimentaire)^								17,3	46,3	65,1	35,6	28,1	50,6	66,0	11,8	25,3
Total					10,0	22,4	52,4	16,1	48,7	68,1	31,8	31,6	52,1	63,6	13,9	29,1

Note : * - Lilongwe/Lilongwe ville est exclue de ces classements

^ - Voir PMA (2009). Les 8 districts sont Balaka, Blantyre, Chiradzulu, Machinga, Mangochi, Mulanje, Mwanza et Phalombe, qui correspondent globalement au Lac Chirwa / à la Plaine de Phalombe, au plateau de Shire, aux collines de Phirilongwe Hills et à la vallée du Middle Shire.

Note : Lorsque l'on analyse l'efficacité de la combinaison PMT/ciblage géographique, on conserve la même formule et les mêmes seuils que dans le cas du modèle général.

Graphique A6.1 Malawi – Incidence des chocs au fil des cinq dernières années, par zone de résidence

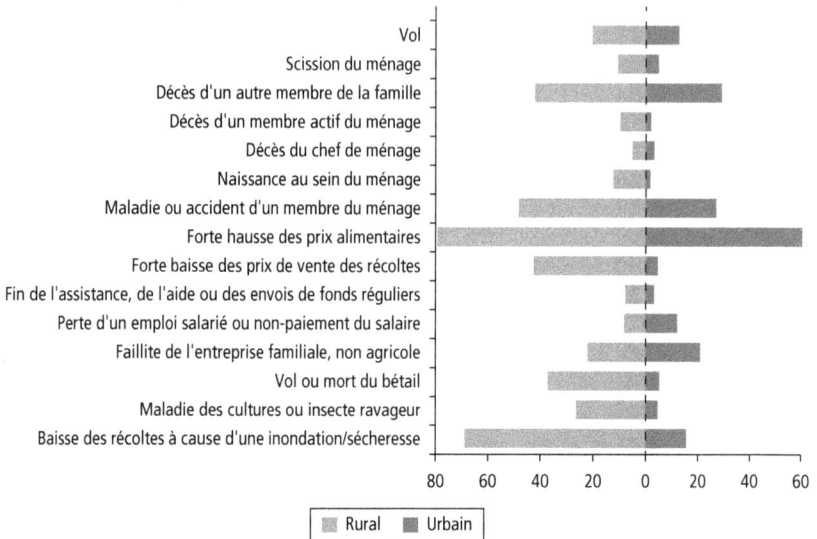

Source : Bureau national de la statistique (2005).

Notes

1. L'expression "filets sociaux" couvre tous les programmes d'assistance sociale.
2. L'Enquête intégrée auprès des ménages du Malawi (MIHS) de 2004-2005 consacre un module spécial aux filets sociaux. Pour le compléter, le chef de ménage doit déclarer si l'un des membres du ménage a reçu des bénéfices de programmes particuliers en 2001, 2002, et 2003 (les trois années prises séparément). Pour les ménages ayant bénéficié d'un programme spécifique en 2003, le chef de ménage doit fournir des informations supplémentaires sur les sommes perçues. Seuls les bénéfices de 2003 sont pris en compte pour le calcul des taux, comme le montre le tableau 6.1. S'il existe des risques pour que le montant du bénéfice ait été affecté par différents types d'erreurs (en particulier si la personne interrogée n'était pas le bénéficiaire), il est peu probable que les personnes interrogées ne soient pas au courant de la participation du ménage à un programme ou ne la déclarent pas.
3. On peut citer plusieurs exemples de fiches de scores de pauvreté élaborées pour le Malawi, passés en revue par Schreiner (2011). Certaines d'entre elles se fondent sur l'analyse en composantes principales/l'analyse factorielle afin d'en dériver des « indices d'actifs », tandis que d'autres puisent dans d'autres sources de données. La fiche de scores en matière de pauvreté la plus récente a été élaborée à partir de la base

de données utilisée dans la présente étude par Schreiner (2011). Il s'agit d'une approche similaire ; les raisons du choix de spécifications différentes ne sont pas abordées ici.

4. La signification des coefficients est fondée sur la statistique T, à savoir la mesure de la pertinence statistique d'un coefficient ou d'une variable particulière dans la prévision des dépenses d'un ménage. Les variables pour lesquelles la valeur de la statistique T est trop faible sont écartées. Les valeurs de la statistique T sont fondées sur la valeur des erreurs types, calculés dans cette étude à partir de la conception de l'échantillon. Il convient de souligner que les régressions progressives sont limitées, dans la mesure où les séries de variables statistiquement significatives dans leur ensemble mais non significatives prises isolément ne peuvent pas être utilisées pour la spécification.

5. Plus largement, les catégories des dépenses de consommation prises en compte dans l'analyse sont : (1) les dépenses alimentaires, (2) les dépenses non alimentaires, les bien de consommation non durables, (3) les biens de consommation durables et (4) les dépenses de logement réelles ou auto-déclarées. Chaque catégorie n'inclut que des dépenses liées à la consommation des ménages ; toutes les dépenses liées à des activités commerciales sont exclues. La valeur d'usage des actifs et des biens durables liés à la génération de revenus est également exclue. Les dépenses de consommation en tant que telles ne sont pas nettes de tout bénéfice d'aide sociale.

6. De plus, il s'agit de la mesure de bien-être employée par le Bureau national de la statistique pour calculer les taux officiels de pauvreté au Malawi.

7. Les biens durables peuvent être inclus dans le modèle par le biais de la variable de propriété (« Votre ménage possède-t-il [BIEN] ? ») ou du nombre de biens que possède le ménage (« Combien de [BIENS] votre ménage possède-t-il ? »). Nous avons utilisé des modèles fondés à la fois sur la propriété et le nombre d'actifs possédés. La capacité d'explication des modèles fondés sur le nombre de biens possédés différait peu des modèles exclusivement fondés sur la propriété de biens. Étant donné que la propriété nécessite moins d'informations et qu'elle est plus difficile à dissimuler que le nombre de biens durables, nous avons opté pour des modèles fondés sur cette variable.

8. Les terres cultivées peuvent être cédées par des dirigeants locaux, héritées, acquises par le biais de la belle-famille, achetés avec ou sans titre de propriété, louées à bail, louées à court terme, cultivées en tant que locataire, etc.

9. Les DDA représentent un niveau d'agrégation supérieur aux districts. Les huit DDA et les districts qui leur correspondent sont Karonga (Chitipa, Karonga), Mzuzu (Nkhata Bay, Rumphi, Mzimba/Mzuzu ville), Kasungu (Kasungu, Ntchisi, Dowa), Salima (Nkhotakota, Salima, qui fait partie de Dedza), Lilongwe (Lilongwe/Lilongwe ville, Mchinji, Dedza, Ntcheu), Machinga (Mangochi, Machinga, Zomba/Zomba ville, Balaka), Blantyre (Chiradzulu, Blantyre/Blantyre ville, Mwanza, Thyolo, Mulanje, Phalombe) et Ngabu (Chikwawa, Nsanje).

10. Dans ce contexte, la littérature parle également d'erreurs de type I et de type II : un individu exclu à tort par le PMT est victime d'une erreur de type I, tandis qu'un individu inclus à tort est victime d'une erreur de type II.

11. Voir Banque mondiale (2007).
12. Étant donné les taux de pauvreté du district de Lilongwe/Lilongwe ville, nous avons exclu ce district.
13. Voir PMA (2010). Les huit districts en question sont Balaka, Blantyre, Chiradzulu, Machinga, Mangochi, Mulanje, Mwanza et Phalombe, qui correspondent globalement au Lac Chirwa/à la Plaine de Phalombe, au plateau de Shire, aux collines de Phirilongwe Hills et à la vallée du Middle Shire
14. Voir Makoka (2011)
15. La première partie de ce module se fonde sur l'Évaluation de la pauvreté et de la vulnérabilité (Banque mondiale, 2007).
16. Dans ce contexte, "correctement classé" signifie que ceux qui ont subi un choc appartiennent à l'une de ces deux catégories: niveau de consomation situé sous le seuil de pauvreté/éligibilité au PMT *ou* niveau de pauvreté au-dessus du seuil de pauvreté/non-éligibilité au PMT.
17. Ces pourcentages correspondent dans l'ensemble aux ménages aux capacités de travail réduites en situation d'extrême pauvreté (10 pour cent) et aux ménages en situation d'extrême pauvreté (25 pour cent).

Bibliographie

Acosta, P., P. Leite et J. Rigolini (2011). *Should Cash Transfers Be Confined To The Poor? Implications For Poverty and Inequality in Latin America.* Policy Research Working Paper No. 5875.Washington DC: Banque mondiale.

Bigman, D. et H. Fofack (2000). "Geographical Targeting for Poverty Alleviation," *The World Bank Economic Review* 14(1):129-145.

Coady, D., M. Grosh et J. Hoddinott (2004). *Targeting of Transfers in Developing Countries: Review of Lessons and Experience.* Washington DC: Banque mondiale.

Grosh, M. et J. Baker (1995). *Proxy Means Tests for Targeting Social Programs: Simulations and Speculation.* Working Paper No.118, LSMS. Washington DC: Banque mondiale.

Handa, S., C. Huang, N.Hypher, C. Teixeira, F.V. Soares et B. Davis (2012). « Targeting Effectiveness of Social Cash Transfer Programmes in Three African Countries ». *Journal of Development Effectiveness.* 4(1):78-108.

IFPRI (2011). *Poverty in Malawi: Current Status and Knowledge Gaps: Policy Note 9.* Washington DC: Institut international de recherche sur les politiques alimentaires (IFPRI).

Makoka, D. (2011). *Identification of Key Vulnerable Groups in Malawi.* Background paper for the "Effective and Inclusive Targeting Mechanisms for Formal Social Support Programs in Malawi."

Narayan, A., T. Vishwanath et N. Yoshida (2006). "Sri Lanka: Welfare Reform," in *Poverty and Social Impact Analysis of Reforms.* Coudouel, A., A. Dani et S. Paternostro (eds.). Washington DC: Banque mondiale.

National Statistical Office (2005). *Malawi Integrated Household Survey 2004-2005.* Zomba: Gouvernement du Malawi.

Phiri, A. (2011). "Review of Targeting Tools Employed by Existing Social Support Programs in Malawi," background paper for the "Effective and Inclusive Targeting Mechanisms for Formal Social Support Programs in Malawi."

Schreiner, M. (2011). *A Simple Poverty Scorecard for Malawi.* www.microfinance.com.

Sharif, I. (2009). *Building a Targeting System for Bangladesh Based on Proxy Means Testing. Social Protection.* Discussion Paper No. 0914. Washington DC: Banque mondiale. Disponible à l'adresse suivante : http://go.worldbank.org/AC1Z563GK0

UNICEF (2011). *Malawi National Social Support Program Update.* Briefing de UNICEF destiné aux responsables de la coopération, mai 2011.

Banque mondiale (2007). *Poverty and Vulnerability Assessment.* Washington DC.

PAM (2010). *Rural Malawi Comprehensive Food Security and Vulnerability Analysis.* Rome: Programme alimentaire mondial.

Chapitre **7**

Chocs climatiques et dynamiques de la pauvreté au Mozambique

Kimberly Groover, Bradford Mills, et Carlo del Ninno

Introduction

Dans les pays à faible revenu, la réduction de la pauvreté demeure une priorité pour le développement économique, plus particulièrement en Afrique subsaharienne, où les taux de pauvreté demeurent élevés. Les recherches sur les dynamiques de la pauvreté indiquent que la pauvreté de certains ménages est de nature transitoire, puisque ces derniers tombent dans la pauvreté ou en sortent en fonction des changements internes et externes affectant leur environnement, alors qu'il s'agit pour d'autres d'une situation chronique (Datt et Hoogeveen 1999, Günther et Harttgen 2009). Les estimations traditionnelles de la pauvreté statique n'établissent pas de distinction entre la pauvreté chronique et la pauvreté transitoire (Dercon et Krishnan 2000), alors que celles-ci sont déterminées par des facteurs différents (Jalan et Ravallion 2000). Les interventions dont le système de ciblage se fonde exclusivement sur les caractéristiques des populations pauvres observées au moment du ciblage risquent fort de laisser certains groupes sans protection face à des chocs susceptibles d'affecter leur bien-être économique.

Les chocs climatiques, tels que les sécheresses, les inondations et les insectes ravageurs, représentent des risques covariants face auxquels il existe une corrélation spatiale entre les ménages. L'exposition à un choc climatique peut faire sombrer les ménages dans la pauvreté transitoire et entraîner une forte hausse du taux de pauvreté locale. L'exposition des ménages aux chocs, même covariants, peut toutefois varier de façon considérable en fonction de la géographie et des conditions de vie locales (Del Ninno *et al.* 2001). La force de l'impact sur le bien-être dépend également des actifs et des conditions de vie de chaque ménage (Devereux *et al.* 2006, Dorward et Kydd 2004, Devereux 2002). Pour maintenir leur niveau de consommation, certains ménages dépendent en effet d'aides versées par des réseaux sociaux ou des programmes publics, tandis que d'autres ont accumulé suffisamment d'actifs pour pouvoir surmonter les chocs sans assistance. Les ménages dont les ressources sont insuffisantes et qui n'ont pas accès à ce genre de transferts risquent de recourir à des stratégies d'adaptation préjudiciables, telles que la vente des actifs ou la déscolarisation des enfants. Dans la mesure où ils poussent les ménages à réduire leurs investissements dans le capital humain et matériel, les chocs peuvent affecter le niveau de consommation immédiat, mais aussi le niveau de consommation estimé à long terme. L'exposition à des chocs répétés peut avoir un effet particulièrement pervers sur la capacité des ménages pauvres et vulnérables à maintenir un niveau de consommation décent et à amortir les chocs à venir (Dercon et Krishnan 2000). Il est donc essentiel de comprendre la nature des chocs climatiques covariants sur le bien-être des ménages pour pouvoir identifier les populations en situation de pauvreté transitoire et répondre à leurs besoins d'assistance sociale.

Au niveau de la conception des programmes d'assistance sociale, la nécessité de recourir à des méthodes de ciblage distinctes pour les populations en situation de pauvreté transitoire et les populations en situation de pauvreté chronique fait l'objet d'un consensus croissant. Les programmes ciblant les ménages en situation de pauvreté chronique ou permanente ont généralement pour but d'assurer une assistance à long terme et d'augmenter les actifs des ménages afin de faire disparaître les « pièges de la pauvreté ». Parmi les aides destinées à accroître les biens des ménages, on peut citer les mesures incitant ces derniers à investir dans le capital humain, les infrastructures régionales et la promotion d'activités génératrices de revenus sur le long terme. Les programmes destinés aux ménages exposés à des épisodes de pauvreté plus courts mettent en place des filets sociaux temporaires visant à préserver le bien-être immédiat des ménages et à éviter que ces derniers ne recourent à des mécanismes d'adaptation négatifs qui rongent les ressources des ménages à long terme. Les interventions peuvent chercher à agir au niveau de l'exposition ou de l'impact des chocs à court et à moyen terme. En cas de situation d'urgence, les ménages vulnérables à la pauvreté transitoire doivent être identifiés rapidement pour permettre aux programmes de protection sociale de se déployer au plus vite et de fournir des solutions alternatives aux stratégies dommageables à long terme.

La présente étude décrit une méthode d'identification des populations en situation de pauvreté chronique et transitoire exposées aux chocs climatiques et teste cette méthode dans le contexte du Mozambique. Un modèle d'effet de traitement endogène (ETE) a été employé pour identifier *ex ante* et *ex post* les ménages susceptibles d'être pauvres sans avoir été exposés à des chocs climatiques (pauvreté chronique) et ceux tombés dans la pauvreté après avoir été exposés à ces chocs (pauvreté transitoire). La section suivante donne un aperçu des programmes d'assistance sociale et de lutte contre la pauvreté du

Mozambique ; viennent ensuite le cadre conceptuel et le modèle empirique. La quatrième section porte quant à elle sur la spécification du modèle et la description des données, suivies par les résultats de l'ETE, décrits dans la section cinq. Enfin, la sixième section conclut en ouvrant la discussion et en présentant l'incidence politique de ces questions.

Niveau de pauvreté et chocs climatiques au Mozambique

Le besoin urgent d'identifier efficacement les ménages vulnérables à la pauvreté transitoire est criant au Mozambique, où le taux de pauvreté est élevé, l'exposition aux chocs climatiques est fréquente et les ressources financières, institutionnelles et administratives du système d'assistance sociale sont limitées. Le taux national de pauvreté s'élève en effet à 54,7 pour cent, mais la répartition de la pauvreté varie considérablement en fonction des régions, allant de 31,9 pour cent dans le Niassa (une région fertile du Nord) à 70,5 pour cent dans la province centrale et côtière de Zambézia (MPD 2010). Il existe par ailleurs de fortes disparités entre les zones urbaines et rurales, qui affichent respectivement des taux de pauvreté de 56,9 et 49,6 pour cent (MPD 2010). En outre, de nombreux ménages mozambicains dépendent encore largement de l'agriculture pluviale et sont fréquemment exposés à des chocs climatiques ; le Mozambique est d'ailleurs l'un des pays africains les plus frappés par les catastrophes naturelles qui, lorsqu'elles surviennent, entraînent une hausse subite du taux de pauvreté national. Selon un rapport de la FAO datant de 2007, 20 districts sur les 128 que compte le Mozambique sont « fortement sujets aux sécheresses », 30 sont vulnérables aux inondations et 7 sont simultanément exposés à ces deux types de chocs (FAO 2007). Le climat des provinces du Sud du Mozambique est beaucoup plus sec et cette région est confrontée à des épisodes de sécheresse récurrents. Les régions les plus au nord sont quant à elles exposées chaque année aux inondations du fleuve Zambezi, tandis que le littoral se caractérise par une saison des cyclones longue de cinq mois. Les régions majoritairement agricoles du Nord et du centre du pays sont par ailleurs exposées aux insectes ravageurs. Si le lien entre la pauvreté et l'exposition aux catastrophes naturelles est évident, il conviendrait toutefois de recueillir plus de données pour analyser l'ampleur et la fréquence des chocs climatiques ainsi que l'impact de ces chocs sur la pauvreté des ménages (Shendy et al. 2009). L'Évaluation des risques naturels réalisée en 2011 par l'Institut national du Mozambique pour la gestion des catastrophes estime que l'élaboration d'un Programme national d'évaluation des risques est mise à mal par un manque d'évaluation et de données sur la vulnérabilité et par l'insuffisante intégration et diffusion de ces données au niveau des agences concernées (GRIP, 2010). Dans un tel contexte, le renforcement des capacités permettant de fournir une aide rapide à des ménages proches de la pauvreté en cas d'urgence constitue un pilier fondamental de la stratégie de réduction de la pauvreté du Mozambique.

Atténuer les risques grâce aux programmes d'assistance et d'assurance sociales

Les programmes de transferts monétaires ont souvent été instaurés pour apporter une réponse à une situation d'urgence dans le but de réduire les conséquences des catastrophes naturelles sur le long terme. Si les programmes de prévention (tels que les programmes de « nourriture contre travail ») et les programmes de transferts d'intrants permettent d'atténuer l'impact des catastrophes naturelles, un grand nombre de ménages affectés passe systématiquement entre les mailles de ces programmes (Hodges et Pellerano 2010). De plus, ces programmes agissent en aval des crises et l'aide qu'il fournissent, souvent insuffisante, arrive souvent trop tard. La mise en place de programmes d'assistance sociale peut toutefois permettre à ces interventions de lutter plus efficacement contre la pauvreté transitoire en identifiant de façon précise et *ex ante* les populations dans le besoin, leur situation géographique et l'ampleur de l'aide nécessaire.

Les programmes ciblant la pauvreté chronique plutôt que la pauvreté transitoire emploient généralement des mécanismes de ciblage pour identifier les ménages éligibles. Handa *et al.* ont évalué l'efficacité du ciblage des bénéficiaires directs dans le cadre de programmes de transferts monétaires mis en œuvre dans trois pays d'Afrique : le Kenya, le Malawi et le Mozambique (2012). Pour cibler leurs bénéficiaires, ces trois programmes conjuguent des mécanismes de ciblage démographique, géographique et communautaire. Au Mozambique, le programme de subventions alimentaires (*Food Subsidy Program*, PSA) constitue l'un des plus vastes programmes de transferts monétaires du point de vue du nombre de bénéficiaires. Le PSA cible les personnes âgées, les porteurs de handicaps et les personnes atteintes de maladies chroniques se trouvant dans l'impossibilité de travailler, les chefs de ménages pauvres et les personnes vivant seules. Les personnes âgées représentent toutefois 93 pour cent des bénéficiaires directs du PSA (Handa *et al.*, 2012). Sans surprise, le nombre de ménages éligibles représente des dépenses largement supérieures aux ressources dont disposent les programmes, au Mozambique comme au Kenya et au Malawi ; il est donc nécessaire de mettre au point un système de classement supplémentaire pour sélectionner les bénéficiaires.

Dans le cadre d'une comparaison entre l'ensemble des ménages et les ménages éligibles en vertu du critère de l'âge, Handa *et al.* indiquent que le niveau de pauvreté des ménages composés de personnes âgées n'est que légèrement inférieur au niveau global et qu'il existe une fuite des aides au profit de ménage non pauvres

(2012). Les auteurs affirment que l'amélioration des méthodes de ciblage géographique (notamment la sélection des villages participants) pourrait renforcer l'efficacité du programme PSA. Handa *et al.* soulignent également l'importance de recourir à divers mécanismes de ciblage afin de sélectionner efficacement les bénéficiaires. Dans le cas de programmes visant à stabiliser le niveau de pauvreté suite à des chocs covariants, il apparaît clairement qu'il est essentiel de mettre au point des critères de ciblage efficace et précis afin de minimiser l'inclusion de ménages non éligibles ou l'exclusion de ménages éligible extrêmement pauvres.

La capacité des ménages à assurer leur propre protection face à des pertes causées par des catastrophes naturelles est elle aussi vitale. Parmi les objectifs du Mozambique en matière de secours et de redressement en cas de catastrophe et parmi d'autres objectifs généraux de réduction de la pauvreté figurent la conception et la mise en œuvre de programmes d'assurance ciblant les ménages à faibles revenus. Selon le Dispositif mondial pour la réduction des risques de catastrophes, 5,1 pour cent des habitants du Mozambique sont couverts par un programme d'assurance (GFRDD, 2011). Seule une fraction de ce total est couverte contre les pertes entraînées par des catastrophes climatiques ; la couverture actuelle est assurée par des programmes d'assurance foncière et agricole (GFDRR, 2011). Ce n'est que récemment que l'on a commencé à développer des programmes d'assurance (tels que la micro-assurance et l'assurance fondée sur des indices) pour le marché du Mozambique. La capacité actuelle des ménages à utiliser des programmes d'assurance afin de se prémunir contre des pertes potentielles causées par une exposition à des chocs à venir reste donc limitée.

Les recherches menées à l'heure actuelle visent à combler les lacunes existantes afin de mettre au point des méthodes de ciblage efficaces en identifiant et en élaborant des indicateurs permettant de cibler les ménages en situation de pauvreté chronique et les ménages qui sombrent dans la pauvreté après avoir été exposés à un choc. La section suivante présente un cadre conceptuel fondé sur de récentes recherches en matière de pauvreté et de vulnérabilité des ménages ; ce cadre permet de modéliser l'impact des chocs climatiques sur la dépense alimentaire des ménages à partir de données transversales.

Appliquer des données transversales pour identifier les ménages en situation de pauvreté chronique et transitoire

La meilleure façon de détecter la pauvreté transitoire consiste à se servir de bases de données de panel, qui permettent d'identifier efficacement les épisodes temporaires de pauvreté. Toutefois, la plupart des pays d'Afrique subsaharienne ne disposent pas de données de panel ; grâce aux enquêtes nationales de mesure du niveau de vie, les données transversales y sont en revanche de plus en plus accessibles et peuvent être utilisées de façon empirique pour identifier les ménages ayant besoin d'assistance à court et à long terme. Jusqu'à présent, les analyses transversales de la pauvreté transitoire ont avant tout cherché à mesurer la moyenne et la variance des dépenses des ménages (Chaudhuri *et al.* 2002, Christiaensen et Subbarao 2005, Dercon et Krishnan 2000, Günther et Harttgen 2008). Cependant, les phénomènes à l'origine de la variation des dépenses (comme les chocs climatiques) peuvent parfois être reconnus et mis à profit par les programmes d'assistance sociale pour identifier les ménages susceptibles de tomber dans la pauvreté en cas de choc.

On peut estimer l'impact des événements exerçant une influence négative sur les dépenses des ménages en intégrant l'exposition aux chocs et d'autres caractéristiques des ménages et des communautés dans l'équation relative aux dépenses des ménages (Datt et Hoogeveen 1999, Del Ninno et Marini 2005). Cependant, dans une régression de ce type, une hétérogénéité non observée peut fausser l'estimation des paramètres. Il est par exemple possible que l'exposition d'un ménage à un choc covariant ne dépende pas des caractéristiques du ménage ou du niveau de bien-être observés. Les facteurs non observés influant à la fois sur l'exposition aux chocs et les dépenses peuvent pourtant fausser l'estimation des paramètres de l'impact des chocs. La distorsion associée à ce type d'hétérogénéité non observée peut-être limitée en élaborant de façon conjointe les équations portant sur l'exposition du ménage aux chocs et sur les dépenses des ménages. Le modèle d'effet de traitement endogène (ETE) résumé ci-après a adopté cette stratégie pour les chocs climatiques. Des estimations impartiales de l'impact des chocs et des dépenses peuvent dès lors être utilisées pour identifier les ménages en situation de pauvreté attendue (chronique) et les ménages susceptibles de tomber dans la pauvreté (transitoire) en cas de choc.

Modèle empirique

L'équation de la dépense alimentaire a été définie comme suit :

$$C_i = X_i B + S_i \alpha + u_i$$

Soit C_i la dépense alimentaire par personne et par jour (pppj) du ménage i, ajustée en fonction des différences de prix dans le temps. Soit X_i le vecteur des variables relatives à la démographie, au mois de l'enquête, au capital humain et aux actifs des ménages. S_i est un indicateur binaire d'exposition à un choc climatique et u_i le terme d'erreur spécifique à un ménage. En outre, le S_i observé est tiré d'une intensité latente d'exposition, S_{ij}^*.

$$\text{Où } S_i^* \text{ est estimé comme suit : } S_i = \begin{cases} 0 \text{ if } S_i^* \leq 0 \\ 1 \text{ if } S_i^* > 0 \end{cases}$$

$$S_i^* = Z_i \gamma + v_i$$

et Z_i est un vecteur des variables relatives au climat, à la situation géographique et au ménage observés. La valeur de α n'est pas faussée si l'exposition à un choc climatique est orthogonale au terme d'erreur ; $\text{cov}[S_i, u_i] = 0$. L'équation relative aux dépenses se traduit par une ou plusieurs variables qui apparaissent dans le vecteur-rangée Z_i mais ne figurent pas dans l'équation sur les dépenses. En outre, la (les) variable (s) unique(s) en Z_i n'influence(nt) les dépenses que par le biais de l'impact sur l'exposition du ménage au choc.[1] Dans le cas de chocs climatiques, il est très probable que le taux d'exposition communautaire et plusieurs variables de pluviométrie enregistrées par les stations météorologiques soient fortement corrélés à l'exposition des ménages aux chocs climatiques, bien qu'ils n'aient aucune influence sur les dépenses alimentaires (si ce n'est à travers leur impact sur l'exposition des ménages aux chocs climatiques). Ces variables ont donc été inclues en tant que variables d'identification dans l'équation sur les dépenses des ménages.

L'élaboration du modèle ETE se fait dans le cadre d'un processus en deux étapes. On commence par prédire l'exposition du ménage à un choc S_i^* au moyen d'un modèle probit. La variable latente S_i^* est ensuite inclue à l'équation représentant les dépenses alimentaires des ménages. On estime ensuite les paramètres β et α au moyen de la méthode des moindres carrés ordinaires. On a également intégré le rapport inverse de Mills à l'équation sur les dépenses alimentaires afin de limiter les potentielles distorsions causées par la corrélation entre les termes d'erreur de l'équation sur les dépenses alimentaires et celles de l'équation de traitement.[2]

Les ménages sont ensuite classés en situation de pauvreté chronique, de pauvreté transitoire ou hors de la pauvreté en fonction de leur niveau estimé de dépenses alimentaires. Les ménages en situation de pauvreté chronique ont été définis comme les ménages dont les dépenses alimentaires se situent sous le seuil national de pauvreté alimentaire en l'absence de choc ; les ménages en situation de pauvreté chronique ont quant à eux été définis comme les ménages dont les dépenses alimentaire se situent au-dessus du seuil de pauvreté chronique en l'absence de choc, mais qui sont susceptibles de chuter sous le seuil national de pauvreté alimentaire en cas d'une exposition à un ou plusieurs chocs, comme l'illustre la simulation décrite plus bas.

Trois simulations ont été utilisées pour déterminer la magnitude de l'impact des chocs. La première est une simulation *ex post* qui identifie les ménages en situation de pauvreté transitoire en fonction de leur exposition déclarée aux chocs. L'indicateur de choc S_i y est fixé à une valeur égale à celle attribuée à un ménage qui aurait déclaré avoir été exposé à un choc lors de l'année antérieure. Les dépenses alimentaires prévues sont ainsi ajustées par le coefficient des chocs. Les ménages en situation de pauvreté transitoire sont donc définis comme les ménages dont les dépenses alimentaires chutent sous le seuil de pauvreté après avoir été ajustées en fonction de l'impact d'une exposition signalée.

La seconde approche consiste en une simulation *ex ante* qui multiplie la probabilité d'exposition à un choc S_i^* par le coefficient de l'équation relative aux dépenses alimentaires pour obtenir une estimation de l'impact *prévu* du choc sur les dépenses alimentaires d'un ménage au cours d'une année donnée.

Le ciblage géographique est fréquemment employé pour sélectionner les bénéficiaires, c'est pourquoi une troisième simulation a sélectionné tous les ménages vivant dans les districts concernés par d'importants écarts de précipitations par rapport à l'année de référence. Les résultats géographiques sont ensuite comparés aux estimations de la pauvreté transitoire générées par la simulation *ex ante* relative aux sécheresses.

Spécification et données du modèle

Trois chocs climatiques ont été modélisés : les sécheresses, les inondations/cyclones et les insectes ravageurs. Pour chacun des modèles obtenus, un même ensemble de variables a été introduit dans l'équation relative à la dépense alimentaire. Les disparités régionales en matière de niveaux de pauvreté ont été prises en compte et traduites au moyen d'indicateurs binaires de résidence des ménages dans les zones rurales, les provinces du Nord et du centre. L'équation relative aux dépenses inclut d'autres variables, telles que les caractéristiques du chef de ménage, le nombre d'enfants et de personnes âgées dans le ménage, le niveau d'éducation des membres adultes, le secteur d'emploi du chef de ménage, le pourcentage de membres adultes sans emploi, les actifs agricoles du ménage ou le quintile de richesse du ménage.

Dans l'équation de traitement, il est plus probable que les chocs climatiques influent sur les ménages agricoles que sur les ménages non agricoles ; par conséquent, des indicateurs relatifs aux ménages ruraux et aux ménages non agricoles ont été inclus à toutes les spécifications sur les chocs. L'utilisation de l'irrigation par les ménages et la place de leur quintile de culture au sein de la répartition des terres cultivées dans l'échantillon ont eux aussi été intégrés pour évaluer le niveau d'actifs des ménages. Dans le cadre de la stratégie d'identification du modèle, les taux d'exposition aux chocs de la communauté ont été introduits dans chacune des équations relatives aux chocs, mais pas à l'équation relative à la dépense alimentaire. Chaque équation intègre également des variables sur la pluviosité. Pour la sécheresse, la moyenne des précipitations quotidiennes et le pourcentage de déviation par rapport à la pluviosité hebdomadaire moyenne enregistrée (au cours des saisons des pluies de la région) ont servi de restrictions d'exclusion. On est parti de l'hypothèse selon laquelle une faible pluviosité avait un impact direct sur l'exposition aux sécheresses, mais qu'elle n'affectait les dépenses alimentaires des ménages qu'à travers son impact sur la sécheresse. Dans la modélisation de l'exposition aux inondations et aux cyclones, la restriction d'exclusion utilisée est une variable relative au nombre de semaines ayant enregistré plus de 25 millimètres de pluie pendant la saison des pluies et des cyclones. Cette variable climatique rend compte des courtes périodes de la saison agricole au cours desquelles les ménages ont été exposés à une pluviosité exceptionnellement élevée. Dans la modélisation de l'exposition aux insectes ravageurs, on a considéré que des niveaux de pluie trop faibles et trop élevées pouvaient induire une exposition. Le niveau quotidien de précipitations moyennes et la déviation par rapport aux normales pendant la saison des pluies ont donc été intégrés dans la spécification sur les insectes ravageurs en tant que restrictions d'exclusion.

Description des données

Les variables relatives aux ménages et aux communautés ont été élaborées à partir de l'Enquête sur le budget des ménages (*Inquérito Sobre Orçamento Familiar*, IOF) du Mozambique réalisée en 2008-2009. L'enquête IOF était nationale et administrée par l'Institut national des statistiques de la République du Mozambique (*Institute of National Statistics*, NIS, 2009). La taille de l'échantillon était relativement importante, avec 10 832 ménages répartis sur 1 040 aires de dénombrement (AD) interrogés dans 244 districts couvrant les dix provinces et la capitale.

La dépense alimentaire quotidienne *per capita* a été calculée à partir des données de l'enquête IOF de 2008-2009. Dans l'estimation du modèle, les dépenses ont été exprimées sous forme de logarithme. Le seuil national de pauvreté alimentaire a été obtenu en multipliant le seuil national de pauvreté par sa composante alimentaire moyenne (0,5851) de façon à déterminer le seuil national de pauvreté alimentaire (10,8 MZN).[3] Les ménages non pauvres ont été définis comme ceux dans lesquels la dépense alimentaire se situait au-dessus du seuil national de pauvreté alimentaire.

Le fait que ce modèle ne s'applique qu'aux chocs signalés pour l'année précédant l'enquête a des implications importantes pour l'estimation de l'impact des chocs : le nombre de mois écoulés depuis l'exposition donne en effet du temps aux ménages pour adopter des stratégies d'adaptation et rétablir leur niveau de consommation, réduisant ainsi l'impact apparent du choc. Cet intervalle d'un an est toutefois nécessaire, dans la mesure où le pourcentage de ménages sondés ayant signalé une exposition à chacun de ces trois types de chocs covariants sur une période inférieure à un an est très faible.

Les données relatives aux précipitations quotidiennes de la période allant du 1er janvier 1997 au 31 avril 2009 ont été obtenues auprès de la NASA (*Climatology Resource for Agroclimatology*, NASA 2009). Les données sur les points géographiques ont été recueillies à partir de 204 cellules situées entre le 10,5° S et le 26,5° S et entre le 30,5° E et le 41,5° E, le point faisant référence au centre de la cellule (NASA 2009). La correspondance entre les données pluviométriques et la situation géographique des points au niveau des districts a été établie au moyen d'une interpolation par pondération inverse à la distance

(*Inverse Distance Weighted*, IDW) effectuée dans l'éditeur de programme ArcGIS.[4] Les données de pluviosité quotidienne et hebdomadaire moyenne (en millimètres) et le pourcentage de déviation par rapport aux normales hebdomadaires (en millimètres) ont été calculés pour les saisons des pluies et des cyclones au niveau régional, qui ne se superposent pas au Mozambique ; la durée de chaque saison utilisée est celle identifiée dans les rapports FEWSNET de l'USAID couvrant la période de septembre 2007 à juin 2009 (USAID 2009).[5]

Dans les spécifications relatives à chaque choc covariant, les taux d'exposition communautaire aux chocs servent de restrictions d'identification. Le taux d'exposition des communautés est déterminé à partir des déclarations relatives à l'exposition datant de l'année précédente et faites par d'autres ménages de la même aire de dénombrement, exception faite des ménages observés *i*.

Résultats et discussion

Tous les chocs climatiques observés exercent une forte influence sur les dépenses alimentaires. Le graphique 7.1 présente les coefficients et les intervalles de confiance des variables clés entrant en jeu dans l'équation relative aux dépenses.[6] Parmi les trois chocs (traitement), ce sont les inondations et les cyclones qui ont l'impact le plus déterminant sur les dépenses alimentaires des ménages (réduction de 32,2 pour cent). Les insectes ravageurs et les sécheresses font quant à eux chuter les dépenses alimentaires d'environ 17 pour cent. Il est possible que les sécheresses aient un impact moindre, dans la mesure où cet événement se déclare de façon progressive, laissant ainsi aux ménages le temps d'adopter des stratégies d'adaptation. De même, les agriculteurs ont généralement recours à des traitements antiparasitaire et ajustent leur production agricole pour prévenir ou compenser les pertes causées par les insectes ravageurs.

Les autres variables mentionnées dans les équations relatives aux dépenses alimentaires sont communes à tous les chocs et leurs estimations paramétriques sont relativement similaires. On estime que les dépenses alimentaires sont plus faibles dans les ménages dirigés par des femmes célibataires, dans les ménages présentant une plus forte proportion d'enfants (âgés de 14 ans ou moins) et dans les ménages incluant une plus forte proportion de personnes âgées (60 ans et plus).

Les caractéristiques démographiques des ménages exerçant une influence positive sur les dépenses alimentaires sont les indicateurs régionaux (provinces du Nord et du Sud), le milieu rural, un chef de ménage travaillant hors agriculture et le quintile de richesse du ménage, entre autres. La possession de biens matériels a également un impact déterminant sur les dépenses alimentaires des ménages. S'il est vrai que peu de ménages mozambicains ont les moyens de recourir à l'irrigation, son utilisation est associée à des dépenses alimentaires supérieures de 12,9. Le traitement de l'eau potable, fortement révélateur des investissements des ménages en matière de santé, est associé à une dépense supérieure de 9 pour cent.

Le tableau 7.1 présente les estimations paramétriques des équations de traitement. La sécheresse est moins susceptible d'être signalée par les ménages ruraux que par les ménages urbains. Les ménages non agricoles présentent toutefois une probabilité beaucoup plus faible de signaler une exposition à la sécheresse ; les ménages agricoles (prédominants en zone rurale) sont donc plus sensibles à la sécheresse. La probabilité de signalement d'une exposition décroît également avec le niveau de possession de terres cultivées, ce qui suggère que les ménages peuvent diversifier leur risque d'exposition en augmentant leurs surfaces cultivées. Dans le modèle sur la sécheresse, l'irrigation n'a pas d'impact

Graphique 7.1 Coefficients et intervalles de confiance fondamentaux de l'équation des dépenses alimentaires

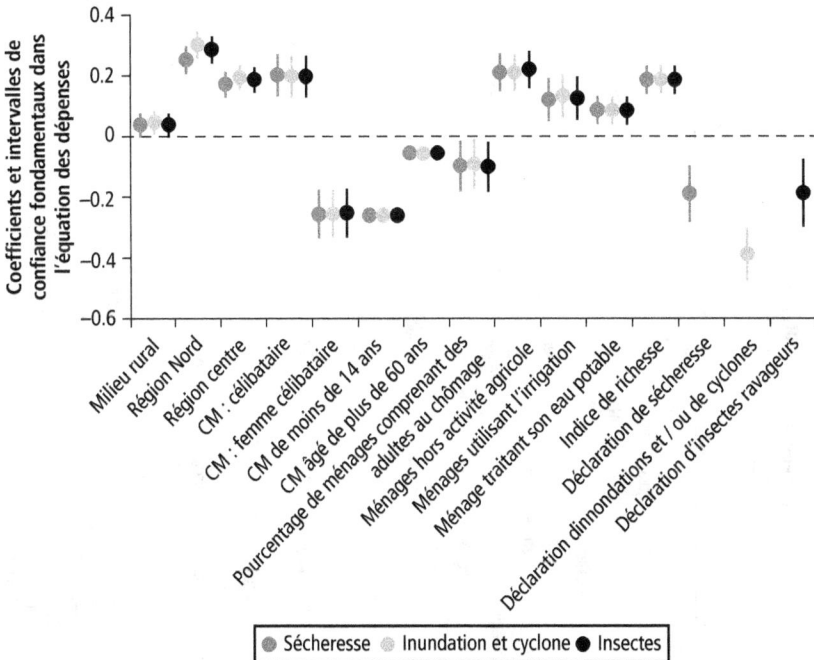

Note : L'estimation du modèle à effet de traitement endogène ne peut pas se faire en utilisant des coefficients, donc aucun résultat n'est pondéré. Les coefficients du % des ménages âgé de 14 ans et moins et le % des ménages âgé de plus de 60 ans ont été réévalués pour refléter une hausse de 25%.

Tableau 7.1 Coefficients de l'équation de traitement pour chaque modèle de choc

	Sécheresses		Inondations et Cyclone		Insectes ravageurs	
	Coefficient	Écart type	Coefficient	Dév Std	Coefficient	Écart type
Ménage vivant en milieu rural	- 0,114**	0,050	- 0,059	0,086	- 0,131**	0,057
Chef de ménage travaillant hors agriculture	- 0,746***	0,092	- 0,226*	0,133	- 1,280***	0,181
Ménage appartenant au quintile de terres cultivées	- 0,035**	0,016	- 0,064**	0,027	- 0,048***	0,018
Le ménage utilise l'irrigation	0,084	0,095	0,463***	0,131	0,140	0,112
% des ménages de la même AD estimant que les sécheresses arrivent en têtes des 3 plus gros chocs de l'année écoulée	3,636***	0,091				
Précipitations régionales moyennes pendant la saison des pluies (mm)	0,045***	0,010				
% de déviation régionale par rapport aux normales mesurées de1997 à la saison précédant le choc (mm)	- 0,002	0,002				
% des ménages de la même AD estimant que les inondations arrivent en têtes des 3 plus gros chocs de l'année écoulée			3,081***	0,217		
% des ménages de la même AD estimant que les cyclones arrivent en têtes des 3 plus gros chocs de l'année écoulée			2,766***	0,163		
Nbre de semaines où les précipitations ont dépassé 25 mm pendant la saison des pluies			0,116***	0,007		
Nbre de semaines où les précipitations ont dépassé 25 mm pendant la saison des cyclones			0,103***	0,007		
% des ménages de la même AD estimant que les insectes ravageurs arrivent en têtes des 3 plus gros chocs de l'année écoulée					3,489***	0,111
Précipitations régionales moyennes pendant la saison des pluies (mm)					0,078***	0,010
% de déviation régionale par rapport aux normales mesurées de1997 à la saison précédant le choc (mm)					- 0,032***	0,003
Constante	- 1,851***	0,059	- 2,462***	0,093	- 1,855***	0,069

Note : Les écarts types sont indiqués entre parenthèses. Les variables instrumentales utilisées dans les équations de traitement sont indiquées en gras.
*** val.-p <0,01, ** val.-p <0,05, * val.-p <0.1 Simulation de la pauvreté chronique

significatif sur la probabilité de signalement d'une exposition ; quoi qu'il en soit, l'irrigation est plutôt rare. Une forte exposition communautaire à la sécheresse augmente considérablement la probabilité d'exposition individuelle des ménages à la sécheresse, mettant ainsi en lumière la nature covariante du choc. La probabilité d'une exposition à la sécheresse varie en fonction de la pluviosité quotidienne moyenne enregistrée dans le district pendant la saison des pluies, mais n'est pas influencée par l'écart de pluviosité enregistré par rapport aux normales. Ce résultat montre que les systèmes agricoles des zones caractérisées par une plus forte pluviosité moyenne dépendent davantage du niveau des pluies et sont donc plus sensibles aux sécheresses.

Un ensemble similaire de variables de contrôle au niveau du ménage a été utilisé dans l'équation de traitement relative aux inondations et aux cyclones. La probabilité du signalement d'une exposition aux inondations et aux cyclones est plus faible dans les ménages se consacrant principalement à l'agriculture et dans les ménages appartenant aux quintiles les plus élevés de répartition des terres cultivées. L'indicateur d'irrigation est significatif et augmente la probabilité de signalement d'une exposition, ce qui signifie que les champs irrigués sont particulièrement sensibles aux fortes pluies. Sans surprise, les variables relatives au taux d'exposition communautaire aux inondations et aux cyclones et le nombre de semaines ayant enregistré une pluviosité d'au moins 25 millimètres pendant la saison des pluies/des cyclones se sont avérés efficaces pour la prévision du signalement d'une exposition aux inondations et aux cyclones.

Comme dans le modèle relatif aux sécheresses, les ménages des zones rurales sont moins enclins à signaler une exposition aux insectes ravageurs. En revanche, les ménages dont l'activité principale est de nature agricole sont plus susceptibles de signaler une exposition aux ravageurs ; les ménages possédant moins de terres cultivées ont quant à eux moins tendance à signaler une exposition aux insectes ravageurs, tandis que les plus gros propriétaires terriens peuvent se trouver mieux équipés face à l'éventualité d'une invasion. Il existe ici encore une forte corrélation entre le taux d'exposition communautaire aux insectes ravageurs et l'exposition signalée par les ménages. Une moyenne de pluviosité plus élevée au niveau du district augmente la probabilité d'un signalement, alors que l'écart par rapport aux pluies de l'année précédente diminue la probabilité du signalement d'une exposition aux insectes ravageurs. On a également eu recours à des simulations pour comprendre l'impact des chocs sur la pauvreté chronique et la pauvreté transitoire au Mozambique.

Simulation de pauvreté chronique

Les estimations de la **pauvreté** chronique sont élaborées en comparant les prévisions des dépenses alimentaires des ménages en l'absence de chocs au seuil national de pauvreté alimentaire (S_i est fixé à zéro).[7] Alors qu'un même ensemble de variables est utilisé pour estimer les dépenses alimentaires dans l'éventualité de chaque choc, les estimations paramétriques des dépenses alimentaires varient légèrement en fonction des différents chocs ; les estimations de la pauvreté chronique varient entre les différents modèles (graphique 7.2). Il apparaît toutefois clairement dans chacun des modèles que la pauvreté chronique joue un rôle moteur sur l'ensemble de la pauvreté au Mozambique. Le taux national de pauvreté chronique est d'environ 50 pour cent. Au niveau régional, les taux estimés de pauvreté chronique sont plus élevés dans le centre du pays (57,1 pour cent) et les zones rurales (55,9 pour cent).

Pauvreté transitoire : simulation *ex post*

Les ménages en situation de pauvreté transitoire sont ceux dont les dépenses estimées se situent sous le seuil de pauvreté alimentaire après ajustement par rapport à l'impact estimé des chocs covariants signalés pour l'année précédente. Les estimations de la simulation *ex post* illustrent clairement l'impact des chocs covariants sur les estimations de la pauvreté actuelle, puisque leurs effets combinés font monter le taux national de pauvreté de 4,6 points de pourcentage. Malgré un signalement moins fréquent des cyclones et des inondations, ces événements constituent la principale source de pauvreté transitoire au niveau national ; leur score élevé

Graphique 7.2 Exposition Rapporté aux chocs climatiques augmente les taux de pauvreté (simulation ex-post)

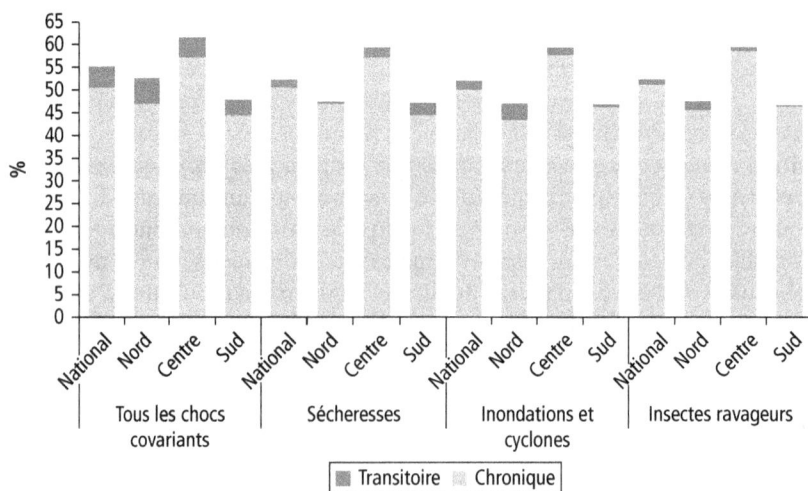

Notes : La pauvreté transitoire est évaluée au moyen de la simulation ex post 1, où les dépenses des ménages sont ajustées en fonction de l'impact estimé des chocs déclarés par le ménage. La pauvreté chronique englobe les ménages situés sous le seul national de sécurité alimentaire en l'absence de choc. Les dépenses alimentaires indiquent que 45,2 pour cent des ménages de ce modèle sont en dessous du seuil national de pauvreté alimentaire. Les données sont pondérées.

(2 points de pourcentage) reflète la force de leur impact. Au niveau régional, les estimations de la pauvreté transitoire sont conformes aux résultats attendus : la sécheresse entraîne une pauvreté transitoire principalement dans les régions du Sud et du centre (2,1 et 2,7 points de pourcentage, respectivement), tandis que l'impact des inondations et des cyclones se fait avant tout sentir dans le Nord (3,5 points de pourcentage). L'exposition aux insectes ravageurs est pour sa part responsable des taux de pauvreté transitoire plus élevés relevés dans les provinces du Nord (2 points de pourcentage), fertiles et tributaires de l'agriculture.

Pauvreté transitoire : simulation *ex ante*

La simulation *ex ante* prédit la pauvreté transitoire des ménages provoquée par l'exposition à d'éventuels chocs climatiques, calculée en multipliant la probabilité d'exposition du ménage et l'impact estimé obtenu à partir de l'équation relative aux dépenses alimentaires (graphique 7.3). Les inondations, les cyclones, les sécheresses et les insectes ravageurs sont sources d'une hausse du taux national de pauvreté attendu de 2,3 ; 2 ; et 1,2 point de pourcentage, respectivement. Le taux de pauvreté transitoire estimé lorsque ces trois chocs sont conjugués s'élève à 5,1 pour cent. Au niveau régional, les estimations de la pauvreté transitoire sont conformes aux tendances attendues : c'est dans les régions du Sud et du centre que les sécheresses

Graphique 7.3 l'exposition estimée aux clocs climatiques fait augmenter les taux de pauvreté transitoire (Simulation *ex ante*)

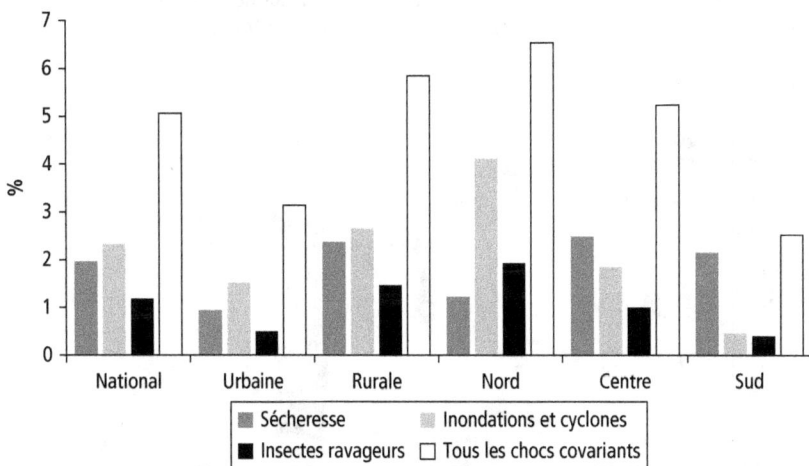

Notes : Les ménages en situation de pauvreté transitoire sont les ménages situés sous le seuil de pauvreté alimentaire lorsque l'on considère la probabilité de l'exposition multipliée par le coefficient du choc. Les données sont pondérées.

influent le plus sur les taux de pauvreté (2,1 et 2,7 points de pourcentage, respectivement). Les inondations et les cyclones ont quant à eux un impact particulièrement fort dans le Nord du pays (avec 3,5 points de pourcentage). L'exposition aux insectes ravageurs est pour sa part responsable des plus fortes hausses de la pauvreté transitoire dans les provinces du Nord (2 points de pourcentage), fertiles et tributaires de l'agriculture.

Une dernière simulation évalue les résultats du ciblage chez les ménages éligibles suite à une période de sécheresse. Le graphique 7.4 compare le pourcentage de ménages identifiés au moyen de deux méthodes de ciblage : un ciblage géographique identifiant tous les ménages vivant dans des zones présentant des précipitations inférieures à la moyenne et une méthode de ciblage *ex ante* pour les sécheresses décrites dans la seconde simulation. La simulation du ciblage géographique sélectionne des provinces dont certains districts appartiennent au 5è centile en matière de déviation pluviométrique (écart négatif important par rapport à la moyenne). Tous les ménages de ces districts sont éligibles à l'assistance sociale. La méthode de ciblage *ex ante* se fonde sur le modèle de sécheresse décrit plus haut et identifie les ménages vulnérables à la pauvreté transitoire à partir des dépenses alimentaires ajustées à l'impact attendu de la sécheresse. Avec le ciblage géographique, 17,2 pour cent des ménages de Niassa, 2,9 pour cent des ménages de Zambezia, 13,1 pour cent des ménages de Tété et 4,1 pour cent des ménages de Manica sont jugés éligibles. En revanche, 1 pour cent des ménages de Niassa, 2,4 pour cent des ménages de

Graphique 7.4 Le ciblage géographique sélectionne bien plus de ménages que l'identification *ex ante* des ménages vulnérables à la pauvreté transitoire

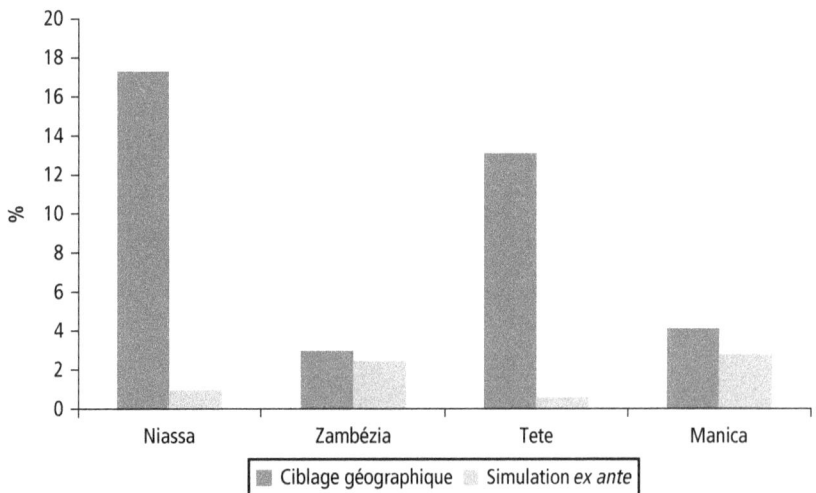

Zambezia, 0,5 pour cent des ménages de Tété et 2,8 ménages de Manica sont jugés vulnérables à la pauvreté chronique et ont donc besoin d'une assistance sociale temporaire suite à une sécheresse, selon la simulation *ex ante*. Il convient de noter que les programmes ciblant les ménages vulnérables à la pauvreté transitoire à cause de l'exposition à une sécheresse sont censés être conjugués à des programmes existants destinés aux ménages en situation de pauvreté chronique ; en outre, les bénéfices de ces programmes pourraient augmenter proportionnellement à l'exposition aux sécheresses. Les résultats de la simulation suggèrent que, pris isolément, le ciblage géographique ne permet pas d'identifier de façon spécifique le groupe des ménages vulnérables à la pauvreté transitoire suite à un choc.

Spécifications alternatives

L'équation sur les dépenses alimentaires a été calculée à partir de la méthode des moindres carrés ordinaires, qui permet d'observer la robustesse des résultats face aux restrictions d'exclusion des modèles de choc. Dans l'équation relative aux dépenses, les variables élaborées grâce aux données pluviométriques mesurées par des stations ont remplacé les indicateurs d'exposition aux chocs climatiques estimés de façon conjointe. L'équation relative aux dépenses alimentaires est formulée de la façon suivante :

$$C_i = X_i B + R_i \rho + u_i$$

Où R_i est le vecteur des variables de stations de pluviométrie.

Les estimations paramétriques obtenues sont similaires à celles générées à partir du modèle d'ETE présenté dans le tableau 9.1. Nous avons donc conclu que l'impact d'une exposition signalée est le reflet exact de la variabilité exogène des différences d'exposition aux précipitations. Ces résultats indiquent que les données régionales sur la pluviosité peuvent être utilisées par les programmes d'assistance sociale pour prédire efficacement l'exposition des ménages à la pauvreté transitoire.

La sensibilité des estimations de la pauvreté transitoire aux variations de pluviosité a été estimée en simulant l'accroissement des variables de pluviosité par un écart type (tableau 7.2). Lorsque la pluviosité moyenne observée et la déviation par rapport à la moyenne historique augmentent d'un écart type, les taux de pauvreté transitoire passent à 8,2 pour cent en cas de sécheresse et à 11,2 pour cent en cas d'insectes ravageurs. Dans le modèle propre aux inondations et aux cyclones, lorsque l'on augmente d'un écart type le nombre de semaines au cours desquelles la pluviosité a dépassé 25 mm, le taux de pauvreté transitoire passe à 10,2 pour cent. Les simulations par la méthode des moindres carrés ordinaires mettent en lumière la vulnérabilité du bien-être des ménages

Tableau 7.2 Lien entre les taux de pauvreté transitoire et les fluctuations de la pluviosité (%)

	Sécheresses	Inondations et cyclones	Insectes ravageurs
Taux de pauvreté transitoire et données relatives aux précipitations observées	3,21	2,31	3,2
Taux de pauvreté transitoire avec une hausse des données relatives aux précipitations d'un écart type	8,18	10,22	11,2
Évolution des taux de pauvreté transitoire	4,97	7,91	8,01

mozambicains aux variations de pluviosité et à la hausse des taux de pauvreté qui en résulte.

Conclusions

Les ménages pauvres de demain ne seront probablement pas les mêmes que ceux d'aujourd'hui, puisque les ménages entrent et sortent de la pauvreté en fonction des chocs affectant leur environnement externe. Une analyse de l'impact des chocs covariants les plus courants sur le bien-être des ménages nous a permis d'établir une distinction entre les deux composantes de la pauvreté prise dans son ensemble : la pauvreté chronique et la pauvreté transitoire. Les programmes de réduction de la pauvreté axés sur la protection sociale et destinés aux personnes en situation de pauvreté chronique visent à garantir à ces derniers un niveau de bien-être de base. Des programmes d'assistance et d'assurance sociale complémentaires ou concurrents peuvent par ailleurs être conçus pour fournir des filets sociaux aux ménages vulnérables afin de prévenir ou d'écourter les épisodes de pauvreté. Les simulations *ex post* ont permis de constater que le bien-être des ménages dépend fortement de l'exposition aux chocs climatiques, facteurs de pauvreté transitoire (4,6 points de pourcentage). Les simulations *ex ante* des taux de pauvreté transitoire prévoient un taux national de 5,1 points de pourcentage. Une comparaison des méthodes de ciblage suite à une exposition indique que le ciblage géographique de régions fortement affectées par des niveaux de précipitations inférieurs à la moyenne sélectionne un pourcentage de ménages bien trop élevé et ne se limite pas aux ménages vulnérables à la pauvreté transitoire exposée aux chocs climatiques. De plus, les précipitations sont très révélatrices de l'exposition aux chocs covariants et peuvent à ce titre être directement intégrées aux procédures de ciblage de programmes d'assistance sociale afin d'identifier les ménages vulnérables à la pauvreté transitoire.

Pour réduire le taux de pauvreté du Mozambique sur le long terme, il est nécessaire de faire en sorte que la classe politique s'engage envers les programmes de lutte contre les facteurs de la pauvreté chronique, en plus de prendre des initiatives à court terme permettant aux ménages de maintenir un niveau de vie décent en cas de choc. D'un point de vue politique, il est peut-être plus difficile d'élaborer des programmes offrant une aide temporaire aux ménages vulnérables à la pauvreté transitoire que de mettre en œuvre des programmes ciblant la pauvreté chronique elle-même et fournissant un soutien continu, comme le fait le Programme de subventions alimentaires (PSA). Ce défit met en lumière l'importance de sélectionner des indicateurs transparents et d'allouer des ressources à ces programmes afin de mettre les bénéficiaires potentiels au courant des processus d'éligibilité et d'inscription. De plus amples recherches sur les stratégies d'adaptation adoptées par les ménages suite à des chocs climatiques et sur l'impact de ces stratégies sur la gravité et la durée des baisses de consommation pourraient orienter la sélection d'indicateurs solides. De plus, les programmes d'assistance sociale peuvent recourir à des combinaisons de mécanismes de ciblage (démographique, géographique et communautaire) afin de prévenir efficacement les effets négatifs des chocs covariants sur le bien-être des ménages. Toutefois, les facteurs politiques influencent souvent la sélection des critères de ciblage, empêchant ainsi les plus pauvres et les plus vulnérables de bénéficier de cette aide. Dans le cas du ciblage géographique, les données climatiques peuvent représenter un critère objectif d'identification et de sélection des districts et régions bénéficiaires ; ce faisant, un grand nombre de ménages non vulnérables sera toutefois sélectionné dans le lot. Les programmes d'assurance fondés sur un indice de pluviosité représentent une alternative prometteuse à l'exposition des ménages aux risques climatiques dans les pays en développement (consulter par exemple Barnett, Barrett et Skees, 2008). Ces programmes posent toutefois des problèmes liés à leur mise en œuvre, leur viabilité économique, leur accessibilité et leur utilisation par des ménages en situation (ou quasi-situation) de pauvreté. Les programmes d'assistance sociale offrant une assistance rapide en cas de catastrophe aux ménages en quasi-situation de pauvreté demeurent malgré tout nécessaires pour prévenir la hausse des taux de pauvreté sur le long terme.

Notes

1. Formellement, $\mathrm{Cov}[S, Z] \neq 0$, $\mathrm{Cov}[u, Z] = 0$, $\mathrm{Cov}[u, X] = 0$, $\mathrm{Cov}[v, Z] = 0$.
2. Voir Maddala (1983, 120-122) pour une dérivation complète de l'estimateur en deux étapes.
3. Un seuil national de pauvreté est utilisé pour tous les ménages, car aucun indice spatial et temporaire des prix suffisamment fiable n'était disponible.
4. La méthode IDW estime la valeur des cellules en calculant la moyenne des points de données de l'échantillon proches de la cellule ; les points de données plus proches se sont vus attribuer des coefficients plus élevés.
5. Les données relatives aux saisons propres aux régions peuvent être fournis sur demande par les auteurs.

6. Les coefficients de toutes les variables binaires sont interprétés comme une variation de la part des dépenses alimentaires, calculée en soustrayant 1 à l'exposant des coefficients.

7. Dans cette simulation, toutes les variables relatives aux chocs sont fixées à zéro.

Bibliographie

Barnett, B. J., C. B. Barrett et J. R. Skees. 2008. "Poverty Traps and Index-Based Risk Transfer Products." *World Development* 36(10):1766–1785.

Castaneda, T. 2005. "Targeting social spending to the poor with proxy-means testing: Colombia's SISBEN system. Social Protection Discussion Papers. Banque mondiale. Juin, 32759.

Chaudhari, S., J. Jalan et A. Suryahadi. 2002. *Assessing Household Vulnerability to Poverty from Cross-sectional Data: A Methodology and Estimates from Indonesia.* New York, NY, département d'économie, université de Columbia. Avril.

Datt, G. et Hoogeveen, J. G. M. (Hans). 1999. *El Niño or El Peso? Crisis, Poverty, and Income Distribution in the Philippines.* Banque mondiale. Working Paper: Policy Research, Novembre, 2466.

del Ninno, C. et A. Marini. 2005. "Household's Vulnerability to Shocks in Zambia". Banque mondiale.

del Ninno, C., P. A. Dorosh, L.C. Smith, D. K. Roy. 2001. "The 1998 floods in Bangladesh: disaster impacts, household coping strategies, and response." *International Food Policy Research Institute.* Research Report 122.

Dercon, S. et P. Krishnan. 2000. "Vulnerability, Seasonality, and Poverty in Ethiopia." *The Journal of Development Studies* 36 (6): 25-53.

Devereux, S. 2002. "The Malawi famine of 2002." *IDS Bulletin* 33(4):70-78.

Devereux, S., B. Baulch, I. Macauslan, A. Phiri et R. Sabates-Wheeler. 2006. "Vulnerability and social protection in Malawi." (387):100 pp.

Dorward, A., and J. Kydd. 2004. "The Malawi 2002 food crisis: the rural development challenge." *Journal of Modern African Studies* 42(3):343-361.

(FAO) Organisation des Nations Unies pour l'alimentation et l'agriculture. 2007. *Promoting Integrated and Diversified Horticulture Production in Maputo Green Zones Towards a Stable Food Security System.* Maputo, Mozambique, Juillet.

(GFDRR) Global Facility for Disaster Reduction and Recovery. Juin 2012. *DRFI Country Note, Mozambique: Disaster Risk Financing and Insurance Country Note* (*Working Paper*). Disponible à l'adresse suivante : : http://www.gfdrr.org/sites/gfdrr.org/files /DRFICountryNote_Mozambique_Jan072013_Final.pdf

Programme mondial d'identification des risques (*Global Risk Idenitification Programme*, GRIP), Institut national de gestion des risques et Programme des Nations Unies pour le développement du Mozambique. 2010. *Disaster Risk Assessment in Mozambique: A Comprehensive Country Situation Analysis.* Janvier 2011. Disponible à l'adresse suivante : http://www.gripweb.org/gripweb/sites/default/files/disaster_risk_profiles /mozambique_CSA_black_0.pdf.

Günther, I. et K. Harttgen. 2009. "Estimating households vulnerability to idiosyncratic and covariate shocks: a novel method applied in Madagascar." *World Development (Oxford).* 37 (7): 1222-1234.

Handa, S, C. Huang, N. Hypher, C Teixeira, F. V. Soares et B. Davis. 2012. "Targeting Effectiveness of Social Cash Transfer Programmes in Three African Countries." *Journal of Development Effectiveness.* 4 (1): 78-108.

Hodges, P et L. Pellerano. 2010. Development of Social Protection: Strategic review for UNICEF Mozambique. Non publié, Oxford Policy Management.

Jalan, J. et M. Ravallion. 2000. "Is Transient Poverty Different? Evidence for Rural China." *The Journal of Development Studies* 36 (6): 82-99.

Maddala, G.S. 1983. *Limited-Dependent and Qualitative Variables in Econometrics.* Cambridge: Presses universitaires de Cambridge.

(MPD) Mozambique, République du, ministère de la Planification et du Dévelopement. 2010. *Poverty and Well-being in Mozambique: The Third National Assessment.* Maputo.

(NASA) National Aeronautics and Space Administration, 2009. *NASA Climatology Resource of Agroclimatology, Daily Average Data.* Washington DC. Consulté en avril 2010, http://earth-www.larc.nasa.gov/cgi-bin/cgiwrap/solar/agro.cgi?email =agroclim@ larc.nasa.gov.

(NIS) Mozambique, République du, Institut national de la statistique. 2009. *Household Budget Survey,2008/09.* Maputo.

Shendy, R., A. Nucifora et C.J. Thomas. 2009. "A Brief Note on the State of Social Protection in Mozambique." Unité de la protection sociale, réseau du développement humain, région Afrique.

(USAID) Agence des États-Unis pour le développement international, Réseau de systèmes d'alerte rapide aux risques de famine, septembre 2007. *Mozambique Food Security Update September 2007.* Washington DC.

(USAID) Agence des États-Unis pour le développement international, Réseau de systèmes d'alerte rapide aux risques de famine, mai 2008. *Mozambique Food Security Update May 2008.* Washington DC.

(USAID) Agence des États-Unis pour le développement international, Réseau de systèmes d'alerte rapide aux risques de famine, mars 2009. *Mozambique Food Security Update March 2009.* Washington DC.

(USAID) Agence des États-Unis pour le développement international, Réseau de systèmes d'alerte rapide aux risques de famine, juin 2009. *Mozambique Food Security Update June 2009.* Washington DC.

Chapitre **8**

Évaluation des méthodes de ciblage et de l'impact du projet pilote de transferts monétaires au Niger

Linden McBride

Introduction

Depuis son indépendance en 1960, le Niger (un pays enclavé d'Afrique de l'Ouest) a été confronté à quatre sécheresses, quatre coups d'État, deux conflits armés et plusieurs crises alimentaires allant de cas localisés de malnutrition aiguë à des famines généralisées. Selon les données disponibles, le taux de pauvreté a fortement baissé entre 1992 et 2008 : en fonction du seuil de pauvreté utilisé (1,25 ou 2 dollar(s)/jour), cette baisse est de 40 ou de 17,4 pour cent, respectivement. Sur cette même période, les effets de la faim chronique se sont toutefois intensifiés. Ainsi, entre 1992 et 2006, la malnutrition chronique chez les enfants, qui se traduit par un retard de croissance, a augmenté de 13,5 pour cent ; la malnutrition aiguë, qui se manifeste par l'émaciation, n'a quant à elle diminué que de 2,7 pour cent (voir le graphique 8.1). En outre, les analyses les plus récentes ont démontré que plus de la moitié de la population souffrait d'une forme ou d'une autre d'insécurité alimentaire, qu'elle soit transitoire ou saisonnière, et qu'au moins 20 pour cent de la population se trouvait chaque année affectée par une insécurité alimentaire chronique sévère (Banque mondiale, 2009). Après les épisodes de 2005 et de 2010, une nouvelle crise alimentaire a frappé la région en 2012.

Cette malnutrition croissante et persistante exacerbe l'effet des chocs climatiques et économiques, et réciproquement. La nature structurelle de ce problème et la vulnérabilité globale de la population à l'insécurité alimentaire ont d'ailleurs été largement démontrées.[1]

En 2009, un rapport de la Banque mondiale identifiait le renforcement des filets sociaux parmi ses principales recommandations de politiques destinées à réduire l'insécurité alimentaire chronique et saisonnière au Niger. Selon ce

Graphique 8.1 Taux de pauvreté et prévalence de la malnutrition (%)

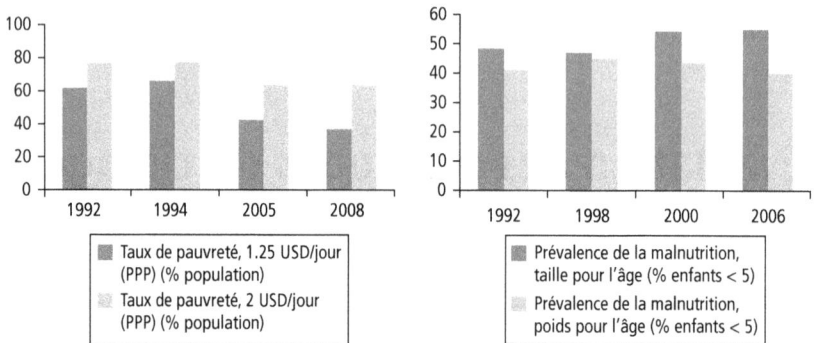

Taux de pauvreté, 1.25 USD/jour (PPP) (% population)
Taux de pauvreté, 2 USD/jour (PPP) (% population)

Prévalence de la malnutrition, taille pour l'âge (% enfants < 5)
Prévalence de la malnutrition, poids pour l'âge (% enfants < 5)

Source : WDI (2012).

rapport, en dépit du fait qu'au moins 20 pour cent de la population souffre « d'insécurité alimentaire chronique sévère » même en l'absence de chocs néfastes, la plupart des programmes de filets sociaux ne sont déployés qu'en présence d'une crise (Banque mondiale, 2009). Par conséquent, il n'existe au Niger aucun système de filets sociaux durable.

Suite à ce constat, le gouvernement du Niger et la Banque mondiale ont élaboré un programme de transferts monétaires, le projet pilote baptisé « Filets Sociaux par le *Cash Transfert* » (FS-CT), pour lutter contre la pauvreté chronique et transitoire et contre l'insécurité alimentaire. Deux questions fondamentales se posent à présent : la méthode de ciblage utilisée par le projet a-t-elle effectivement permis de sélectionner les ménages en situation d'insécurité alimentaire ? L'aide fournie par le projet a-t-elle eu des retombées sur le bien-être et la sécurité alimentaire de ces ménages ? L'étude du projet pilote du FS-CT permet de répondre à ces questions.

Le mécanisme de ciblage employé dans le cadre de ce projet pilote conjugue le ciblage géographique à un Test multidimensionnel des moyens d'existence (*Proxy means test*, PMT) ; ce mécanisme a permis de sélectionner les bénéficiaires dans deux régions frappées par l'insécurité alimentaire à partir d'un indice pondéré des caractéristiques des ménages fortement corrélées à leur niveau de dépenses, estimé à partir de données recueillies lors de la Troisième enquête nationale sur le budget et la consommation des ménages au Niger (ENBC 2007). On ignore toutefois si cette méthode, couramment utilisée pour cibler les populations en situation de pauvreté chronique, a permis une identification correcte des ménages en situation d'insécurité alimentaire. Contrairement aux agrégats relatifs aux revenus et aux dépenses des ménages (déclaration vérifiée des ressources) et contrairement au PMT, qui constituent des méthodes éprouvées d'estimation du bien-être des ménages, les méthodes permettant de mesurer la sécurité alimentaire sont encore en cours d'élaboration, d'évaluation et de discussion ; or, cet état de fait complique aussi bien le ciblage des bénéficiaires que l'évaluation du programme. Cette étude de cas a donc élaboré des indicateurs susceptibles de dresser un profil fiable de la sécurité alimentaire des ménages bénéficiaires et non bénéficiaires ; elle a en outre comparé l'efficacité de ces indicateurs à celle d'indicateurs de bien-être fondés sur les dépenses des ménages. Les corrélations entre le score de PMT et les indicateurs de sécurité alimentaire sont elles aussi examinées afin d'évaluer la justesse du ciblage effectué par le projet pilote. En outre, l'impact de ce projet est ici mesuré à partir d'indicateurs de sécurité alimentaire et du bien-être des ménages.

Méthode de ciblage du projet pilote du FS-CT

Le FS-CT a pour objectif général d'améliorer de façon substantielle le niveau de vie des ménages du Niger souffrant de pauvreté chronique. Dans le cadre de sa phase pilote, le FS-CT a ciblé deux régions[2] du Niger (Tillabéry et Tahoua) dans lesquelles les 2 600 ménages bénéficiaires ont reçu des transferts monétaires mensuels non conditionnels de 10 000 FCFA[3] sur une période de 18 mois (Comité 2010).

Un ciblage géographique des villages a d'abord été réalisé ;[4] à partir des données de l'ENBC-2007, l'équipe du FS-CT a ensuite identifié les caractéristiques observables des ménages fortement corrélées aux dépenses *per capita* (à savoir la localisation, la taille du ménage, le sexe du chef de ménage, les matériaux de construction, la source de carburant, la source d'eau potable et les biens durables du ménage (meubles, appareils électroniques et bétail). La corrélation entre les dépenses du ménage *per capita* et ces caractéristiques a été établie en réalisant une régression des dépenses du ménage *per capita* par la méthode des moindres carrés ordinaires (MCO) ; on a répété cette étape pour chacune des variables correspondant aux caractéristiques retenues.[5] Au cours de ce processus, l'équipe du FS-CT a pu identifier certaines variables en grande partie responsables de la variation des dépenses du ménage *per capita* (R^2=0,48), avec des erreurs d'inclusion et d'exclusion respectives de 12,4 et 13,6 pour cent. Les coefficients tirés de cette régression ont ensuite servi à pondérer chacune des variables considérées à l'étape précédente et un score de PMT a été attribué à chaque ménage sondé ; l'équipe du FS-CT a finalement procédé à un classement des ménages en fonction de leur score de PMT.

Dans chaque village, l'équipe du FS-CT a sélectionné les 30 pour cent de ménages ayant obtenu les scores les plus faibles, puis cette sélection a été validée par les autorités des villages. Étant données les disparités entre les villages du niveau de bien-être moyen estimé par le score de PMT, la sélection des bénéficiaires s'est largement fondée sur le niveau de privation relatif des ménages au sein de leur propre village. En d'autres termes, les ménages ayant obtenu un score relativement bas de PMT dans un village présentant un score élevé ont été considérés éligibles, bien que leur niveau de vie soit plus élevé que celui d'autres ménages jugés non-éligibles dans d'autres villages présentant des scores de PMT plus faibles.

Méthodes et Analyse

Cette étude évalue l'exactitude du ciblage des ménages en situation d'insécurité alimentaire dans la région et les effets potentiels des transferts monétaires du FS-CT sur le bien-être des ménages en se fondant sur des mesures des dépenses et sur des indicateurs de sécurité alimentaire. Les données, les méthodes et l'analyse en question sont décrites ci-après.

Données

Deux bases de données ont été utilisées pour mener cette analyse. La première date de 2010 et se compose des données recueillies au Niger en septembre 2010 dans 51 villages des régions de Tahoua et de Tillabéry. Cette base contient des données de PMT relatives à 7 315 ménages, dont 2 223 (soit 30 pour cent) ont été sélectionnés pour participer au projet pilote. Un module complémentaire portant sur la sécurité alimentaire a été intégré au questionnaire destiné aux ménages de la région de Tahoua ; ce module contient des informations relatives à la sécurité alimentaire de 3 948 ménages, parmi lesquels 1 195 (soit 34,2 pour cent) ont été sélectionnés pour participer au projet pilote.

La seconde base de données date de 2011 et se compose des données recueillies en octobre 2011 dans 31 villages des régions de Tahoua et de Tillabéry. Dans ces villages, on a sélectionné de façon aléatoire 2 395 ménages interrogés en 2010, parmi lesquels 30 pour cent avaient été sélectionnés pour participer au projet pilote. Au moment de l'enquête de 2011, les ménages bénéficiaires recevaient depuis 12 mois des transferts monétaires mensuels de 10 000 FCFA. Le questionnaire de 2011 comprend les mêmes modules relatifs à la sécurité alimentaire que le questionnaire de 2010, mais contient également un module sur les dépenses des ménages. Il est intéressant de constater que l'enquête de 2011 ne prévoyait pas de section entièrement consacrée au PMT.

Indicateurs de sécurité alimentaire

La sécurité alimentaire est un concept insaisissable, multiforme et par-dessus tout impossible à observer (Barrett 2002, 2010). Malgré ces difficultés, plusieurs mesures indicatives ont été élaborées au cours des 10 dernières années, bien qu'aucun consensus ne se soit encore dessiné dans la littérature sur la meilleure façon de les appliquer ou de les interpréter. Dans un tel contexte, cette évaluation a adopté l'approche de l'insécurité alimentaire la plus large possible : les données disponibles ont été examinées à partir des quatre indicateurs de sécurité alimentaire les plus courants, auxquels on a ajouté plusieurs adaptations/variations des indicateurs standards. Ces indicateurs sont censés évaluer la sécurité alimentaire en mesurant l'accès du ménage aux aliments ; en d'autres termes, ils ne tiennent compte ni de la disponibilité ni de l'utilisation des aliments et ne mesurent pas non plus les résultats nutritionnels ni l'allocation des aliments au sein du ménage. Les combinaisons ou « suites » d'indicateurs sont quant à elles couramment utilisées dans le cadre du ciblage géographique et sont considérées dans la littérature comme des indicateurs fiables du niveau de sécurité alimentaire des ménages lorsqu'il s'agit d'évaluer l'impact d'interventions de sécurité alimentaire (Maxwell et Caldwell 2008, Hoddinott et Yohannes 2002).

Les indicateurs de sécurité alimentaire adoptés ici étaient les suivants : (1) le score de consommation alimentaire (SCA) et une adaptation non tronquée du score de consommation alimentaire (SCAnt), (2) le score de diversité alimentaire du ménage (SDAM), (3) le score de consommation et de diversité alimentaire (SCDA), obtenu en combinant le SCA et le SDAM, (4) l'échelle de la faim dans le ménage (EFM) et (5) plusieurs versions de l'indice des stratégies d'adaptation (ISA). Ces indicateurs ont été répartis en deux groupes : (1) les indicateurs de SCA, de SDAM et de CADA, qui mesurent la fréquence, la qualité et la diversité de la consommation alimentaire, et (2) les indicateurs d'EFM et d'ISA, qui évaluent la fréquence et la gravité de la réponse comportementale des ménages à l'insécurité alimentaire. Le tableau 8.1 décrit la construction spécifique de chaque indicateur ; une présentation plus détaillée des caractéristiques et de la répartition de chaque indicateur dans les bases de données de 2010 et 2011 est disponible en annexe.

La hausse du SCA, du SDAM et du SCDA (qui mesurent la *sécurité* alimentaire) devrait s'accompagner d'une baisse de l'EFM et de l'ISA (qui mesurent l'*insécurité* alimentaire), et inversement. Les moyennes établies à partir des données de 2010 et de 2011 confirment cette tendance. La moyenne du SCA et du SDAM est plus élevée en octobre 2011 qu'en septembre 2010, traduisant une plus grande quantité, qualité et diversité de la consommation alimentaire en 2011 ; en revanche, la moyenne de l'EFM et de l'ISA est plus élevée en septembre 2010 qu'en octobre 2011, indiquant une plus forte réponse comportementale à l'insécurité alimentaire et au manque de nourriture en 2010. Il convient de noter que ces données ne concernent que la région de Tahoua, puisque l'enquête de 2010 n'a pas recueilli de données sur la sécurité alimentaire dans la région de Tillabéry (voir le tableau 8.2)

Tableau 8.1 Construction et validation des indicateurs de sécurité alimentaire

Indicateur	Acronyme	Construction	Validation
Fréquence/diversité Indicateur			
Score de consommation alimentaire	SCA	Les aliments consommés ont été regroupés dans 9 catégories ; les fréquences de consommation ont été additionnées ; dans le cas du SCA, toute valeur supérieure à 7 a été recodée à 7. Pour le SCA non tronqué (SCAnt), les fréquences n'ont pas été modifiées. Les fréquences de consommation par famille alimentaire ont été multipliées par leurs pondérations respectives (voir le Guide technique 2008 du PMA pour la pondération standard) puis additionnées.	Wiesmann *et al.* (2009)
Score de consommation alimentaire, non tronqué	SCAnt		
Score de diversité alimentaire du ménage	SDAM	Les aliments consommés ont été regroupés dans 12 catégories ; les fréquences de consommation ont été tronquées à 1 et les valeurs ont été additionnées pour obtenir le score de SDAM.	Hoddinot et Yohannes (2002)
Score de consommation et de diversité alimentaire	SCDA	Le SCDA a été calculé à partir de la même section que le SCA et le SDAM en considérant une période de 7 jours pour les 12 familles alimentaires du SDAM puis en tronquant à 7. Les fréquences de consommation pour chaque famille ont été additionnées pour obtenir le score du SCDA. Aucune pondération n'a été appliquée. Dans les 12 familles alimentaires du SDAM.	Cet indicateur n'a pas encore été soumis à un test de validation ; on s'est fondé sur Weisman *et al.* (2009), qui constatent qu'un indicateur non pondéré de fréquence alimentaire obtenu par l'agrégation des 12 familles alimentaires « obtient des résultats légèrement meilleurs que le SCA » du point de vue de la corrélation avec la consommation de calories de référence *per capita*.
Indicateurs de réponse comportementale			
Échelle de la faim dans le ménage	EFM	Les sections de l'EFM n'ont pas été incluses dans les enquêtes disponibles ; trois questions de la section portant sur l'ISA se rapprochaient suffisamment de l'EFM standard (voir le tableau A8.1 en annexe) pour permettre le calcul d'un indicateur similaire à l'EFM à partir des données disponibles. La somme des réponses aux trois questions a permis de procéder à ce calcul.	Deitchler *et al.* (2010)

(continue page suivante)

Tableau 8.1 (suite)

Indicateur	Acronyme	Construction	Validation
Indice des stratégies d'adaptation, réduit	ISAréd	L'ISA complet (ISAfull) est la somme des 16 réponses portant sur la fréquence de l'ISA disponibles dans les données. L'ISA réduit n'inclut que 5 questions standard portant sur l'ISA réduit associées à la pondération adéquate (voir Maxwell et Caldwell (2008) pour plus de détails). L'ISA pondéré correspond à la section relative à l'ISA pondérée par la moyenne des coefficients énumérés dans Maxwell et al. (2008).	Maxwell (1995), Maxwell (1999), Maxwell *et al.* (2008)
Indice des stratégies d'adaptation, full	ISAfull		
Indice des stratégies d'adaptation, pondéré	ISApond		

Source : Auteur (2013).

Tableau 8.2 Moyennes des indicateurs de sécurité alimentaire, région de Tahoua, 2010 et 2011

Mois-année	Variable	Obs	Moyenne[6]	Écart type/ Erreur type[7]	Min	Max
Sep-10	SCA	3 944	21,98149	13,1294	0	100,5
Oct-11	SCA	717	38,56142	1,271291	9	97,5
Sep-10	SCAnt	3 944	25,1037	15,87532	0	138,5
Oct-11	SCAnt	717	43,69214	1,370128	9	123
Sep-10	HDDS	3 944	3,543611	1,692616	1	12
Oct-11	HDDS	717	4,499708	0,0858014	1	11
Sep-10	FCDD	3 944	16,31973	7,758755	1	57
Oct-11	FCDD	717	21,20288	0,5793056	5	56
Sep-10	EFM	3 944	4,183063	3,279979	0	21
Oct-11	EFM	717	1,503499	0,1160079	0	14
Sep-10	ISAréd	3 944	15,86334	14,43984	0	56
Oct-11	ISAréd	717	6,529205	0,4890809	0	45
Sep-10	ISAfull	3 944	20,49975	14,80397	0	73
Oct-11	ISAfull	717	7,839548	0,5178506	0	51
Sep-10	ISApond	3 944	37,30956	28,86737	0	165,7
Oct-11	ISApond	717	15,28853	1,140096	0	109,5

Source : Calculs des auteurs.

Les différences importantes entre les indicateurs de sécurité alimentaire des deux échantillons sont probablement liées à l'année et à la saison au cours desquelles chaque enquête a été menée. Les données de 2010 ont en effet été recueillies en septembre, lors d'une année marquée par la crise alimentaire, tandis que les données de 2011 ont été recueillies en octobre, en l'absence de crise et après 12 mois de transferts monétaires dont ont bénéficié 30 pour cent de l'échantillon. Le FEWSNET explique cet écart par le fait qu'au Niger, septembre correspond au mois de la faim, tandis qu'octobre correspond au mois des récoltes. Sachant cela, l'augmentation (ou la diminution) de la valeur de l'indicateur moyen de sécurité (ou d'insécurité) alimentaire entre 2010 et 2011 était prévisible.

Indicateurs de bien-être fondés sur le niveau des dépenses

À partir de Deaton et Zaidi (2002) et des informations recueillies auprès de l'Institut National de la Statistique (INS, correspondance personnelle), les dépenses totales des ménages pour 2011 ont été estimées en procédant à une agrégation de la consommation alimentaire et non alimentaire, des flux de services issus de biens durables et de la valeur estimée des dépenses en matière de logement.

Puisque l'INS utilise des échelles d'équivalence *per capita* plutôt que par équivalent-adulte pour estimer le bien-être des ménages et le seuil de pauvreté, le calcul des variables alimentaires et du total des dépenses des ménages sera basé ici aussi sur leur valeur *per capita*. La moyenne obtenue est présentée dans le tableau 8.3. Ces valeurs sont bien en-dessous de celles recueillies par la dernière enquête nationale sur les dépenses, l'ENBC 2007 ; dans le cas de Tahoua, la valeur des dépenses de 2011 s'élève en effet à moins de la moitié de celles de 2007.

À partir des dépenses alimentaires et totales du ménage, on a créé une variable capable de rendre compte de la part des dépenses alimentaires sur l'ensemble des dépenses. Si l'on se fonde sur les données de 2011, les parts alimentaires moyenne et médiane dépasse 80 pour cent. Comme indiqué précédemment, l'indicateur de PMT pour 2010 avait été calculé par l'équipe du FS-CT ; le manque de données n'a toutefois pas permis d'établir un PMT comparable pour 2011.

Les transferts monétaires mensuels du FS-CT (10 000 FCFA) représentent approximativement 18,3 (23,7) pour cent de la dépense totale moyenne (médiane) du ménage, soit 23,5 et 14,3 pour cent de la dépense totale d'un ménage moyen à Tahoua et à Tillabéry, respectivement. Cette proportion est

Tableau 8.3 Moyenne des dépenses des ménages per capita, 2007 et 2011

Source/Variable des données	Données de 2011 (En FCFA constant 2011)		2007 INS (En FCFA constant 2011)	
Région	Tahoua	Tillaberi	Tahoua	Tillaberi
Dépenses moyennes *per capita* (Pondérées)	89 454	101 267	192 072	156 589

Source : Auteur (2013).

plus élevée chez les ménages bénéficiaires situés au bas de l'échelle de répartition, c'est-à-dire chez les plus pauvres. Les ménages bénéficiaires du FS-CT ont déclaré avoir consacré l'essentiel de leurs transferts monétaires à l'achat d'aliments, un renseignement qui corrobore la proportion estimée des dépenses alimentaires (voir le tableau A8.2 en annexe).

Relation des indicateurs de sécurité alimentaire et des indicateurs de bien-être

Le tableau 8.4 présente les coefficients de corrélation pour chacun des indicateurs de sécurité alimentaire et l'indicateur de bien-être du PMT établi pour la région de Tahoua en 2010.

Des corrélations significatives et modérées ont été observées entre le PMT et les mesures comportementales de l'insécurité alimentaire, à savoir l'ISA et les indicateurs d'EFM (tableau 8.4). L'ISA pondéré, qui estime la fréquence et la gravité des stratégies d'adaptation des ménages, présente la plus forte corrélation avec le PMT, avec un score de -0,1597. Aucune corrélation significative n'a en revanche été observée entre le PMT et les mesures de fréquence et de diversité (SCA, SDAM et SCDA).

On peut toutefois observer des corrélations entre les différents indicateurs de sécurité alimentaire.[8] L'EFM est faiblement corrélée aux résultats du SCA, du SDAM et du SCDA. Par ailleurs, alors qu'il n'y a aucune relation significative entre les indicateurs du SCA et ceux de l'ISA, on peut observer des

Tableau 8.4 Matrice de corrélation des coefficients de Pearson, région de Tahoua, 2010 (n=3948 ménages)

	EFM	ISAréd	ISAfull	ISApont	CSAnt	CSA	SDAM	SCDA	PMT
EFM	1,00								
ISAréd	0,4489*	1,00							
ISAfull	0,7041*	0,8386*	1,00						
ISApond	0,6289*	0,8710*	0,9676*	1,00					
CSAnt	**-0,0954***	-0,0365	-0,0253	0,0068	1,00				
CSA	**-0,0873***	-0,0418	-0,0235	0,0079	0,9437*	1,00			
SDAM	**-0,0881***	-0,1242*	-0,0799*	-0,0684*	0,6346*	0,6209*	1,00		
SCDA	**-0,1392***	-0,1144*	-0,1405*	-0,1142*	0,8088*	0,8016*	0,7767*	1,00	
PMT	**-0,1230***	**-0,0910***	**-0,1545***	**-0,1597***	0,0067	0,0021	-0,0364	0,0413	1,00

Note : * indique un niveau de signifiance de 1pour cent après correction de Bonferroni lors de comparaisons ; il faut noter que l'EFM est un sous ensemble des valeurs de l'ISA, que le SDAM est une réagrégation des valeurs du SCA et que le SCDA est un composite des valeurs du SCA et du SDAM ; les corrélations existant entre les différents indicateurs de sécurité alimentaire sont donc liées à la nature de ces indicateurs et ne devraient pas être examinées dans la présente étude (les résultats concernés ne sont donc pas signalés en gras dans le tableau ci-dessus).

corrélations modérées et significatives entre les indicateurs de diversité alimentaire (le SDAM et le SCDA) et l'ISA. La corrélation est généralement plus forte entre le SCDA et l'ISA qu'entre le SDAM et l'ISA, sauf lorsqu'il est question de l'ISA réduit.

Les indicateurs comportementaux liés à la sécurité alimentaire (l'EFM et l'ISA) sont plus fortement corrélés au PMT dans les données de 2010 ; les données de 2011 présentent en revanche une plus forte corrélation entre les indicateurs de fréquence et de diversité alimentaire (SCAnt, SDAM et SCDA) et les indicateurs de bien-être fondés sur le niveau des dépenses (tableau 8.5).

Dans les données de 2011, les corrélations entre les différents types d'indicateurs de sécurité alimentaire suivent la même tendance que celle observée pour les données de 2010, dans la mesure où le SCDA présente une plus forte corrélation avec l'EFM et chacun des sous-groupes de l'ISA (sauf dans le cas de l'ISA réduit, encore une fois) que les indicateurs du SCA ou du SDAM.

Malgré l'absence de consensus autour des indicateurs de sécurité alimentaire et de ce qu'ils mesurent, il paraît toutefois possible de tirer des conclusions prudentes sur les tendances observées au niveau des différents indicateurs. Les diverses corrélations existant entre les deux indicateurs de sécurité alimentaire (comportement et fréquence/diversité) et les estimations du bien-être de 2010 et 2011 indiquent que ces instruments mesurent différentes composantes de la sécurité alimentaire et que leur efficacité dépend du niveau et de la durée des privations alimentaires qui frappent les ménages. En effet, les indicateurs liés au score de consommation alimentaire et au score de diversité alimentaire ne traduisent pas complètement l'ampleur de l'insécurité alimentaire du ménage, dans la mesure où ils ne tiennent pas compte des portions alimentaires, de la répartition de la consommation alimentaire au sein du ménage ni de la fréquence de la consommation quotidienne ; ils n'indiquent pas non plus si le ménage a dû adopter d'autres stratégies d'adaptation pour pouvoir maintenir un niveau de fréquence et de diversité donné. Si un ménage adopte par exemple des stratégies d'adaptation relevant de l'ISA réduit (consistant à réduire la consommation des aliments habituels, emprunter des aliments, limiter les portions, réduire la portion des adultes en faveur des enfants et diminuer le nombre de repas par jour), ces changements ne se répercuteront pas *nécessairement* sur le SCA ou le SDAM si le nombre de groupes alimentaires consommés par le ménage et le nombre de fois que ces aliments sont consommés par un membre du ménage au moins restent stables. Il est possible que seules la fréquence et la diversité varient ; ces changements ne seront par conséquent enregistrés que par un indicateur de fréquence/diversité, après avoir épuisé plusieurs autres stratégies d'adaptation.

Il est également plausible que des modifications apportées à la fréquence et à la diversité du régime alimentaire du ménage (comme le retrait de la viande et du poisson du régime alimentaires) figurent parmi les premières stratégies d'adaptation utilisées en période d'insécurité alimentaire ou suite à un choc ;

Tableau 8.5 Matrice des coefficients de corrélation de Pearson, régions de Tahoua et de Tillabéry, 2011 (n=1375 ménages)

	EFM	ISAréd	ISAfull	ISApond	CSAnt	CSA	SDAM	SCDA	lnPCExp	lnPCFexp	Part alim.
EFM	1										
ISAréd.	0,3837*	1									
ISAfull	0,6319*	0,8849*	1								
ISApond.	0,4741*	0,9184*	0,9682*	1							
CSAnt	**-0,2006***	**-0,1666***	**-0,1909***	**-0,1504***	1						
CSA	**-0,1884***	**-0,1847***	**-0,1946***	**-0,1558***	0,9145*	1					
SDAM	**-0,1791***	**-0,2033***	**-0,2092***	**-0,1903***	0,6837*	0,6587*	1				
SCDA	**-0,2367***	**-0,1941***	**-0,2337***	**-0,1932***	0,7956*	0,7561*	0,8103*	1			
lnPCExp	-0,0889	0,0247	-0,0339	-0,003	**0,1653***	0,0392	**0,1734***	**0,1876***	1		
lnPCFexp	-0,0696	0,0407	-0,001	0,022	**0,1678***	0,0297	**0,1412***	**0,1586***	0,9309*	1	
Part alim.	0,0532	-0,0219	-0,0134	-0,0207	-0,0321	-0,098	-0,0663	-0,0669	0,2918*	0,4791*	1

Note : * indique un niveau de signifiance de 1 pour cent après correction de Bonferroni lors de comparaisons multiples ; il faut noter que l'EFM est un sous ensemble des valeurs de l'ISA, que le SDAM est une réagrégation des valeurs du SCA et que le SCDA est un composite des valeurs du SCA et du SDAM ; les corrélations existant entre les différents indicateurs de sécurité alimentaire sont donc liées à la nature de ces indicateurs et ne devraient pas être examinées dans la présente étude (les résultats concernés ne sont donc pas signalés en gras dans le tableau ci-dessus).

les stratégies d'adaptation plus drastiques n'interviennent qu'ultérieurement. Dans ce cas, les changements seront d'abord captés par les indicateurs de fréquence/diversité ; ce n'est que plus tard que les indicateurs comportementaux en porteront la trace. C'est en effet ce qui a été observé lors de l'enquête de 2010. Au moment de la collecte des données (au plus fort de la période de soudure et pendant un épisode de crise alimentaire régionale), la fréquence et la diversité alimentaire avaient déjà accusé une forte baisse : plus de 80 pour cent des ménages interrogés présentaient un SCA indiquant une situation de pauvreté ou de quasi-pauvreté et plus de 70 pour cent des ménages interrogés consommaient déjà quatre groupes alimentaires ou moins par jour (voir les tableaux et graphiques en annexe). De façon générale, les ménages sondés présentaient un régime alimentaire et des fréquences de consommation relativement homogènes. Les données de 2010 révèlent donc que la variable la plus corrélée au bien-être des ménages concernait les sacrifices concédés pour maintenir le niveau de consommation relevé par le SCA et le SDAM. À l'inverse, les données de 2011 révèlent qu'au moment de la collecte des données (le premier mois de l'après-récolte, alors que les aliments sont encore abondants), le bien-être des ménages présentait une plus forte corrélation avec la fréquence/diversité de la consommation qu'avec la réponse comportementale à l'insécurité alimentaire. Il semble donc que les corrélations existant entre différentes mesures de sécurité alimentaire d'une part, et entre des mesures de sécurité alimentaire et d'autres mesures du bien-être d'autre part, soient relativement propres au contexte.

Évaluation d'impact

La comparaison des moyennes établies pour les ménages bénéficiaires et non bénéficiaires à partir des données recueillies à Tahoua en 2010 (voir tableau 8.3 en annexe pour plus de détails) indique que le PMT cible généralement les ménages présentant une insécurité alimentaire élevée, comme le suggèrent les indicateurs comportementaux (l'EFM et chacun des indicateurs de l'ISA). Les différences statistiques existant entre les moyennes des bénéficiaires et celles des non-bénéficiaires en matière de fréquence/diversité (SCA et SCDA) sont toutefois faibles, voire nulles.[9] Les moyennes des ménages bénéficiaires calculées à partir des données de 2011 indiquent une plus grande diversité alimentaire (SDAM, SCDA), une plus faible insécurité alimentaire (EFM) ou une équivalence statistique par rapport aux moyennes établies pour les non-bénéficiaires (SCA, SCAnt, ISAcomp, ISAréd, ISApond).

Les méthodes permettant d'évaluer l'impact causal du projet de transferts monétaires sur le bien-être des ménages sont limitées par la disponibilité des données. Les ménages bénéficiaires de transferts monétaires présentent une différence observable avec les ménages non bénéficiaires ; leurs caractéristiques et leurs actifs indiquent par exemple un niveau de pauvreté plus élevé. En raison du type de ciblage utilisé, les groupes traités et non traités ne présentaient pas assez de points communs en matière de variables de PMT (les observations à partir desquelles la sélection a été effectuée) pour justifier l'emploi de méthodes d'appariement des coefficients de propension et de repondération. En outre, une autre technique d'estimation couramment appliquée aux évaluations d'impact, à savoir l'estimation des écarts dans les différences, présente ici une applicabilité limitée. Les indicateurs de sécurité alimentaire tirés des données de 2010 ne concernent par ailleurs que les ménages de la région de Tahoua (soit la moitié de l'échantillon initial), et certaines autres variables de résultats (comme le niveau des dépenses alimentaires ou totales) ne sont disponibles que dans les données de 2011.

En raison de ce manque de données, la régression par discontinuité nous est apparue comme la méthode d'évaluation d'impact la plus appropriée, puisqu'elle permet d'estimer l'effet de traitement moyen sur le groupe traité. Une évaluation d'impact fondée sur une régression par discontinuité requiert l'utilisation exclusive de données transversales de 2011, ce qui signifie que les indicateurs de bien-être fondés sur la sécurité alimentaire et le niveau des dépense relatifs aux régions de Tahoua et de Tillabéry ont pu être utilisés dans l'analyse ; il s'agit là d'un avantage de cette méthode, vu le manque de données pour 2010.

La méthode de régression par discontinuité exploite la discontinuité dans le traitement en fonction d'une variable continue d'affectation. L'hypothèse de base repose sur l'interchangeabilité des ménages au niveau du seuil de traitement, ce qui signifie qu'en moyenne, les ménages disposant d'une quantité de FCFA légèrement supérieure ou inférieure sont tout à fait semblables. Ceci pourrait ne pas être vrai lorsque le seuil d'éligibilité est connu à l'avance des candidats, qui pourraient alors manipuler leurs réponses afin de bénéficier du programme. Dans notre étude, les bénéficiaires potentiels ignoraient toutefois le niveau du seuil d'éligibilité. Puisque le seuil utilisé a été arbitrairement fixé aux 30 pour cent des ménages ayant obtenu les plus faibles scores de PMT dans chaque village, les ménages situés à proximité de ce seuil d'éligibilité devraient présenter un profil quasi-identique et ne différer qu'en matière de sélection. À cet égard, ils servent de groupes de traitement et de contrôle aléatoires autour du seuil d'éligibilité ; toute discontinuité dans les variables de résultats peut par conséquent être attribuable à l'effet du traitement (Imbens et Lemieux 2007).

Les estimations exactes de la régression par continuité notées ainsi :

$$y_i = \alpha + \beta B_i + \delta(PMT_i) + \varepsilon_i$$

ont été calculées pour les données de 2011 en utilisant le programme 2.0 rd de Stata mis au point par Nichols (2011) ; y_i désigne les résultats en matière de sécurité alimentaire et de dépenses (estimés au moyen d'une régression distincte) pour le ménage i ; B_i est une variable binaire indiquant que le ménage est bénéficiaire et PMT_i représente la variable de forçage, i désignant ici le score du ménage au PMT en 2010. Le coefficient β saisit l'effet du traitement sur la variable de résultats, estimé à un certain nombre de bandes d'écart par rapport au seuil d'éligibilité. Le programme 2.0 rd sélectionne une largeur de bande par défaut qui privilégie la minimisation de l'erreur quadratique moyenne, comme le prescrivent Imbens et Kalyanaraman (2009), et estime ensuite deux largeurs de bandes supplémentaires (l'une équivalente à la moitié de la bande par défaut et l'autre représentant deux fois sa taille. Les trois bandes et les résultats de la régression par discontinuité sont présentés dans le tableau 8.6.

Pour maintenir un taux d'erreurs acceptable dans le cadre d'une régression multiple, les valeurs p. sur lesquelles on rejette l'hypothèse nulle selon laquelle le coefficient obtenu est probablement équivalent à zéro doivent être ajustées. Pour un niveau de 5 pour cent ($\alpha = 0,05$), la valeur p. sous laquelle on rejette l'hypothèse nulle devient alors $p < 0,05/11 = 0,0045$. Pour un niveau de confiance d'un pour cent ($\alpha = 0,01$), la valeur p. sous laquelle on rejette l'hypothèse nulle devient alors $p < 0,01/11 = 0,00091$. Enfin, pour un niveau de confiance de 0,1 pour cent ($\alpha = 0,001$), la valeur p. sous laquelle on rejette l'hypothèse nulle devient alors $p < 0.001/11 = 0.000091$.

Dans de telles conditions, les estimations révèlent des résultats statistiquement significatifs et positifs pour les indicateurs du SDAM au niveau de la largeur de bande la plus étroite et des résultats statistiquement significatifs et négatifs pour l'indicateur de *part alimentaire* au niveau de la largeur de bande la plus étroite ; la signification statistique de ces coefficient disparaît toutefois aux niveaux de largeurs de bande plus élevées. La direction et l'amplitude des estimations significatives selon le test de Wald semblent donc tout à fait compatibles avec une augmentation de la sécurité alimentaire et du bien-être chez les bénéficiaires du FS-CT. Certaines hypothèses et certains tests de sensibilité fragilisent toutefois ces constats.

L'inférence causale tirée d'une régression par discontinuité repose sur les hypothèses suivantes (Nichols 2007) : (1) le traitement affiche une discontinuité au niveau du seuil d'éligibilité ; (2) les variables de résultats et de traitement sont continues dans la variable d'affectation conditionnée au statut d'affectation, qui est testé en recherchant sur ces variables les discontinuités éloignées du seuil d'éligibilité ; (3) les observations sont interchangeables au niveau du seuil d'éligibilité et pourraient constituer des facteurs de confusion potentiels, que l'on peut tester en recherchant sur les variables de contrôle une discontinuité au niveau du seuil d'éligibilité ; et (4) l'affectation n'a fait l'objet d'aucune manipulation, ce qui peut être testé en confirmant que la densité de la variable de forçage

Tableau 8.6 Estimations de la discontinuité de la régression au moyen de l'estimateur de Wald, régions de Tahoua et de Tillabéri, 2011

	(1) EFM	(2) ISAréd	(3) ISAfull	(4) ISApond	(5) CSAnt	(6) CSA	(7) SDAM	(8) SCDA	(9) Intot_pc	(10) Infood_pc	(11) Part alim.
Largeur de bande											
Par défaut	-0,317	-5,788	-4,105	-6,379	-7,331	-3,760	0,462	3,923	0,145	-0,0930	-0,180
	(0,736)	(0,078)	(0,262)	(0,342)	(0,487)	(0,686)	(0,658)	(0,208)	(0,736)	(0,840)	(0,016)
	[10,89]	[15,46]	[14,96]	[20,10]	[19,49]	[18,75]	[10,20]	[13,54]	[7,61]	[8,77]	[5,15]
Moitié de la valeur par défaut	0,0380	-2,566	-1,903	-5,706	-7,853	-6,087	3,384***	9,389	0,691	0,326	-0,292*
	(0,979)	(0,558)	(0,697)	(0,480)	(0,507)	(0,540)	(0,000052)	(0,006)	(0,147)	(0,495)	(0,001)
	[5,45]	[7,73]	[7,48]	[10,05]	[9,75]	[9,37]	[5,10]	[6,77]	[3,80]	[4,38]	[2,58]
Double de la valeur par défaut	0,485	-2,015	0,0344	1,671	-2,796	-0,751	-0,0332	1,810	0,0367	-0,140	-0,128
	(0,593)	(0,505)	(0,992)	(0,819)	(0,729)	(0,916)	(0,967)	(0,524)	(0,923)	(0,726)	(0,038)
	[21,78]	[30,91]	[29,92]	[40,20]	[38,98]	[37,50]	[20,41]	[27,08]	[15,21]	[17,54]	[10,30]
N	1289	1289	1289	1289	1289	1289	1289	1289	1289	1289	1289

Note : * p<0,0045, ** p<0,00091, *** p<0,000091. Valeurs-p entre parenthèses ; longueurs de bande entre crochets.

215

est continue au seuil d'éligibilité. La mise à l'épreuve de chacune de ces quatre hypothèses sur la variable de résultats SDAM et sur celle de la *part alimentaire* a donné les résultats suivants :

(i)   Les données montrent une discontinuité de traitement à certaines largeurs de bande, à la fois pour le SDAM et pour la *part alimentaire*. Dans le cas du SDAM, l'affectation au traitement augmente au niveau du seuil d'affectation à la largeur de bande 5,1 (voir le graphiques 8.2 panel a) ; cependant, l'affectation au traitement n'augmente pas à des largeurs de bande plus élevées. Dans le cas de la *part alimentaire*, l'affectation au traitement augmente au seuil de traitement sur la largeur de bande de 2,6 uniquement (voir le graphiques 8.2 panel b) (voir les graphiques A8.4 et 8.5 en annexe pour la liste complète des résultats de discontinuité).

(ii)   Les données ne respectent pas l'hypothèse voulant que les variables de résultats et de traitement soient continues sur la variable d'affectation conditionnée au statut d'affectation, comme le démontrent les discontinuités apparentes éloignées du seuil d'éligibilité. Comme recommandé par Imbens et Lemieux (2007), la mise à l'épreuve de cette hypothèse a été effectuée en recherchant des discontinuités de résultats au point médian de la variable de forçage à la gauche et à la droite du seuil, puis en répétant le processus avec les points sous-médians. Ce processus a révélé des discontinuités statistiquement significatives sur les variables de résultats (le SDAM et la *part alimentaire*), à des points autres que le seuil du PMT. Sur les 10 points médians estimés, on a pu observer quatre bonds statistiquement significatifs sur la variable de résultats au-dessus et en dessous du seuil (c'est-à-dire dans les groupes de bénéficiaires et de non-bénéficiaires). L'échec à ce test implique que l'amélioration des résultats du SDAM et de la *part alimentaire* au seuil

Graphique 8.2 Discontinuités de traitement relevées pour les seuils de PMT à de faibles largeurs de bande

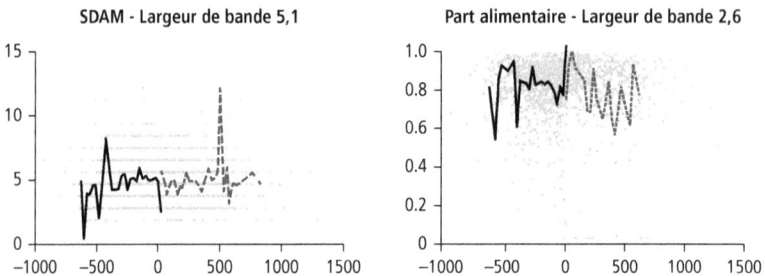

d'éligibilité fixé par le PMT pourrait ne pas être attribuable au fait d'être bénéficiaire du projet.

(iii) La mise à l'épreuve de l'interchangeabilité des ménages au niveau du seuil d'éligibilité en tant que facteur de confusion potentiel a été effectuée à travers la recherche de discontinuités sur les variables de contrôle. Elle a révélé que les ménages paraissent en général statistiquement identiques, mises à part trois exceptions importantes : dans le cas des largeurs de bande affichant des hausses majeures dans les variables de résultats (SDAM et *part alimentaire*), trois variables du PMT montrent également des discontinuités importantes : *eau_puit ouvert* (accès à l'eau par un puits ouvert), *eau_surface* (accès à l'eau par un puits de surface), *nchaise* (nombre de chaises possédées) (voir le tableau A8.4 en annexe). Par conséquent, l'hypothèse d'une répartition au hasard des ménages dans le groupe de traitement au niveau du seuil fixé par le PMT ne peut être que faiblement soutenue, puisqu'il existe une différence constante dans les caractéristiques des ménages, notamment en matière d'accès à l'eau et du nombre de chaises possédées entre les groupes de bénéficiaires et de non-bénéficiaires.

(iv) Les données ne montrent aucun signe de manipulation dans la répartition de la variable d'affectation à proximité du seuil d'éligibilité. À chacune des largeurs de bandes pour lesquelles des discontinuités importantes de résultats ont été estimées, la densité de la variable de forçage, soit le score au PMT, est continue (voir le graphique A8.6 en annexe).

Finalement, les graphiques A8.4d et A8.5d en annexe illustrent la dépendance des effets estimés sur l'importance des largeurs de bandes. Dans le cas du SDAM, les résultats significatifs sont très sensibles à la largeur de bande 5,1 ; la bande plus étroite fait état d'impacts positifs et significatifs et les bandes plus larges montrent des impacts négligeables et insignifiants (graphique A8.4d). Les résultats significatifs sur la *part alimentaire* sont moins sensibles aux largeurs de bandes puisque l'ampleur et la portée des effets estimés changent relativement peu à mesure que la largeur de la bande s'accroît (graphique A8.5d). En général, les bandes plus étroites présentent des distorsions moins importantes puisque les observations proches du seuil d'éligibilité sont plus similaires ; elles présentent toutefois une plus faible efficacité, puisque davantage de données sont écartées. Il convient de noter que les résultats ne sont pas orientés par un manque de données au niveau du seuil. Consulter les graphiques A8.4a-c et A8.5a-c pour connaître les estimations au niveau de chaque largeur de bande se superposant à un nuage de données, qui sont bien réparties.

La vérification de la solidité des résultats du SDAM a démontré que ces derniers étaient cohérents avec les effets légèrement positifs qui disparaissent lorsque la largeur de la bande s'agrandit pour inclure davantage de cas disparates ; cependant, le non-respect des hypothèses requises mentionnées plus haut met en doute les hypothèses d'identification observées sur les largeurs de bandes plus étroites. Les constats sur le résultat relatif à la *part alimentaire* sont plus solides quelle que soit la largeur de la bande, mais les données ne respectent pas les hypothèses de continuité éloignées du seuil d'éligibilité ni l'interchangeabilité des ménages au niveau du seuil d'éligibilité. Par conséquent, les résultats statistiquement significatifs de chacun de ces indicateurs devraient être considérés avec précaution. Il n'est pas certain qu'ils soient attribuables au programme de transferts monétaires. Toutefois, l'incapacité à démontrer la causalité ne devrait pas être interprétée comme une preuve que le projet n'a pas eu d'impact.

Conclusion

Même s'il n'est pas évident que les progrès en matière de sécurité alimentaire observés en 2011 aient été réalisés grâce à l'intervention du FS-CT, il est clair que le programme a réussi à cibler les ménages souffrant d'une insécurité alimentaire plus élevée, mesurée par les indicateurs comportementaux de sécurité alimentaire, et que les bénéficiaires ont vu tous leurs indicateurs de sécurité alimentaire progresser, ce qui n'a pas été le cas chez les non-bénéficiaires. L'incapacité à démontrer un solide impact statistiquement significatif du FS-CT sur les ménages bénéficiaires peut être une conséquence du moment où les données ont été recueillies et/ou de la contamination du groupe contrôle. Comme mentionné précédemment, les données ont été recueillies immédiatement après la récolte, lorsque la nourriture était la plus abondante et que la variation de la sécurité alimentaire des ménages était donc moins perceptible. En outre, les données et les analyses ne tiennent pas compte des activités des filets sociaux informels qui peuvent être en œuvre en arrière-plan et influencer les résultats observés ici. Par exemple, si un ménage bénéficiaire a partagé des aliments ou une allocation avec un ménage non bénéficiaire suite à un transfert monétaire, ce comportement aurait contaminé le groupe « contrôle » et rendu plus difficile l'observation de l'effet du traitement.

Les différentes tendances de corrélations entre, d'une part, les indicateurs comportementaux et de fréquence/diversité de la sécurité alimentaire et, d'autre part, le score du PMT et les dépenses de 2010 et 2011 devraient faire l'objet de recherches plus approfondies. Si ces tendances ressortent également dans d'autres bases de données, elles pourraient renseigner sur le niveau de pénurie alimentaire des ménages et être utilisées lors de la sélection d'indicateurs destinés aux analyses et projets à l'avenir. En outre, l'inclusion des mesures anthropométriques appliquées de façon aléatoire à un sous-échantillon de l'ensemble de la population interrogée pourrait servir de point de repère, certes imparfait, puisque les mesures anthropométriques saisissent une autre dimension de l'insécurité alimentaire, à partir de laquelle on pourrait cependant comparer des indicateurs de sécurité alimentaire.

Dans l'ensemble, le manque de données a imposé des restrictions importantes aux analyses présentées ici. En ce sens, l'investissement dans le renforcement des capacités des partenaires nationaux permettrait d'assurer une mise en œuvre et une collecte des données de meilleure qualité. Par exemple, l'utilisation de modules identiques relatifs au PMT/aux dépenses pour 2010 et 2011 aurait considérablement facilité l'évaluation d'impact et la compréhension des relations entre la mesure du bien-être fondé sur le niveaux des dépenses et la mesure du bien-être fondée sur l'ensemble des indicateurs de sécurité alimentaire. À l'avenir, l'introduction de tests de contrôle aléatoire au moment de l'extension du projet ou dans un sous-ensemble aléatoire de la population cible pourrait également permettre d'obtenir des données de meilleures qualité pour l'estimation de l'impact du programme.

Annexes

Indicateurs de sécurité alimentaire
On trouvera ci-après une explication de la méthodologie qui sous-tend chacun des indicateurs de sécurité alimentaire et un examen approfondi de leur application aux deux échantillons.

Score de consommation alimentaire (SCA)
Le Programme Alimentaire Mondial (PAM) a élaboré le Score de consommation alimentaire (SCA) afin d'estimer la sécurité alimentaire des ménages en se fondant sur un historique de leur consommation alimentaire pendant une période de référence de sept jours (PAM 2008). Le calcul du SCA se fonde sur la fréquence de consommation d'aliments classés dans neuf catégories, mais aussi sur la teneur en nutriment des aliments consommés (PAM 2008), mesurée à partir d'une pondération des différents groupes alimentaires.

Le SCA du PAM a fait l'objet de validation en 2009. Dans l'ensemble, l'étude confirme que le SCA constitue un instrument de mesure valide de la sécurité alimentaire (Wiesmann et al. 2009). En comparant le SCA aux autres indicateurs et en le testant directement à partir de la consommation calorique des ménages, Wiesmann et al. (2009) ont en effet constaté que dans 2 des 3 études de cas, « les scores de fréquence de consommation alimentaire étaient nettement plus révélateurs qu'une simple mesure de la diversité alimentaire ». Ils font toutefois remarquer que le SCA peut encore être amélioré. Ils ont notamment suggéré de ne pas tronquer la période de référence à 7 jours afin de ne pas perdre de vue la variation de la fréquence de consommation de base (2009), une suggestion que nous avons appliquée ici.

Pour élaborer le SCA, nous avons suivi les étapes suivantes, indiquées par le Guide technique du PAM (2008) : les denrées classées dans les 24 catégories recensées dans les bases de données de 2010 et 2011 et consommées au cours de la période de référence de sept jours ont été regroupées en neuf catégories ; les fréquences de consommation ont été additionnées ; puis, dans le calcul du SCA, toute valeur dépassant sept a été arrondie à sept. Les fréquences relatives au SCA non tronqué (SCAnt) n'ont pas été modifiées. Les fréquences de consommation des groupes alimentaires ainsi obtenues ont été multipliées par leur pondération respective (voir les Directives techniques du PAM 2008 pour le système de pondération standard). Enfin, les fréquences de consommation des groupes alimentaires pondérés ont été additionnées afin d'établir le SCA et le SCAnt des ménages. Les seuils standards de sécurité alimentaire du PAM correspondent à un SCA de 21 pour une consommation « pauvre » et à un SCA de 35 pour une consommation « limite ».

La contribution au SCA de la fréquence de consommation par les ménages de chacun des groupes alimentaires établie à partir des données de 2010 est illustrée dans le graphique A8.1. Puisque la consommation des groupes alimentaires a été tronquée, la fréquence de consommation des denrées de base s'aplatit à 7 (le score maximum). Ce plateau apparaît après un SCA de 14, ce qui indique que les ménages avec un SCA supérieur ou égal à 14 consomment des denrées de base au moins quotidiennement. Un SCA supérieur ou égal à 14 indique également que les légumes commencent à occuper une part importante du

Graphique A8.1 Niger : Contribution des fréquences tronquées de consommation des familles alimentaires au SCA de 2010, région de Tahoua[11]

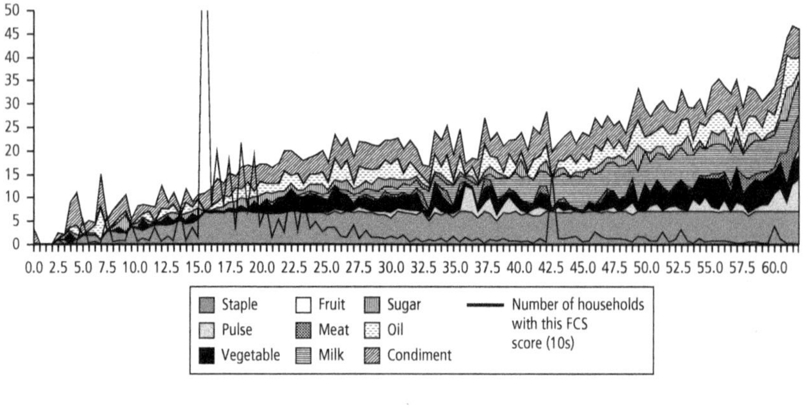

régime alimentaire. Au-delà du seuil de sécurité alimentaire « pauvre » de 21 établi par le PAM, la fréquence de la consommation de produits laitiers augmente. Les légumineuses apparaissent au-dessus du seuil sécurité alimentaire « limite » de 35. La consommation de sucre est relativement constante (environ 1,2 fois par semaine) dans tous les scores SCA, alors que la consommation de viande reste faible jusqu'à un score de 57,5. Au moment de l'enquête, les fruits étaient absents ou faiblement consommés par les ménages. L'alimentation des ménages dont le SCA est extrêmement faible se fonde sur certaines denrées de base, des condiments, de l'huile et du sucre.

Dans l'ensemble, la composition de l'échantillon des SCA présentée dans le graphique A8.1 tend à confirmer la pertinence des seuils standards utilisés par le PAM, dans la mesure où la consommation en sucre et en huile ne semble pas gonfler les scores [10] et que les augmentations en protéines et produits laitiers essentiels ne se produisent qu'au-delà des seuils fixés.

Selon un calcul du SCA fondé sur une pondération et des seuils standards, la consommation alimentaire des ménages de l'échantillon de 2010, qui ne comprend que Tahoua, est considérée « *pauvre* » dans de 68,2 pour cent des cas, « *limite* » dans 15,1 pour cent des cas et « *acceptable* » dans 16,7 pour cent des cas. Lorsque l'on considère l'échantillon complet d'octobre 2011 (Tahoua seulement), 39,1 (18,4) pour cent des ménages ont un SCA « *pauvre* », 21,6 (21,3) pour cent ont SCA « *limite* » et 39,3 (60,2) un SCA « *acceptable* ». Le niveau élevé de ménages présentant une sécurité alimentaire *pauvre* et *limite* en 2010 par rapport au mois d'octobre 2011 peut s'expliquer par le changement saisonnier et annuel de la sécurité alimentaire qui s'est produit entre la collecte des deux bases de données.

Comme tout indicateur de sécurité alimentaire, le SCA et le SCAnt ont leurs limites : le système standard de pondération risque de ne pas refléter fidèlement la qualité du régime alimentaire des différentes cultures (SecureNutrition 2012, Wiesman *et al.* 2009) et donc celle du régime alimentaire au Niger ; en outre, la période de référence de sept jours ne permet pas de distinguer l'insécurité alimentaire à long terme de celle à court terme ; le choix de 9 familles d'aliments plutôt que 12 pour l'agrégation de la consommation alimentaire des ménages risque par ailleurs de réduire la capacité des indicateurs à percevoir les variation de la diversité des régimes alimentaires. Enfin, les praticiens ont souligné que le SCA risquait de sous-estimer l'insécurité alimentaire par rapport à d'autres indicateurs de sécurité alimentaire (SecureNutrition 2012).

Score de diversité alimentaire des ménages (SDAM)

Le Score de diversité alimentaire des ménages (SDAM) a été développé par le projet d'assistance technique en nutrition et en alimentation (*Food and Nutrition Technical Assistance project*, FANTA) ; il est employé par la FAO pour mesurer l'accès des ménages à des aliments variés. Cet outil est également considéré comme « une estimation de l'adéquation nutritive du régime alimentaire des individus » (Kennedy *et al.* 2011). Le SDAM englobe plus de familles alimentaires que le SCA (12 au lieu de 9) mais n'utilise aucune pondération. Les études de validation ont démontré que le SDAM était corrélé avec d'autres mesures du bien-être et de la sécurité alimentaire des ménages. Après avoir examiné 24 bases de données issues de 10 pays différents, Hoddinot et Yohannes (2002) ont par exemple constaté la présence de relations positives statistiquement significatives entre la mesure de la diversité alimentaire, qu'ils définissent comme le nombre d'aliments ou de groupes alimentaires différents consommés au cours d'une période de référence donnée, et la consommation/l'apport calorique quotidien *per capita*. À partir des données disponibles, ils ont estimé qu'une augmentation de 1 pour cent de la diversité alimentaire entraînait d'une part une hausse de 0,65 à 1,11 pour cent de la consommation *per capita* et d'autre part une hausse de 0,37 à 0,73 pour cent de l'apport calorique *per capita* (avec une hausse de 0,31 à 0,76 pour cent de l'apport calorique provenant de denrées de base et de 1,17 à 1,57 pour cent tiré d'autres aliments) (Hoddinot et Yohannes 2002).

Pour l'élaboration du SDAM, la FAO (2011) recommande de suivre les étapes suivantes : tous les repas consommés par un membre du ménage au cours d'une période de référence de 24 heures sont classés par l'enquêteur dans l'une des 16 catégories pré-identifiées ; les aliments sont ensuite classés dans 12 catégories, chacune d'entre elles étant tronquée à 1. Le SDAM correspond au nombre total de catégories alimentaires consommées au cours de la période de référence. Le score maximal s'élève donc à 12 et indique que le ménage a consommé des aliments appartenant aux 12 groupes alimentaires au cours des 24 dernières heures, ce qui indique une diversité alimentaire élevée.

Les deux enquêtes nigériennes disponibles n'ont pas utilisé de questionnaire SDAM ; il nous a donc fallu élaborer le SDAM à partir du même module que celui utilisé pour le SCA. Du fait de cette contrainte, le SDAM utilisé ici diffère du modèle standard : les données collectées font référence à une période de sept jours au lieu de 24 heures. Cependant, puisque Hoddinot et Yohannes (2002) ont constaté que les corrélations entre les indicateurs de diversité alimentaire et l'apport calorique étaient aussi pertinentes sur une période de sept jours que de 24 heures, les valeurs SDAM adaptées devaient pouvoir répondre aux besoins de notre analyse. À partir des données disponibles, les aliments consommés par les ménages au cours de la dernière semaine ont ainsi été regroupés en 12 catégories, la fréquence de la consommation a été tronquée à 1 et les valeurs ont été additionnées pour établir le score SDAM composite.

Il convient de préciser que la façon dont les répondants on été invités à décrire leur consommation alimentaire n'a pas été clairement indiquée. Les directives relatives au SDAM recommandent à l'enquêteur de demander aux personnes interrogées de décrire les aliments consommés par les membres du ménage au cours des 24 dernières heures et de poser des questions supplémentaires sur les collations et les repas pris entre le petit déjeuner, le déjeuner et le dîner traditionnels. Il n'est pas suggéré de préciser de familles particulières d'aliments. Dans le cas des données disponibles, les modules du questionnaire posent des questions sur certaines familles alimentaires particulières et recensent les aliments entrant dans la composition de ces catégories. Cette façon de formuler les questions a pu biaiser les données en faveur des aliments mentionnés et de ce fait sous-estimer la consommation des autres denrées.

Comme le montre le graphique A8.2 ci-dessous, la hausse du SDAM s'accompagne d'une augmentation du nombre de groupes alimentaires consommés au cours de la dernière semaine. Le régime alimentaire hebdomadaire de la majorité des ménages de l'échantillon (la moyenne du SDAM pour 2010 est de 3,5) est composé de céréales et de petites quantités de viande, de poisson ou de légumineuses accompagnés de légumes, d'huile, de sucre, de produits laitiers et tubercules. Une véritable amélioration de la diversité alimentaire (au-delà des céréales, des sucres, des condiments et de l'huile) se produit lorsque le SDAM dépasse 4, un score à partir duquel la consommation des légumes augmente, puis 5, où les produits laitiers, les tubercules, les légumes et la viande commencent à occuper une place plus importante. Les groupes

Graphique A8.2 Niger : Contribution des catégories de familles alimentaires au SDAM de 2010, région de Tahoua

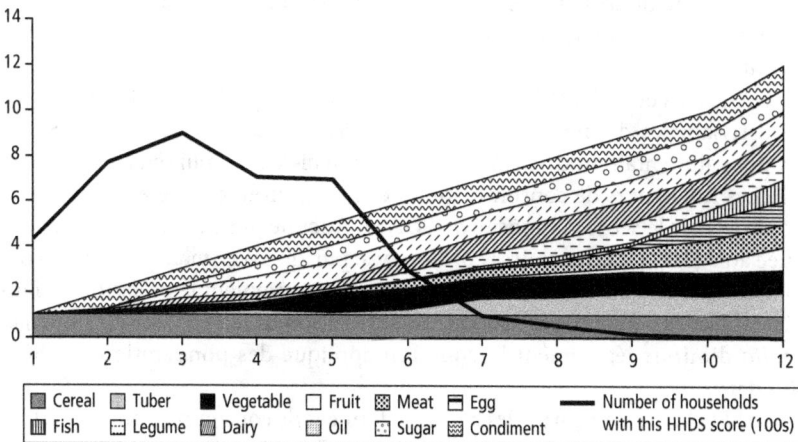

Source : calculs de l'auteur.

alimentaires comme les poissons, les œufs et les fruits n'apparaissent réellement qu'au-dessus d'un SDAM de 9. La consommation quotidienne de
céréales et de petites quantités des autres aliments est constante tout au long
du spectre, ce qui confirme qu'un régime alimentaire basé sur le millet et le
riz aromatisés de petites quantités de viande, de poisson ou de légumes est
typique du Niger.

Comme souligné plus haut, le SDAM de 2011 est plus élevé que celui de
2010 ; en 2011, la consommation d'un ménage moyen s'élève à un SDAM de 4,3
(4,5 à Tahoua seulement).

L'utilisation du SDAM en tant qu'indicateur de sécurité alimentaire présente
également certaines limites, notamment l'incapacité à rendre compte de la fréquence, de la quantité ou de la qualité de la consommation. La consommation de
légumes une fois au cours de la semaine écoulée contribuera par exemple tout
autant au SDAM que la consommation répétée de plusieurs légumes au cours de
la même période. De même, l'ajout de sucre au régime alimentaire augmentera le
score autant que celle de légumes ou de viande. En outre, comme le SCA, le SDAM
n'établit pas de distinction entre la sécurité alimentaire à court et à long terme.

Consommation et diversité alimentaires

En raison des limites du SCA et du SDAM, nous avons élaboré un indicateur
supplémentaire conjuguant la fréquence de la consommation alimentaire du
SCA et la diversité des 12 familles d'aliments du SDAM. Ce score de fréquence
et de diversité alimentaire (SFDA) combine les avantages des deux indicateurs
dont il est issu, c'est-à-dire qu'il indique à la fois la fréquence et la diversité.
Son élaboration a été inspirée par Weisman *et al.* (2009), qui démontrent
qu'un indicateur de fréquence alimentaire non pondéré agrégé à partir des 12
groupes alimentaires du SDAM « est légèrement plus efficace que le SDAM »
en matière de corrélation avec la consommation calorique de référence *per
capita*.

Le SFDA a été calculé à partir du même module que le SCA et le SDAM en
répartissant les données de la période de référence de 7 jours dans les 12
groupes alimentaires du SDAM, comme décrit ci-dessus, puis en les tronquant
à 7. Les fréquences de consommation de chaque groupe ont été additionnées
pour obtenir le score composite de SDAM. Aucune pondération n'a été appliquée aux groupes alimentaires consommés, puisque Weisman *et al.* (2009) ont
montré que la pondération n'améliore pas nécessairement la précision de l'indicateur et ont même constaté que la corrélation avec l'apport calorique *per
capita* diminue légèrement lorsque l'on applique des pondérations au SCA
standard.

Le SFDA calculé à partir des bases de données de consommation du PMT de
2010 et de 2011 présente les mêmes tendances d'amélioration entre 2010 et 2011
que le SCA et le SDAM présentés ci-dessus.

Les limites du SFDA sont les mêmes que celles du SCA et du SDAM. En outre, le SFDA ne tient pas compte de la qualité des aliments consommés, il n'est pas reconnu dans la littérature et n'a fait l'objet d'aucune validation autre que les corrélations constatées par Weisman *et al.* (2009).

Indice de stratégies d'adaptation

Mis au point par le PMA et CARE, l'indice de stratégies d'adaptation (ISA) permet de mesurer la réponse comportementale du ménage à l'insécurité alimentaire, et plus particulièrement au manque d'accès aux aliments. Les comportements mesurés par l'ISA relèvent de quatre catégories : modification du régime alimentaire, adaptation à court terme du ménage visant à augmenter la disponibilité des aliments, adaptation à court terme du ménage visant à réduire le nombre d'individus à nourrir et stratégies de rationnement. L'indice ISA mesure la fréquence (à travers les réponses des ménages) et la gravité (à travers l'application de pondérations de gravité) des comportements adoptés.

Bien que l'ISA soit élaboré à partir de stratégies d'adaptation courantes, il est recommandé de l'adapter au contexte local (Maxwell et Caldwell 2008). Son Manuel de méthodes pour le terrain souligne l'importance d'élaborer le questionnaire et la pondération à partir du contexte local et avec la participation d'un groupe de référence au niveau communautaire. Pour élaborer un ISA complet conforme à ces directives, le chercheur doit collaborer avec la communauté pour définir un ensemble pertinent de questions relatives aux stratégies d'adaptation et à la pondération de leur gravité. On procède ensuite à l'enquête au niveau des ménages et l'indice final correspond à la somme des réponses sur la fréquence multipliée par la pondération.

Outre l'ISA complet (sa version originale), Maxwell *et al.* (2008) ont élaboré un ISA réduit. Par rapport à l'ISA complet propre à son contexte, l'ISA réduit comprend cinq questions standards et une pondération de la gravité applicable à n'importe quel contexte. L'ISA réduit a été testé pour le comparer à l'ISA complet ; il en est ressorti que l'ISA « reflète l'insécurité alimentaire presque aussi bien » que l'ISA complet, mais qu'il pourrait être moins efficace dans l'identification des ménages les plus affectés par l'insécurité alimentaire puisqu'il ne peut pas saisir/rendre compte des stratégies d'adaptation extrêmes adoptées dans un contexte particulier (Maxwell *et al.* 2008).

Puisqu'aucune pondération n'a été fournie pour les modules d'ISA, ni dans les données de 2010 ni dans celles de 2011, et que l'on ignore si l'enquête a été élaborée en fonction du contexte local, trois versions différentes de l'ISA ont été calculées à partir des données disponibles :

1) L'ISA complet, qui correspond à la somme des 16 réponses de fréquence disponibles dans les données. Aucune pondération n'a été appliquée ; cet indicateur ne mesure donc pas la gravité ;

2) L'ISA réduit, qui n'inclut que les 5 questions standards associées à la pondération correspondante (pour plus de détails, voir Maxwell et Caldwell 2008) ;

3) L'ISA pondéré, qui correspond au module de l'ISA complet pondéré par la moyenne des coefficients assignés par les communautés locales dans 7 régions ou pays africains lors d'une étude conduite par Maxwell, Caldwell, et Langworthy (2008). Les questions du module de l'ISA de 2010 et 2011 absentes dans Maxwell *et al.* (2008) ont reçu une pondération de zéro.

En examinant les données, on remarque que les ISA de 2010 sont systématiquement plus élevées que ceux de 2011, un constat qui n'a rien d'étonnant vues la saison (soudure) et des circonstances (crise alimentaire) en 2010.

Maxwell (1995) et Maxwell (1999) analysent les corrélations existant entre l'ISA et d'autres indicateurs de sécurité alimentaire et de bien-être dans différentes bases de données d'études de cas. Ils y relèvent des corrélations statistiquement significatives, quoique d'ampleurs diverses. Maxwell et Caldwell (2008) recommandent quant à eux d'utiliser un ISA complet (spécifiques au contexte) pour évaluer la précision du ciblage des interventions de sécurité alimentaire. Si les variations de l'ISA calculé ici saisissent certains aspects de l'insécurité alimentaire nigérienne, il n'est pas certain qu'un ISA propre à son contexte a été élaboré ici, c'est pourquoi les indicateurs devraient être considérés avec précaution.

Échelle de la faim dans les ménages

L'échelle de la faim dans les ménages (EFM) du FANTA II est une version simplifiée en trois questions de l'échelle de l'accès des ménages à l'insécurité alimentaire (EAMIA), développée antérieurement. Comme le SCA et le SDAM, l'EFM a été élaborée afin de mesurer la réponse comportementale des ménages à l'insécurité alimentaire. L'EFM ne pondère pas la gravité comme le SCA mais examine la fréquence au cours d'une période plus longue, certes avec moins de précision, mais aussi moins de sensibilité aux fluctuations de la sécurité alimentaire à court terme. Contrairement au SDAM, l'EFM permet une comparabilité interculturelle, été validée par Deitchler *et al.* (2010) pour le FANTA II. L'étude de validation a constaté que les trois questions de l'EFM permettaient les comparaisons interculturelles entre les 7 bases de données considérées (celles-ci avaient été établies dans 6 contextes différents, notamment au Kenya, au Malawi, au Mozambique, en Afrique du Sud, en Cisjordanie/bande de Gaza et au Zimbabwe).

Le module d'enquête standard de l'EFM pose trois questions sur l'accès aux aliments et la privation alimentaire, mais aussi sur la fréquence des privations alimentaires au cours des 30 jours écoulés. La fréquence est évaluée selon deux catégories : 1 pour rarement ou parfois (1-10 fois) et 2 pour souvent (plus de 10 fois). L'addition des réponses sur la fréquence constitue l'EFM composite total. Les scores de privation alimentaire s'échelonnent de 0 à 6 ; un score de 0-1 indique un niveau de faim faible ou inexistant, un score de 2-3 indique un niveau de faim modéré et un score de 4-6 indique une situation de faim grave.

Même si aucun module d'EFM n'entrait dans la composition des enquête disponibles, trois des questions du module sur les stratégies d'adaptation étaient suffisamment proches du questionnaire de l'EFM standard (voir tableau A8.1) pour permettre de calculer un indicateur similaire à l'EFM avec les données disponibles. La période de référence utilisée pour l'indicateur EFM calculé ici diffère de celle du modèle standard : les données disponibles concernent une période de référence de sept jours plutôt que de 30 jours, comme il est pourtant recommandé. En raison de cette différence, le tableau ne classe pas les réponses en fonction des catégories énumérées plus haut (rarement, parfois et souvent). Par conséquent, l'EFM développée ici n'est pas comparable à l'échelle et aux catégories standards ; elle correspond en revanche à une simple addition des réponses aux trois questions et donne lieu à des scores s'échelonnant sur une échelle de 0 à 21, où 21 indique que les sept jours écoulés se caractérisent par une privation quotidienne de tous les types.

Les trois questions du module d'enquête EFM permettent d'identifier la réponse comportementale à la privation de nourriture. Puisque ces questions ne figuraient pas dans les enquêtes de 2010 et de 2011, nous avons toutefois utilisé les questions de substitution présentées dans le tableau A8.1.

Les résultats de l'EFM pour les ménages de Tahoua interrogés en 2010 sont présentés dans le graphique A8.3. La fréquence des réponses à la question

Tableau A8.1 Niger : Questions figurant dans le module standard relatif au ménage et dans les données issues de l'enquête

Section standard relative au EFM	Questions posée par les enquêtes de 2010 et 2011
Durant les [4 dernières semaines/30 derniers jours], est-il arrivé qu'il n'y ait rien à manger chez vous à cause d'un manque de moyens ?	Durant les 7 derniers jours, est-il arrivé que vous n'ayez pas assez de nourriture ou d'argent pour acheter à manger ?
Durant les [4 dernières semaines/30 derniers jours], est-il arrivé que vous ou un autre membre du ménage aille se coucher en ayant faim parce que vous n'aviez pas assez à manger ?	Durant les 7 derniers jours, est-il arrivé que vous ou un autre membre du ménage aille se coucher en ayant faim parce que vous n'aviez pas assez à manger ?
Durant les [4 dernières semaines/30 derniers jours], est-il arrivé que vous ou un autre membre du ménage passe une journée et une nuit entière sans manger parce que vous n'aviez pas assez à manger ?	Durant les 7 derniers jours, est-il arrivé que votre ménage passe une journée entière sans manger ?

Graphique A8.3 Niger : Contribution de chaque question au score de l'EFM de 2010, région de Tahoua

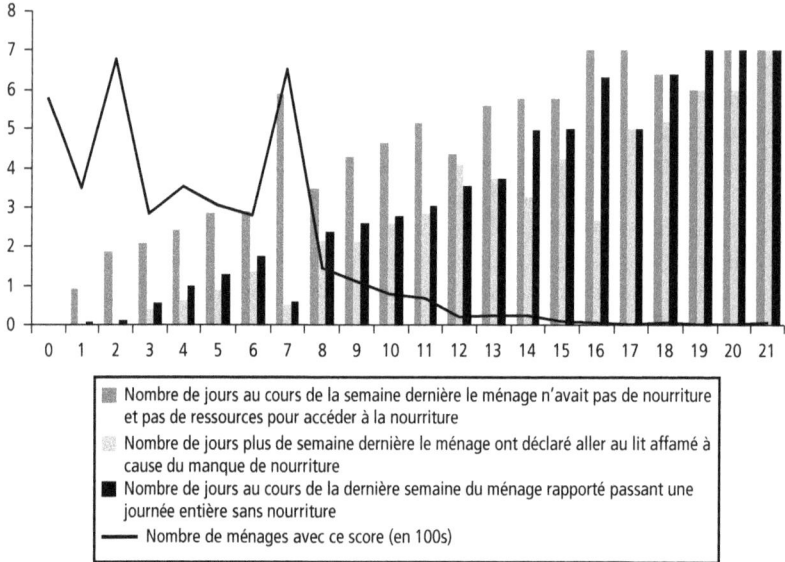

Légende :
- Nombre de jours au cours de la semaine dernière le ménage n'avait pas de nourriture et pas de ressources pour accéder à la nourriture
- Nombre de jours plus de semaine dernière le ménage ont déclaré aller au lit affamé à cause du manque de nourriture
- Nombre de jours au cours de la dernière semaine du ménage rapporté passant une journée entière sans nourriture
- —— Nombre de ménages avec ce score (en 100s)

« au cours des sept derniers jours, est-il arrivé que le ménage se retrouve sans nourriture ou n'ait pas suffisamment d'argent pour acheter des aliments ? » semble être celle qui contribue le plus haut score global, dans la mesure où tous les ménages présentant un score supérieur à 0 ont répondu « oui » pour l'un des sept jours écoulés au moins. Suivent ensuite l'occurrence d'avoir passé une journée entière sans manger, puis l'occurrence d'être allé se coucher en ayant faim. Plus de 90 pour cent de l'échantillon interrogé à Tahoua en 2010 présente une EFM de 8 ou moins. Conformément à la tendance décrite ci-dessus, l'EFM moyenne est plus élevée en 2010 (4,18) qu'en 2011 (1,5 pour l'échantillon complet, 1,5 pour Tahoua).

L'EFM présente plusieurs limites. Ballard *et al.* (2011) font remarquer que l'indicateur EFM ne saisit que les réponses comportementales les plus extrêmes face à un accès insuffisant aux aliments et pourrait par conséquent ne pas être sensible à des privations moins graves, mais malgré tout importantes. Outre les restrictions inhérentes à l'indicateur EFM standard, notre adaptation de l'EFM a ses propres limites, imputable à la courte durée de la période de référence utilisée lors de la collecte des données : Ballard *et al.* (2011) recommandent de ne pas utiliser une période de référence/rappel de moins de 30 jours, étant donnée la fluctuation habituelle des privations courantes au fil du temps.

Tableau A8.2 Niger : Utilisation des transferts monétaires déclarée par les bénéficiaires, régions de Tahoua et Tillaberi, 2011

En règle générale, comment avez-vous employé votre transfert monétaire? (N =1980,44, pondéré)	Pourcentage de "oui"
Achats alimentaires pour le ménage	96,4
Achats alimentaires pour les enfants	82,3
Achats de produits de consommation pour le ménage	87,6
Achats de produits de consommation pour les enfants	78,3
Épargne	74,7
Investissements dans des activités agricoles	38,9
Investissements dans d'autres activités	47,2
Investissements dans des actifs (bétail, etc.)	53,9
Transferts en faveur d'autres ménages	25,2
Autre	11,8

Tableau A8.3 Niger : Comparaison des moyennes des indicateurs de sécurité alimentaire et du bien-être des bénéficiaires et non-bénéficiaires, région de Tahoua, 2010 et 2011

Année/enquête	Indicateur	Bénéficiaire	Moyenne	Écart type/ Erreur type linéaire	Obs.	Test d'égalité des moyens
2010	SCA	0	22.131407	13.269956	2751	
		1	21.635792	12.798188	1193	Prob > F = 0.2693
		Total	21.981491	13.129398	3944	
2010	SCAnt	0	25.149218	16.067658	2751	
		1	24.998743	15.428778	1193	Prob > F = 0.7812
		Total	25.103702	15.875319	3944	
	SCDA	0	16.326063	7.7677309	2751	
		1	16.305113	7.7412507	1193	Prob > F = 0.9378
		Total	16.319726	7.7587552	3944	
	SDAM	0	3.4972737	1.6998106	2751	
		1	3.650461	1.6717255	1193	Prob > F = 0.0086
		Total	3.5436105	1.6926164	3944	
	EFM	0	4.0247183	3.2517586	2751	
		1	4.5481978	3.3168118	1193	Prob > F = 0.0000
		Total	4.1830629	3.279979	3944	
	ISAfull	0	19.831334	14.779614	2751	
		1	22.041073	14.751094	1193	Prob > F = 0.0000
		Total	20.499746	14.803969	3944	

(continue page suivante)

Tableau A8.3 (suite)

Année/enquête	Indicateur	Bénéficiaire	Moyenne	Écart type/ Erreur type linéaire	Obs.	Test d'égalité des moyens
	ISAréd	0	15.432933	14.45373	2751	
		1	16.855826	14.364713	1193	Prob > F = 0.0044
		Total	15.863337	14.439844	3944	
	ISApond	0	35.949255	28.778797	2751	
		1	40.446354	28.838944	1193	Prob > F = 0.0000
		Total	37.309559	28.867366	3944	
2011	SCA	0	38.70362	1.098468	2472.05	
		1	40.63814	0.8283781	1357.72	Prob > F = 0.1600
		Total	39.38944	0.7677474	3829.77	
	SCAnt	0	43.42867	1.240634	2472.05	
		1	46.276	0.9414183	1357.72	Prob > F = 0.0679
		Total	44.4381	0.8685594	3829.77	
	SCDA	0	20.99182	0.5688323	2472.05	
		1	22.61377	0.401155	1357.72	Prob > F = 0.0200
		Total	21.56683	0.3941681	3829.77	
	SDAM	0	4.297666	0.1171053	2472.05	
		1	4.772675	0.0978968	1357.72	Prob > F = 0.0019
		Total	4.466064	0.0836627	3829.77	
	EFM	0	1.6915	0.1710175	2472.05	
		1	1.180763	0.1021597	1357.72	Prob > F = 0.0105
		Total	1.510435	0.1166713	3829.77	
	ISAfull	0	8.22183	0.7096135	2472.05	
		1	7.753166	0.547513	1357.72	Prob > F = 0.6011
		Total	8.055681	0.497056	3829.77	
	ISAréd	0	6.589442	0.671911	2472.05	
		1	7.083521	0.5727395	1357.72	Prob > F = 0.5758
		Total	6.764601	0.4782947	3829.77	
	ISApond	0	15.82445	1.537911	2472.05	
		1	15.75576	1.224894	1357.72	Prob > F = 0.9721
		Total	15.8001	1.08222	3829.77	
	lnPCExp	0	11.05668	0.0626521	2472.05	
		1	11.22713	0.0410435	1357.72	Prob > F = 0.0231
		Total	11.11711	0.0430794	3829.77	

(continue page suivante)

Tableau A8.3 (suite)

Année/enquête Indicateur	Bénéficiaire	Moyenne	Écart type/ Erreur type linéaire	Obs.	Test d'égalité des moyens
lnPCFexp	0	10.60675	0.1453731	2472.05	
	1	10.97641	0.0472831	1357.72	Prob > F = 0.0158
	Total	10.7378	0.0955663	3829.77	
Part alimentaire	0	0.8090367	0.0130341	2472.05	
	1	0.8052638	0.007546	1357.72	Prob > F = 0.8022
	Total	0.8076992	0.0088162	3829.77	

Graphique A8.4 Niger : Discontinuité du SDAM au seuil d'éligibilité du PMT avec différentes largeurs de bande (A-C) ; largeur de bande en fonction des effets estimés (D)

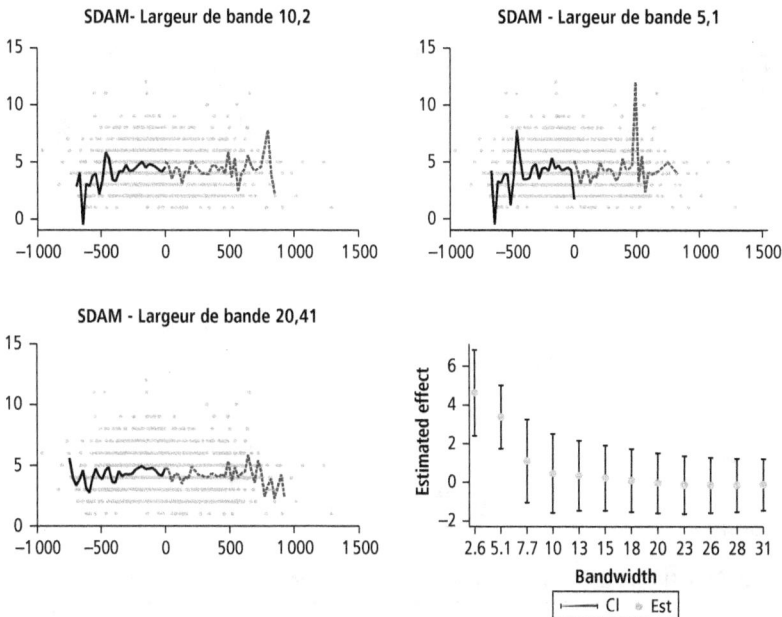

Source : calculs de l'auteur.

Graphique A8.5 Niger : Discontinuité de la part alimentaire au seuil d'éligibilité du PMT avec différentes largeurs de bande (A-C) ; largeur de bande en fonction des effets estimés

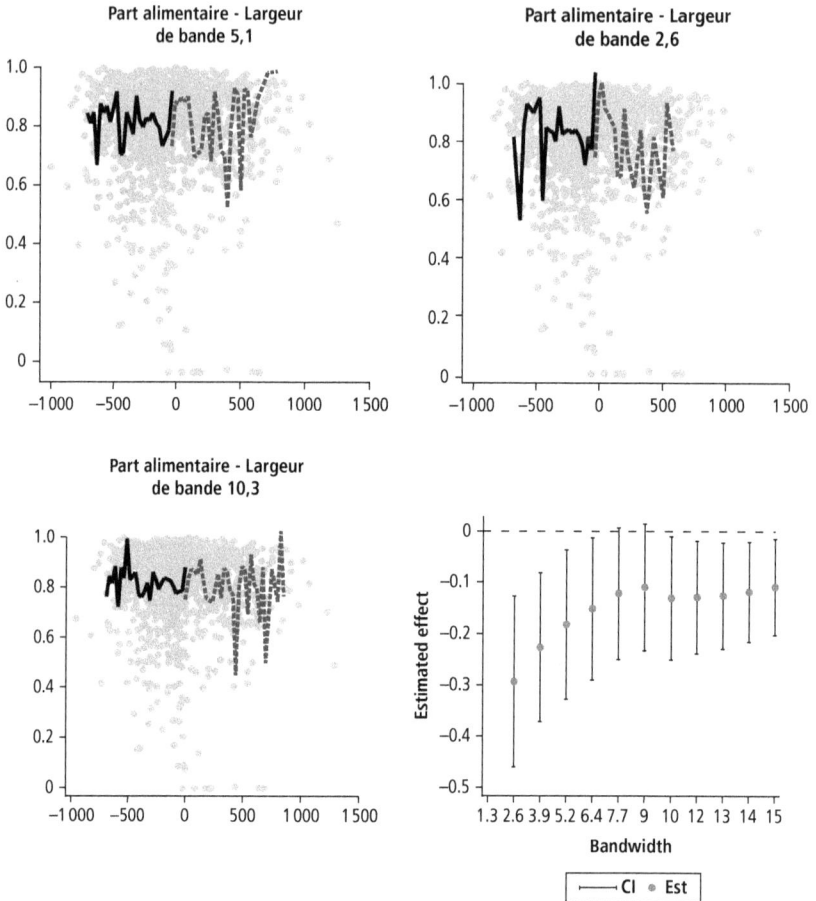

Part alimentaire - Largeur de bande 5,1

Part alimentaire - Largeur de bande 2,6

Part alimentaire - Largeur de bande 10,3

Source : calculs de l'auteur.

Discontinuité de la régression

Tableau A8.4 Niger : Test de discontinuité des variables de PMT au niveau du seuil

	(1) SDAM	(2) Part alimentaire
eau_puitouvert (largeur de bande par défaut)	0,631**	0,700***
	(2,94)	(3,33)

(continue page suivante)

Tableau A8.4 (suite)

	(1) SDAM	(2) Part alimentaire
eau_surface (largeur de bande par défaut)	-0,419	-0,954**
	(-1,50)	(-2,59)
nchaise (largeur de bande par défaut)	1,169*	1,751***
	(2,31)	(3,35)
lwald (largeur de bande par défaut)	0,650	-0,180*
	(0,59)	(-2,40)
eau_puitouvert (largeur de bande par défaut * 0.5)	0,728***	1,277***
	(3,55)	(3,99)
eau_surface (largeur de bande par défaut * 0.5)	-1,034**	-1,346**
	(-2,68)	(-2,83)
nchaise (largeur de bande par défaut * 0.5)	1,748***	1,522**
	(3,50)	(3,06)
lwald (largeur de bande par défaut * 0.5)	3,664***	-0,292***
	(4,70)	(-3,42)
eau_surface (largeur de bande par défaut * 2)	-0,254	-0,357
	(-1.64)	(-1,46)
eau_puitouvert (largeur de bande par défaut * 2)	0,760***	0,657**
	(4,42)	(3.25)
nchaise (largeur de bande par défaut * 2)	0,586	0,988*
	(1,28)	(2,02)
lwald (largeur de bande par défaut * 2)	0,0943	-0,128*
	(0,11)	(-2,07)
N	1289	1289

Statistics t entre parentheses
* p < 0,05, ** p < 0,01, *** p < 0,001

Graphique A8.6 Niger : Densité de la variable d'assignation et score de PMT aux largeurs de bande produisant des discontinuités importantes des variables de résultats

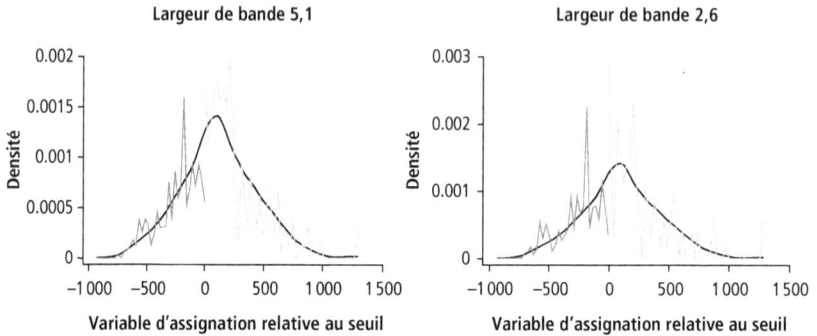

Largeur de bande 5,1   Largeur de bande 2,6

Notes

1. Voir par exemple le rapport suivant sur les quatre dernières crises du Niger (2000, 2005, 2010 et 2012) : rapport spécial soumis à la Commission des droits de l'homme (Ziegler 2002), rapport spécial du FEWSNET (Grobler-Tanner 2006), rapports mensuels du FEWSNET de 2010 sur le Niger (FEWSNET 2010, fév., juil., sept.) et rapports mensuels du FEWSNET de 2012 sur le Niger (FEWSNET, avril 2012).
2. Le Niger compte huit régions administratives, 36 départements et 265 communes, dont 52 se trouvent en milieu urbain et 213 en milieu rural (NIS 2007)
3. Une somme environ équivalente à 20 dollars, en fonction du taux de change.
4. Le ciblage géographique des villages s'est déroulé de la façon suivante : le Dispositif national de prévention et de Gestion des crises alimentaire (DNGCA) a procédé à une sélection des départements de Tillabéry et Ouallam (région de Tillabéry) et des départements d'Illéla et de Bouza (région de Tahoua). Au sein des départements sélectionnés, des communes et des villages ont été retenus sur les critères suivants : fréquence des crises alimentaires, absence de programmes similaires et accès à des marchés alimentaires fonctionnels (Katayama 2010).
5. Des modèles distincts ont été développés pour les ménages ruraux et urbains; la présente étude ne traite toutefois que du modèle rural, car les scores de consommation alimentaire ne sont disponibles que pour les ménages ruraux.
6. Les moyennes des observations d'octobre 2011 sont pondérées pour être représentatives de l'enquête de 2010 auprès de la population.
7. Pour 2010, on dispose de l'écart type, tandis que pour 2011, on dispose de l'erreur type linéaire
8. Voir Maxwell *et al.* (2011) pour une analyse des corrélations entre les indicateurs de sécurité alimentaire. En général, les corrélations observées ici sont légèrement moins prononcées que celles relevées par Maxwell *et al.* (2011). Toutefois, les indicateurs analysés ici et par Maxwell ont apparemment été élaborés différemment.

9. Il convient de noter que l'indicateur de SDAM présente une différence inattendue de signification statistique, dans la mesure où les ménages bénéficiaires obtiennent un SDAM moyen supérieur de 4,6 pour cent à celui des ménages non bénéficiaires.

10. Dans le cas d'un SCA de 6, la dépendance au pétrole peut faire gonfler le score pondéré de SCA.

11. La moyenne des fréquences de consommation des familles alimentaires ont été calculées pour chaque SCA. Pour un score de SCA de 60, les moyennes sont étendues à tous les ménages ayant obtenu un score situé entre 60 et 90. La même méthode a été appliquée pour les scores situés entre 70 et 79, 80 et 89, 90 et 99 et 100 et plus.

Bibliographie

Ballard, T., J. Coates, A. Swindale et M. Deitchler (2011). *Household Hunger Scale: Indicator Definition and Measurement Guide*. Washington DC: Food and Nutrition Technical Assistance II Project, FHI 360.

Barrett, C. (2010). "Measuring Food Insecurity," *Science* (327):825-8.

———(2002). Food Security and Food Assistance Programs. In *Handbook of Agricultural Economics Volume 2*. Eds B. Gardener et G. Rausser. New York: Elsevier Science B.V.

Barrett, C. et M. Carter (2012). The Economics of Poverty Traps and Persistent Poverty: Policy and Empirical Implications. Disponible à l'adresse suivante : http://dyson .cornell.edu/ faculty_sites/cbb2/Papers/Barrett%20Carter%20Poverty%20Traps%20 12%20May%20revision.pdf

Comité de pilotage charge de la coordination du PPFS-CT (2010, Julliet). *Projet pilote des filets sociaux par le cash transfert (PPFS-CT)*. (Note conceptuelle du project: draft). Niger: Cabinet du Premier Ministre, République du Niger.

Deaton, A. et S. Zaidi (2002). *Guidelines for Constructing Consumption Aggregates for Welfare Analysis*. Washington DC: Banque mondiale.

Deitchler, M., T. Ballard, A. Swindale et J. Coates (2010). *Validation of a Measure of Household Hunger for Cross-Cultural Use*. Washington DC: Food and Nutrition Technical Assistance II Project, AED.

FAO-WFP (2012). Food Security and Humanitarian Implications in West Africa and the Sahel. avril 2012-Joint Note. Rome: FAO-PAM.

FEWSNET (2010). Niger. *Famine Early Warning Systems Network*. Consulté en mars 2011 à l'adresse suivante : http://www.fews.net/pages/country.aspx?gb=ne

——— (2010, July). Niger food security outlook update: juillet-décembre 2010. *Famine Early Warning Systems Network*. Consulté en mars 2011 à l'adresse suivante : http:// www.fews.net/docs/Publications/Niger_Outlook_July_2010_final_en.pdf

——— (2010, Sept). Niger food security outlook update: septembre 2010. *Famine Early Warning Systems Network*. Consulté en mars 2011 à l'adresse suivante : http://www .fews.net/docs/Publications/Niger_OU_2010_Sept_en.pdf

——— (2010, Feb). Niger food security outlook update: février 2010. *Famine Early Warning Systems Network*. Consulté en mars 2011 à l'adresse suivante : http://www .fews.net/docs/Publications/Niger_2011_02_en.pdf

———(2012, April). Niger Food Security Outlook Update: avril-septembre. *Famine Early Warning Systems Network*.

Grobler-Tanner, C. (2006). *Understanding Nutrition Data and the Causes of Malnutrition in Niger: A Special Report by the Famine Early Warning Systems Network (FEWSNET)*. Washington DC: USAID.

Hoddinot, J. et Y. Yohannes (2002). *Dietary Diversity as a Food Security Indicator*. FCND Discussion Paper No. 136. Washington DC: Institut international de recherche sur les politiques alimentaires (IFPRI).

Imbens, G. et K. Kalyanaraman (2009). *Optimal Bandwidth Choice for the Regression Discontinuity Estimator*, NBER Working Paper, No. 14726. Cambridge, Mass.: National Bureau of Economic Research.

Imbens, G., et T. Lemieux (2007). "Regression Discontinuity Designs: A Guide to Practice," *Journal of Econometrics* 142(2): 615-635.

Katayama, R. (2010). *Appui à l'équipe de gestion dans le cadre de la mise en œuvre du projet pilote des filets sociaux par le transfert de cash*. Rapport de la Mission. (20 juillet 2010-18 août 2010). (Mimeo) Niamey: Banque mondiale.

Kennedy, G., T. Ballard et M. Dop (2011). *Guidelines for Measuring Household and Individual Dietary Diversity*. Rome: Organisation des Nations Unies pour l'alimentation et l'agriculture (FAO).

Maxwell, D. (1999). "Alternative Food Security Indicators: Revisiting the Frequency and Severity of Coping Strategies," *Food Policy* 24(4):411-429.

——— (1995). *Measuring Food Insecurity: The Frequency and Severity of "Coping Strategies."* Washington, DC: Institut international de recherche sur les politiques alimentaires, Division de la consommation alimentaire et de la nutrition.

Maxwell, D., B. Vaitla et J. Coates. (2011). *Capturing the "Access" Element of Food Security: Comparing Different Indicators*. Présentation au symposium scientifique international de la FAO, le 18 janvier 2011. Présentation disponible en ligne à l'adresse suivante : https://www.securenutritionplatform.org/Documents/D.Maxwell-Comparing%20Indicators%20to%20capture%20Access.pdf

Maxwell, D. et R. Caldwell (2008). *The Coping Strategies Index: Field Methods Manual*. Second Edition. Cooperative for Assistance and Relief Everywhere, Inc. (CARE).

Maxwell, D., R. Caldwell et M. Langworthy (2008). "Measuring Food Insecurity: Can an Indicator Based on Localized Coping Behaviors Be Used To Compare across Contexts?" *Food Policy* 33:533-540.

Nichols, A. (2011). rd 2.0: Module de Stata révisé d'estimation de la discontinuité de la régression. http://ideas.repec.org/c/boc/bocode/s456888.html

——— (2007). "Causal Inference with Observational Data," *The Stata Journal* 7(4):507-541.

NIS (2008). *Enquête Nationale sur le Budget et la Consommation des Ménages Niger 2007*. Niamey: gouvernement du Niger, Institut national de statistiques.

SecureNutrition (2012). Atelier de la Banque mondiale sur la sécurité alimentaire et la nutrition : des mesures aux résultats. Atelier tenu à la Banque mondiale à Washington, DC, le 22 mars 2012. Ressources de l'atelier disponibles à l'adresse suivante : https://www.securenutritionplatform.org /Lists/Events/DispForm.aspx?ID=35

WDI (2012). *World Development Indicators.* (Groupe de la Banque mondiale). Consulté en avril 2012 à l'adresse suivante : http://data.worldbank.org/data-catalog /world-development-indicators

PAM (2008). Food Consumption Analysis: Calculation and Use of the Food Consumption Score in Food Security Analysis. Technical Guidance Sheet. Consulté en 2011 à l'adresse suivante : http://documents.wfp.org/stellent/groups/public/documents/manual_guide _proced/wfp197216.pdf

Weismann, D., L. Basset, T. Benson et J. Hoddinott (2009). *Validation of the World Food Programme's Food Consumption Score and Alternative Indicators of Household Food Security.* IFPRI Discussion Paper 00870. Washington, DC: Institut international de recherche sur les politiques alimentaires (IFPRI).

Banque mondiale (2009). Niger Food Security and Safety Nets. (Report No. 44072-NE). Washington DC.

Ziegler, J. (2002). *Economic, Social, and Cultural Rights: The Right to* Food. (Mission au Niger. Conseil économique et social des Nations Unies). New York: Nations Unies.

Chapitre 9

L'efficacité du ciblage des programmes de filets sociaux au Sénégal

Philippe Leite, Quentin Stoeffler et Adea Kryeziu

Introduction

Cette étude de cas cherche à déterminer si la combinaison du Test multidimensionnel des moyens d'existence (*Proxy means test*, PMT) et d'indicateurs de vulnérabilité permet d'identifier les ménages en situation de pauvreté chronique au Sénégal. Les principaux constats des simulations de PMT effectuées dans le cadre de cette étude démontrent que cette méthode de ciblage permet de réduire les erreurs d'inclusion et d'exclusion des programmes de filets sociaux déployés en réponse à des chocs. Lorsqu'il est associé à un ciblage géographique des zones affectées par les chocs, le PMT permet de réduire les erreurs de ciblage tout en étendant la couverture du programme aux populations les plus affectées par les chocs.

Après une décennie marquée par de bons résultats économiques, le Sénégal a été frappé par une succession de chocs internes et externes, la plupart d'origine exogène. Dans la décennie qui a suivi 1995, le Sénégal a traversé une période de forte croissance du produit intérieur brut (PIB) *per capita*, située autour de 5 pour cent par an en moyenne et en termes réels. Le brusque changement de tendance a cependant mis en lumière la vulnérabilité du pays et les limites de la capacité gouvernementale à répondre efficacement aux chocs. La flambée des prix pétroliers en 2007 a commencé par ralentir l'économie, stimuler l'inflation et entraîner une grave détérioration de la situation fiscale et internationale du Sénégal. Ensuite, la faible pluviosité enregistrée pendant deux années successives a réduit la production agricole et la disponibilité des denrées alimentaires. En outre, la faiblesse des politiques fiscales a porté un coup à la croissance du secteur privé, en particulier dans les secteurs de la construction et des travaux publics, dans un contexte où le début de la récession mondiale compromettait plus encore la probabilité pour que le Sénégal ne se relève des chocs précédents. Si chacune de ces crises successives s'est caractérisée par des circonstances propres (durée, canal de transmission, échelle, effets régionaux et sociaux spécifiques), leur conjonction peut en grande partie expliquer les mauvaises performances économiques affichées par le Sénégal au cours des dernières années.

En réponse à cette succession de crises et à la hausse des prix du carburant et des aliments, le gouvernement a introduit en 2007 un allègement fiscal géné-ralisé et des subventions au riz et à d'autres denrées de base. Ces mesures se sont révélées très coûteuses (entre 3 et 4 pour cent du PIB) et peu axées sur les popu-lations pauvres. Limité par un carcan budgétaire contraignant, le gouvernement a fini par lever fin 2008 la plupart de ces subventions. Cette expérience a mis en évidence le besoin de programmes capables de fournir aux plus vulnérables une protection contre les chocs et la misère et a fait naître l'idée de bâtir un système national de filets sociaux.

Fin 2008, la dette intérieure contractée auprès du secteur privé (plus de 3 pour cent du PIB) a toutefois contraint le gouvernement à fortement resserrer la vis de ses politiques fiscales. En outre, le début de la crise financière mondiale en 2008, son approfondissement en 2009 et les coupures fréquentes d'électricité ont contribué au ralentissement général de l'activité économique du pays.

Pauvreté, vulnérabilité et réponse apportée par l'assistance sociale

La pauvreté

Au Sénégal, la pauvreté demeure élevée et n'a guère reculé depuis 2005. Si le taux de pauvreté est passé de 55,2 à 48,3 pour cent entre 2001 et 2005, sa progression a toutefois ralenti au cours des cinq années suivantes pour atteindre 46,7 pour cent en 2011. La croissance du PIB *per capita* s'est élevée à moins de 1 pour cent par an au cours des cinq dernières années, plaçant le Sénégal bien en dessous de la moyenne de l'Afrique subsaharienne.

Malgré la légère réduction générale de la pauvreté, l'extrême pauvreté a gagné du terrain. Ce type de pauvreté, qui renvoie à la part de la population dont le niveau de consommation totale est inférieur au coût du panier ali-mentaire garantissant un apport calorique minimal, a plus que doublé au cours des dix dernières années, passant en effet de 7 pour cent en 2001 à 15 pour cent en 2011.

La pauvreté se concentre avant tout en zone rurale. Au Sénégal, 57 pour cent de la population pauvre vit en milieu rural, où le taux de pauvreté représente plus du double du taux de pauvreté observé dans la région urbaine de Dakar (soit 26 pour cent). La pauvreté rurale peut en grande partie s'expliquer par la faible productivité agricole. Environ 62 pour cent des membres de ménages dirigés par un agriculteur sont pauvres, contre 33 pour cent pour les chefs de ménages exerçant d'autres activités. Entre 2001 et 2011, la pauvreté a accusé une plus forte baisse dans la capitale (avec 12 points de pourcentage) que dans les zones rurales et les « autres centres urbains » (8 et 4 points de pourcentage, respectivement).

Les principales caractéristiques des ménages associées à la pauvreté ont trait au niveau d'éducation, à la taille du ménage et au sexe du chef de ménage. Environ 83 pour cent des pauvres appartiennent en effet à des ménages dont le chef est sans instruction, un chiffre qui n'a pas évolué depuis les dix dernières années. Le taux de pauvreté des ménages dont le chef a terminé l'école primaire est en revanche passé de 40 à 34 pour cent entre 2005 et 2011. Les ménages nombreux demeurent eux aussi fortement corrélés à la pauvreté, dans la mesure où 78 pour cent des ménages composés de vingt membres ou plus sont pauvres. À l'inverse, les ménages dirigés par des femmes sont relativement plus aisés et tendent à compter moins de membres. Près du quart des Sénégalais vivent dans un ménage dirigé par une femme.

La vulnérabilité

Le tableau 9.1 (ci-dessous) résume la répartition des populations vulnérables, qui regroupent les porteurs de handicap, les personnes âgées, les mariages précoces et les enfants non scolarisés.

Tableau 9.1 Répartition des individus et ménages vulnérables en fonction de leur niveau de pauvreté

	Individus			Individus vivant dans un ménage comprenant une personne vulnérable			Ménage		
	Pauvres	Non pauvres	Total	Pauvres	Non pauvres	Total	Pauvres	Non pauvres	Total
Adultes handicapés	9 260	10 214	19 474	128 705	104 574	233 279	7 809	9 407	17 216
Enfants handicapés	79 224	82 751	161 974	772 140	630 322	1 402 461	56 166	63 687	119 853
Personnes âgées	107 131	121 751	228 883	1 151 060	1 031 780	2 182 841	79 617	101 355	180 972
Mariages précoces	6 355	5 812	12 167	91 531	59 440	150 971	5 965	5 625	11 590
Enfants en âge d'être scolarisés mais non scolarisés	702 330	635 710	1 338 040	2 119 480	2 121 707	4 241 186	160 495	222 571	383 066

Source : Echevin (2012).

Le taux de pauvreté est plus élevé chez les porteurs de handicap et les personnes âgées sans soutien familial. On estime en effet que près de la moitié des 181 500 Sénégalais porteurs de handicap vivent sous le seuil national de pauvreté. De même, près de la moitié des personnes âgées sont pauvres et dépendent fortement du soutien que leur apporte leur famille.

La situation des enfants vulnérables (porteurs de handicaps, mariés précocement, sans instruction et pauvres) est particulièrement précaire. Le nombre d'enfants vulnérables tourne autour de 1,65 million ; parmi ces enfants, 61 pour cent se trouvent en situation d'extrême pauvreté. En outre, 34 pour cent des orphelins ne sont pas scolarisés et, comme les autres enfants vulnérables, ils viennent souvent alimenter les chiffre du travail infantile : 72 pour cent des enfants âgés de 5 à 17 ans déclarent en effet travailler, pour la plupart d'entre eux dans l'entreprise familiale, particulièrement en zone rurale.

La couverture du système formel de sécurité sociale reste limitée et ne concerne que 13 pour cent de la population, un chiffre qui inclut les 6,2 pour cent d'individus couverts par un système de pension formel, les 3 pour cent de bénéficiaires d'allocations de sécurité sociale et les 3 pour cent couverts par une assurance maladie, quelle qu'elle soit. Les pauvres et les travailleurs du secteur informel ont quant à eux un accès très limité à ce système. Même dans le cas des mutuelles de santé, l'écrasante majorité des affiliés ne se trouve pas en situation de pauvreté.

L'insécurité alimentaire joue également un rôle déterminant dans la vulnérabilité du ménage. Les données sur les ménages révèlent que ces derniers n'ont pas les moyens de satisfaire leurs besoins de consommation de base. Selon l'enquête EDS/MICS 2011[1], 27 pour cent des enfants de moins de 5 ans souffrent de malnutrition chronique (plus fréquente en zone rurale) et 11 pour cent de malnutrition sévère. En matière de capacité à se procurer des aliments, l'ESPS de 2011 a constaté que les ménages pauvres répondaient plus souvent avoir « toujours » ou « souvent » des difficultés à satisfaire les besoins nutritionnels du ménage. Les populations les plus concernées sont les pauvres vivant en milieu urbain, avec 32,7 pour cent des répondants (voir tableau 9.2).

Les ménages ruraux restent très vulnérables aux changements intervenant dans leur environnement. Le Sénégal est un pays du Sahel où 60 pour cent de la population pratique une activité agricole, principalement la culture de l'arachide. Les régions rurales sont extrêmement exposées aux fluctuations des précipitations, dans la mesure où l'absence de pluies réduit considérablement le volume des récoltes et, par conséquent, des revenus. On estime en effet qu'au moins 5 millions de familles sénégalaises sont exposées à un risque de sécheresse. Plusieurs régions sont également victimes d'inondations, dont les effets sur la production, les infrastructures et les actifs des ménages sont catastrophiques. Le risque de sécheresse demeure l'une des principales sources de vulnérabilité des ménages ruraux et l'un des plus graves risques auxquels se trouve exposé le pays.

Tableau 9.2 Pourcentage de satisfaction des besoins alimentaires des ménages au cours des 12 derniers mois (%)

	Pauvreté					
	Non pauvres			Pauvres		
Fréquence	Urban (%)	Rural (%)	Total (%)	Urban (%)	Rural (%)	Total (%)
Jamais	42,6	27,1	36,2	18,6	18,1	18,3
Rarement	25,8	25,0	25,5	19,0	20,2	19,8
Parfois	19,3	26,9	22,4	29,7	32,6	31,6
Souvent	11,1	18,3	14,1	24,2	24,1	24,1
Toujours	1,2	2,8	1,8	8,5	5,1	6,2
Total	100	100	100	100	100	100

Source : Diop (2012).

La vulnérabilité aux chocs

L'économie sénégalaise est souvent affectée par des chocs exogènes majeurs qui ont des conséquences à long terme sur sa croissance économique. Comme l'ont montré les crises financière, alimentaire et pétrolière de 2008-2009, l'économie sénégalaise est particulièrement exposée aux chocs externes, du fait de sa petite taille et de sa nature ouverte. Le Sénégal importe la totalité de son pétrole (qui sert à produire la plus grande partie de l'électricité consommée), mais aussi 80 et 100 pour cent de sa consommation de riz et de blé, respectivement. En 2007-2008, le prix du riz sur les marchés locaux a triplé, celui des grains a augmenté de 50 pour cent et celui les autres produits de base tels que le sucre, le blé et le lait ont bondi de 30 pour cent. La hausse du prix du carburant a particulièrement frappé les sources d'énergie utilisées par les ménages les plus pauvres, notamment le gaz butane.

Ces hausses de prix ont eu de graves conséquences au niveau macroéconomique. En 2008, le déficit croissant de la balance commerciale et certains dérapages fiscaux ont contribué au ralentissement de la croissance du secteur privé, en particulier dans le domaine de la construction. La croissance réelle du PIB est tombée à 2,2 pour cent en 2009. Les hausses de prix ont également affecté les entreprises, à la fois directement (hausse des dépenses en carburant) et indirectement (effet inflationniste de cette hausse sur le prix des autres produits). Étant donné que la production d'électricité au Sénégal dépend des dérivés du pétrole, la hausse du prix du pétrole a créé une pression financière importante sur la compagnie d'électricité nationale, la SENELEC. La croissance du PIB sénégalais s'est par conséquent trouvée entravée par de fréquentes coupures d'électricité, sources d'un ralentissement général des activités économiques et productives. Selon certains rapports locaux, les coupures auraient même causé la fermeture d'un certain nombre de petites et moyennes entreprises (PME) dans les secteurs de la transformation agroalimentaire, du textile et du tourisme. Les grandes entreprises ont quant à elles accusé une baisse de production de 30 pour cent en moyenne (gouvernement des États-Unis, 2009).

Au niveau national, le taux de pauvreté a gagné 6 points de pourcentage, passant de 51 à 57 pour cent entre 2005-2006 et 2008, affectant les ménages urbains comme les ménages ruraux (Ivanic et Martin 2008). La vertigineuse hausse des prix alimentaires a entraîné une détérioration des conditions de vie des ménages les plus pauvres : en creusant leur niveau d'endettement et en réduisant à la fois la qualité et la fréquence des repas, elle a aggravé les situations d'insécurité alimentaire et de malnutrition (Banque mondiale, 2009).

Mécanismes d'adaptation

Pour faire face à des chocs économiques, les ménages ont recours à différents mécanismes d'adaptation (tableau 9.3). Seuls 25 pour cent d'entre eux puisent toutefois dans leur épargne pour faire face à un choc, généralement lié à la santé (maladie ou décès) ou à une faillite. La vente des biens constitue la seconde stratégie la plus courante, bien que la réduction des actifs qu'elle implique risque de plonger les ménages dans la pauvreté sur le long terme. Le soutien familial, qu'il vienne de membres vivant à l'intérieur ou à l'extérieur du territoire national, représente 27 pour cent des stratégies d'adaptation aux chocs. Le soutien d'ONG ne concerne que 2 pour cent des cas et l'aide gouvernementale n'a été mentionnée que par 1 pour cent des ménages.

Plus de la moitié des ménages ne dispose d'aucune stratégie d'adaptation précise face à un choc. Ce profil d'adaptation met en lumière la forte vulnérabilité des ménages : la plupart d'entre eux ne dispose d'aucune stratégie d'adaptation formelle et, le cas échéant, elle repose essentiellement sur les actifs et l'épargne, des ressources moins accessibles aux pauvres.

La réponse fournie par l'assistance sociale

La dernière décennie a montré la fréquence à laquelle l'économie sénégalaise peut être frappée par des chocs, mais aussi la capacité limitée du gouvernement à apporter une assistance aux ménages. Pendant longtemps, le gouvernement sénégalais a apporté une réponse directe aux sécheresses en fournissant une aide financière aux producteurs agricoles et une aide générale à la population rurale. Une série de mécanismes financiers à d'ailleurs été mise en place à la fin des années 1990 pour atténuer et compenser les risques agricoles et assurer un flux financier suffisant de crédit après une sécheresse.[2] Au cours de cette période, ces interventions ont représenté une dépense totale équivalente à 0,2 pour cent du PIB. Il s'est avéré que le ciblage de ce type d'intervention laissait à désirer, dans la mesure où les subventions

Tableau 9.3 Réponses des ménages aux chocs déclarés (%)

Type de choc	Aide publique (%)	Aide d'ONG, organisation communautaire (%)	Vente des actifs (%)	Épargne (%)	Emprunts (%)	Aide de la famille, depuis le pays (%)	Aide de la famille, depuis l'étranger (%)	Aide d'amis (%)	Absence de stratégie (%)
Décès du soutien familial	0.9	2.3	12.5	24.9	8.8	31.2	14.0	17.1	38.7
Maladie/accident grave	1.2	3.4	25.9	36.3	12.5	27.7	16.4	15.8	18.9
Perte d'emploi	0.1	0.5	12.2	19.2	7.7	13.9	4.7	11.1	60.4
Faillite de l'entreprise familiale	0.0	0.0	26.8	30.7	27.5	1.5	0.4	6.2	36.3
Perte de récolte	0.7	0.8	7.0	6.3	7.5	5.2	2.3	2.2	77.6
Perte du bétail à cause d'un incendie, une inondation, des insectes ravageurs, d'un vol, etc.	0.3	0.5	7.5	6.1	2.2	1.2	0.3	0.9	82.0
Perte importante de revenu (licenciement temporaire, etc.)	3.4	0.0	3.5	11.3	9.1	14.8	3.9	12.0	62.3
Perte partielle ou complète du logement à cause d'un incendie, une inondation, etc.	2.1	3.0	8.3	12.5	2.9	3.7	1.7	2.7	66.4
Perte des principaux moyens de production	0.0	1.2	0.4	16.3	1.7	0.0	0.0	8.4	57.2

Source : Echevin (2012).

et créances qu'elle accordait bénéficiaient avant tout aux gros producteurs agricoles et aux acteurs en mesure de participer au système de crédit formel.

En réponse à la triple vague de crises qui a frappé le pays en 2008, le gouvernement a adopté une série de mesures fiscales, dont des subventions sur le prix de denrées alimentaires de bases (riz, blé, lait), du butane/gaz naturel et de l'électricité. Le tableau 9.4 retrace l'évolution de leur montant au fil du temps. Cette réponse a absorbé 2,4 pour cent du PIB, soit un dixième des dépenses totales de 2008. De plus, ces subventions ont généré des difficultés administratives et ont eu des effets dissuasifs sur l'économie, dans la mesure où les bénéfices accordés étaient principalement destinés aux non-pauvres. Si l'on prend l'exemple des subventions sur l'électricité, 31 pour cent des bénéficiaires étaient pauvres, mais seuls 7 pour cent d'entre eux appartenaient au quintile le plus pauvre. En outre, la grande majorité des individus bénéficiant de ces subventions vivait en milieu urbain.

Le gouvernement et les partenaires internationaux majeurs en ont conclu qu'il valait mieux élaborer un système de filets sociaux ciblés plutôt que de se reposer sur des subventions générales. En 2005, dans son analyse de la réponse à la sécheresse au moyen des fonds de sécurité agricole, le FMI a conclu que « le programme de filets sociaux gagnerait en efficacité si, en réponse aux chocs, « il accordait des compensations ciblant directement les agriculteurs pauvres ». (FMI 2005).

Le système de protection sociale a été consolidé, même si les progrès accomplis n'ont pas permis de faire face aux chocs les plus récents. La première Stratégie nationale de protection sociale du pays (SNPS) 2005-2015 a été préparée avec le soutien de la Banque mondiale. L'objectif principal de la SNPS consistait à adopter une vision intégrée et globale de la protection sociale susceptible de promouvoir l'accès des groupes vulnérables à des mécanismes de gestion du risque. Elle prévoyait la diversification et l'expansion des instruments de protection sociale. Cependant, la Stratégie ne précisait pas clairement la nature des filets sociaux destinés à être étendus puisqu'à l'époque, le pays ne disposait que d'une expérience limitée en la matière. Cette Stratégie contenait en outre peu

Tableau 9.4 Montant des subvensions sur les biens et services de base au Sénégal, 2005-2011 (en milliards de CFA)

	2005	2006	2007	2008	2009	2010	2011
Subventions sur les produits de consommation de base	26	152	76	145	63	0	139
dont: SAR et autres producteurs de GPL	14	66	55	69	33	0	15
dont: SENELEC	12	86	0	30	30	0	124
dont subventions alimentaires	0	0	21	46	0	0	0
Pourcentage total du PIB	0,60%	3,10%	1,40%	2,40%	1,00%	0,00%	2,10%

Source : FMI (2012).

d'informations sur les interventions prioritaires, les structures de mise en œuvre, l'harmonisation des programmes ou les dispositifs institutionnels de gestion des filets sociaux. Le second Document de stratégie pour la réduction de la pauvreté (DSRP II), adopté par le gouvernement à la mi-2006, plaidait fortement en faveur de la consolidation du système de protection sociale sénégalais. La vocation du second pilier du DSRP II consiste à promouvoir l'accès d'une part croissante de la population aux services sociaux fondamentaux ; le troisième pilier souligne la nécessité d'améliorer les conditions de vie des groupes vulnérables par le biais d'interventions ciblées et recommande d'adopter des mesures permettant de s'assurer que ces groupes profitent de la création de richesses et jouissent d'un meilleur accès aux services sociaux.

Un récent examen des programmes de filets sociaux a recensé les 12 programmes actuellement mis en œuvre par le gouvernement (tableau 9.5). Ces programmes poursuivent différents objectifs, dont : l'augmentation de la réussite scolaire, l'amélioration de l'accès aux services de santé, le maintien des enfants au sein des familles par l'IPSEV, le versement de transferts monétaires suite aux chocs et l'intégration économique et sociale des groupes marginalisés (comme les personnes handicapés et les personnes âgées). La majorité des programmes de filets sociaux relèvent du ministère de la Famille ou du ministère de l'Action sociale et de la Solidarité nationale.

Malgré la vaste proportion de personnes pauvres et vulnérables au sein de la population, la couverture des programmes de filets sociaux actuels est limitée. Chaque année, environ 4 millions de Sénégalais bénéficient d'une forme ou d'une autre d'assistance sociale (tableau 9.6), ce qui correspond à un peu moins du quart de la population nationale, bien que ces estimations surestiment le nombre d'individus effectivement couverts par un filet social efficace. L'aide accordée par le CSA couvre 80 pour cent environ de ces bénéficiaires et 17 pour cent des cantines scolaires. *Le Commissariat à la sécurité alimentaire (CSA) fournit une aide alimentaire aux populations vulnérables, qu'il s'agisse de répondre à une catastrophe ou de distribuer du riz à l'occasion de rassemblements publics ou de festivals religieux.* Ni le CSA ni les cantines scolaires ne se fondent sur les besoins des candidats pour procéder à la sélection des bénéficiaires. Si l'on se limite aux programmes destinés aux populations vulnérables qui disposent d'informations sur le nombre de bénéficiaires (hormis le CSA et les cantines scolaires), seuls 100 000 personnes auraient perçu des bénéfices au cours de l'année dernière (le programme NETS et le programme de bons d'achats du PAM).

D'un point de vue budgétaire, les programmes de filets sociaux ont coûté en moyenne 17 milliards de FCFA par an au cours des trois dernières années, ce qui correspond à 0,27 pour cent du PIB. Les dépenses consacrées par le gouvernement aux interventions déployées pour répondre à des chocs telles que des baisses d'impôts indirectes ou des subventions peuvent quant à elles atteindre 4 pour cent

Tableau 9.5 Objectifs, types de bénéfices et répartition géographique de chaque filet social

Programme	Objectif	Type de bénéfice	Répartition géographique
SESAME – Plan Sesame	Accès aux services de santé	Exonération de frais	National / Ensemble du territoire
PRBC – Programme de réadaptation à base communautaire	Intégration sociale	Subventions, matériel	National / Ensemble du territoire
PAPA – Programme d'appui à la promotion des aînés	Intégration sociale	Prêt	National / Ensemble du territoire
IPSEV – Initiative de protection sociale pour les enfants vulnérables	Intégration familiale	Espèces	(pilote) région de Kolda, 2 villes: Coumbacara, Kolda ; 35 communautés rurales et péri-urbaines
PRP – Programme de réduction de la pauvreté	Réduction de la pauvreté	Prêt	3 régions: Matam, St. Louis, Louga / Rural
NETS – Nutrition ciblée sur l'enfant et transferts sociaux	Résistance aux chocs	Espèces	(pilote) 6 Régions (64 communautés rurales): Matam, Louga, Kaolack, Tambacounda, Sédhiou, Kédgougou / Rural
PAM CV – Bons d'achats du PAM pour un programme alimentaire pilote	Résistance aux chocs	Espèces	(pilote) 2 régions (10 villes): Pikine, Ziguinchor / Urbain
FSN – Fonds de solidarité nationale	Résistance aux chocs	Espèces, matériel	National/ Rural et péri-urbain
CSA – Commissariat à la sécurité alimentaire	Résistance aux chocs	Aliments	National / Ensemble du territoire
OEV – Soutien éducatif aux orphelins et enfants vulnérables	Accès à l'éducation	Espèces	National / Ensemble du territoire
DCaS – Programme national de cantines scolaires	Accès à l'éducation	Food	National/ Rural and péri-urbain
PAM – Repas scolaires	Accès à l'éducation	Food	Toutes les régions sauf St. Louis et Dakar / Rural et péri-urbain

Source : Auteurs (2013).

du PIB. À lui seul, le programme de cantines scolaires a absorbé 70 pour cent des dépenses en filets sociaux, une proportion qui reflète l'ampleur de sa couverture.

Étant donné que le financement des filets sociaux demeure largement tributaire des bailleurs, les programmes manquent souvent de coordination et de viabilité. Pour les neuf programmes sur lesquels des informations relatives au financement étaient disponibles, 62 pour cent des coûts étaient pris en charge par les bailleurs, 7 pour cent par les gouvernements locaux, 27 pour cent par le budget national et 4 pour cent par les contributions apportées par les communautés.

En somme, le Sénégal a récemment adopté des mesures visant à protéger les populations pauvres et vulnérables ; l'échelle, la couverture, les méthodes de

Tableau 9.6 Nombre de bénéficiaires des filets sociaux par programme et par année, 2009-2011

Programme	2009	2010	2011
DAS PRBC	1 500	1 900	NR
DAS PAPA	NR	NR	NR
FSN	32 000	NR	NR
CSA	2 760 000	3 000 000	3 600 000
DCaS	700 414	761 439	780 000
Dont les cantines du PAM	*567 185*	*565 560*	*596 253*
NETS	2 982	21 986	26 294
PRP	1 274	1 440	700
PAM CV	NC	97 000	55 000
OEV	3 290	5 060	4 956
Sesame	NR	NR	NR
IPSEV UNICEF	N.A.	N.A.	900
Total	3 501 460	3 888 825	4 467 850

Source : Banque mondiale (2013).

ciblage, les populations ciblées et les types de prestations varient toutefois en fonction des programmes. Pour parvenir à un système de filets sociaux plus cohérent et plus intégré, il sera nécessaire de renforcer la coordination des différents programmes. L'amélioration du ciblage, le renforcement de l'efficacité des programmes et leur extension contribuera directement à réduire la pauvreté au sein des populations vulnérables.

Méthodes de ciblage examinées dans le cadre de l'étude de cas

Au Sénégal, le choix de méthodes de ciblage appropriées est fondamental, *a fortiori* dans un contexte où les besoins sont élevés et les ressources limitées. Il est donc essentiel de consacrer les ressources limitées aux populations les plus vulnérables en utilisant des mécanismes de ciblage efficaces. Ces derniers présentent plusieurs avantages ; ils permettent notamment de réduire les erreurs d'exclusion (personnes éligibles mais non bénéficiaires) et d'inclusion (personnes non éligibles mais bénéficiaires) et de promouvoir un usage des fonds publics en faveur des pauvres. L'un des principaux défis consiste toutefois à définir les populations cibles dans un contexte où la moitié de la population vit sous le seuil de pauvreté et où il est par conséquent difficile de percevoir des différences entre les ménages pauvres.

Les programmes de filets sociaux actuels se fondent sur différentes méthodes de ciblage. Le ciblage catégoriel, le plus fréquent, est souvent complété par un ciblage démographique puis soumis à la validation d'un ciblage communautaire. Il convient généralement d'opérer une sélection supplémentaire parmi les personnes éligibles afin de s'assurer que les programmes bénéficient bien aux plus pauvres et aux plus vulnérables. Jusqu'à présent, aucune méthode de PMT n'a toutefois été utilisée pour la sélection des ménages bénéficiaires. En outre, bien que le ciblage géographique puisse se fonder sur différents types de cartes, aucune d'entre elles ne permet néanmoins de procéder à une identification systématique des communautés les plus pauvres avec un degré de précision plus élevé que des cartes régionales ou départementales. Le tableau 9.7 offre un récapitulatif des systèmes de ciblage utilisés par les programmes sénégalais.

Le tableau 9.7 montre que de nombreux programmes reposent sur le ciblage géographique, qui consiste à déterminer l'éligibilité des habitants en fonction de leur lieu de vie. En d'autres termes, les personnes vivant dans les zones concernées (généralement caractérisées par de forts taux de pauvreté, d'insécurité alimentaire, de malnutrition ou d'exposition aux catastrophes naturelles) sont considérés éligibles, contrairement à ceux qui vivent en dehors de ces zones. La littérature portant sur le ciblage indique que le ciblage géographique est souvent le premier outil utilisé pour identifier les zones caractérisées par une forte concentration de bénéficiaires potentiels (consulter Grosh *et al*, 2008, et Coady *et al*. 2004). En outre, ce type de ciblage sert souvent à répartir les dépenses allouées à l'assistance sociale, dans la mesure où les régions présentant de plus forts taux de pauvreté se voient attribuer des budgets supérieurs à ceux d'autres régions.

Pris isolément, le ciblage géographique constitue un outil limité, dans la mesure où il traite tous les habitants d'une même région de la même façon. Il ne permet pas non plus aux décideurs politiques de distinguer les populations plus ou moins affectées par un choc donné au sein d'une même région. De plus, pour pouvoir satisfaire des besoins à court terme, le ciblage géographique doit être régulièrement actualisé au moyen d'indicateurs relatifs à l'exposition aux chocs covariants (comme les inondations ou les sécheresses). Si un tel mécanisme nécessite de disposer d'un système d'alerte précoce ou d'un réseau communautaire, il permet également de procéder à un ciblage plus précis qu'en ne se fondant que sur des données issus d'enquêtes menées au niveau national. De plus, un choc donné n'affecte pas tous les ménages vivant dans une même région ; même si c'était le cas, certains d'entre eux disposeraient de ressources ou de mécanismes d'adaptation suffisants pour ne pas tomber dans la pauvreté ou l'insécurité alimentaire. Il est donc possible de renforcer l'efficacité du ciblage géographique en conjuguant ce dernier à d'autres méthodes adaptées au profil de chaque ménage.

Tableau 9.7 Sources d'information, méthodes et critères de ciblage par programme

Programme	Méthode	Critères	Sources
SESAME – Exonération de frais de santé pour les personnes âgées	Catégoriel	Age	Carte d'identité
PRBC – Assistance aux porteurs de handicap	Catégoriel	Porteurs de handicap	Dossier candidat
PAPA – Assistance aux personnes âgées	Catégoriel	Âge et vulnérabilité	Dossier candidat
FSN – Fonds de sécurité	Catégoriel	Victimes de catastrophes	Dossier candidat
CSA – Agence d'aide alimentaire	Catégoriel	Insécurité alimentaire	Candidate dossier
IPSEV – Soutien aux familles vulnérables	Géographique	Enfants vulnérables exposé au risque d'une scission familiale	Rapports
	Catégoriel	Âge et vulnérabilité	Enquête de travailleurs sociaux
OEV – VIH-SIDA Bourses aux enfants vulnérables	Géographique	Situation épidémiologique	Données/enquêtes épidémiologiques
	Catégoriel	Orphelins et enfants vulnérables	Enquête de travailleurs sociaux
DCaS Repas scolaires	Géographique	Insécurité alimentaire rurale	Enquêtes sur la pauvreté
	Catégoriel	Listes d'inscription scolaire	IA, IDEN
PAM Repas scolaires	Géographique	Zones rurales en situation d'insécurité alimentaire	Enquêtes sur la pauvreté
	Catégoriel	Listes d'inscription scolaire	IA, IDEN
PRP – Programme de réduction de la pauvreté	Géographique	Pauvreté	Plans de développement locaux
	Catégoriel	Femmes, porteurs de handicaps, VIH-SIDA	Rapports des riverains
	Communautaire	Prioritaires au niveau communautaire	Informations communautaires
CLM – Transferts monétaires	Géographique	Zones à taux de malnutrition élevé	Enquêtes nutritionnelles
	Catégoriel	Enfants vulnérables	Rapports
	Communautaire	Prioritaires au niveau communautaire	Informations communautaires
PMA CV – Bons d'achat alimentaire	Géographique	Régions vulnérables	Enquêtes sur la pauvreté
	Catégoriel	Insécurité alimentaire	Rapports
	Communautaire	Prioritaires au niveau communautaire	Informations communautaires

Source : Auteurs (2013).

Comme l'indiquent la littérature et le chapitre du présent ouvrage consacré aux méthodes, la combinaison de différentes méthodes dans le cadre d'un même programme peut produire de meilleurs résultats que l'utilisation d'une seule méthode (Grosh *et al.* 2008 ou Coady *et al.* 2004). Dans des pays comme le

Mexique, le Brésil, le Kenya, la Tanzanie et le Niger, la combinaison du ciblage géographique et du PMT, de la déclaration vérifiée des ressources ou du ciblage communautaire ont permis d'obtenir des résultats prometteurs. À l'heure actuelle, peu d'études fournissent des informations relatives aux coûts des méthodes de ciblage permettant de mener des analyses coût-bénéfice de l'efficacité des différentes méthodes ou de leurs combinaisons.

L'efficacité des méthodes de ciblage actuelles est mitigée. L'Enquête de Suivi de la Pauvreté (ESPS) 2011 comprenait des questions sur la couverture de plusieurs programmes sociaux, dont le programme de renforcement de la nutrition (PRN), le programme pour l'emploi des jeunes (OFFICE BANLIEUE), le programme de développement agricole (GOANA), le programme de prise en charge des soins de santé des personnes âgées (PLAN SÉSAME), le programme d'aide alimentaire, le programme de soutien éducatif (bourses, etc.) et le programme d'aide au logement. Certains d'entre eux, notamment le PRN et le programme d'aide agricole, ont effectivement concentré leurs efforts sur les ménages les plus pauvres, tandis que d'autres (comme le programme de soutien éducatif et d'aide alimentaire) ont largement bénéficié aux non-pauvres. Le programme de prise en charge des soins de santé chez les personnes âgées a en effet profité bénéficié aux 40 pour cent des ménages les plus aisés, concentrés en milieu urbain.

Le Test multidimensionnel des moyens d'existence (PMT)

Fondé sur des caractéristiques de pauvreté observables tirées des enquêtes auprès des ménages, le Tests multidimensionnel des moyens d'existence (*Proxy Means Test*, PMT) peut guider la sélection des bénéficiaires. L'ESPS 2011 fournit une large gamme d'indicateurs relatifs au niveau de pauvreté. Les ménages peuvent toutefois manipuler certaines de leurs réponses s'ils savent que celles-ci déterminent leur éligibilité à l'assistance sociale ; d'autres indicateurs sont quant à eux difficiles à observer ou à contrôler sur le terrain (ex. statut professionnel, niveau d'éducation, statut marital). D'autres caractéristiques sont en revanche faciles à vérifier, telles que le type de logement, la taille et la composition du ménage.

Cette étude de cas se penche sur deux simulations du PMT employé pour procéder au ciblage des programmes de filets sociaux au Sénégal. Le critère d'évaluation du PMT sera sa capacité de prévision et d'identification des ménages pauvres ; le critère de référence sera donc l'exactitude parfaite de son ciblage, réalisé à partir des chiffres actuels du bien-être des ménages interrogés dans le cadre de l'enquête. En d'autres termes, le bien-être prévu des ménages calculé par le PMT sera utilisé comme outil de ciblage des ménages et sera confronté au niveau de pauvreté actuel de ces derniers afin de générer des estimations des erreurs d'inclusion et d'exclusion commise par le PMT.

(1) L'Évaluation des filets sociaux au Sénégal (2012) fournit une *simulation simple du PMT*. Comme il a été expliqué plus haut, on commence

par sélectionner des caractéristiques observables du ménage pour ensuite élaborer la formule du PMT en appliquant une régression par la méthode des moindres carrés ordinaires. Il s'agit des caractéristiques les plus indiquées pour identifier les pauvres et exclure les non-pauvres. Le tableau 9.8 présente les différents coefficients associés à ces caractéristiques et la capacité de chaque variable à expliquer les dépenses ajustées *per capita* (indiquées par la valeur de R au carré).[3] Les variables sont classées en fonction de leur degré de contribution à l'explication de la pauvreté (par ordre décroissant). Le tableau montre que l'appartenance à un ménage composé de 14 membres ou plus constitue le principal facteur déterminant de la pauvreté, en milieu rural comme en milieu urbain.

Une fois les caractéristiques observables sélectionnées, la formule du PMT peut être élaborée et utilisée par plusieurs filets sociaux. Les coefficients associés à chacune de ces caractéristiques (tableau 9.8) servent à pondérer le niveau de bien-être du ménage ; l'addition de ces coefficients permet d'établir un score composite du bien-être du ménage. En zone rurale par exemple, un ménage de 14 membres dont la principale source d'eau potable est un puits et dont le logement ne dispose que d'un éclairage rudimentaire obtiendrait ainsi un score de -0,697 ; un ménage identique qui aurait accès à l'électricité obtiendrait un score de -0,548. Il est par conséquent possible, sans procéder à une mesure directe de la consommation du ménage ou de son taux de pauvreté, de déterminer l'éligibilité des ménages à un programme d'assistance sociale en fonction de leurs scores composites.

Tableau 9.8 Principaux facteurs déterminant de la pauvreté, déduits des caractéristiques observables des ménages (milieu urbain)

	Coefficient	Valeur-P	R2 cumulatif	Contribution au R2
14 membres ou plus	-0,319	0,000	0,075	0.075
Toiture rudimentaire	-0,213	0,000	0,131	0,057
Eau de puits	-0,229	0,000	0,172	0,041
Éclairage à la lampe au kérosène	-0,149	0,000	0,181	0,009
Enfants (0-5) dans le ménage	-0,147	0,000	0,187	0,006
Éclairage rudimentaire	-0,145	0,000	0,192	0,005
Cuisine rudimentaire	-0,299	0,000	0,196	0,004
Enfants (6-14) dans le ménage	-0,149	0,000	0,199	0,003
Latrines	-0,073	0,000	0,201	0,002
Eau courante	-0,057	0,000	0,201	0,001
Handicap	-0,051	0,002	0,202	0,000

Source : Echevin (2012).

Puisque le PMT se fonde sur les caractéristiques observables du ménage, il peut être ajusté suite à un choc. L'impact des chocs modifie en effet l'influence de chacune des caractéristiques observables. Un ciblage par PMT reflète donc les événements qui affectent le bien-être du ménage.

(2) Une *formule plus complète de PMT* a récemment été élaborée à partir d'une série améliorée de variables associées à la pauvreté des ménages sénégalais. Cette formule (présentée en annexe, dans le tableau A9.1) a été conçue de façon à réduire encore davantage les erreurs de ciblage actuelles, qui ont été calculées en observant les 20 pour cent de ménages les plus pauvres et les ménages dont le score figure parmi les 20 pour cent les plus bas. Différentes versions de cette formule ont été générées pour Dakar, pour les autres centres urbains et pour les zones rurales afin d'identifier les facteurs déterminants du bien-être des ménages propres aux trois régions. Pour identifier les ménages pauvres, la formule se fonde sur une vaste palette d'indicateurs, reflétant ainsi la nature multidimensionnelle de la pauvreté : les caractéristiques socio-économiques des ménages et de leurs membres, la composition du ménage, les caractéristiques du logement, la situation géographique et les actifs productifs et non productifs. Les variables utilisées dépendent de la version de la formule utilisée (Dakar, les autres centres urbains et les régions rurales) ; pour Dakar et les autres centres urbains, on utilise par exemple des caractéristiques professionnelles supplémentaires, mais aucune variable relative à la production agricole et aux actifs n'est en revanche applicable.

Le tableau A9.1 indique que, toutes choses étant égales par ailleurs, les ménages de plus grande taille ont tendance à présenter des scores de bien-être plus faibles, comme c'est généralement le cas avec une formule de PMT. En matière d'éducation, la ligne de partage se situe au niveau de l'éducation supérieure des chefs de ménages, puisque toutes les autres catégories sont associées à un coefficient de pondération négatif. Les indicateurs relatifs à la qualité du logement (accès à l'électricité, à des toilettes conventionnels, à l'eau courante, présence d'un plancher en ciment, etc.) sont également associés à des scores plus élevés. Le bétail, utilisé pour différencier les ménages (zones rurales et zones urbaines hors Dakar), est également associé à un coefficient positif.

Certains biens sont particulièrement utiles pour identifier les ménages les plus aisés : dans la formule, les coefficients associés à la possession d'une automobile, d'un camion et un tracteur sont par exemple élevés. En outre, la région où vit le ménage joue un rôle important, dans la mesure où elle est associée à certains des coefficients les plus élevés de la formule. En revanche, seuls quelques-uns des services disponibles dans un rayon d'un kilomètre du logement entrent dans la composition de la formule (une variable exclusivement valable en zone urbaine, hors Dakar), ce qui indique que la proximité des services est peu révélatrice du niveau de pauvreté des ménages, selon la base de données de l'ESPS2.

Efficacité des mécanismes de ciblage (deux simulations)

(1) La simulation du PMT simple révèle que l'application de différents types de ciblage aux programmes de filets sociaux du Sénégal permettrait d'améliorer les performances actuelles. La simulation effectuée par Echevin (2012) examine neuf programmes de filets sociaux auxquels elle applique différents scénarios de ciblage. Le scénario de référence se fonde sur le système actuel de ciblage catégoriel reposant sur les caractéristiques générales des bénéficiaires utilisées au Sénégal. Le second scénario permet d'estimer les résultats d'un ciblage par PMT. La troisième simulation utilise un ciblage géographique consistant à concentrer les bénéfices dans les zones les plus pauvres des régions d'intervention, en milieu urbain comme rural. C'est le ciblage catégoriel qui génère le plus d'erreurs d'inclusion ; le ciblage géographique améliore quant à lui les résultats du scénario de référence dans presque toutes les simulations, mais le PMT s'avère encore plus efficace, à quelques exceptions près. La part des bénéfices allouée aux pauvres sera donc beaucoup plus élevée avec le PMT qu'avec le ciblage géographique employé isolément. En matière de sous-couverture, c'est encore le ciblage catégoriel qui obtient les pires résultats, tandis que l'efficacité du PMT dépasse presque toujours celle du ciblage géographique.

(2) L'efficacité du ciblage de *la formule du PMT complexe* (tableau A9.1, en annexe) a été évaluée en fonction des erreurs d'inclusion et d'exclusion qu'elle avait générées. Puisque l'incidence de la pauvreté est élevée au Sénégal, l'élaboration d'une formule de PMT plus complète devait permettre aux programmes de filets sociaux de limiter à la fois l'exclusion des ménages pauvres et l'inclusion de ménages non pauvres. Le seuil d'éligibilité utilisé par la formule correspond au quintile le plus bas des scores de PMT, qui a été comparé au quintile composé des ménages les plus pauvres afin de calculer les erreurs de ciblage dans les trois zones concernées (Dakar, zone urbaine et zone rurale). Les résultats indiquent que les erreurs d'exclusion vont de 19,7 pour cent en zone urbaine (hors Dakar) à 33,7 pour cent en zone rurale, où les taux d'erreurs d'inclusion s'élèvent respectivement à 35,6 et 44,5 pour cent (tableau 9.9). Ces niveaux d'erreurs, courants pour ce type de couverture (20 pour cent de la population), sont

Tableau 9.9 Efficacité des formules de PMT en matière de ciblage

	Zones urbaines (sauf Dakar) (%)	Dakar (%)	Milieu rural (%)
Erreurs d'inclusion	35,6	36,3	44,5
Erreurs d'exclusion	19,7	25,9	33,7

relativement faibles à Dakar et dans les autres zones urbaines, où les ménages pauvres constituent un ensemble plus homogène du point de vue des caractéristiques utilisées par le PMT. Au vu du grand nombre d'erreurs (inclusion comme exclusion) générées en milieu rural (où la pauvreté est probablement plus diversifiée et difficile à définir avec précision), il sera nécessaire de recueillir plus d'informations pour améliorer l'efficacité du ciblage. En outre, le niveau du R2, plus élevé dans la formule complexe que dans la formule simple, laisse penser que l'inclusion de variables supplémentaires au PMT (comme dans la formule 2) permettrait d'obtenir une estimation plus précise de la consommation. Les ménages seraient ainsi plus faciles à identifier, mais l'enquête serait plus longue et contiendrait bien plus de variables.

Conclusion

Le Sénégal restera exposé à des chocs internes et externes. L'impact des programmes (ou du système) de filets sociaux sur les ménages pauvres et vulnérables dépendra de leur échelle, de leur couverture et de leur efficacité.

L'utilisation du PMT pourrait être généralisé aux différents programmes et assortie de filtres spécifiques à chaque programme. La méthode du PMT est utile dans le cas de tous les programmes de réduction de la pauvreté au niveau des ménages. Un mécanisme unifié de PMT prévoyant des filtres propres à chaque programme (ou à chaque groupe cible) pourrait être appliqué aux différents programmes en vigueur.

Dans le cadre de l'élaboration du Programme national de bourse de sécurité familiale (PNBSF) visant à accorder des transferts monétaires à 250 000 ménages sénégalais jusqu'à 2017, le gouvernement conjugue différentes méthodes. Ce programme, en outre considéré comme le socle du futur système national de protection sociale, repose sur la création d'un registre de bénéficiaires potentiels et sur l'harmonisation des méthodes de ciblage. À l'heure actuelle, ce programme conjugue déjà différents mécanismes de ciblage (géographique, communautaire et PMT). Pour adapter les méthodes de ciblage à d'autres programmes, le gouvernement devra :

(i)   Redéfinir le processus de mise en œuvre des méthodes de ciblage à partir de cartes de la pauvreté plus récentes (si elles existent) et d'autres enquêtes auprès des ménages ou recensements ;

(ii) Adapter la formule de ciblage à des contextes spécifiques (comme des catastrophes naturelles) et y intégrer si nécessaire l'impact des chocs à court terme en conjuguant le ciblage géographique à des indicateurs relatifs aux chocs obtenus grâce à des systèmes d'alerte ;

(iii) Élaborer un guide de fonctionnement pour faciliter le transfert de capacités à d'autres acteurs institutionnels ;

(iv) Mener une expérience de ciblage pour tester l'efficacité réelle du PMT ;

(v)   Évaluer l'efficacité des méthodes et procédures de ciblage pour la première génération de ménages identifiés par le programme ;

(vi) Débattre des résultats avec d'autres acteurs institutionnels ; partager des documents et des données pour faciliter le transfert de capacités à d'autres acteurs institutionnels.

Un instrument de ciblage commun comme celui généré par le PNBSF devrait être consolidé par d'autres composantes fondamentales du système de ciblage. Les exigences du PMT en matière de données et la création d'un registre social des bénéficiaires potentiels sont fondées sur un même questionnaire susceptible d'être complété par des informations supplémentaires portant sur chaque

Annexes

Tableau A9.1 Senegal – PMT pour Dakar, autres zones urbaines et zones rurales

Catégorie de variable	Valeurs des variables	Centres urbains (autres)	Pondération	
			Dakar	Modèle rural
Sexe	Chef de ménage de sexe féminin	88,9		28,9
Religion	Chef de ménage non musulman			-203
Age du chef de ménage	34 ans ou moins	-9,55		9,65
	50 ans ou plus	4,87		12,4
Niveau d'instruction du chef de ménage	Sans instruction	-60,9		-263

(continue page suivante)

Tableau A9.1 (suite)

Catégorie de variable	Valeurs des variables	Centres urbains (autres)	Pondération	
			Dakar	Modèle rural
	École primaire	-38,9		-248
	1er cycle de secondaire	-30		-225
	2nd cycle de secondaire	-54,6		-311
Statut marital du chef de ménage	Monogame	42,2		64,4
	Veuf ou divorcé	-12,5		-5,92
	Polygame	83,7		101
Handicap	Membre du ménage porteur de handicap			-51,2
Assurance maladie	Chef de ménage affilié à une assurance maladie	30		
Agriculture	Le ménage est à la tête d'une production agricole	-337	51,9	
	Le chef de ménage travaille dans l'agriculture			-39,4
Secteur dans lequel travaille le chef de ménage	Agriculture	0		-85,8
	Pêche ou sylviculture		-372	58,2
	Industrie		-167	-30,8
	Commerce		-170	15,6
	Services		-179	-13,2
Catégorie socio-économique	Gérant	0	0	
du chef de ménage	Travailleur qualifié	-58,6	87,3	
	Travailleur semi qualifié	-44,1	0	
	Travail non qualifié	-82,3	0	
	Indépendant	-106	0	
	Aide familiale ou apprenti	-56,4	0	
	Inclassable	-122	-144	
	Inactif		-119	-66,8
Membre indépendant	(Au moins) un des membres du ménage est indépendant	46,5		
Chef de ménage salarié	Salarié à temps complet	106	76,6	
	Salarié à temps partiel	-22,3	139	
Secteur dans lequel	Secteur public	27,6	33,5	-79,3
Travaille le chef de ménage	Secteur privé (grosse entreprise)	136	102	154
	Microentreprise	121	80,1	5,79
	Autre	30,8	-97,3	25,3

(continue page suivante)

Tableau A9.1 (suite)

Catégorie de variable	Valeurs des variables	Centres urbains (autres)	Pondération Dakar	Pondération Modèle rural
Taille du ménage	Nombre de personnes dans le ménage	-125	-115	
	Nombre de personne par mètre carré	1,92	2,56	
	1 personne			694
	2-3 personnes			235
	4-5 personnes			95,4
	7-9 personnes			-137
	10 personnes ou plus			-207
Composition du ménage	Nombre de membres de 5 ans ou moins	52,1		-28,5
	Nombre de membres de 6 à 14 ans	43,5		-18,4
(effectif de chaque catégorie)	Nombre de membres de 15 à 24 ans	-6,2		-63,3
	Nombre de membres de 25 à 64 ans	0		-57,1
	Nombre de membres de 65 ans ou plus	-22,7		-56,8
Étudiant	Le chef de ménage est scolarisé		481	139

Source : ESPS2 dataset (2013).[4]

programme, si nécessaire. De plus, le système national devrait reposer sur un cadre institutionnel désignant une agence responsable du processus de ciblage. Cette agence, la Délégation générale de la protection sociale et de la solidarité, devrait être responsable de la coordination de la mise en œuvre du système par les différentes agences. L'existence d'un cadre institutionnel clair améliorera la gestion du ciblage et fournira une plus grande stabilité au système de protection sociale sénégalais.

En somme, si les erreurs d'inclusion/exclusion sont inévitables lorsque l'on utilise un ciblage par PMT, elles peuvent toutefois être considérablement réduites si l'on conjugue le PMT (pour cibler les ménages en situation de pauvreté chronique) à un ciblage géographique (pour identifier les zones affectées au moyen de cartes de pauvreté). En outre, l'instauration d'un processus de sélection et de mécanismes de vérification caractérisés par leur transparence (notamment à base communautaire) contribuera à éviter que les candidats ne fournissent des réponses erronées en vue d'obtenir l'éligibilité au programme et donc à minimiser les erreurs d'inclusion/exclusion.

Notes

1. Mesures de l'Enquête démographique et de santé (2011).
2. Les fonds de sécurité agricole comprennent: (1) les Fonds de bonification (FB), créés pour améliorer l'accès des producteurs ruraux au crédit en allégeant les frais de financement. Le FB finance en effet l'écart entre l'intérêt demandé par les banques commerciales et le taux d'intérêt fixé par le gouvernement pour les agriculteurs (7,5 pour cent). Le gouvernement paye ainsi la différence par rapport aux taux de la banque agricole nationale, la Caisse Nationale du Crédit Agricole du Sénégal (CNCAS), qui a été ouverte en 1984 et représente la principale source de financement du secteur agricole. (2) Le Fonds de garantie (FG) rembourse les crédits impayés au CNCAS jusqu'à 75 pour cent dans le cas de cultures et jusqu'à 50 pour cent dans le cas de bétail. (3) le Fonds de calamité (FC) aide les producteurs ruraux à faire face aux catastrophes naturelles en leur permettant de rembourser les crédits et à poursuivre leur activité agricole en restaurant leur solvabilité auprès du CNCAS ou en finançant les ressources dont ils ont besoins pour faire face aux chocs.
3. Les enfants âgés de 0 à 14 sont associés à un coefficient de 0,5 et tous les autres ménages à un coefficient de 1.
4. Le PMT attribue une pondération à Dakar, aux autres centres urbains et aux régions rurales. Les erreurs d'inclusion et d'exclusion se fondent sur les 20 pour cent les plus pauvres de la population (dans chaque région) et sur les scores du PMT appartenant aux 20 pour cent les plus bas (ce qui correspond aux ménages jugés éligibles par le PMT). Les erreurs sont calculées à un niveau individuel à partir des coefficients de l'ESPS2.

Bibliographie

Coady, D., M. Grosh et J. Hoddinott (2004*). Targeting of Transfers in Developing Countries: Review of Lessons and Experience.* Washington DC: Banque mondiale.

Diop, M. (2012). *Profile of Social Protection in Senegal: Analysis of the ESPS 2011.*

Echevin, D. (2012). *Issues and Options in Targeting and Social Transfers in Senegal, World Bank Social Safety Net Assessment* Background Papers. Washington DC: Banque mondiale.

Grosh, M., C. del Ninno, E. Tesliuc et A. Ouerghi. (2008). *For Protection and Promotion: The Design and Implementation of Effective Safety Nets.* Washington DC: Banque mondiale.

IMF (2008). *World Economic Outlook 2008, Financial Stress, Downturns and Recoveries.* Washington DC: International Monetary Fund.

——— (2005). *Senegal: Selected Issues and Statistical Appendix*, Country Report No. 05/155. Washington DC: Fonds monétaire international.

Ivanic M et W. Martin (2008). *Implications of Higher Global Food Prices for Poverty in Low-Income Countries.* Washington DC: Banque mondiale.

Measure DHS (2011). Senegal Demographic Health Survey/Multiple Indicator Cluster Survey 2010-2011. Calverton.

Gouvernement des États-Unis (2009). *Senegal: Country Commercial Guide 2009*. Dakar: Mission des États-Unis au Sénégal.

Monchuk, Victoria (2013). *Reducing Poverty and Investing in People: The New Role of Safety Nets in Africa. Directions in Development*. Washington, DC: Banque mondiale.

Chapitre **10**

Conclusion : Renforcer l'investissement dans le ciblage des filets sociaux

Carlo del Ninno et Bradford Mills

Cette section expose les leçons tirées des sept études de cas et propose des orientations en matière de ciblage des programmes de filets sociaux en Afrique subsaharienne. Il est en effet possible de mieux cibler les personnes en situation de vulnérabilité et de pauvreté chronique en adoptant des méthodes et des procédures appropriées. Le choix des méthodes de ciblage dépend toutefois de la disponibilité des données et des capacités de mise en œuvre. À partir de ce constat, nous identifions des domaines dans lesquels il est essentiel d'investir en matière de méthodes, de procédures et de données afin de renforcer l'efficacité du ciblage.

Comme il a été démontré dans cette publication, les programmes de filets sociaux jouent un double rôle : ils permettent d'une part d'offrir un plus grand bien-être aux ménages pauvres, affectés ou non par des chocs, et d'autre part de protéger les ménages exposés à la pauvreté. La littérature internationale montre que les filets sociaux les plus efficaces sont généralement des interventions à long terme qui fournissent un soutien constant aux plus pauvres et peuvent être étendus afin d'aider les ménages vulnérables à faire face aux chocs. On peut citer quelques exemples de programmes à long terme offrant un soutien constant à des ménages en situation de pauvreté chronique : *Oportunidades* (« Opportunités ») au Mexique, *Bolsa Família* (« Bourse familiale ») au Brésil et le Filet de sécurité productif (PSNP, *Productive Safety Net Programme*) en Éthiopie. Les chiffres montrent que les programmes à long terme peuvent eux aussi contribuer à protéger efficacement les ménages vulnérables à la pauvreté en période de crise (preuves en sont les réponses apportées aux crises alimentaire, pétrolière et financière de 2008 au Brésil, en République kirghize et au Mexique). Les programmes peuvent permettre de faire face aux chocs de deux façons : en accordant des aides supplémentaires à ceux qui bénéficient déjà des programmes là où la couverture est étendue (au Brésil, par exemple,

Ferreira *et al.* 2011, et Banque mondiale 2013a) et en élargissant la couverture du programme pour y inclure des ménages non bénéficiaires mais exposés aux crises (ce fut le cas à plusieurs reprises au Bangladesh, Pelham *et al.* 2011; et Banque mondiale 2013a).

Rarement conçus sous la forme d'interventions à long terme, les programmes de filets sociaux d'Afrique subsaharienne agissent au niveau des chocs à court terme et cherchent à aider les ménages au moyen de programmes d'urgence, pour la plupart financés et mis en œuvre par des bailleurs de fonds (Banque mondiale, 2013).

Dans le contexte africain, certains affirment en outre que les familles pauvres sont avant tout protégées des chocs par des mécanismes d'assistance sociale informelle dont la portée et la puissance varient selon les pays et les régions. Une étude a parallèlement cherché à déterminer si ces systèmes informels parvenaient effectivement à fournir une protection efficace aux plus vulnérables ; les résultats d'un examen de la littérature en la matière et des études de cas détaillées de la Côte d'Ivoire, du Rwanda et du Zimbabwe montrent que, si les filets sociaux informels permettent effectivement de protéger les ménages, ils ne peuvent cependant pas se substituer aux programmes formels (Tamiru 2013, Banque mondiale 2012). D'une part, les systèmes d'assistance informelle tiennent rarement le coup face aux chocs covariants affectant des communautés tout entières, car ces épisodes critiques épuisent alors les ressources communautaires disponibles. D'autre part, ces systèmes ne permettent guère de répondre aux besoins des membres exclus de la société ni aux besoins de ménages très pauvres qui n'ont pas les moyens de contribuer aux réserves communes, socle de l'aide informelle. Malgré la prévalence et l'importance des systèmes de soutien informel, il est en effet nécessaire de mettre en place des programmes d'assistance sociale pour combler les lacunes des mécanismes de soutien informels endogènes gérés au niveau communautaire.

Il convient par ailleurs de souligner qu'en Afrique subsaharienne, les besoins des filets sociaux sont très élevés par rapport aux ressources disponibles. En effet, le manque de ressources contraint souvent les programmes à ne cibler que 20 pour cent de la population, alors qu'environ 50 pour cent sont officiellement pauvres. Le besoin de programmes formels et le déséquilibre existant entre les besoins et les ressources disponibles met en évidence l'impératif de cibler les ménages les plus pauvres et vulnérables. De plus, au moment de prendre des décisions d'allocation, il est également essentiel de distinguer deux catégories de ménages pauvres : (1) les ménages en situation de pauvreté chronique qui ont besoin d'une aide à plus long terme pour maintenir leur niveau de consommation, renforcer leur capital humain et faire des choix d'investissements bénéfiques pour leur situation économique et (2) les ménages qui ont besoin d'un soutien à court terme limité aux périodes de chocs/crises. La mise en place des systèmes de ciblage différenciés pour ces deux groupes ne peut toutefois se faire qu'à la condition d'être en mesure de distinguer les ménages dont les besoins portent sur le court terme et ceux dont les besoins portent sur le long terme ; or, ce travail de différentiation demeure un défi central en Afrique subsaharienne, avant tout parce qu'il existe une grande perméabilité entre ces deux groupes.

Les difficultés rencontrées dans l'identification, le ciblage et la différenciation des ménages les plus pauvres relèvent de trois champs distincts : les méthodes de ciblage, les processus de mise en œuvre et l'information ; comme l'indiquent la littérature et les études de cas, des investissements sont nécessaires dans ces trois domaines. Si la tâche peut sembler colossale, le renforcement des filets sociaux par le biais de l'amélioration du système de ciblage constitue en lui-même un investissement. Or, comme pour tout investissement, la question à se poser est la suivante : au vu de l'état actuel du système, dans quel domaine ces investissements auront-ils les plus grandes répercussions marginales ? Pour chaque pays, les limites en matière de méthodes, de processus et d'informations doivent être identifiées et corrigées. Leur ampleur dépend également du calendrier à suivre pour mettre en place un programme, mais aussi des capacités d'analyse nationales.

Bien que le présent ouvrage ne se penche pas en détails sur la faisabilité politique, ni sur les contraintes administratives associées au ciblage, ces deux paramètres jouent toutefois un rôle central dans l'identification des investissements adéquats. Les contraintes administratives sont en effet susceptibles d'amoindrir l'efficacité de méthodes de ciblage pourtant bien conçues en compromettant notamment leur capacité à collecter et à utiliser des données exactes, mais aussi leur capacité à cibler correctement les ménages éligibles. De même, le contrôle des ressources de l'assistance sociale peut constituer une importante source de pouvoir politique. Certains groupes peuvent en effet avoir intérêt à entraver les efforts visant à mettre en place des méthodes quantitatives et transparentes de ciblage, dans la mesure où ils perdraient l'influence politique associée au contrôle de l'assistance sociale. Lorsque des mesures de ciblage rigoureuses sont mises en œuvre, il peut être nécessaire d'appliquer des mesures de compensation à l'attention des acteurs politiques puissants afin d'introduire des mécanismes de fuite observables et non observables.

Dans le cadre de la conception du ciblage des programmes, il est également nécessaire de prévoir des procédures administratives permettant de revoir la participation des bénéficiaires dont la situation a évolué. Il faut en effet trancher sur des questions centrales : les bénéficiaires doivent-ils postuler périodiquement et faire à ce titre l'objet des mêmes procédures de ciblage que les nouveaux candidats, ou faut-il évaluer leur situation indépendamment du traitement réservé aux nouveaux candidats afin de de valider ou non leur maintien au sein du programme ? Il convient également de décider du rôle à jouer par la communauté dans les décisions relatives à l'arrêt des bénéfices ; ici encore, des intérêts politiques sont susceptibles de se développer et de restreindre l'application de méthodes quantitatives et transparentes. Il convient de tirer davantage de leçons sur la faisabilité politique du ciblage et sur les limites administratives de la mise en œuvre des programmes, dans la mesure où différentes méthodes de ciblage sont actuellement employées en Afrique subsaharienne.

La présente conclusion offre un bilan des études de cas et des conseils sur les investissements clés destinés aux pays désireux d'améliorer leurs filets sociaux. Elle pose une série de questions : une définition claire et cohérente des concepts de pauvreté et de vulnérabilité pourrait-elle permettre d'harmoniser les différents programmes de filets sociaux ? Les Test multidimensionnels des moyens d'existence (*Proxy Means Test*, PMT) fondés sur des informations fiables en matière de pauvreté et de vulnérabilité constituent-ils un investissement rentable permettant de réduire les erreurs d'inclusion et d'exclusion ? Les efforts visant à intensifier l'implication de la communauté représentent-ils un investissement solide ? L'établissement d'un registre unique permettra-t-il de réduire la duplication des efforts ? Un processus formel et structuré d'identification des bénéficiaires réduit-il le nombre d'erreurs et de doublons ? Un pays devrait-il investir dans l'élaboration de questionnaires sur le thème de l'insécurité alimentaire afin d'identifier les ménages qui sont tombés dans la pauvreté suite à un choc à court terme ?

Enseignements clés

Le tableau 10.1 présente un récapitulatif des résultats et enseignements clés tirés des études de cas portant sur les systèmes de ciblage en Afrique subsaharienne. Il ressort de la plupart des études nationales que la pauvreté chronique constitue une préoccupation majeure. Ce constat corrobore le besoin de méthodes capables d'identifier de façon spécifique les personnes en situation de pauvreté chronique, comme le PMT. Il est également fondamental de noter que, dans tous les pays (à l'exception du Ghana), les chocs sont considérés comme des risques majeurs contre lesquels les filets sociaux devraient offrir une protection. Dans les cas du Cameroun, du Kenya et du Mozambique, l'accent est surtout placé sur les chocs climatiques en zones rurales ; en milieu urbain, ce sont en revanche les chocs ayant trait à la santé qui constituent la plus grande source de préoccupations, et ce dans plusieurs pays. Dans les études de cas, l'accent mis sur la vulnérabilité aux chocs souligne le besoin de mettre au point des méthodes complémentaires pour répondre aux besoins à court terme, mais aussi pour lutter contre la pauvreté chronique à long terme.

Tous les pays étudiés disposent déjà de programmes de filets sociaux. Dans certains cas, ces programmes manquent toutefois de coordination (Ghana, Kenya, Malawi, Mozambique), sont dotés de critères de ciblage mal définis, confus ou redondants (Cameroun, Ghana, Kenya, Sénégal) et ne se caractérisent que par une couverture limitée (Cameroun, Kenya, Mozambique, Niger, Sénégal).

Tableau 10.1 Récapitulatif des résultats et des enseignements clés par étude de cas

Pays	Risques/Pauvreté/ Vulnérabilité	Programmes actuellement en vigueur	Ciblage à long terme	Ciblage à court terme	Enseignements clés
Cameroun	Chocs climatiques. La pauvreté chronique est concentrée dans les régions du Nord.	Allocations universelles régressives. Programmes ciblés limités. Mise en œuvre de programmes pilotes ciblés	Ciblage communautaire, géographique et PMT. La combinaison de ces deux derniers génère un taux d'erreurs inférieur à 25%. La régression quantile limite les erreurs.	Mesure de l'impact de la sécheresse à partir de données climatiques; fort impact négatif sur la consommation (9%).	La conjugaison du ciblage géographique et du PMT permet un ciblage efficace des personnes en situation de pauvreté chronique, une base essentielle pour mener des évaluations ex post des programmes de transferts monétaires.
Ghana	Pauvreté chronique	Plusieurs programmes cherchent à mettre en place des mécanismes communs de ciblage. Les principaux programmes de transferts monétaires testent actuellement des PMT révisés.	Le PMT révisé améliore les performances globales du ciblage. C'est dans les communautés dont le taux de pauvreté est élevé qu'il fonctionne le mieux. Le PMT réduit les erreurs d'inclusion mais entraîne davantage d'erreurs d'exclusion lorsqu'il est conjugué au ciblage communautaire.		Le ciblage communautaire peut permettre d'obtenir de bons résultats, mais ses performances semblent varier considérablement en fonction des communautés. Les résultats du PMT sont meilleurs et plus constants dans les cas de communautés présentant un taux élevé de pauvreté. Dans tous les cas de figure, le nombre d'erreurs d'exclusion est élevé (du fait d'une faible couverture?)

(continue page suivante)

Tableau 10.1 (suite)

Pays	Risques/Pauvreté/Vulnérabilité	Programmes actuellement en vigueur	Ciblage à long terme	Ciblage à court terme	Enseignements clés
Kenya	L'exposition aux chocs est répandue, en particulier parmi les ménages pauvres. Les ménages ruraux sont exposés aux chocs agro-climatiques; les ménages urbains aux chocs liés à l'emploi et à la sécurité.	Manque de coordination des interventions et aides d'urgence répétées. L'OVC est le plus vaste programme; son ciblage était initialement communautaire et fondé sur les fiches de score en matière de pauvreté.	À lui seul, le PMT révisé produit des taux d'erreurs d'exclusion (43%) et d'inclusion (41%) acceptables.	Le PMT a été amélioré en rehaussant le seuil dans les zones sujettes aux sécheresses (ciblage géographique) par rapport à une baisse de la consommation estimée à 19%. Une amélioration supplémentaire y a été apportée en incluant un indicateur de sécurité alimentaire pour les zones affectées par les sécheresses. .	L'utilisation du ciblage géographique et d'indicateurs de sécurité alimentaire peut améliorer le ciblage dans les régions en crise et dans les régions exposées à des chocs covariants.
Malawi	L'exposition aux chocs est répandue, en particulier celle aux chocs liés à la production agricole et aux prix alimentaires. Les chocs liés à la santé sont également répandus. .	Système fragmenté. Les programmes d'assistance sociale couvrent la moitié de la population mais ne répondent pas aux besoins à court terme.	La méthode de PMT fonctionne bien, surtout en matière d'extrême pauvreté. Le PMT produit de bien meilleurs résultats lorsqu'il est conjugué au ciblage géographique dans les 6 districts les plus défavorisés.	Il n'a pas été avéré que les chocs aient un impact négatif sur la consommation. Les PMT produisent toutefois de meilleurs résultats s'ils sont conditionnés à l'exposition à des chocs.	Le ciblage géographique peut permettre une amélioration considérable des performances du PMT.
Mozambique	La pauvreté chronique est répandue: 50% des ménages sont estimés en situation de pauvreté chronique. Exposition aux chocs climatiques.	Système fragmenté, seule une faible part des ménages éligibles reçoit des bénéfices.		Les chocs climatiques ont d'importantes conséquences. Les inondations et les cyclones réduisent les dépenses de 37%; les sécheresses et les insectes ravageurs de 17%. L'exposition annuelle à ces chocs génère un taux de pauvreté transitoire de 4,6%.	Les données fournies sur les chocs par l'enquête sur le budget des ménages et les données climatiques géo-référencées peuvent être utilisées pour cibler la pauvreté transitoire.

(continue page suivante)

Tableau 10.1 (suite)

Pays	Risques/Pauvreté/ Vulnérabilité	Programmes actuellement en vigueur	Ciblage à long terme	Ciblage à court terme	Enseignements clés
Niger	Plus de 20% de la population se trouve en situation d'insécurité alimentaire grave. L'exposition aux chocs s'est répandue au fil des dix dernières années.	Fin du projet pilote de transferts monétaires en 2012 et lancement d'un nouveau programme dans plusieurs régions en situation d'insécurité alimentaire.	Le ciblage géographique conjugué au PMT et à la validation communautaire entraîne de faibles taux d'erreurs d'exclusion (14%) et d'inclusion (12%).	Les mesures de PMT et les mesures plus courantes de sécurité alimentaire (peut-être plus sensibles aux épreuves à court terme) présentent peu de corrélations. Le PMT et les stratégies d'adaptation des ménages sont en revanche plus proches.	Les mesures de sécurité alimentaire peuvent mesurer différentes composantes de l'insécurité alimentaire (en produisant beaucoup de bruit) et présenter une faible corrélation avec la pauvreté chronique. L'évaluation de l'impact du programme pilote a identifié des retombées positives mais statistiquement limitées sur la consommation.
Sénégal	Grand nombre de personnes pauvres et vulnérables. Exposition aux chocs extérieurs (alimentaires et pétroliers) et nationaux (agricoles) largement répandue.	La couverture des filets sociaux actuels est limitée. Mauvais résultats des méthodes actuelles de ciblage (géographique, communautaire et par catégorie de population)	Pour la couverture des 20% les plus pauvres, l'association de la PMT au ciblage géographique entraîne des taux d'erreurs d'exclusion raisonnables.	Le PMT doit être plus à même d'apporter une réponse aux chocs à court terme.	Le PMT fournit des résultats satisfaisants; sa capacité de réponse face aux chocs peut être améliorée en conjuguant cette méthode à un ciblage géographique.

Ces lacunes démontrent la nécessité d'adopter des critères de ciblage clairs et objectifs applicables de façon transparente afin d'identifier et d'accompagner les ménages dont les besoins sont les plus grands.

En matière de méthodes, le PMT a généralement prouvé son efficacité en Afrique subsaharienne, bien que les erreurs d'inclusion et d'exclusion ne soient pas toujours comparables entre les pays examinés. Toutes les études de cas ont réalisé des simulations *ex ante* de ciblage par PMT et calculé les erreurs d'inclusion et d'exclusion (bien que celles du Mozambique ne soient pas présentées ici). En ce qui concerne les erreurs d'exclusion, leur taux s'élève à 14 pour cent au Niger, 15 pour cent en milieu urbain au Cameroun, 40 pour cent au Ghana et 43 pour cent au Kenya ; En ce qui concerne les erreurs d'inclusion, les chiffres sont de 12 pour cent au Niger et 52 pour cent au Malawi. Ces études de cas suggèrent toutefois que le PMT ne constitue pas le remède universel pour améliorer les systèmes de ciblage en Afrique subsaharienne, mais qu'ils représentent malgré tout l'une des options d'investissements complémentaires possibles.

L'ampleur des erreurs d'inclusion et d'exclusion induites par le PMT varie en fonction d'un certain nombre de paramètres, dont le degré d'hétérogénéité au sein de la population globale d'une part et au sein de la population pauvre d'autre part, de la taille relative de la population des bénéficiaires ciblés et du niveau d'erreurs dans la mesure de l'indicateur de bien-être et des co-variables. Plusieurs problèmes liés aux variations des performances du PMT ont été identifiés et méritent que l'on s'y attarde. Tout d'abord, les simulations *ex ante* se fondent dans la plupart des études de cas sur les performances relevées dans la même base de données que celle utilisée pour générer le PMT; il est donc possible que les estimations d'erreurs soient optimistes par rapport aux performances réelles du ciblage sur le terrain. L'étude de cas du Cameroun résout ce problème en estimant le PMT à partir d'une sélection aléatoire de deux tiers de l'échantillon de base de l'enquête nationale auprès des ménages et en conservant un tiers de cet échantillon pour procéder à des simulations de ciblage *ex ante*. Dans les simulations, les erreurs d'inclusion et d'exclusion sont assez faibles ; en milieu rural, le taux d'erreurs est inférieur à 25 pour cent, contre 15 pour cent environ d'erreurs d'exclusion et 35 pour cent d'erreurs d'inclusion en milieu urbain, où les taux de pauvreté sont relativement plus faibles. Il ne semble donc pas que les bons résultats du PMT découlent de l'utilisation des mêmes données pour les estimations de PMT et les simulations des performances de ciblage.

D'autres facteurs peuvent également influencer les performances du PMT lorsque celui-ci est appliqué en dehors de l'enquête qui a servi à générer sa pondération. En outre, le rapport entre les variables et l'indicateur de bien-être peut évoluer avec le temps ; par exemple, à mesure que les téléphones portables se démocratisent, ces appareils sont de moins en moins révélateurs d'un niveau de vie élevé. Le changement des coefficients estimés du PMT est particulièrement préoccupant si l'enquête nationale d'où ont été tirés les coefficients du PMT n'est pas récente. De même, le PMT peut être appliqué à des régions précises ou à des sous-échantillons de la population. Dans l'idéal, l'enquête utilisée pour générer la pondération du PMT devrait également être propre à une région ou à une population, mais la taille des échantillons exclut souvent ce genre d'estimations. Deux études de cas utilisent des résultats produits par PMT pour réaliser un ciblage visant une population située hors échantillon. Dans le premier cas, celui du Niger, la performance du PMT n'est pas examinée pour cause de données insuffisantes. Dans le second cas, celui du Ghana, le nombre d'erreurs d'exclusion est bien plus élevé et le nombre d'erreurs d'inclusion est plus faible lorsque le PMT est appliqué pour réaliser le ciblage d'un programme pilote dans une région précise du pays. Il est enfin nécessaire de tirer davantage d'enseignements concernant les performances des PMT dans le cadre de programmes existants ; il convient en particulier de comparer ces résultats aux performances prédites par des évaluations *ex ante*.

Le PMT présente une autre limite : il est en effet possible que l'indicateur de bien-être ne rende pas correctement compte des différences de taille et de composition des ménages. La plupart des études de cas nationales fondent leur indicateur de bien-être sur le niveau de dépenses *per capita*, qui accorde le même poids à tous les membres d'un même ménage. Deux exceptions sont toutefois à signaler : le Cameroun et le Sénégal. L'étude de cas portant sur le Sénégal accorde en effet un coefficient de 1 aux adultes et de 0,5 aux enfants de zéro à quatorze ans. L'étude consacrée au Cameroun se fonde sur une mesure des dépenses par équivalent-adulte légèrement plus complexe : cette mesure accorde aux membres des ménages un coefficient correspondant au groupe d'âge et au sexe fondé sur les apports alimentaires quotidiens recommandés. Dans ces deux études, la taille du ménage est inversement proportionnelle au niveau de dépenses des équivalents-adultes ; toutefois, si les ménages plus nombreux peuvent également être plus pauvres, la taille des ménages peut être source d'économies d'échelle en matière de dépenses. L'étude du Ghana montre par exemple que la taille des ménages sélectionnés diffère systématiquement entre le PMT et le ciblage communautaire : le premier tend vers des ménages nombreux composé d'adultes en âge de travailler, tandis que le ciblage communautaire tend vers des ménages de petite taille (personnes âgées ou veuves, par exemple). Cette étude de cas envisage la possibilité d'ajuster les dépenses en fonction d'une échelle d'équivalent-adulte incluant une pondération de 1 pour les adultes et de 0,5 pour les enfants de zéro à quatorze ans, puis de monter cette somme à la puissance 0,8 afin de rendre compte des économies d'échelle liées à la taille des ménages. La modification de cet indicateur permet en effet de réduire le nombre d'erreurs commises pour les ménages de petite taille. Il est nécessaire de mener davantage d'évaluations *ex post* des performances de ciblage afin de corriger les problèmes liés aux performances du PMT et de déterminer les ajustements d'indicateurs adéquats pour rendre compte des économies d'échelle liées à la taille des ménages.

Dans toutes les études (à l'exception de celle du Mozambique), les programmes complètent le PMT avec le ciblage communautaire, le ciblage géographique ou la déclaration vérifiée des ressources. La stratégie consistant à conjuguer le PMT au ciblage géographique, au ciblage communautaire ou à la déclaration vérifiée de ressources se fonde sur l'idée selon laquelle une approche multidimensionnelle peut faciliter l'identification et le ciblage des ménages dont les besoins portent sur le court et le long terme. Il convient néanmoins de veiller à maintenir un cadre conceptuellement rigoureux au moment de générer et d'évaluer les indicateurs employés dans le cadre d'une approche multidimensionnelle.

Toutes les études de cas montrent que l'adoption d'une telle approche permet d'améliorer les performances du ciblage. L'étude du Ghana fournit une analyse approfondie du rôle que la participation communautaire peut jouer dans l'amélioration du ciblage. En comparant les pratiques de ciblage communautaires et de PMT, l'étude de cas du Ghana montre que l'application isolée du ciblage communautaire entraîne une légère hausse des erreurs d'inclusion et d'exclusion par rapport au PMT. Plus qu'avec le PMT, l'efficacité du ciblage communautaire semble également varier en fonction des communautés, dans la mesure où les résultats dépendent de la composition des communautés et de la perception communautaire de la pauvreté.[1] Dans l'étude portant sur le Ghana, les types de ménages exclus ou inclus à tort diffèrent systématiquement, qu'il s'agisse de ciblage communautaire ou de PMT. Le ciblage communautaire semble généralement identifier des cas particuliers, tandis que le PMT privilégie les ménages proches du type national du ménage pauvre. Si ce résultat est prévisible, c'est en effet parce que le PMT est fondé sur un modèle regroupant les caractéristiques de la population pauvre moyenne ; or, des groupes relativement petits et spécifiques peuvent être négligés lorsque l'on génère la pondération du PMT. Les différences de sélection ne sont donc pas surprenantes ni révélatrices d'erreurs. Les procédures générales de ciblage géographique peuvent également être plus sensibles aux changements à court terme du bien-être des ménages, liés en particulier à la réponse à un choc idiosyncratique ou covariant ; toutefois, avec le ciblage communautaire, l'existence de liens familiaux et sociaux peut conduire à des erreurs d'inclusion. Il convient également de ne pas négliger la capacité du ciblage communautaire à générer l'adhésion de la communauté et son consensus sur la justesse du système de sélection des bénéficiaires. La participation de la communauté dans la sélection des bénéficiaires peut être particulièrement importante lorsqu'un grand nombre de ménages gravite autour du seuil d'éligibilité ; dans ce cas, le recours exclusif au PMT peut sembler arbitraire.

D'autre part, l'introduction de procédures de PMT plus objectives peut permettre de mieux contrôler les erreurs d'inclusion commises dans le cadre du ciblage communautaire et induites par l'existence de réseaux sociaux. L'étude du Ghana montre que la combinaison du ciblage communautaire et du PMT entraîne une réduction effective des erreurs d'inclusion, bien que l'augmentation du nombre d'erreurs d'exclusion frappant une catégorie particulière de pauvres risque d'être négligée. Il faudra mener plus de recherches pour déterminer comment concevoir et mettre en œuvre le ciblage communautaire et le PMT de façon complémentaire. Dans cette optique, l'étude de cas du Cameroun envisage d'évaluer les procédures de ciblage communautaire et de PMT dans le cadre de l'évaluation *ex post* d'un programme pilote de transferts monétaire mis en œuvre dans un projet expérimental randomisé au niveau d'un village. Les résultats de cette expérience de ciblage devraient nous éclairer sur l'efficacité des investissements complémentaires en matière de ciblage communautaire et de procédures de ciblage axées sur les données.

Des pays tels que le Cameroun et le Kenya présentent des concentrations très différentes de pauvreté chronique ; cette configuration fait de la dimension géographique une composante essentielle de tout effort de ciblage. Les cartes de la pauvreté constituent une source d'informations utiles pour identifier les concentrations de la pauvreté chronique ; il est également bon de recourir à des cartes de la vulnérabilité telles que celles produites par l'Analyse et la cartographie de la vulnérabilité du PAM. Dans de nombreux cas, les cartes de la pauvreté peuvent être générées à partir des mêmes enquêtes que celles utilisées pour générer le PMT.

En ce qui concerne les besoins à court terme associés à la vulnérabilité, les efforts et les résultats de ciblage varient encore davantage selon les pays. Les chocs semblent influencer les dépenses observées des ménages. Quatre pays ont essayé de mesurer l'impact des chocs de façon empirique et trois (le Cameroun, le Kenya et le Mozambique) ont identifié des impacts considérables. La disponibilité des données constitue ici un paramètre majeur, dans la mesure où quatre pays (le Cameroun, le Ghana, le Niger et le Sénégal) ne disposaient d'aucune donnée sur l'exposition aux chocs. Les études du Cameroun et du Mozambique montrent toutefois qu'en cas de chocs liés aux précipitations, cet obstacle peut être partiellement surmonté par l'utilisation de données relatives aux précipitations, en libre accès pour tous les pays sur internet.

Si le PMT peut servir à fournir une aide à long terme aux personnes en situation de pauvreté chronique, son efficacité n'a pas été avérée en matière de ciblage à court terme. Dans le présent ouvrage, les méthodes consistant à enrichir les méthodes de PMT au moyen d'indicateurs de besoins à court terme sont désignées sous l'expression générique « PMT -plus ». La capacité à enregistrer les évolutions récentes du bien-être économique d'un ménage à la suite d'un événement économique négatif, ou « choc », constitue une condition fondamentale au développement de telles méthodes. Les études de cas examinent toute une série de méthodes afin d'identifier des cas de PMT -plus efficaces. L'étude du Mozambique fournit quant à elle un modèle à effet de traitement intégralement conçu pour estimer l'impact de chocs potentiellement endogènes sur les dépenses des ménages ; il en ressort que l'exposition aux inondations entraîne une baisse des dépenses de 32 pour cent et l'exposition aux sécheresse et aux parasites agricoles les fait quant à elle chuter de 17 pour cent. À lui seul, l'impact de ces chocs génère au Mozambique des taux élevés de pauvreté transitoire qui suffisent à faire augmenter de 5 pour cent le taux de pauvreté totale du pays. La pondération associée à ces chocs peut être intégrée au PMT et utilisée pour identifier des ménages susceptibles de tomber dans la pauvreté suite à un choc. Pour estimer l'impact des chocs, cette méthode requiert toutefois une quantité assez importante de données et d'analyses. Ces informations peuvent aider les programmes d'assistance rapide à cibler les ménages présentant des besoins à court terme. Les lacunes actuelles en matière d'information sur l'exposition des ménages aux chocs suggèrent que peu de pays sont d'ores et déjà prêts à faire ces investissements quantitatifs permettant de mesurer l'impact des chocs.

Les études de cas présentent en outre d'autres méthodes économétriques bien plus simples ne reposant pas sur les données des ménages et permettant d'estimer l'impact des chocs. Dans l'étude du Cameroun et celle du Mozambique, des données disponibles au public sur les précipitations sont directement inté-grées au PMT par le biais de la méthode des moindres carrés ordinaires (MCO) ; il en ressort que les sécheresses affectent fortement le bien-être des ménages. Les estimations de paramètres obtenues à partir de modèles intégrant ce type d'in-formations sur les conditions régionales peuvent à leur tour être intégrées aux PMT, dans des mécanismes de ciblage géographique capables d'identifier les zones concernées par des conditions climatiques adverses et d'ajuster les scores de PMT des ménages au sein de ces régions. De même, au Malawi, des simula-tions *ex ante* de ciblage sont menées en fonction de l'exposition aux chocs ; dans la plupart des cas, on observe une amélioration des performances des PMT. Il convient toutefois de noter que les données relatives aux précipitations ne peuvent fournir des informations que sur des chocs climatiques tels que des inondations ou des sécheresses. L'exposition des ménages individuels est quant à elle susceptible de varier, même au sein de zones caractérisées par de vastes impacts au niveau régional (Del Ninno *et al.* 2001). Les données climatiques sont donc susceptibles de sous-estimer l'impact des inondations et des séche-resses ; les résultats du Kenya, du Mozambique et du Cameroun montrent d'ail-leurs que cette hypothèse est probable. Au Kenya et au Mozambique, des études fondées sur des informations relatives à l'exposition des ménages ont en outre révélé que les sécheresses entraînent une baisse des dépenses des ménages esti-mée à 19 et 17 pour cent, respectivement. Au Cameroun, où l'on ne dispose que de données régionales, la réduction des dépenses imputable aux sécheresses est estimée à 9 pour cent.

En ce qui concerne le ciblage à court terme, le Kenya emploie une combinai-son intéressante de PMT, de ciblage géographique et de déclaration vérifiée des ressources. On commence par estimer l'impact des sécheresses (baisse de 19 pour cent des dépenses) ; ensuite, dans les régions dont une grande proportion de ménages est affectée par le choc, on revoit à la hausse le seuil d'éligibilité du

PMT afin de refléter l'impact du choc. Les groupes A_{12} et A_{22} du tableau 10.2 deviennent alors éligibles au programme, puisque le seuil du PMT a été relevé. Toutefois, les ménages composant le groupe A_{11} ne se trouvent pas en situation d'insécurité alimentaire, bien qu'ils soient vulnérables, car ils n'ont pas été fortement affectés par le choc. Leur éligibilité s'explique par une erreur de ciblage géographique due à l'impossibilité d'observer les ménages de la région affectés par le choc.

Dans l'étude sur le Kenya, cette erreur est corrigée par l'intégration d'un nouveau ciblage géographique et d'une déclaration vérifiée des ressources fondée sur les niveaux de consommation alimentaire ; le but est ici d'identifier les ménages en situation d'insécurité alimentaire situés sous le seuil de PMT revu à la hausse. Sur le tableau 10.3, les ménages vulnérables (situés sous le seuil augmenté et désignés sous le nom de groupe A_{22}) vivent dans des zones affectées par le choc et se trouvent en situation d'insécurité alimentaire.

Tableau 10.2 Cibler des ménages en situation de sécurité et d'insécurité alimentaire en tenant compte de l'exposition aux chocs

| | | Total | Après le choc | |
			Non-affectés	Affectés
Avant le choc				
	Sécurité alimentai re		A21	A22
	↑	A	A11	A12
Seuil de pauvreté alimentaire	Insécurité alimentaire	B	B11	B12

Source : Auteurs (2014).

Tableau 10.3 Ciblage des ménages en situation d'insécurité alimentaire au moyen du Test des moyens d'existence après exposition à un choc

| | | Total | Après le choc | | |
| | | | Régions non-affectées par Je choc | Régions affectées par le choc | |
				Sécurité lalimentaire	nsécurité alimentaire
Avant le choc					
	Sécurité alimentaire		A20	A21	A22
	↑	A	A10	A11	A12
Seuil de pauvreté alimentaire	Insécurité alimentaire	B	B10	B11	B12

La stratégie du Kenya consistant à conjuguer un PMT à un ciblage géographique et à une déclaration vérifiée des ressources facilite l'extension à court terme de la couverture des programmes en vigueur et la réduction du nombre d'erreurs d'inclusion.

Dans la mesure où peu de pays disposent d'informations sur l'exposition à certains types de chocs (en particulier les chocs idiosyncratiques), il est intéressant de chercher à diversifier les sources d'informations. Le ciblage communautaire peut par exemple être utilisé pour identifier des ménages plus fortement touchés par un choc dans une région frappée par un choc covariants grave. Il présente toutefois des limites, dans la mesure où les erreurs d'inclusion peuvent se multiplier si les ménages adoptent un comportement stratégique afin de bénéficier du programme lorsque celui-ci emploie des mesures d'auto-évaluation subjectives pour déterminer l'exposition des ménages. Ce problème concerne la plupart des mesures de sécurité alimentaire (telles que le niveau de consommation alimentaire ou les mesures de diversité alimentaire) employées pour identifier les ménages à court terme, car ces mesures sont généralement approximatives et faciles à manipuler par les ménages.

L'étude de cas du Niger fournit une analyse exhaustive de diverses mesures potentielles de sécurité alimentaire des ménages ; elle se penche également sur la corrélation de ces mesures entre elles, mais aussi sur leur corrélation avec le PMT et les mesures des dépenses. Les résultats suggèrent que des composantes très différentes de la sécurité alimentaire des ménages peuvent être identifiées par plusieurs indices de sécurité alimentaire. De plus, étant donné que l'application la plus efficace du PMT concerne la pauvreté chronique à long terme, les corrélations entre les mesures de sécurité alimentaire et les mesures de PMT peuvent être faibles ou inexistantes, même en l'absence de problèmes d'erreurs de mesure. Le bilan du Niger corrobore d'autres études sur la relation entre les mesures de sécurité alimentaire et les dépenses. Face aux résultats positifs du Kenya, on peut toutefois arguer que les indicateurs de sécurité alimentaire subjectifs sont trop approximatifs pour cibler les ménages économiquement pauvres (Migotto *et al.*, 2006, et Wiesmann *et al.*, 2009). Il est par conséquent nécessaire de mener des recherches plus poussées sur les performances des mesures de sécurité alimentaire relatives au niveau de bien-être réel des ménages, en particulier après exposition à des chocs à court terme.

L'amélioration de la conception des filets sociaux ne sera possible que si l'on identifie les méthodes actuelles qui fonctionnent et celles qui ne fonctionnent pas. Dans cette optique, l'étude de cas du Niger examine l'impact *ex post* d'un transfert monétaire rural au moyen d'une approche par discontinuité de la régression ; les résultats ne sont pas significatifs sur le plan statistique mais suggèrent un impact positif du programme. Il plus facile de mesurer les impacts avec précision si des plans d'évaluation existent déjà au moment de la mise en œuvre du programme. L'étude du Cameroun expose un plan visant à identifier de façon plus contrôlée les conséquences des programmes sur une gamme d'indicateurs liés aux dépenses, aux actifs et à la scolarité. Cette étude permet une meilleure compréhension de la multidimensionnalité de l'impact des programmes. Ce type d'informations *ex post* sur les performances de ciblage et l'impact des programmes peut fournir des orientations en matière d'investissements futurs dans les filets sociaux.

Le tableau 10.4 fournit un récapitulatif des enseignements clés tirés des études de cas nationales. Tous les pays étudiés sont dotés de filets sociaux ; ceux-ci manquent toutefois de coordination, ils sont avant tout conçus pour apporter des réponses immédiates aux chocs et leur couverture est limitée. De plus, les critères de ciblage de l'ensemble des programmes sont généralement confus et manquent de cohérence. La pauvreté chronique se trouve au cœur des stratégies de protection sociale de ces différents pays ; or, le PMT constitue un outil efficace et largement accepté de ciblage des ménages en situation de pauvreté chronique. Les performances du PMT sont toutefois limitées par le fait que celui-ci repose sur des évaluations *ex ante* souvent réalisées à partir des mêmes bases de données que celles utilisées pour estimer le PMT lui-même. Beaucoup d'autres pays conjuguent aussi le PMT à d'autres méthodes de ciblage, telles que ciblage géographique ou le ciblage communautaire. De nouvelles études sont nécessaires

Tableau 10.4 Récapitulatif des enseignements clé tirés des études de cas

	Enseignements clé
Filets sociaux	Des filets sociaux existent dans la plupart des pays examinés, mais la plupart d'entre eux ont été conçus pour apporter des réponses à court terme.
	Couverture limitée
	Manque de clarté et de cohérence des critères de ciblage
Pauvreté chronique	Une préoccupation majeure dans tous les pays
	Les PMT sont généralement efficaces en matière de mesure de la pauvreté chronique.
	Les estimations sont fondées sur des évaluations *ex ante*.
	Il faudrait tirer davantage d'enseignements des performances sur le terrain.
	La plupart des pays conjuguent le PMT à d'autres méthodes de ciblage.
	Une étude de la complémentarité des méthodes est nécessaire.
Besoins à court terme	Dans tous les pays, les chocs génèrent des risques de pauvreté à court terme.
	Impact négatif sur les dépenses des ménages
	Des données de meilleure qualité sur les chocs et les impacts sont nécessaires.
	De meilleures méthodes de ciblage à court terme devraient être intégrées aux méthodes à long terme.

Source : Auteurs (2014).

pour évaluer les performances du PMT dans le cadre de programmes en vigueur et de combinaison à d'autres méthodes. Dans la plupart des pays, les chocs à court terme allant des chocs covariants de grande ampleur (comme des inondations ou des sécheresses) à des chocs idiosyncratiques affectant les ménages (comme la maladie ou le décès de membres représentant une source de revenus pour le foyer) peuvent engendrer une vulnérabilité du ménage à la pauvreté. Il est nécessaire de disposer de données de meilleure qualité concernant l'incidence et la magnitude des chocs, mais aussi concernant l'impact de ces chocs sur les dépenses des ménages ou d'autres indicateurs de bien-être des ménages.

Les deux sections suivantes se fondent sur les enseignements tirés des études de cas et fournissent des orientations pour l'amélioration des méthodes et des pratiques de ciblage ; elles donnent également des pistes pour de futurs investissements dans les données et informations.

Améliorer les méthodes et les procédures de ciblage

Le choix des méthodes de ciblage dépend de l'objectif de chaque programme, mais aussi de l'histoire et du contexte particuliers du pays où il est mis en œuvre. Le présent ouvrage s'appuie avant tout sur trois méthodes qui peuvent être conjuguées pour identifier les ménages en situation de pauvreté chronique, d'insécurité alimentaire ou de vulnérabilité : le ciblage géographique, le ciblage communautaire et le test multidimensionnel des moyens d'existence/la déclaration vérifiée des ressources. Le choix de ces méthodes est guidé par quatre considérations. *Premièrement*, les méthodes sélectionnées doivent poursuivre le principal objectif du ciblage, à savoir la protection régulière des populations se trouvant dans l'impossibilité de se procurer régulièrement des aliments adéquats (pauvreté chronique ou insécurité alimentaire) et les populations susceptibles de tomber dans la pauvreté ou dans l'insécurité alimentaire suite à un choc (vulnérabilité). Ces méthodes doivent toutefois être assez souples pour pouvoir être employées sur l'ensemble d'un filet social d'interventions harmonisées. Dans de nombreux cas, l'association de plusieurs méthodes peut être nécessaire pour obtenir les meilleurs résultats de ciblage possibles. *Deuxièmement*, les méthodes d'estimation du bien-être des ménages doivent être rentables. Le bien-être actuel des ménages est presque toujours inconnu et coûteux à vérifier. La solution de ciblage la plus rentable consiste souvent à générer une estimation précise du bien-être du ménage en se fondant sur une approximation des caractéristiques des ménages. Les programmes d'assistance peuvent également être gérés en collaboration avec les communautés dans un processus structuré visant à produire des listes des ménages en situation de pauvreté chronique et/ou à recourir à la validation de la communauté pour réduire le nombre d'erreurs d'inclusion ou d'exclusion. *Troisièmement*, les méthodes sélectionnées doivent permettre une identification rapide des bénéficiaires potentiels. Lorsqu'un choc survient, les estimations existantes de l'impact des chocs ou une collecte d'information rapide à partir de déclarations vérifiées des ressources dans les zones touchées peuvent permettre d'identifier les ménages dans le besoin mais ne répondant pas aux critères d'éligibilité fondés sur des approximations conçues pour identifier les populations en situation de pauvreté chronique. Il est toutefois nécessaire que des procédures soient déjà en place pour pouvoir identifier les chocs majeurs et évaluer leur impact potentiel. *Quatrièmement*, les méthodes choisies doivent être compatibles avec les capacités d'analyse du pays concerné.

En ce qui concerne la mise en œuvre des programmes, ces sept études de cas ont trois étapes en commun. La première étape consiste à identifier les zones caractérisées par une forte concentration de pauvreté chronique ou les zones dans lesquelles les ménages sont exposés aux chocs ou affectés par ces derniers. L'identification de ces zones permet aux groupes gouvernementaux et non-gouvernementaux d'intervenir au niveau de la population en situation de pauvreté chronique et d'apporter une réponse rapide aux besoins changeants des ménages vulnérables dans un nombre de zones plus réduit.

La seconde étape du ciblage consiste à définir le rôle de la participation communautaire. Dans la plupart des communautés d'Afrique subsaharienne, les membres de la communauté participent au moins à la validation de la liste des bénéficiaires. Une plus grande participation communautaire peut en effet résoudre de manière efficace des problèmes associés à la collecte d'informations impartiales sur le bien-être des ménages et donc contribuer grandement à l'identification des ménages les plus pauvres et vulnérables. Les membres de la communauté impliqués dans les procédures de ciblage communautaire défendent toutefois leurs propres projets et intérêts. Il faut donc que ces procédures soient mises en place de sorte à rendre la sélection des bénéficiaires objective, transparente et cohérente sur l'ensemble des régions.

La troisième étape consiste à employer une méthode objective pour classer le niveau de bien-être des bénéficiaires potentiels. On se sert souvent du Test multidimensionnel des moyens d'existence (PMT) et de la déclaration vérifiée des ressources pour estimer la richesse des ménages. Tandis que le PMT cherche à « estimer » la richesse des ménages, la déclaration vérifiée des ressources emploie une mesure directe pour procéder à cette mesure (la déclaration des revenus ou le niveau réel de la consommation alimentaire du ménage, notamment). Dans la plupart des cas étudiés ici, c'est le PMT qui est le plus fréquemment employé, dans la mesure où le degré élevé d'informalité des économies d'Afrique subsaharienne rend les déclarations de revenus ou de consommation très difficiles à contrôler. Le PMT a vu le jour dans des pays d'Amérique latine et d'Europe de l'Est ; si cette méthode est devenue une référence en matière de ciblage objectif et rigoureux, c'est parce qu'elle n'a besoin que d'une faible quantité de données sur les bénéficiaires potentiels pour estimer le bien-être des ménages à partir d'enquêtes assez largement disponibles sur le budget des ménages. De plus, les capacités d'analyse qu'elle nécessite sont modérées et, comme le montrent les études de cas, ces capacités sont à la portée de la plupart des pays. S'il est vrai que la précision du ciblage par PMT est généralement bonne, le ciblage des programmes d'assistance sociale ne devrait pas pour autant se baser uniquement sur l'utilisation du PMT, mais faire partie intégrante des processus employant le ciblage géographique et la participation de la communauté, que celle-ci soit chargée de valider les bénéficiaires sélectionnés ou de mener un ciblage actif. Les méthodes de PMT offrent aux communautés une structure commune qui fait parfois défaut au ciblage communautaire employé de façon isolée.

Le PMT se fonde souvent sur la régression par la méthode des moindres carrés ordinaires (MCO) ; lorsque le taux de pauvreté est relativement bas (dans les régions urbaines du Cameroun, par exemple), les techniques de régression quantile offrent toutefois une solution relativement simple permettant de réduire considérablement les erreurs d'exclusion en revoyant à la baisse le coefficient accordé aux ménages aisés pendant la période d'estimation.

Le PMT -plus constitue la principale nouveauté méthodologique explorée dans le présent ouvrage ; son objectif consiste à renforcer la capacité du PMT à estimer avec précision le classement relatif de la richesse des ménages en cas de chocs à court terme. Pour y parvenir, la question du choix de la « meilleure » méthode reste ouverte. Les données des ménages sur les chocs, les données climatiques géoréférencées et les données communautaires peuvent toutes être utilisées pour évaluer l'exposition des ménages. Les mesures d'impact de chocs dérivent avant tout d'études économétriques soigneusement élaborées ; à mesure que la liste de ces estimations s'allonge, il devient possible de procéder à une simulation rapide de l'impact des chocs à partir d'estimations de référence. Il reste toutefois du travail à accomplir pour produire de telles valeurs de référence.

En somme, dans de nombreuses situations, les méthodes de PMT permettant de cibler la pauvreté chronique constituent de bons choix d'investissement. Il faudra toutefois acquérir une plus vaste expérience pour parvenir à déterminer comment intégrer les méthodes de PMT au ciblage communautaire et comment intégrer l'exposition aux chocs à court terme aux méthodes de PMT -plus.

Investir dans les procédures de ciblage

Parmi les conclusions sur lesquelles débouche cet ouvrage, il apparaît que l'établissement de processus communs aux programmes nationaux d'assistance peut être source d'importants gains d'efficacité. Les études de cas confirment le fait que la fragmentation des efforts des programmes d'assistance constitue un trait dominant systèmes d'assistance sociale en Afrique subsaharienne.[2] En se concentrant sur la coordination et l'institutionnalisation des procédures et sur l'établissement de mesures et de critères de ciblage communs, il est possible d'atténuer ce manque de cohérence et de consolider l'efficacité du ciblage.

Les efforts de coordination à l'échelle nationale devraient envisager l'utilisation de mécanismes communs de ciblage et d'un registre unique de bénéfices potentiels. Des exemples d'expériences de programmes d'assistance sociale du monde entier montrent que la définition d'un concept de pauvreté clair, transparent et mesurable par la suite utilisé par les critères de ciblage et par un registre unique renforce l'efficacité et l'impact des programmes de filets sociaux. Le Brésil, le Chili, la Colombie, la Géorgie, le Mexique et la Turquie fournissent en effet des exemples prouvant que cette stratégie peut être couronnée de succès. Le Brésil et le Mexique ont en effet adopté des systèmes de ce genre au début des années 2000 et leur gestion des programmes se fonde depuis lors sur un système bien établi. Il convient également de noter qu'un registre universel peut être instauré sans avoir besoin de disposer de méthodes de ciblage communes aux programmes, bien qu'il faille veiller à garantir que les informations recensées dans le registre répondent aux besoins individuels des systèmes de ciblage de chaque programme. Les programmes de lutte contre la pauvreté chronique seront par exemple dotés de critères de ciblage différents des systèmes conçus pour répondre aux crises à court terme.

Parmi les différentes études de cas, celles du Kenya et du Ghana ont identifié le besoin d'un registre unique recensant les participants potentiels aux programmes d'assistance sociale. Comme il a été mentionné précédemment, un registre de ce type facilite la répartition des bénéfices entre les ménages et la répartition du coût de la collecte des données entre les programmes. Les pays d'Afrique subsaharienne devraient envisager sérieusement de mener des projets à long terme visant à mettre au point des instruments de ciblage fondés sur un registre fonctionnel et capables de puiser dans les vastes bases de données recensant les candidats potentiels. En période de crise, les ménages figurant dans le registre peuvent être classés par ordre de pauvreté ; les programmes peuvent alors être rapidement étendus afin de protéger les ménages situés au bas du classement et susceptibles de sombrer dans la pauvreté. Un registre constitue sans aucun doute un investissement majeur en matière de procédures et de coordination des programmes. Pour évaluer l'efficacité des investissements réalisés, il est par conséquent essentiel de se demander si un programme individuel faisant partie d'un système d'assistance sociale a la capacité et la vocation de fonctionner de façon coordonnée et de se fonder sur l'usage d'un registre. Actuellement, la plupart des interventions en vigueur en Afrique subsaharienne sont fragmentées et cherchent à identifier les mêmes populations, mais au moyen de méthodes diverses. Il convient donc d'investir simultanément dans un registre et dans la coordination des programmes de filets sociaux afin de garantir l'utilisation effective du registre.

Comme il a été dit à plusieurs reprises, il faudra redoubler d'efforts pour déterminer quelles sont les pratiques efficaces sur le terrain, dans le domaine du ciblage comme dans celui de la mise en œuvre. La combinaison d'un registre à un ciblage fondé sur le PMT peut contribuer à consolider ce genre de programme en conservant une trace de la logique et des procédures sur lesquelles repose la sélection des bénéficiaires. La transparence et la rationalité des décisions permettront également de garantir le soutien continu des gouvernements et des bailleurs.

Renforcer les investissements dans l'information

La contrainte informationnelle se concentre sur les informations nécessaires pour établir des estimations fiables du bien-être des ménages et identifier la population en situation de pauvreté temporaire et chronique avec un bon rapport coût/efficacité. Dans le cadre du ciblage, il est essentiel de disposer de données pour pouvoir réaliser des analyses de vulnérabilité et de pauvreté. Encore une fois, les investissements réalisés dans ce domaine doivent être le résultat d'un compromis entre exactitude et rentabilité. Comme il a été dit, les communautés peuvent fournir de précieuses informations par le biais des procédures de ciblage communautaire. Il est également possible d'investir dans des données quantitatives afin d'améliorer les systèmes de ciblage. Il existe deux types d'investissements, chacun promouvant des méthodes visant à cibler un type de public particulier : les personnes en situation de pauvreté chronique d'une part et les populations vulnérables à la pauvreté et à l'insécurité alimentaire de l'autre.

L'un des résultats les plus encourageants ressortant des études de cas est la possibilité d'utiliser un grand nombre d'enquêtes sur le budget des ménages pour calibrer les Tests multidimensionnels des moyens d'existence. À cette fin, tous les pays examinés ont accès à une enquête nationale sur le budget des ménages. D'autre part, les délais, la qualité et les variables mises à disposition par ces enquêtes sont susceptibles de varier considérablement ; il peut donc s'avérer injustifié d'investir dans ce genre d'enquêtes dans le seul but d'améliorer les systèmes de ciblage. Il est toutefois possible de modifier ces enquêtes nationales pour y intégrer des variables potentiellement importantes pour le PMT. Les caractéristiques des logements et les variables relatives aux actifs convergent toutes pour montrer une forte corrélation avec les indicateurs de dépenses. Si les PMT devaient être générées à partir des enquêtes sur le budget des ménages, les efforts devraient donc s'orienter vers l'inclusion de ces variables.

Comme il a été souligné, les lacunes en matière d'information sont plus contraignantes dans le cadre de l'identification de ménages présentant un besoin d'assistance sociale à court terme. Les ménages passent souvent par une courte phase de pauvreté après avoir été exposés à des chocs affectant leur bien-être économique. La mesure idéale de l'impact des chocs sur le bien-être des ménages consisterait donc à disposer de données de panel contenant des observations des ménages avant et après les chocs. De telles données sont toutefois rares en Afrique subsaharienne, et les pays étudiés n'en disposent pas. La difficulté de constituer et de maintenir des données de panel laisse penser qu'il n'est probablement ni nécessaire ni réaliste de mener des enquêtes de panel dans le seul but de procéder à un ciblage à court terme. D'autre part, la magnitude de l'impact des chocs sur le bien-être des ménages peut être estimée de façon impartiale à partir de données de panel existantes ; ces évaluations peuvent constituer une source fiable d'estimations qui seront utilisées pour attribuer une pondération de référence aux PMT hors de l'échantillon de l'enquête. Comme il a été souligné, de plus amples recherches dans ce sens sont nécessaires.

Les données sur l'exposition des ménages aux chocs sont faibles ou inexistantes dans de nombreuses enquêtes nationales sur le budget des ménages. Il faudra disposer d'informations de meilleure qualité concernant l'impact des chocs sur les ménages pour parvenir à mieux cibler les ménages présentant des besoins à court terme. L'une des possibilités envisageables consiste à mieux concevoir les modules relatifs aux « chocs » dans les enquêtes sur le budget des ménages. Comme le montrent les bases de données du Mozambique et du Cameroun, il est également possible d'obtenir des informations utiles sur les chocs climatiques grâce à des données disponibles sur les précipitions géoréférencées, comme les Ressources climatologiques pour l'agro-climatologie de la NASA.[3] De plus, le fait que ces bases de données climatiques couvrent de nombreuses années permet d'évaluer la fréquence de l'exposition aux chocs climatiques. Dans une étude de cas sur les régions rurales du Kenya, Christiaensen et Subbarao (2007) emploient par exemple des séries chronologiques de données sur les précipitations enregistrées au niveau de 900 stations cartographiées en districts/communautés afin d'estimer la vulnérabilité aux chocs de la communauté et d'en tirer des recommandations politiques sur des programmes d'atténuation de la vulnérabilité. Des systèmes d'alerte précoce peuvent également être utilisés pour identifier des régions exposées à des conditions climatiques adverses.

Par ailleurs, comme il a été noté, il est également possible de récolter des informations sur les besoins des ménages à court terme par le biais de mesures directes de la sécurité alimentaire des ménages, telles que le niveau de consommation alimentaire ou les indices de diversité alimentaire. L'étude de cas du Kenya indique que les indicateurs de sécurité alimentaire à court terme peuvent être conjugués à des mesures de PMT pour mieux cibler les populations exposées à des chocs. Les mesures alternatives de sécurité alimentaire semblent toutefois mesurer différentes composantes des besoins des ménages à court terme. Il faudra investir davantage pour pourvoir déterminer quels sont les indicateurs les plus utiles pour évaluer l'exposition à des types de chocs spécifiques.

Observations finales

Cette section propose un résumé des suggestions soulevées par les études de cas au sujet des investissements potentiels visant à faire progresser les pratiques de ciblage. Le tableau 10.5 met en évidence les pratiques actuelles et les domaines d'investissement clés en matière de méthodes, d'informations et de processus. En ce qui concerne les méthodes de ciblage, il convient d'investir pour intégrer des méthodes de ciblage multiples. En outre, la compréhension de la répartition géographique de la pauvreté peut renforcer l'efficacité des programmes en concentrant les efforts d'assistance sur les régions aux besoins les plus grands (du fait d'une pauvreté chronique généralisée ou d'un grave choc covariants). Les erreurs d'inclusion peuvent par ailleurs être réduites en investissant dans des méthodes de Test multidimensionnel des moyens d'existence (PMT) et de ciblage communautaire axées sur les ménages plutôt que sur les régions.

Les améliorations des méthodes de PMT visent avant tout à rendre le ciblage plus réceptif aux changements du bien-être des ménages à court terme. Il est possible d'investir dans trois domaines :

(1) L'intégration du PMT aux méthodes de ciblage communautaire, plus à même de mesurer les changements du bien-être à court terme ;

(2) La génération rapide et efficace de déclarations vérifiées de ressources permettant d'identifier les ménages vulnérables tombés dans l'insécurité alimentaire dans les régions exposées à des chocs covariants de grande ampleur ;

(3) La génération au moyen de PMT -plus d'estimations d'impact de chocs intégrables au classement par PMT du bien-être des ménages.

Les choix d'investissements propres aux contextes nationaux dépendront largement des informations disponibles et des capacités de mise en œuvre.

Il faudra réaliser des investissements supplémentaires pour compléter les enquêtes largement disponibles sur le budget des ménages, en particulier pour obtenir des informations sur la fréquence et le degré d'exposition aux chocs affectant les besoins en filets sociaux à court terme. De telles informations peuvent être récoltées par le biais d'enquêtes auprès des ménages, de bases de données plus vastes sur les conditions de vie des ménages ou de systèmes d'alerte précoce. De plus, les études portant sur les caractéristiques de la population en situation de pauvreté chronique et sur la population vulnérable peuvent faciliter l'identification d'indicateurs de ciblage ainsi que des variables essentielles à inclure aux équations de PMT. De même, des informations provenant d'autres études peuvent être employées pour générer des pondérations de PMT sur l'impact de l'exposition à des chocs à court terme et pour identifier les ménages vulnérables. Un consensus semble par exemple se former sur l'ampleur de

Tableau 10.5 Récapitulatif des normes actuelles et des améliorations potentielles des pratiques de ciblage

Domaine d'investissement	Norme actuelle	Améliorations potentielles
Méthodes de ciblage		
	• Ciblage géographique	• Ciblage géographique des régions caractérisées par une exposition chronique ou élevée
	• Ciblage communautaire employé à la place du PMT	• Intégration du ciblage communautaire au PMT
	• Test multidimensionnel des moyens d'existence (PMT)	• Options de PMT-plus
		• Ajuster la pondération du PMT à l'exposition aux chocs
		• Réalisation rapide de déclarations vérifiées de ressources en situation de crise
Informations		
	• Enquête nationale sur les budgets des ménages	• À partir d'enquêtes sur les ménages, générer des informations sur l'exposition des ménages aux chocs
		• Intégrer des données géo-référencées sur les conditions climatiques
		• Intégrer des informations sur le système d'alerte précoce
	• Estimations de la pauvreté	• Estimations de la pauvreté chronique et de la vulnérabilité
Processus		
	• Critères et indicateurs de ciblage propres aux programmes	• Coordination des critères et indicateurs de ciblage entre les programmes
		• Registre commun

Source : Auteurs (2013).

l'impact qu'a eu la sécheresse sur la consommation des ménages ; il n'est donc pas nécessaire de mesurer toutes les sécheresses, dans tous les pays.

Enfin, comme il a été mentionné tout au long de l'ouvrage, il est possible de faire progresser considérablement et relativement vite l'efficacité des programmes de filets sociaux grâce à une meilleure coordination des différents programmes. Au départ, les efforts peuvent se concentrer sur les investissements de coordination des critères et indicateurs de ciblage afin d'éviter la duplication des efforts et les lacunes de couverture. À mesure que cette coordination progresse, le système d'assistance sociale peut également envisager d'investir dans un registre commun aux différents programmes.

Les priorités d'investissement dans les systèmes de ciblage sont propres à chaque pays. Dans de nombreux pays, il est encore nécessaire d'investir dans le système existant (clarté des critères, enquêtes nationales sur le budget des ménages et méthodes de ciblage communautaire, géographique et PMT). Cependant, la priorité est généralement accordée aux pratiques traditionnelles de ciblage plutôt qu'à l'amélioration potentielle du système en vigueur. Pour les pays désireux d'adopter de nouvelles méthodes, les investissements devraient être guidés par les besoins. Dans le cas d'une concentration géographique de la pauvreté, la priorité consistera alors à investir dans une consolidation du ciblage géographique (si possible conjugué à des méthodes permettant d'identifier des ménages individuels au sein de zones géographiques). Si la pauvreté chronique est répandue, alors la priorité consistera à investir dans des méthodes permettant d'améliorer les performances du PMT. De même, si la vulnérabilité est élevée à cause de l'exposition aux chocs, il s'agira alors d'investir pour mieux cibler les ménages vulnérables.

Les priorités de recherche sur la pauvreté découlent directement de questions abordées dans les études de cas. Premièrement, ces études reposent avant tout sur des évaluations *ex ante* des performances de ciblage ; dans le cas des PMT, cela implique d'utiliser le même échantillon que celui dont a été dérivé le PMT. Il convient par ailleurs d'acquérir une meilleure compréhension des performances de ciblage *ex post* et des facteurs influençant ces performances. Deuxièmement, l'utilisation de méthodes multiples s'accompagne de complémentarités qu'il convient d'explorer et de quantifier davantage, en particulier dans l'optique d'intégrer le PMT à des méthodes plus quantitatives. Troisièmement, il faut générer et évaluer des fonctions et des méthodes précises permettant d'identifier les ménages caractérisés par des besoins à court terme. Comme dans le cas du PMT, les évaluations sont de meilleure qualité lorsqu'elles se fondent sur des performances de ciblage en situation de crise plutôt que sur des simulations *ex ante* présentées dans les études de cas des pays.

Notes

1. Des résultats similaires ont été obtenus au Rwanda et en Indonésie. Au Rwanda, si le ciblage communautaire a été efficace, l'introduction du PMT a permis de faire progresser encore davantage les résultats du ciblage (Kakwani ett Subbarao 2011). Kakwani et Subbarao estiment que le ciblage communautaire peut être très efficace pour identifier des bénéficiaires potentiels au sein d'une communauté ; des inégalités horizontales peuvent surgir entre les communautés, dans la mesure où celles-ci n'ont pas la même façon de percevoir le seuil séparant l'extrême pauvreté de la pauvreté modérée. Une expérience menée en Indonésie comparant le ciblage communautaire, le PMT et une combinaison de ces deux méthodes parvient à la même conclusion (voir Alatas *et al.* 2012).

2. Consulter le récent rapport sur les programmes de filets sociaux en Afrique (Monchuk, 2014).

3. http://power.larc.nasa.gov/cgi-bin/cgiwrap/solar/agro.cgi?email=agroclim@larc.nasa.gov

Bibliographie

Alatas, V., A. Banerjee, R. Hanna, B. Olken, A. Benjamin et J. Tobias (2012). "Targeting the Poor: Evidence from a Field Experiment in Indonesia," *The American Economic Review* 102(4):1206-1240(35).

Christiaensen, L. et K. Subbarao (2007). "Towards an Understanding of Vulnerability in Rural Kenya," *Oxford Journal of African Economies* 14(4):520-58.

Del Ninno, C., P.A. Dorosh, L.C. Smith et D.K. Roy (2001). "The 1998 Floods in Bangladesh: Disaster Impacts, Household Coping Strategies, and Response." IFPRI Research Report No. 122. Washington DC: Institut international de recherche sur les politiques alimentaires (IFPRI).

Ferreira, F. H.G., Fruttero, A., Leite, P., and Lucchetti, L. (2011) "Rising Food Prices and Household Welfare: Evidence from Brazil in 2008." IZA Discussion Paper No. 5713. Disponible sur le site du réseau SSRN: http://ssrn.com/abstract=1849468

Kakwani, N. et K. Subbarao (2011). *Improving Community-Based Targeting System: A Case Study of Rwanda*, Mimeo.

Migotto, M., B. Davis, G. Carletto et K. Beegle (2006). *Measuring Food Security Using Respondents' Perception of Food Consumption Adequacy*. UNU-WIDER Research Paper No. 2006/88. Helsinki: Institut mondial de l'UNU pour la recherche sur l'économie du développement.

Pelham, L., Clay E., Braunholz, T. (2011) *Natural Disasters: What is the Role for Social Safety Nets?* Social Protection Discussion Paper 1102. Banque mondiale, Washington DC.

Tamiru, K. (2013). *What is the Role of Informal Safety Nets in Africa for Social Protection Policy?* Mimeo. Washington DC: Banque mondiale.

Wiesmann, D., Bassett, L., Benson, T., Hoddinott, J., (2009) "Validation of the world food programme's food consumption score and alternative indicators of household food security," IFPRI discussion papers 870, Institut international de recherche sur les politiques alimentaires (IFPRI).

World Bank (2013). *Social Safety Nets in Africa: A Review of the Experiences in 22 Countries*. Washington DC.

_____(2013a) Rapport sur le développement dans le monde 2014 : Risque et opportunités : la gestion du risque à l'appui du développement. Washington, DC: Banque mondiale. doi: 10.1596/978-0-8213-9903-3

—— (2012). *Informal Safety Nets in Eastern and Southern Africa. A Synthesis Summary of Literature Review and Field Studies from Cote D'Ivoire, Rwanda, and Zimbabwe*. Africa Region Report No. 77747-AFR. Washington DC: Banque mondiale.

ÉCO-AUDIT
Déclaration des avantages environnementaux

La Banque mondiale s'attache à préserver les forêts et les ressources naturelles menacées. Le Bureau des publications a choisi d'imprimer l'ouvrage intitulé. *Les filets sociaux en Afrique: Méthodes efficaces pour cibler les populations pauvres et vulnérables en Afrique* sur papier recyclé comprenant 100 % de fibres cellulosiques de récupération (postconsommation), conformément aux normes recommandées par Green Press Initiative, programme à but non lucratif qui aide les éditeurs à utiliser des fibres ne provenant pas de forêts menacées. Pour de plus amples informations, consulter www.greenpressinitiative.org.

Économies réalisées :
- 11 arbres
- 5 millions de BTU d'énergie totale
- 973 kilogrammes de gaz à effet de serre, net
- 5273 litres d'eaux usées
- 358 kilogrammes de déchets solides

green press
INITIATIVE

www.ingramcontent.com/pod-product-compliance
Lightning Source LLC
Chambersburg PA
CBHW071838270326
41929CB00013B/2032